# 힌두교, 사상에서 실천까지

소치기 소녀인 고삐(*Gopī* )들로 만들어진 상징적인 코끼리를 타고 하늘에 떠 있는 끄리슈나.
약 1800년경 자이뿌르화파, 라자스탄.

# 힌두교, 사상에서 실천까지

가빈 플러드 지음 | 이기연 옮김

산지니

## 추천사

이광수(부산 외국어대학교 교수)

특정 종교를 개괄적으로 소개하는 것은 참으로 어렵다. 그것은 종교가 무엇인지를 정의하는 것이 사실상 불가능하다고 하는 명제에서부터 출발하는 문제이다. 따라서 연구하는 데서 그 특정 종교에 접근하는 방식이 각 학문에 따라 크게 다르고 그에 따라 다루어야 하는 내용이 천차만별로 다양해질 수밖에 없기 때문일 것이다.

일반적으로 '종교학'이라고 널리 알려져 있는 계통의 학문하는 사람들의 입장에 따르면 종교는 사회나 역사에 따라 변화를 보이기는 하나 제 고유의 불변의 영역이 있다고 주장한다. 반면에 역사학자는 종교는 철저히 역사의 산물로서 사회적으로 환원할 수 있는 것이라고 주장한다. 철학하는 사람들은 종교가 가지고 있는 궁극성의 지혜를 탐구할 뿐 그것이 현실 세계에서 어떻게 실천되는지에 대해선 관심이 없고, 사회학이나 인류학 하는 사람들은 역으로 그것이 갖는 궁극성보다는 각각의 요소가 사회적으로 어떠한 역할과 기능을 하는지에 대해서 관심을 갖는다. 그래서 하나의 종교를 연구하는 데에도 서로 다른 접근 방식이 충돌하다 보니 그 특정 종교가 이러이러하다고 일반화를 시켜 말하기가 정말 어렵고 곤란해진다.

또 하나의 문제가 있을 수 있다. 근대적 의미의 학문이라는 게 서양에서 시작되어 한국으로 수입되었는데 그 서양의 종교에 대한 초기 태도는 기독교를 하나의 카테고리로 보고 그 외 다른 종교를 한 데 묶어 '종교들'로 보는 것이었다. 그래서 그들은 그 '종교들'을 서로 비교해서 연구하고 그를 통해 뭔가의 일반적 모양과 성격을 추출하고자 했다. 그러한 태도 안에는 어쩔 수 없이 오리엔탈리즘에 경도된 시각이 물들어 있고, 그러다 보니 기독교가 아닌 특정 종교를 연구하거나 소개하는 글은 대개 그러한 시각에 얹혀 있는 경우가 비일비재하였다. 그 가운데 특히 그 오리엔탈리즘의 편견과 왜곡의 시각으로 바라본 종교는 힌두교가 압도적이었다.

그러한 시각에 의해 힌두교는 때에 따라서는 현실 세계를 초월하고 세상을 버리고 떠나는 것을 설파하는 종교로, 때에 따라서는 고도의 깨달음과 지혜의 세계를 갖추고 있는 형이상학의 종교로, 때에 따라서는 미신과 야만 그리고 해괴한 의례로 가득 찬 미신의 종교로, 때에 따라서는 3억 3천만 개의 다신과 이질적 요소가 무질서하게 섞여 있는 미개한 종교로 그려져왔다. 뿐만 아니라 힌두교는 인도가 카스트에 얽매여 있으면서 근대화를 이루지 못하게 한 장본인으로 그려지기도 했고, 또 한편으로는 서양 문명이 실패한 인류 공존 공생의 절대 과제를 이행할 수 있는 사랑과 화해의 종교로 평가받기도 했다.

이 모든 평가는 부분적으로는 옳은 이야기면서 전체적으로는 모두 그르다고 해도 과언이 아닐 것이다. 그것은 그만큼 힌두교는 그 어떤 종교보다도 복합적이고 이질적이며 다층적이고 역사적으로 변화가 심한 종교라서 그렇다. 그래서 힌두교에 대해 감히 소개서(introduction)를 쓴다는 것은 쉽게 생각할 수 있는 문제는 아니었다. 그것이 가지고 있는 초월적이고 영원적인 성격에서부터 철학과 신학의 세계를 거쳐 역사적인 변화와 사회적 기능 그리고 정치 이데올로기로서의 역할까지를 특정 개인 혼자서 꿰고 있기가 쉽지 않을뿐더러 그 방대한 내용과 미묘한 맥락을 모두 관통하면서 소개한다는 것이 쉽게 도전할 만한 대상이 될 수 있는 성질의 것이 아니었다.

그러던 중 약 10년 전에 한 소장학자에 의해 이러한 문제가 나름대로 잘 해결된 책이 세상에 소개되었다. 저자 플러드 교수는 물론 소위 종교학의 입장에 약간 기울어 있는 학문의 세계를 가지고 있지만 적어도 이 책 전체를 통해서는 자신의 학문적 방법론에 경사되기를 애써 거부한 흔적이 많이 보인다. 그래서 이 책은 힌두교를 둘러싸고 있는 여러 논쟁에서부터 철학과 신학, 의례, 현대 힌두교에 이르기까지 다양한 분야와 그들을 얽어매고 있는 중층 구조에 대해 때로는 불환원론의 종교학적 입장에서 때로는 환원론적 입장의 역사학이나 사회학 혹은 인류학의 입장에서 분석하면서 그 결과를 소개하는 일에 최선을 다하고 있다. 가히 경이로운 힌두교의 세계를 경이롭게 정리 소개한 책이라 해도 과언이 아닐 것이다.

역자는 학부에서는 인도어와 인도학을 공부하고 석사 과정에서는 힌두교를 통한 인도 지역연구를 공부했으며 현재 공부하고 있는 박사 과정의 인류학과에서도 인도 사회를 연구하고 있는 자타가 공인하는 촉망받는 차세대 인도 연구자이다. 좋은 책을 한국의 학계에 소개하고자 지난 4년의 시간 동안 땀을 흘린 역자의 노고에 격려를 보낸다. 이 책이 한국에서 이루어지고 있는 인도 연구와 종교 연구에 의미 있는 기여를 하기를 기원한다.

2008년 5월

## 감사의 말

이 책을 구성하는 데 많은 사람들의 노고가 있었다. 나에게 관심을 보여준 모든 사람들에게 감사를 전한다. 많은 뛰어난 힌두교 입문서들이 이 책에 영향을 주었는데, 특히 존 브록킹턴(John Brockington), 크리스 풀러(Chris Fuller), 클라우스 클로스테르마이어(Klaus Klostermaier), 줄리우스 립프너(Julius Lipner) 그리고 한 세대 이전 분인 재흐너(R. C. Zaehner)의 영향이 컸다.

나에게 가장 먼저 이 작업을 제안한 랑카스터 대학의 존 클레이튼(John Clayton) 교수와, 처음으로 나에게 힌두교 연구를 소개한 같은 대학의 데이비드 스미스(David Smith) 박사에게 특별히 감사를 전한다. 나는 께랄라의 전통을 소개해준 펜실베니아 대학의 리치 프리먼(Rich Freeman) 박사의 연구에 깊은 영향을 받았다. 펜실베니아 대학의 수마띠 라마스와미(Sumati Ramaswami) 박사, 스티브 제이콥스(Steve Jacobs, 웰스대학 대학원생), 께랄라에 있는 빠얀누르(Payannur)의 에이 탐반(A. Thamban) 씨, 나에게 좋은 오후 시간을 내서 대화를 해준 뜨리쭈르(Trichur) 근처 뻬루와남(Peruvanam) 사원의 사제 아누이안 밧따띠립빠뚜(K.P.C. Anujan

Bhattatirippatu)에게 감사를 전하고 싶다. 웰스 대학의 올리버 데이비스(Oliver Davies) 박사, 램프터(Lampter)와 나누었던 내실 있는 토론들은 이 연구에 커다란 영향을 주었으며, 뉴질랜드 빅토리아 대학의 팰루 모리스(Palu Morris) 교수와 캠브리지 대학 출판 독자가 이 책에 유용한 관심을 보여주었다. 대영박물관의 블러튼(R. Blurton) 박사는 나에게 박물관 수집물을 삽화로 복사하는 것을 허락해주었다. 삽화 작업을 도와준 랑카스터 대학의 킴 박스터(Kim Baxter) 양과 관심과 격려를 아끼지 않은 캠브리지 대학 출판의 알렉스 라이트(Alex Wright) 씨에게도 감사를 전하고 싶다.

## 일러두기

산스끄리뜨 어휘의 음역에 대한 교육부 안이 산스끄리뜨를 전혀 고려하고 있지 않기 때문에 그것을 따를 경우 많은 문제점이 생긴다. 이는 이재숙·이광수 옮김 『마누법전』(서울: 한길사, 1999)에서 이미 지적한 바 있으며, 이에 따라 위의 책은 여러 문제 해결을 위해 나름의 규칙을 정리하여 그에 따르고 있다. 같은 문제를 고려하여, 이 책의 산스끄리뜨 어휘의 음역은 『마누법전』에서 세운 음역표기법을 그대로 따른다. 그 구체적인 내용은 다음과 같다.

① 산스끄리뜨 자음의 음가에는 격음과 경음이 따로 있기 때문에 양자를 모두 표기하여, artha → 아르타, kāma → 까마 등으로 표기하기로 한다.

② 산스끄리뜨의 단음과 장음은 우리말로 구분해 적을 수 없기 때문에 단음이나 장음 모두 같게 표기한다. 따라서 karma → 까르마, kāma → 까마, Īśvara → 이슈와라, Indra → 인드라 등으로 한다.

③ v의 음가는 어휘의 모두에 나오는 경우는 'ㅂ'으로 처리하여, Veda → 베다, Varuṇ → 바루나, Vaiśya → 바이시야 등으로 하고, 어휘의 중간에 오는 경우는 /w/로 처리한다. 따라서 Viśvadeva → 비슈와데와, Daiva → 다이와, Gandharva → 간다르와 등으로 한다.

④ 비음이 반자음으로 쓰이는 경우에 ṃ, ṅ, ñ, n, m 은 산스끄리뜨 음운법칙에 따라 /n/, /m/, /ŋ/에 알맞은 받침으로 하고, ñ의 경우 그 뒤 모음에 따라 /ya/ 등으로 한다. 따라서 mīmāṅsā → 미만사, vedaṅga → 베당가, Cuñcu → 쭌쭈, pākayajña → 빠까야쟈, Yājñavalkya → 야쟈왈끼야 등으로 한다.

⑤ n, ṇ이 비음이 아닌 경우 모두 대표음인 /n/으로 하여 Manu → 마누, narāyaṇa → 나라야나 등으로 한다.

⑥ ya 등의 앞에 반자음이 오는 경우는 모두 앞의 반자음에 /i/ 모음을 준다. 예를 들어 ārya → 아리야, ācārya → 아짜리야, vaiśya → 바이시야 등으로 표기한다.

⑦ 기음(氣音) ś와 치찰음 ṣ는 /a/와 함께 있을 때는 /śa/ /ṣa/로 하여 모두 '샤'로 표기하고, /i/와 함께 있을 때는 모두 '쉬'로, /u/와 함께 있을 때는 '슈'로 표기한다. 따라서 śākti → 샥띠, Viṣṇu → 비슈누, Śri → 슈리, Śiva → 쉬바 등으로 한다.

⑧ ḍ, ṭ 등 권설음과 gh, dh, bh 등 복합자음의 경우, 각각 d, t, 그리고 g, d, b와 구별하지 않고 적는다. 따라서 Mahābhārata → 마하바라따, Kuṇḍalinī → 꾼달리니, Bhāratī → 바라띠 등으로 한다.

⑨ 반자음 처리는 두 경우로 한다. k열, t열, s열이 연달아 올 때는 앞의 것을 받침으로 하고, 그 외의 경우에는 그대로 반자음으로 처리한다. 따라서 Matsya → 맛시야, bhakti → 박띠, Dakṣa → 닥샤, ātman → 아뜨만, Brahmā → 브라흐마 등으로 한다. brahman은 브라흐만, Brāhmaṇa는 브라흐마나로 하고, 신분을 의미하는 경우에는 예외적으로 '브라만'이라 하여, 본질을 의미하는 브라흐만과 구별한다.

⑩ 위의 규칙 ③의 내용 가운데, v 음가가 어휘의 중간에 오는 경우 모두 /w/로 처리하지만, Śiva의 경우에 이미 쉬바라는 명칭이 대중적으로 많이 사용되고 있기 때문에, 오해를 막기 위해 쉬와 대신 쉬바로 하며, 그로부터 파생되는 단어 모두에 쉬바로 한다. 따라서 Sadāśiva → 사다쉬바, Śivananda → 쉬바난다 등으로 한다.

## 약어와 텍스트

다음은 산스끄리뜨 텍스트에 대한 약어이다. 본문에서는 약어가 거의 사용되지 않고 참고문헌에만 나오므로 참고문헌을 볼 때 이를 참고하면 된다.

| | |
|---|---|
| *Ait.Ar.* | *Aitareya Āraṇyaka* |
| *Ap.Gr.S.* | *Āpasthamba Gṛhya Sūtras*, H. Oldenberg, *Gṛhya Sūtras,* SBE 29,30(Delhi:MLBD, 재인쇄 1964-5) |
| *Ap.S.S.* | *Āpasthamba Śrauta Sūtra* |
| *Ar.S.* | *Ārtha Śāstra of Kautilya.* L. N. Rangarajan, *The Arthashastra*(Delhi:Penguin, 1992) |
| *As.Gr.S.* | *Āśvalāyana Gṛhya Sūtra.* H. Oldenberg, *The Gṛhya Sūtras,* SBE 29, 30(Delhi:MLBD, 재인쇄 1964-5) |
| *Ast.* | *Aṣṭādhyāyī* of Pānini. G. Cardona, *Pānini, His Work and its Traditions,* vol. I (Delhi:MLBD, 1988) 참조. |
| *Ath.V.* | *Atharva Veda.* M. Bloomfield, *Hymns of the Atharva Veda,* SBE 42(1897;Delhi:MLBD, 재인쇄 1967) |
| *BAU* | *Bṛhadāraṇyaka Upaniṣad,* S. Radhakrishnan, *The Principal Upaniṣads*(London:Unwin Hyman, 1953) |
| *Baud.SS.* | *Baudhāyana Śrauta Sūtra* |
| *Bh.G* | *Bhagavad Gītā.* J. van Buitenen, *The Bhagavadgītā in the Mahābhārata*(Chicago and London:University of Chicago Press, 1981) |
| *BSB* | *Brahma Sūtra Bhāṣya,* G. Thibaut, *Vedānta Sūtras with Commentary by Śaṅkarācārya,* 2vols., SBE 34, 38(Delhi:MLBD, 재인쇄 1987) |
| *Ch.U.* | *Chāndogya Upanisad.* Radhakrishnan, *The Principal Upanisads* |

| | |
|---|---|
| *Dbh.Pur.* | *Devībhāgavata Purāṇa*. C. M. Brown, *The Triumph of the Goddess:The Canonical Models and Theological Visions of the Devī-Bhāgavata-Purāṇa*(Albany:SUNY Press, 1990) 참조. |
| *Devma.* | *Devīmahātmya*. T. B. Coburn, *Encountering the Goddess, a Translation of the Devīmahātmya and Study of Its Interpretation*(Albany:SUNY Press, 1991) |
| *Gaut.Dh.* | *Gautama Dharma Śāstra*. G. Bühler, *The Sacred Laws of the āryas*, SBE 2(Delhi:MLBD, 재인쇄 1987) |
| *Hat.Yog.* | *Haṭhayogapradīpikā of Svātmarāma*. T. Tatya, *The Haṭhayogapradīpikā of Svātmarāma*(Madras:Adyar Library, 1972) |
| *Jab.U.* | *Jābāla Upaniṣad*. Patricke Olivelle, *The Saṃnyāsa Upaniṣads:Hindu Scriptures on Asceticism and Renunciation*(New York and Oxford:Oxford University Press, 1992) |
| *Jay.Sam.* | *Jayākhya Saṃhitā* |
| *Kat.U.* | *Kaṭha Upaniṣad*. Radhakrishnan, *The Principal Upaniṣads* |
| *Kau.* | *Kaulakjñānanirṇaya* |
| *KBT* | *Kubjikāmata Tantra* |
| *Kur.Pur.* | *Kūrma Purāṇa*. A Board of Scholars, *The Kūrma Purāṇa*, All India Tradition and Mythology(Delhi:MLBD, 1973) |
| *Mahbhas.* | *Mahābhāṣya* of Patañjali |
| *Mahnar.U* | *Mahānārāyaṇa Upaniṣad* |
| *Mait.U.* | *Maitrī Upaniṣad* |
| *Manu* | *Manu-smṛti*. W. Doniger, *The Laws of Manu*(Harmondsworth:Penguin, 1991) |

| | |
|---|---|
| *Mark.Pur.* | *Mārkandeya Purāṇa.* F. E. Pagiter, *The Mārkandeya Purāṇa*(Delhi:MLBD, 재인쇄 1969) |
| *Mat.Pur.* | *Matsya Purāṇa.* A Board of Scholars, *The Matsy Purāṇa* (Delhi:AITM, 1973) |
| *Mbh.* | *Mahābhārata.* J. A. B. van Buitenen, *The Mahābhārata,* 3 vols.(University of Chicago Press, 1973-8). W. Buck, *The Mahābhārata Retold*(Berkeley and Los Angeles:University of California Press, 1973) |
| MLBD | Motilal Banarsidass |
| *MS.* | *Mīmāṃsā Sūtras* of Jaimini. M. C. Sandal, *The Mīmāṃsā Sūtras of Jaimini,* 2vols.(Delhi:MLBD, 재인쇄 1980) |
| *M.Stav.* | *Mahimnastava.* Arthur Avalon, *The Greatness of Śiva, Mahimnastava of Puṣpadanta*(Madras:Ganesh and Co., 재인쇄 1963) |
| *Nar.U.* | *Nāradaparivrājaka Upaniṣad.* P. Olivelle, *The Saṃnyāsa Upanisads* |
| *Pas.Su.* | *Pāśupata Sūtra.* H. Chakraborti, *Pāśupata-Sūtram with Pañchārtha-Bhāṣya of Kauṇḍinya*(Calcutta:Academic Publisher, 1970) |
| *RV* | *Ṛg Veda Samhitā,* 찬송 부분은 M. Müller, *Vedic Hymns,* 2vols., SBE 32, 46(Delhi:MLBD, 재인쇄 1973)과 W. D. O'Flaherty, *The Rig Veda* (Harmondsworth:Penguin, 1981)에서 확인가능하다. |
| *Sam.Kar.* | *Sāṃkhya Kārikā of Īśvarakṛṣṇa.* G. Larson, *Classical Sāṃkhya*(Delhi:MLBD, 1979) |
| *Sat.Br.* | *Śatapatha Brāhmaṇa.* J. Eggeling, *The Śatapatha -Brāhmaṇa,* 5vols.,SBE 12, 26, 41, 43, 44(Delhi:MLBD, 재인쇄 1978-82) |
| SBE | Sacred books of the East |
| *Sp.Nir.* | *Spanda-Nirṇaya of Kṣemarāja.* J. Singh, *Spanda Kārikās*(Delhi:MLBD, 1980) |

| | |
|---|---|
| *Sribha.* | *Śrībhāṣya* of Rāmānuja. G. Thibaut, *The Vedānta-sūtras with Commentary by Rāmānuja*, SBE 48(Delhi:MLBD, 재인쇄 1976) |
| *Svet.U.* | *Śvetāśvatara Upaniṣad.* Radhakrishnan, *The Principal Upaniṣads* |
| *TA* | *Tantrāloka* of Abhinavagupta |
| *Tait.Sam.* | *Taittirīya Samhitā.* A. B. Keith, in *The Veda of the Black Yajus School Entitled Taittiriya Sanhita*, 2vols., Harvard Oriental Series 18, 19(Cambridge:Mass.:Harvard University Press, 1914) |
| *Tait.Up.* | *Taittirīya Upaniṣad.* Radhakrishnan, *The Principal Upaniṣads* |
| *Vaj.Sam.* | *Vājasaneyi Samhitā* |
| *Vakpad.* | *Vākyapādiya of Bhartṛhari.* K. A. Iyer, *The Vākyapādiya* (Poona:Deccan Collage, 1965) |
| *Vay.Pur.* | *Vāyu Purāṇa.* A Board of Scholars, *The Vāyu Purāṇa*, All India Tradition and Mythology(Delhi:MLBD, 1973) |
| *Vis.Pur.* | *Viṣṇu Purāṇ.* H. H. Wilson, *The Viṣṇu Purāṇ:A System of Hindu Mythology and Tradition*(Calcutta:Punthi Pustak, 재인쇄 1967) |
| *Vis.Smrt.* | *Viṣṇu Smṛti.* J. Jolly, *The Institutes of Viṣṇu*, SBE 7(Delhi:MLBD, 재인쇄 1965) |
| *Yog.U.* | *Yogattattva Upaniṣad.* T. R. S. Ayyangar, *The Yoga Upaniṣads*(Madras:Adyar Library, 1952) |
| *YS* | *Yoga Sūtras* of Patañjali. YS bhaṣya 참조 |
| *YS bhaṣya* | *Yoga Sūtra-bhaṣya* of Vyāsa. Swami H. Āraṇya, *Yoga Philosophy of Patañjali*(Albany:SUNY Press, 1983) |

# 서문

11세기 초 인도를 방문한 뛰어난 이슬람 연구자 알-비루니(Al-Bīrūnī)는 힌두 철학자들과 일반인들의 견해를 구분 지었다.* 그는 힌두 철학자들에게서 자신의 일신교적 믿음과 유사한 것을 발견할 수 있다고 생각했다. 알-비루니의 생각이 옳을 수도 있고 그렇지 않을 수도 있지만, 여기서 중요한 것은 아주 오래 전에 한 외부인이 힌두교의 다양성과 그것을 하나로 묶어주는 통일성이 나타난다는 점을 인식했다는 점이다. 알-비루니는 대중 종교의 다양성 밑바탕에 깔려 있는 것이 힌두 전통의 철학적인 통일성이라고 보았던 것이다. 이 책에서 나는 '힌두교'로 알려져 있는 그 광범위한 다양성을 개괄하고, 거기에서 나타나는 몇 가지 보편적인 요소와 그것들을 통합하는 주제들을 다루고자 한다.

힌두교는 인도와 네팔 사람들 대다수의 종교일 뿐 아니라 다른 모든 대륙에서도 중요한 문화적 영향력을 가지고 있다. 남아시아를 방문하는 서양 사람들은 일상 의례에서 나타나는 색깔, 소리, 냄새들 그리고 사람들의 생활에서 종교가 중심에 놓여 있는 것을 목격

---

* Sachau, *Alberuni's India*, vol.1(London:Trubner and Co.,1888), pp. 22-3.

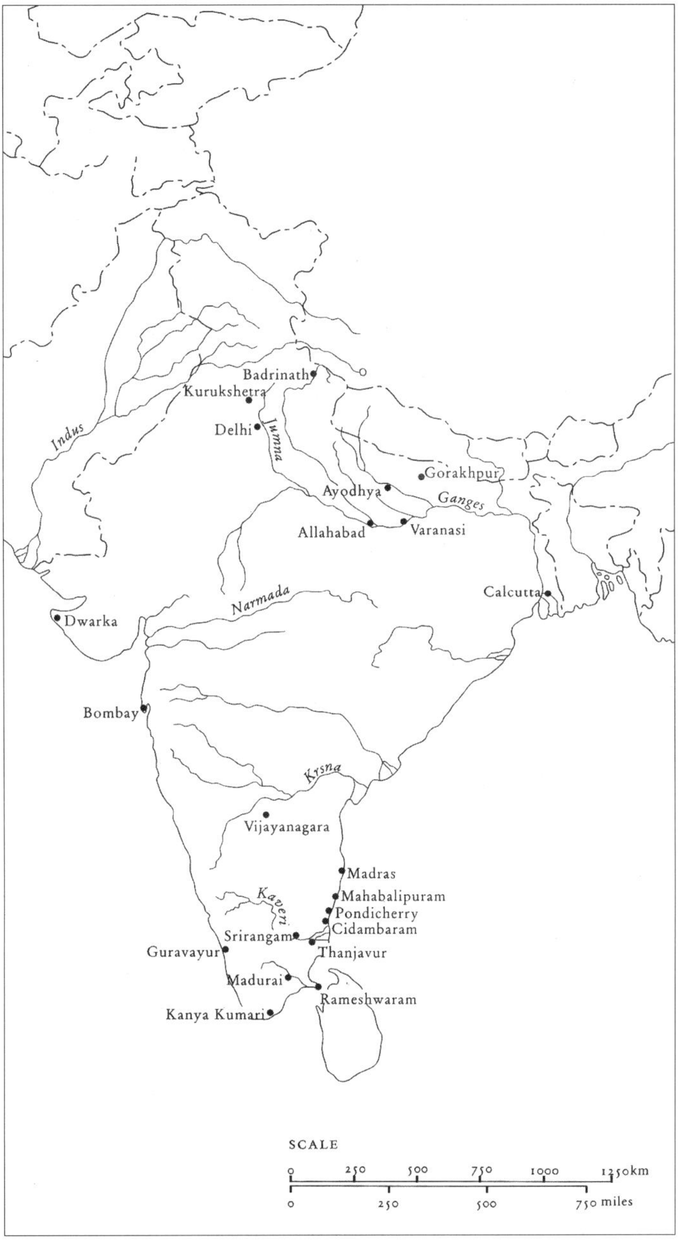


〈지도1〉 몇몇 주요 성지를 보여주는 지도

하고 강한 인상을 받는다. 토착 여신들이나 신성화된 조상들을 모신 신당이 길가 어느 곳에나 즐비하고, 비슈누 혹은 쉬바와 같은 위대한 신에 대한 웅장한 사원, 축제, 강이나 성지를 순례하러 다니는 순례자들, 버스, 상점, 가정마다 화환을 두른 신과 성자의 그림들이 가득하다. 사람들은 힌두들이 힌두교를 종교라기보다는 하나의 삶의 방식이라고 말하는 것을 쉽게 들을 수 있을 것이다. 알-비루니의 논평과는 다르게 힌두교는, 서양과는 매우 다르지만 나름대로 발전되고 상세한 철학과 신학 전통 또한 포함하고 있다.

이 책은 힌두교에 대한 역사적인 측면과 몇 가지 주제들에 대한 입문서이다. 말하자면, 힌두교의 구조를 분명히 하기 위한 시도이면서, 외관상 모순적으로 보이는 현상들과 그 내부의 일관성을 설명하기 위한 것이다. 하나의 주제 속에서 5천 년이라는 역사와, 지리적으로 거대한 지역에 걸쳐 있는 모든 것을 포함하기란 불가능하다는 점을 인식하면서 이 책은 그 역사, 전통, 의례와 힌두교의 신학을 아우르면서 독자들이 이해할 수 있도록 돕는 것을 목적으로 한다. 물론 이처럼 주제별 접근과 역사적 접근을 하다 보니 어쩔 수 없이 몇 군데 내용이 중복되는 경우도 없지 않지만, 바라건대 중요한 주제들과 사상들이 상호 강화되는 결과를 가져오기를 기대한다. 이 책에서는 세속인과 탈세속인의 영역을 구별해서 기술하고 있으며, 힌두 전통들을 하나로 아우르는 현상으로서 의례를 강조하고 있다. 또한 그동안 과소평가되어온 딴뜨라 전통에 주안점을 두었다. 힌두교의 일반적인 인상을 알고자 하는 독자들에게는 서론인 1장과 힌두 의례(내 개인적으로는, 힌두교는 그 교리보다는 의례가 더 중요한 부분이라 생각한다)에 관한 9장이 유익할 것이다. 신학과 철학에 대해 관심이 있는 독자들에게는 10장이 체계적인 개관을 제공할 것이다. 본래 이 책의 예상 독자들은 대학에서 인문학 과정을 공부하고 있는 학생들이지만 그 외에도 특히 스스로 힌두 공동체에 속하는 사람들이 이 책에서 몇 가지 흥미로운 점들을 발견할 수 있으면 좋겠다는 바람이다.

1장은 '힌두교란 무엇인가?'로 시작한다. 이것은 대단히 복잡한 문제이다. 왜냐하면 '힌두'라는 용어가 겨우 지난 2~3세기 동안 반복적으로 사용되어온 용어이다 보니, 과거 속에서 힌두교를 읽어내는 데는 문제가 많을 수밖에 없기 때문이다. 이 장에서는 힌두교의 이러한 문제들을 이야기하고, 이것을 통해 일반적인 특성을 알아보며 좀 더 나아가 현대 학계의 논쟁에 대해 살펴본다. 두 번째 장은 힌두교 전통을 역사적으로 살펴보기로 한다. 베다 종교에서 시작해서 힌두교의 천계서인 베다를 만든 아리야 문화와 인더스 강 유역 문화의 관계를 고찰한다. 3장은 2장에 이은 역사적 개관으로서 진리와 의무를 포괄하는 다르마(*dharma*) 사상에 관한 논의와 함께 카스트와 왕권 제도에 관해 살펴본다. 4장은 세상을 포기하는 사상에 대해 소개하고 금욕과 요가(yoga)를 통한 윤회로부터 벗어나는 해탈 사상을 검토한다. 5장에서 8장까지는 힌두교의 대전통에 대해서 알아보는데, 비슈누와 그 화신들을 중심으로 한 비슈누교, 쉬바를 중심으로 한 쉬바교, 그리고 여신인 데위(Devī)를 중심으로 한 샥띠교에 대해 기술한다. 9장과 10장은 주제별 접근을 하는데, 힌두 의례와 힌두 신학을 각각 제시한다. 11장은 힌두교가 하나의 세계 종교로 발전해가는 과정을 추적하고, 최근 힌두 민족주의자들의 정치 속에 두드러지게 나타나는 현상을 추적한다.

이 책을 쓰면서 나는, 모든 사람들이 어떤 의미에서는 '세계시민'이 된 현대 세계에서 종교 연구는 가장 중요한 부분이 아닌가 그리고 그와 관련한 정체성과 의미의 문제들은 그 어느 때보다도 중요해지지 않았나 생각해보았다. 힌두교에서 우리는 현대적 공동체 특성을 가지는 두 가지 문화적인 동력을 발견할 수 있다. 하나는 기독교, 불교 혹은 이슬람교와 나란히 초국가적 세계종교로서 세계화를 향하는 그리고 정체성 형성의 매개가 되는 동력이고, 다른 하나는 국가적 정체성을 부여하는 파편적 동력이다. 세계화로 향하는 문화적 동력으로서 그리고 파편화된 민족주의로서 이 두 가지 동력은 힌두교 안에 강력하며, 앞으로도 더욱 두드러진 목소리로 남을 것이다.

나는 이 책을 읽는 힌두들이 여기서 자신들의 전통을 조금이나마 발견하기를 희망한다. 또한 내가 이 책에서 어떤 부분은 강조하고 어떤 부분은 언급하지도 않으면서 시도한 이야기들에 대한 판단을 독자들의 몫으로 남겨두는 바이다.

# 차례

# 제1장 출발점

힌두교란 무엇인가? 간단히 말해서 힌두교란 인도와 네팔에 사는 대다수 사람들과 다른 대륙에 사는 몇몇 공동체 가운데 스스로를 소위 '힌두'라고 부르는 사람들이 믿고 있는 종교를 의미한다. 힌두교의 다양성은 실로 방대할 뿐 아니라 역사가 길고 복잡하기 때문에 그 의미가 무엇인지 정확히 이해하기 어렵다. 전통 안팎으로 다양성이 존재하기 때문에 '힌두교라 할 만한 것이 없다'고 주장하는 사람이 있는가 하면 어떤 이들은 이러한 다양성에도 불구하고 힌두교라 표현할 수 있는 구조나 유형이 될 만한 소위 '본질'이 있다고 주장한다. 이러한 주장 어딘가에 아마도 정답이 있을 것이다. 많은 힌두들에게 물어보면 스스로 기독교, 무슬림 혹은 불교도와는 다른 '힌두'라는 정체성이 있음을 확신할 것이다. 하지만 자신을 힌두라고 하는 종류는 가지각색일 것이고, 이들 서로 간의 차이는 힌두와 불교 혹은 기독교인 간의 차이만큼이나 클 것이다.

인도의 약 9억 인구[1] 가운데 7억 명이 힌두이고 나머지가 무슬림, 시크, 기독교도, 자이나교도, 불교도, 조로아스터교도, 유대교도 그리고 일명 '부족' 종교를 믿는 사람이다. 대략 1억 2천만 명 정도가 무슬림이고, 4천5백만 명이 부족민인 아드와시(*ādivāsī*)이며 1천4백만 명이 시크 그리고 대략 1천4백만 명 정도가 기독교인이다.[2] 현재 이들은 다양한 방식으로 힌두교와 상호작용하면서 방대한 종교, 문화적 집단의 혼합을 이루고 있다. 또한 이 거대한 힌두 공동체는 남아프리카, 동아프리카, 남미, 서인도, 미국, 캐나다, 유럽, 오스트레일리아, 뉴질랜드, 발리와 자바의 경계를 넘어서 존재한다. 미국의 1981년 센서스에 따르면 인도 공동체 인구가 38만 7천2백23명으로 추정되는데, 그들 대부분이 힌두였으며 같은 해 영국에서 힌두의 수는 대략 30만 명으로 추정되었다.[3] 힌두교나 거기에서 파생된 종교를 믿자고 주장하는 유럽인이나 미국인도 많이 있고, 까르마(karma), 요가 그리고 채식주의와 같은 힌두 사상은 현재 서양에도 그리 특이한 일은 아니다.

실제 '힌두'라는 용어는 지리와 관련된 페르시아어로, 인더스 강(산스끄리뜨로는 신두, *sindhu*) 건너에 살던 사람을 지칭하는 데서 처음 나온다. 아랍 텍스트에서 알-힌드(Al-Hind)는 현대의 인도 사람[4]이라는 용어이다. 'Hindu', 혹은 'Hindoo'는 18세기 말까지 영국인들이 인도 북서부 지역에 사는 사람에 대해 '힌두스탄'의 사람이라 부르며 사용하였다. 궁극적으로 '힌두'는 사실상 무슬림, 시크, 자이나, 기독교인이 아닌 '인도인'의 의미로 쓰였으며, 그 속에는 종교적인 믿음과 수행의 범위까지 포함하고 있다. '-교(-ism)'는 1830년경 타종교와 다른 상층 카스트 브라만 문화와 종교를 의미하는 것이 '힌두'에 더해진 것이며, 소위 '힌두'라는 용어가 16세기 초 '야와나(Yavana)' 즉 무슬림과는 대조적인 의미로 산스끄리뜨와 벵갈의 위인전 텍스트에서 사용[5]되었음에도, 이 용어는 곧 인도인들 스스로 식민주의에 대항해 민족 정체성을 세우는 과정에서 그 가치가 인정되었다.[6]

## 힌두교의 정의

전통과 사상이라는 방대한 범위가 '힌두'라는 용어를 아우르고 있기 때문에 힌두교를 한마디로 정의하는 데에는 문제가 있다. 일부 그렇지 않은 부분도 있지만, 대부분의 힌두 전통에서는 성스러운 문헌의 실체인 베다를 성서로 숭배하며 일부 전통에서는 일정한 의례를 구원의 필수 요소로 간주한다. 어떤 힌두 철학 사상은 우주를 창조, 유지, 파괴하는 유신론적인 실체를 가정하고 있으며 어떤 사상은 이러한 것들을 거부한다. 힌두교는 종종 모든 행위에 대한 결과(*karma*)에 따라서 결정되는 윤회의 세상(*saṃsāra* 산사라)이라는 믿음으로 특징 지워지며, 구원은 이러한 사이클에서 벗어나는 것이다. 그런데 남아시아에서는 불교나 자이나교와 같은 타종교에서도 이러한 믿음이 유지되고 있다. 정의의 문제는 힌두교가 많은 다른 세계 종교처럼 역사적인 창조주를 가지고 있지 않다는 점에서 기인한다. 힌두교의 경우 어떠한 교의나 성서로 체계화된 통일된 믿음 체계를 가지고 있지 않고, 단일한 구원 방식도 없으며 권위적이거나 관료적인 구조가 중심을 이루는 것도 아니다. 이러한 측면에서 힌두교는 유일신적인 서양의 기독교나 이슬람교 전통과는 매우 다른 종교이다. 하지만 유대교와는 좀 더 비슷해 보이는데, 이 점에 관해서는 논쟁의 여지가 있다고 본다.

독립 인도의 첫 수상 자와하를랄 네루(Jawaharlal Nehru)는 힌두교를 '사람에 따라 다른 것'[7]이라고 말했다. 이 말에는 분명 힌두교에 대한 정의가 들어 있다. 그러나 이 책에서 사용하기에는 그 범위가 너무 포괄적이다. 하지만 현재로서는 힌두교의 완벽한 정의를 내리는 것이 불가능하다고 해서 그 용어가 무의미하다는 것은 아니다. '힌두'의 개념에는 핵심이 되는 실천, 텍스트, 믿음이 분명히 존재하고 있고, 그 외에도 힌두교를 이루는 요소가 있다. 어떤 특질에 의해 정의되는 특정 진리에 관한 고전적 의미에서 볼 때, 나는 '힌두교'가 하나의 범주라고 할 수 없다는 견해를 가지고 있다. 그렇지만 그 안에는 힌두 관행과 신앙에 관한 원형적인 형태가 있는 것이 사실이다. 남인도 따밀나두(Tamilnadu)에 현존하는 힌두신 비슈누(Viṣṇu)에 대한 상층 카스트의 믿음과 실천은 명확하게 '힌두'의 범주로 분류되며 이러한 믿음과 실천은 힌두 범주의 전형에 해당한다. 뻔잡(Punjab)에서는 베다를 성서로 인정하지 않으며 심지어 많은 힌두 가르침을 거부하는 사람들이 특성이 없는 신으로 라다소아미(Radhasoami)를 숭배하는데, 이처럼 불특정한 신에 대한 믿음과 실천은 전형적인 힌두는 아니지만 이 역시 힌두교의 범위에 포함한다. 비슈누를 믿는 남인도인은 라다소아미를 믿는 사람들보다 더 전형적으로 '힌두' 범주에 속하는 사람들이다. 다시 말해 '힌두교'는 고전적인 의미에서 어떤 것에 속하거나 그렇지 않다는 하나의 범주가 아니라 전형이론의 의미에 좀 더 가깝다.

조지 라코프(George Lakoff)[8]에 의해서 발전한 전형이론은 엄격한 경계 없이 좀 더 넓은 의미에서 같은 범주의 정도로 보는 것을 말한다. 그리고 한 범주 내에서 일부 구성원들은 다른 사람들보다 좀 더 전형적이라고 말하는 것이다. 이 범주의 정도란 집단의 유사성과 관계있으며 '모든 구성원이 범주를 한정하는 어떠한 보편적인 특성 없이도 서로 관계될 수 있다'는 개념이다.[9] 이러한 의미에서 힌두교는 하나의 범주로 보일 수는 있으나 그 경계가 분명치 않다.

종교의 몇 가지 형태는 힌두교에서 중요한 요소인 반면에 몇 가지는 덜 중요하긴 하지만 모두가 같은 범주에 속해 있다.

힌두교의 범주에서 중요한 것과 그렇지 않은 것을 말하는 것은 전형성의 정도를 판단하기 위함이다. 그러한 판단의 기초에는 의문이 생긴다. 우리는 한편으로 힌두교가 그 고유한 자기 해석에서 범주를 발전[10]시켰기 때문에 힌두 스스로에 대한 이해가 필요할 뿐 아니라, 다른 한편으로는 외부의 전통에서 보이는 힌두교의 보편적인 구조나 구조적인 원리에 대한 학자적인 이해로 눈을 돌려야 한다.

종교가 학자의 상상의 산물[11]이라고 말한 조나단 스미스(Jonathan Z. Smith)의 말에 나는 일부 동의하지만, 학문의 영역에 한해서는 일부 논의의 축소, 선택, 강조, 다른 논의의 주제, 다른 것의 배경을 포함한다고 본다. 하지만 소위 '힌두교'에는 방대한 의례 수행 체계, 행위 형태, 교리, 실화, 성전이 존재하며, 여러 개인적인 경험과 증언에서 '힌두교'라는 용어는 짙게 감지된다. 비록 그 안에 엄청난 다양성을 포용하고 있는 종교라고 해도, 분명 '힌두'라는 용어는 현재 남아시아의 지배적인 종교와 관계가 있다. 오늘날 우리가 알고 있는 세계종교로서 힌두교의 구조는 19세기 이후에 이르러 형성되기 시작했는데, 이때부터 힌두교라는 용어가 힌두 개혁가와 서양의 오리엔탈리스트들에 의해 사용되었음을 마음에 새기는 것이 중요하다. 그러나 그것의 기원과 '흐름'은 인더스 강 문명으로까지 거슬러 올라간다. 아주 오랜 고대부터 그 토양은 마련되고 있었다.[12] 나는 일부 학자들이 고수해온 바[13]와 마찬가지로 '힌두교'가 순수하게 남아시아라는 방대한 지리적 영토 속에서 서양 오리엔탈리스트들이 종교 현상의 다양성을 이해하기 위해 시도한 산물일 뿐이라는 견해에는 동의하지 않는다. '힌두교' 역시 힌두 자각에서 기인한 하나의 발전적인 측면이며, 근대 세계에서 이러한 주제는 이미 나타나고 있었다. 나는 현대 종교로서뿐만 아니라 전통의 현재적인 형태를 이끌어내기 위해 필요한 자격으로 '힌두'라는 용어를 사용하고자 한다.

## 종교와 성(聖)

하나의 종교로서 힌두교를 이해하는 데에는 부분적으로 '종교'라는 의미를 따른다. 우리가 힌두교를 이해하는 데에는 서양에서 규정하는 종교라는 개념과 서양의 기독교와는 '다른 것'으로 힌두교의 개념을 조정할 필요가 있다.[14] 이 장이 종교의 의미에 대한 정교한 논의의 장은 아니지만, 그에 대해 몇 가지 언급하고 그 사용 요소를 지적하는 것은 중요한 일이라고 본다. '종교'의 범주는 기독교에서 발전한 것으로, 주로 신교도들이 믿음이라는 관점에서 정의하며, '종교'와 동의어로 '신앙'이란 용어를 자주 사용한다. 만약에 '종교'를 우리가 인간의 세계관과 습관을 이해하는 데 공헌하는 것이라고 정의한다면, 순수하게 믿음이라는 의미에서는 그 특성이 부적절하며 인간이 지닌 습관의 다양성을 포함하려면 그 의미는 수정될 필요가 있다.

종교의 정의에는 많은 논쟁과 이견이 있지만, 용어의 사용에 있어서 그 의미하는 바가 무엇인지에 대해서는 몇 가지 생각해볼 점이 있다. 종교는 분명 인간 사회와 문화 속에서 자리매김 될 필요가 있는 것으로, 특정 문화와 사회를 벗어나서는 종교에 관한 논의가 무의미하다. 유명한 사회학자 에밀 뒤르껭(Emile Durkheim)은 1915년에 처음 출간한 자신의 저서 『종교적인 삶의 기본 형태』(*The Elementary Forms of the Religious Life*)에서 종교를 '신성한 것에 대한 믿음과 실천이 유형화된 틀'로, 사람들 간에 사회적인 끈을 만들어내는 것이라 정의했다.[15] 믿음과 실천의 유형화된 틀은 피터 버거(Peter Berger)가 간단히 '신성한 덮개'라고 표현하는 것으로, 개인적이고 사회적인 삶에 의미를 불어넣어 행동한다는 일종의 상징체계이다. '신성한' 것은 정해진 객체, 사람, 장소에 머물러 있다고 믿어지며 혼돈과 죽음에 대립하는 것으로 신비로운 힘의 특성에 속하는 것이다. 버거에 따르면 종교란 '무질서 상태의 공포를 막는 궁극적인 방어막'을 제공하는 하나의 '성스러운 우주'를 확고히 하는 것으로 본다.[16]

종교사에서 성(聖)은 인간의 경험에 매우 중요한 의미로 작용한다. 힌두교에서 성(聖)은 자아 밖에 있는 더욱 큰 존재를 경험하게 되는 것이다. 독일 신학자 루돌프 오토(Rudolf Otto)는 그것을 경외심, 황홀함, 신비로움으로 특징되는 '초자연적' 경험이라는 신조어로 사용하였다.[17] 즉 신성하다는 의미는 자신의 내적 혹은 상대적인 경험으로 생기는 것으로서, 이것을 '신비로운' 경험이라 한다.[18]

최근에는 '종교적'인 것보다는 주로 '정치적'[19]인 것에 대한 연구 경향을 띠고 있다. 정치적인 것과 마찬가지로 종교적인 것은 특정한 문화적 맥락 안에서만 존재한다는 점을 인식하는 것이 중요한데, 성(聖)의 개념은 문화 안에서 종교적 논의와는 차이가 있다. 신성은 사원, 특정한 장소, 형상과 사람 등 다양한 환경에서 드러나는 신성한 힘으로 간주된다. 이러한 힘은 정치적인 힘과 분리될 수는 없지만 대중적인 종교 축제와 개인적인 신애(信愛, *bhakti* 박띠) 그리고 내적인 무아지경의 상태를 야기하는 금욕주의적 실천들로 보여줌으로써 독립적으로 존재할 수 있다.

성(聖)은 오로지 문화 안에서만 존재한다. 조나단 스미스가 관찰한 바에 따르면, 신성한 것과 일상적인 것의 범주는 독립적인 것이 아니라 상대적이며, 환경과 상황에 따라 변화한다고 보았다. 힌두교에는 선천적인 신성함이란 하나도 없다. 시간, 객체 혹은 사람의 신성함은 환경에 따른 것이고 신성한 것과 일상적인 것의 경계는 유동적이다. 어느 날 공동체와 신을 중재하면서 신으로 자리하던 의례적인 춤 수행자가 다음날은 단순한 인간으로 돌아가는 것이다. 혹은 성화(聖化)되기 전, 사원 신상이나 성물은 대부분 돌이나 금속 혹은 나무로 되어 있지만, 일단 한번 신성시된 것에는 힘이 부여되어 중재의 핵심이 된다. 즉 '이것은 우리가 특별한 방식으로 그것에 주의를 기울이면서 성화시키게 된다.'[20] 힌두교의 성(聖)은 조절되면서 변형된 매우 풍부한 종교적 상상을 만들어낸 셀 수 없을 만큼 많은 변화하는 형태들을 통해 조절되고 있다.

니니안 스마트(Ninian Smart)가 지적한 대로 인간의 경험에서 나오는 이러한 양상은 현대의 다문화 속에서 없어서는 안 되는 것이다.[21] 힌두교에 관한 이 연구는 이러한 관점을 가지고 종교에 대한 학문적 연구 혹은 종교 연구는 인문학 내에서 수많은 방법을 이끌어낸다고 하는 사실을 주장할 수 있다. 즉, 인류학, 역사학, 철학, 문헌학 등이 그런 것들이다. 소위 '서구' 사회과학자들에 의해 타문화에 대한 객관적 연구 특성에 관해서, 그리고 객관성에서 나오는 다양한 가능성이나 타당성에 대한 의문에서 비롯하는 많은 논쟁거리들이 최근에 제기되고 있다. 프랑스 사회사상가 삐에르 부르디외(Pierre Bourdieu)는 저자가 자신의 입장을 분명히 할 것과 관찰자가 연구의 객관성을 이해하는 과정에서 자신의 한계를 인식할 것을 요구한 바 있다.[22] 우리 모두는 개인적으로 자신이 그리려고 하는 것에 관심이 있지만, 현재의 힌두교 연구는 방법론상으로 볼 때 내부인의 시각이 아니라 외부에서 보는 것들로 진행되고 있는 듯하다. 그러나 힌두교의 객관적인 구조와 그 믿음, 실천,

사용된 방법의 성질 간에는 논리적인 관계가 있기 때문에 빈틈없는 이론으로 이 범주를 이해하는 데 신중을 기해야 한다.[23] 종교 연구 방법은 한편으로 힌두 전통, 힌두 자기 견해의 객관적인 구조와 다른 한편으로 외부(그들이 힌두이든 아니든)의 이른바 '독자'를 중재해야만 한다.[24] 두말할 것도 없이 나는 힌두교가 이 책을 통해 소개하는 전통에 의해 만들어진다는 주장의 사실 여부에는 관심이 없다. 이러한 주장은, 이미 삶 속에 주어져 있으며 그 속에서 각자 개인적인 의미로 깊숙이 자리하게 된 힌두 공동체의 사회적이고 심리적인 구조의 한 부분이라는 것이다.

## 힌두교의 일반적인 특징

많은 힌두들이 우주 저편에 있는 초월적 신을 믿는다. 그런데 그 신은 모든 살아 있는 대상 안에 있으면서 다양한 방식으로 접근할 수 있다. 힌두에게 이 최고의 존재는 잘생긴 젊은 남자, 위대한 왕, 아름다운 소녀, 늙은 여자, 심지어 평범한 돌멩이와 같이 수많은 형태로 숭배 받을 수 있다. 초월성은 사원에 있는 신상이나 자연 현상 혹은 살아 있는 스승이나 성자를 통해서 중재된다. 힌두교는 다신교적인 것이 특징이고, 무수히 많은 신들이 숭배의 대상이 되는 것이 사실이다. 하지만 대부분의 힌두가 이러한 신성한 힘에 대해서 한 가지 모습으로 이해할 것이다. 신애는 위기가 닥치거나, 심지어 업과 윤회의 굴레로부터 궁극적 해탈(*mokṣa* 목샤)에 이르는 도구로 여겨지는 상(像)과 신성한 사람을 통해서 전달되었다. 초월성은 소위 '베다(Veda)'라고 하는 성스러운 문헌과 의례, 다르마라고 하는 사회 윤리적 행위로도 계시되는데, 그러한 것이 문헌으로 나타난다. 베다와 다르마는 힌두에 대한 본질적 이해에 있어서 가장 핵심적인 용어이다.

## 베다와 다르마

베다는 힌두교의 신성한 언어인 산스끄리뜨로 쓰여진 거대한 문헌의 실체로, 계시(*śruti* 슈루띠)와 다르마의 근원으로 숭배된다. 베다라는 용어는 소위 '진리'를 의미하는 것으로, 근본적으로는 고대 현인(*ṛṣi* 리쉬)에게서 나와 이들에 의해 공동체에 전해졌는데, 처음에는 구술 전통으로 세대를 거쳐 전해졌다. 베다는 거대한 산스끄리뜨 문헌의 실체이기도 하지만 행위의 법칙(다르마 문헌)이나 인간과 신들에 관한 이야기(뿌라나, Purāṇa라 불리는 서사시와 신화적인 이야기)와 비교해서 인간의 근원에 관한 실체로 간주되었다. 이 텍스트들은 부차적이거나 간접적인 계시(*smṛti* 스므리띠)로 여겨졌을 것이다.[25] 인도의 여러 지역어 특히 따밀어로 쓰여 있는 텍스트의 경우 몇몇 힌두들은 베다와 똑같이 숭배한다.

비록 베다가 힌두 안에서 보편적으로 수용되지 않고, 베다의 합법적인 권위가 위계적인 사회 질서라는 강제 속에서 거부되는 형태가 있다고는 해도, 계시로서 베다는 힌두교를 이해하는 데 있어서 매우 중요하다. 인정 여부를 떠나 모든 힌두 전통 속에는 베다에 대한 몇 가지 언급이 있다. 일부 학자들은 힌두가 되는 기준으로 베다의 합법적인 권위에 대한 언급을 중시한다.[26] 일종의 관념으로서뿐만 아니라 개념적인 실체로서도 중요하지만 베다의 실제 내용은 힌두 전통에 의해 종종 경시되기도 한다. 오히려 베다는 힌두 정체성과 자기 이해의 구조에 대한 하나의 평가 기준 역할을 한다.[27]

다르마는 베다에서 드러난다. 이는 산스끄리뜨로, 영어의 '종교'

라는 용어와 의미론적으로 가장 유사하지만, 소위 '진리', '의무', '도덕', '법' 심지어는 '자연법'에 관한 통합적인 사상의 의미를 띠므로 종교보다도 넓은 의미를 함축하고 있다. 이것은 사회와 우주를 떠받치거나 후원하는 힘으로, 그것들이 지닌 독자성을 가지고 현상을 강제하는 힘이며, 사회와 우주에 존재하는 생각을 만들어내는 힘이다.[28] 19세기 힌두 개혁가들은 힌두교를 영원불멸한 종교, 즉 법(*sanātana dharma* 사나따나 다르마)으로서, 오늘날 근대 힌두 사이에서 자신을 설명하는 데 사용하는 일종의 보편적인 사상이라고 한다. 좀 더 세부적으로 보면 다르마는 사회적 지위에 대한 인식과 함께 상층 카스트 힌두의 의무로서 한 사람의 카스트 즉 계급(*varṇa* 바르나), 그리고 인생 단계(*āśrama* 아슈라마)를 말한다. 이 모두는 바르나슈라마-다르마(*varṇāśrama-dharma*)라는 하나의 용어로 묶을 수 있다.

힌두교의 한 가지 두드러진 특징은 실천이 믿음보다 우위에 있다는 것이다. 힌두가 행동하는 것은 힌두가 믿는 것보다 더 중요하다. 힌두교에는 교리가 없다. 그러므로 다르마에 대한 고수는 믿음의 수용이기보다는 분명한 의무의 실천이나 수행으로, 이는 다르마적인 사회 계층화로 정의된다. 힌두라고 할 수 있고 없는 것의 경계는 대부분 특정한 내혼집단, 카스트, 위계질서 내의 계층화 및 성별에 의해서도 결정된다. 이러한 사회적 위계구조의 가장 상위에는 더 정한 계급으로서 높은 계급이, 가장 밑바닥에는 오염되었거나 오염되고 있는 낮은 계급이 정-부정의 구분에 따라 나누어진다. 힌두의 가치와 힘의 구조에 대한 표현으로서 행위는 믿음에 앞서고, 바른 실천(정행, 正行)은 바른 교리(정론, 正論)에 앞선다. 프리츠 스탈(Frits Staal)이 말한 바에 따르면 힌두란 소위 '유신론자, 범신론자, 무신론자, 공동체주의자이며 그가 좋아하는 것을 믿는 자일 것이다. 그러나 그를 힌두로 만드는 것은 그가 수행하는 의례의 실천이고 그가 신봉하는 규칙으로, 한마디로 말하면 그가 행하는 것'이라고 한다.[29)]

힌두교의 이러한 사회학적 특성은 매우 강제적이다. 인도 사회 집단 내에서 힌두는 하나의 카스트에 속해 태어나는 사람으로 정(淨)함과 결혼의 규칙을 고수한다. 또한 힌두는 일반적으로 쉬바(Śiva)나 비슈누와 같은 많은 힌두 신 가운데 하나에 초점을 맞추어 의례를 수행한다. 한 가지 덧붙이면, 이러한 의례와 사회 규칙은 힌두 제1의 계시서인 베다와 부차적인 계시에 해당하는 인간 저자가 영감을 받아 지은 텍스트에서 나온다는 것이다. 베다와 의례 집전자로서 가장 상층 카스트인 브라만 계급은 힌두 문화의 보급과 유지에 매우 중요한 존재였기 때문에 힌두교가 합법적인 권위를 얻는 데 있어서 가장 밀접한 관계에 있는 대상이다. 일반적으로 브라만 계급은 힌두교의 다양한 표현을 통일성 있게 조직하고자 하는 사람들이며, 힌두교의 내적인 가치를 중요하게 여길 필요가 있다고 생각한다.

### 의례와 구원

다르마는 한편으로 속세의 삶과 사회적 가치에 대한 주장이며, 다른 한편으로는 구원이나 해탈을 얻기 위해 속세의 삶을 거부하거나 기세(棄世, *saṃnyāsa* 산냐사)하는 것 간의 구분을 의미한다. 속세의 삶에서 종교는 아이들이 병에 걸리는 것과 같은 위기를 맞아 신에게 도움을 구한다거나, 이생과 다음 생에서 더 좋은 것을 얻고자 할 때, 그리고 한 사람이 태어나 사회 제도 속에 살면서 이루어지는 일생의 통과 의례 규정과 같은 실제적 요구사항과 관계가 있다. 이러한 성격은 일반적으로 개인의 구원이나 해탈을 이끌어주는 것을 종교로 보는 시각과는 구분되는데, 출생, 결혼, 장례식과 같은 규칙적인 생의 통과 의례와 관계가 있다. 이러한 구별에 초점을 두었던 리차드 곰브리치(Richard Gombrich)는 전자를 구제의 길인 구원론과 구분하여 '종교공동체주의적 종교(communal religion)'라고 한 바 있다.[30] 구원을 추구하는 종교는 개인의 구원과 관계가 있지만 종교공동체주의적 종교는 공동체의 규칙, 생의 주기에 따른 의례 구조, 죽고 나서 다음 생에서의 성공적인 변화와 관계되는 것으로 개념화된다. 전자는 신에 대한 신앙심의 요소를 포함하고 있으며 더욱 중요한 것은 실천가들의 영적인 목적을 이끄는 특정한 삶이나 방식으로 입문하는 것이다. 그리고 후자는 위계적인 사회관계를 합법화하고 신을 달래주는 것과 관계가 있다.

구원론과 실천 종교의 관계는 가변적이다. 수행의 방향으로는 완전한 금욕과 세속적인 삶에 대한 포기를 필요로 하므로, 이 경우 힌두는 떠도는 고행자인 기세자(棄世者, *saṃnyāsin* 산야신)가 되거나 아니면 속세에 살면서, 예를 들면 정해진 요가 수행을 통해 재가자(在家者)로서 적응해나가야 했다. 몇 가지 영적인 수행의 길은 여성과 최하층 불가촉 카스트에게도 입문이 허용되었다. 영적인 수행의 목적은 실천 종교를 따르는 사람들의 진정한 목적인 속세의 번영이기보다는 궁극적인 해탈에 있다. 힌두는 종교의 영적, 실천적 형태 모두와 관계가 있어 보인다.

실천 종교와 구원 종교의 구별은 욕구 충족과 신비주의 간의 구별이다. 이것은 사회라는 단계에서 가정을 유지하고 의례적인 의무를 수행하는 재가자와 속세의 삶을 버리고 스스로의 장례식을 치르며 궁극적인 자유를 찾는 기세자의 형태로 표현된다. 루이 뒤몽(Louis Dumont)[31]은 재가자나 기세자의 목적은 다르고, 심지어 대조적이기도 하지만 힌두 전통 내에서는 이 모두가 인정된다고 보았다. 상층 카스트 재가자는 독신주의 학생(*brahmacārin* 브라흐마짜린)으로서 현자에게 베다 교육을 받는 것에 대한 빚(*ṛṇa* 리나), 재가자로서 신(*deva* 데와)에게 의례를 치르는 빚, 그리고 조상(*pitṛ* 삐뜨리)에게 장례를 치러줄 아들을 낳는 것에 대한 빚이라는 세 가지 빚을 가지고 태어난다. 전통적으로 재가자는 일단 지불한 빚에 대해서만 해탈의 길로 한걸음 나아갈 수 있다. 부차적인 계시서로 유명한 『바가와드 기따』(*Bhagavad Gītā*)에서는, 개인은 자신이 속한 속세의 의무를 충실히 이행하는 가운데 해탈에 이를 수 있다고 말함으로써, 가정에서 의무를 다하는 것과 고행자적인 기세 사상이 결합되어 있음을 보여준다.

### 유일신과 다신

힌두교에서 다신론이라는 용어는 쉬바, 비슈누, 가네샤(Gaṇeśa)와 같은 범 힌두 신에서부터 뿌리(Puri) 지역의 신 자간나트(Lord Jagannāth)나 각 지역의 마을 신당에 모셔진 여러 신에 이르기까지의 여러 모양의 신격체에 대해 적용될 수 있다. 이러한 신들은 저마다 독특하고 특징적인 위치가 있으며 한 마을 신당에 모셔진 여신은 다른 신당의 여신과는 구별된다. 대부분의 힌두는 이 신들을 별개로 이해하면서도 그들이 단일한 모습의 초월적인 신의 양상을 띤다고도 말할 것이다. 몇몇 힌두는 초월적인 힘을 쉬바나 끄리슈나(Kṛṣṇa)라는 특정 신과 일치시켜 그 외 다른 모든 신들은 이보다 낮다고 여길 것이다. 또 다른 힌두는 모든 신은 비인격적 절대성의 여러 측면을 나타내는 것으로, 신화에 나오는 신과 사원에 있는 우상들은 바로 이 궁극적인 실체로 가는 창이라고 말할 것이다. 중요한 것은 사원에 신상 형태로 모셔진 신은 인간 세상과 신성한 영역을 중재하는 대상이며 신으로서 신상은 물질의 '영화(靈化)'로 이해된다는 것이다.

### 중재와 성(聖)

힌두교에 대한 이해의 핵심은 성(聖)과 일상에 해당하는 '속'(俗) 사이의 중재 역할이다. 속세와 함께 신성이 상호작용하는 곳은 공동체나 개인과 종교적인 중심 사이를 연결하는 중재의 지점이다. 중재에서는 차이를 강조하는데, 여기서 차이란 인간과 신, 인간 집단 간의 차이를 말한다. 이러한 차이는 의례와 축제의 순환을 통해서 일시적으로 중재되며, 사원, 신상, 성인과 성소를 통해서 공간적으로 중재된다. 의례에서는 신상에게 향을 피움으로써 힌두와 상(像)으로 모습을 드러낸 초월적인 힘 간을 중재하거나 이 둘 사이에 소통의 채널이 열린다고 여긴다. 이와 유사하게 기세자와 구루(guru 영적 스승)는 축제가 벌어지는 동안 일시적으로 신들린 상태에 놓임으로써 성과 속을 중재한다.

성과 속의 구별은 정-부정과 상서로운 것-그렇지 못한 것 간의 구별과 겹쳐 있는데, 이러한 구별은 힌두교의 최근 연구에서 강조되고 있다.[32] 성(聖)은 일반적으로 정(淨)한 것으로 여겨지는 반면에 더러운 화장터에서 고행자적인 삶을 사는 아고리(Aghori)는 부정(不淨)한 것을 나타낼 수도 있다. 성(聖)은 상서롭기도 하지만 경우에 따라서는 천연두나 다른 병의 여신이 가족을 찾아오는 것과 같은 불길한 대상이기도 하다.

신들린 남녀는 사원의 신상으로 재현되고 모두에게 신성한 힘이 부여되어 신과 동일하게 여겨진다. 상이나 신들린 사람 모두가 대개 신을 대표하는 것은 아니지만, 실제로 특정하고 제한된 의례의 상황에서 신으로 여겨진다. 아무런 힘이 없던 상이 힘 있는 성상(聖像)으로 변형되거나, 낮은 카스트 수행자가 신성한 신을 받드는 수행자로 전환되는 것은 힌두의 종교적 자각에서 핵심 구조다. 성상이나 하나의 성상이 되어버린 사람은 신성한 영역과 인간의 영역을 중재한다. 예기치 못한 병을 얻은 상황에서 신은 의례 환경과 무관하게 인간과 상호작용해야 하는데, 이와 같은 예상치 못한 상황의 중재는 환영받지 않으며 실제로 위험한 것으로 여겨진다.

특정한 사람뿐만 아니라 특정한 장소 역시 성과 속을 중재한다. 순례지는 '교차지(*tīrṭha* 띠르타)'라고 불린다. 이러한 교차지의 하나로 바라나시와 같은 신성한 도시는 그곳에서 죽는 것을 큰 행운으로 여길 만큼 죽기 직전에 해탈이 일어난다고 여기는 매우 신성한 곳이다. 여기서 속에서 성에 이르는 교차는 영구불변해질 것이다. 또 북부의 갠지스(Ganges) 강이나 남부의 까웨리(Kaveri) 강은 신성한 장소로 입증된 곳으로, 힌두는 이곳을 방문함으로써 축복을 얻는다.

하지만 수많은 공간적, 일시적인 형태로 차이가 중재되는 것이 핵심이라면, 사회적 위계보다는 정체성, 암암리에 벌어지는 중재의 부재 역시 중요하다. 신은 특별한 대상으로서 숭배되지만 그럼에도 불구하고 신과 신도 간에는 같은 본질을 띠며, 마음 깊숙한 곳에서 그들이 하나임을 공유한다.[33] 경계 없는 동일성의 사상은 많은 힌두의 마음에 내재하는 인간의 근본인 자아(*ātman* 아뜨만)와 우주의 근본인 절대자(*brahman* 브라흐만)가 동일하다고 주장하는 힌두 구원론의 핵심이다. 어느 정도 신과 개체 간의 구별을 강조하는 전통에서조차도 항상 숭배하는 것과 숭배 받는 것, 사랑하는 것과 사랑받는 것이 동일하다거나 혹은 부분적으로 동일함을 인정한다. 이러한 숭배자와 신들 간에 동일함의 사상에 대해 인류학자 크리스 풀러(Chris Fuller)는 힌두교의 '자명한 진리' 가운데 하나라고 말하기도 한다.[34] 하지만 동일성과 차이, 직접성과 중재의 공존 역시 자명하고 하나이지만 차이가 있다. 예를 들면 끄리슈나의 배우자인 라다(Rādhā)는 끄리슈나와 하나로 존재하지만 끄리슈나와는 구별되는 자신만의 정체성을 가지고 있으며, 자아와 절대자는 하나로 보이지만 카스트와 성(性)은 다른 실체로 존재한다.

## 힌두 전통

전통에 관한 사상은 부득이 차이와 상이함 대신 통일성을 강조한다. 무갈 제국 시대 이전 인도에는 여러 많은 종파와 지역의 종교들이 존재했는데, 아마도 보편적인 문화적 상징에 의해 통일되어 있었겠지만 하나의 포괄적인 전체로서 소위 '힌두교'라는 개념은 없었을 것이다. 그럼에도 불구하고 힌두 전통 속에는 현저한 연속성이 존재한다. 전통에는 본질적으로 수목 모델과 강 모델 두 가지가 있다. 수목 모델은 다양한 하위 전통이 하나의 핵심적이고 근원적인 전통에서 가지를 이루는 것으로, 종종 특정한 인물에 의해 창시된다고 주장한다. 강 모델의 경우 수목 모델의 역에 해당하는 것으로, 다양한 흐름과 비교해서 전통이 단일한 흐름으로 융합한다는 것이다.[35] 현대의 힌두교는 보편성에 기원을 두고 있지 않기 때문에 이것에 대한 논의가 강 모델이 적당한지 아니면 이와 유사한 것으로 확대시키는 것이 맞는지, 그리고 '힌두교'란 용어를 단순히 꽤나 많은 다양한 강으로 언급해야 하는지에 대한 논의가 있다. 이러한 모델들은 목적론적인 방향이나 개념 제안에 있어서 사용에 제약을 받아왔지만, 강 모델이 힌두교의 다양한 기원을 강조하는데 좀 더 적당하다고 여겨진다.

현대의 힌두교로 자란 많은 전통은 브라만적인 실천 전통, 기세자 전통과 대중 혹은 토착 전통이라는 세 가지 큰 이름으로 정리할 수 있다. 브라만적인 실천 전통은 소위 '정복자 설화'를 이끄는 주도적인 역할을 하며, 시대를 거쳐 지식편과 행위편으로 전해지고, 바르나슈라마-다르마를 계승하는 식으로 바른 실천의 조건을 규정하는 데 중요한 역할을 했다.

## 브라만 전통

브라만 전통은 자체적으로는 구별되면서도 서로 관계를 맺고 있는 많은 체계나 종교로 세분할 수 있으며, 그것 자체를 스승과 제자의 관계에서 나오는 '전통(*saṃpradāya* 삼쁘라다야)' 혹은 학문 체계를 전승(*parmparā* 빠람빠라)하는 것이라 한다. 기원후 1세기 동안 중요하게 여겨지면서 발전해온 이 전통은 특정한 신이나 신들의 집단에 초점을 두고 있다. 브라만 체계 가운데 세 가지 전통 즉, 비슈누 신과 그의 화신에 초점을 두는 바이슈나와(Vaiṣṇava) 전통, 쉬바에 초점을 둔 샤이바(Śaiva) 전통, 그리고 여신 데위에 초점을 둔 샥따(Śākta) 전통이 특히 중요하다. 스마르따(Smārta)라고 하는 브라만 전통도 역시 중요한데, 그 속에는 스므리띠(*smṛti* 법전) 즉 부차적인 계시를 따르는 사람들과 다섯 신상인 비슈누, 쉬바, 수리야(Sūrya), 가네샤, 데위를 숭배하는 사람들의 전통이 있다. 이러한 전통들은 저마다 고유한 경전과 의례가 있다. 하지만 모두 힌두교의 일반적인 범주에 속해 있다고 볼 수 있다.[36)]

이러한 종교 전통을 초월하는 것이 베단따(Vedānta) 신학이다. 베단따 신학은 경전의 본질과 내용에 관한 세련된 논의를 전개하고 있으며 존재와 진리에 대한 의문을 탐구한다. 베단따는 베다 전통에 대한 신학적인 표현으로 바이슈나와가 투영된 논의이면서 샤이바나 샥따 사상보다는 범위가 좁은 논의이다. 베단따 전통은 19세기 동안 힌두 르네상스의 철학적 근간이 되었으며 힌두교가 되어 세계 종교 속으로 스며든다.

### 기세자 전통

기세자 전통은 그 가치 체계가 브라만 재가자 전통과는 다르지만 브라만 종교와 밀접한 관계가 있다. 실제로 쉬바교(Śaivism)와 같은 몇몇 브라만 재가자 전통은 황무지나 화장터와 같이 사회 변두리에 살면서 해탈을 구하는 기세자 전통에서 기원했다. 속세의 의무(*dharma*), 성공과 부(*artha* 아르타), 성적 희열(*kāma* 까마)을 목표로 하는 브라만 재가자의 가치에 반해 기세자 전통은 금욕주의와 세상 초월이라는 가치를 신봉한다. 비록 정행 기세가 슈라마나(Śramaṇa) 전통이라고 알려진 인도의 일반적인 기세자 전통의 맥락 안에서 나타나지만, 그 기세의 이상은 힌두교의 정행 힌두교 구조 내에 포함되어 있다. 불교와 자이나교를 포함하는 이들 슈라마나 전통은 기원전 천년 동안 발전했으며, 브라만적인 베다의 실천과는 대립 상태에 있었다.

### 대중 전통

기세자 전통과 나란히 비슈누교, 쉬바교, 샥띠교 등과 같은 범힌두 전통이 있지만, 지리적으로 한 지역이나 심지어 특정한 한 마을의 토착 대중 전통도 있다. 대중 전통의 전달 언어는 브라만 전통에서 유래한 산스끄리뜨가 아니라 지역 언어들이다. 이 전통은 금욕주의와는 관계없이, 곡식이 잘 자라게 하고, 병이 아이들에게 접근하지 못하도록 하며, 사람에게 귀신이 붙거나 귀신에 홀리지 않게 하는 것들과 관계가 있다. 대중 전통은 낮은 카스트에게서 주로 나타나며, 소위 '열정적'인 신을 달랠 것이 요구되는데, 특히 여신들의 경우는 피와 술과 같은 공물이 필요하다. 대중 종교와 관계된 것은 기세자 전통이나 브라만 전통과는 다르지만 그럼에도 불구하고 이것은 이른바 '상위' 문화로 알려져 있다.

브라만 전통이 대중 종교에 어떤 영향을 주는 과정을 일컬어 산스끄리뜨화라고 한다. 토착신은 브라만 전통에서 존재하는 거대신과 동일시되며 토착 신화는 거대한 범 힌두 신화와 동일시된다. 예를 들어 부스럼 병에 관여하는 드라비다의 여신 마리암만(Māriyammaṉ)은 범 힌두 여신인 두르가(Durgā)의 현현(顯現)이다. 토착신들은 범 힌두 신이 될 수도 있으며 토착 설화가 보편적으로 공유되는 신화가 될 수도 있다.[37] 예를 들어 범 힌두 신 끄리슈나도 원래는 토착신이었을 것이고, 더 최근의 예를 들면 영화에 나오면서 범 힌두 신이 된 북부의 여신 산또시 마(Santoṣī Ma)가 있다. 또 지역을 초월한 호소력을 띠면서 점차 범 힌두 신으로 다가오고 있는 남부 께랄라(Kerala)의 아이얍빤도 있다. 산스끄리뜨적인 브라만 전통에서 나온 웅장한 설화와 비교해서 남인도 드라비다 문화의 영향은 과소평가되어왔으며 최근까지도 거의 연구된 바가 없다.

대중적인 것과 브라만적인 것 사이의 문화 정도의 관계는 힌두교를 연구하는 학자들 사이에서 많은 논쟁의 초점이 되고 있다. 한편으로 대중 전통은 브라만 전통에서 기인하는 거대한 설화의 찌꺼기나 그 영향물로 이해할 수 있다. 즉, 이것은 더 상위 문화에 대한 모방인 셈이다. 다른 한편으로 대중 전통은 더 높은 것으로서 브라만 전통과는 별개로 기능하는 것으로 볼 수도 있지만 둘은 상호작용하는 것이다.[38] 힌두교를 전체론으로 해석하는 마들렌느 비아르도(Madeleine Biardeau)와 같은 학자는 전통의 형태에서 브라만 문화의 중요성을 선호하는 경향이 있다.[39] 그 밖에 특정한 지역에서 현지 조사를 수행해온 인류학자들을 중심으로 전통의 단절을 강조하여 지역 혹은 대중 종교의 중요성과 독자성을 피력하기도

한다.[40]

연속성과 진리의 전이라는 맥락에서 스승인 구루의 중요성을 강조하는 것과 함께 힌두 전통은 근본적으로 변화를 꺼려하면서 보수적이다. 전통을 고수하려는 보수주의와 널리 보급되는 역사적 조건에 대해 적응할 필요성을 갖는 것 사이에는 적절한 조화가 있어왔다. 만약 전통을 지나치게 개작한다면 과거의 전통이었던 것은 더 이상 전통이 아니다. 반면에 그것을 개작하지 않는다면 전통은 사멸의 위험성을 갖는 셈이다. 몇몇 힌두 전통은 쇠퇴했고 어떤 것은 새로 생겨났다. 힌두교는 시간이 지나면서 정치, 사회적 격변에 적응하고 이에 대해 반응하면서도 의례 전통과 사회 구조의 많은 부분은 몇 세기 동안 거의 변함없이 유지되었다. 인도에서 근대화의 영향과 중간 계급의 발달은 분명 힌두교에 많은 영향을 줄 것이다. 시민권에 대한 논쟁, 민족주의, 지정 카스트의 권리문제, 인도 여성운동과 같은 것들도 필시 힌두교를 변형시킬 것이다.

## 힌두교와 현대의 논쟁

현대 힌두교에 대한 연구에서 증가하고 있는 이슈는 방대한 문화적 문제, 중재와 관계되는 일반적인 지적 논쟁, 종교와 정치의 관계, 그리고 젠더 문제 등에 관한 것이다. 이렇게 많은 문제는 일반적으로 서양에서 나온 이른바 '포스트모더니즘'이라는 용어에서 생겨났는데, 포스트모더니즘은 문화의 모든 영역에서 나타나고 전통의 이성주의자 견해에 의구심을 나타내며 도전하는 논의이다. 사회학, 역사학, 철학과 같은 인문학과 심지어 신학이라는 전통적인 구분을 가로지르는 문화 연구는 일반적인 포스트모더니스트 구조에서 발전했다. '탈구조적인' 이성주의자 논쟁 속에서 문화 연구는 동서양 모두에 맞물려 있는 전통에 초점을 둔다.

인도와 힌두교를 이해하는 데 있어 포스트모더니즘적 접근의 가장 중요한 예 하나는 인도의 피지배 즉 서벌턴(subaltern) 계급을 연구한 역사학자 라나지뜨 구하(Ranajit Guha)와 그 동료들의 연구였다. 이 집단이 연구한 여러 주제 가운데 하나는 서구의 식민주의와 포스트 식민주의 인도 역사학 내에서 몇몇 주제를 밝혀내는 것과 다른 것에 대해 배경으로 삼는 것이 권력을 행사하는 것과 피지배자들에 대해 대행자가 되는 것을 부인한다는 것을 보여주고 있다. 구하의 역사학적 논의는 서벌턴 계급(최하위 계급)에 집중한 것으로 이 집단의 저항을 주로 자연 재해에 가까운 '폭발'로 보는 경향을 띤다.[41] 인도에 대한 서구 학자의 비평, 특히 인도학은 로날드 인덴(Ronald Inden)의 유명한 책 『인도 상상하기』(*Imagining India*)에서도 볼 수 있다.[42] 인덴은 힌두교의 소위 오리엔탈리스트적인 '산물'에 해당하는 인식론상의 가정과 정치적 편견들에 대해 비판하는데, 오리엔탈리스트들은 힌두교를 주로 카스트라는 말로 낭만적이고 목가적인 공동체로서 소위 '동양의 전제주의'로 이해한다. 인덴은 이 모든 의견이 중재의 힌두 개념을 끊고 그들을 외부의 힘에 의해 지배당한 것으로 보게 한다고 주장한다.

인간 대행자와 관행을 이해하는 것의 중요성에 관한 토론과 관련하여 젠더 문제에 대한 논쟁은 사람들이 삶을 통제하는 비인격적 구조를 강조[43]하는 것과 대조적인 모습을 띠고 있다. 힌두교의 역사는 남성에 대한 논의의 역사이다. 일부 신애적인 시를 제외한 기록 텍스트나 설화는 남성, 보통 최상층 브라만 카스트에 의해 작성되었다. 전통의 자기반성은 일반적으로 상층 카스트의 스스로에 대한 인식이며, 몇몇 근대적인 학문이 과거 여성의 목소리에 초점을 두긴 했지만 우리에게 전해지는 것은 대부분 여성에 대한 남성의 인식이다.[44] 힌두교가 남성에 의해 보급되었기 때문에 이 책은 이러한 사실에 영향을 받고 있기는 하나 여성의 자기 인식과 경험이 일반적으로 전통에서 '고스란히 베껴진 것'임을 의식하고 있다. 물론 이러한 논쟁은 힌두교 연구에서 배타적인 것이 아니며, 인도 여성 운동과 관련한 몇몇 현대의 관심으로, 힌두교가 선천적으로 남성 중심적이라든지 아니면 힌두교가 남성중심주의에서 분리될 수 있는지 등에 관한 문제는 기독교와 다른 종교 안에서 되풀이된다. 최근의 학문은 이처럼 과소평가되던 전통에 관심을 가지기 시작했으며 나는 독자들에게 적당한 곳에서 이에 대한 연구 몇 가지를 언급하고자 한다.

## 힌두교 연대기

기원 후 천년 이전에는 남아시아 문화 지역에 관한 역사 문헌이 하나도 없고, 텍스트의 연대도 없다. 그래서 인도 종교의 연대기는 만들기가 어렵다. 따라서 우리는 화폐나 도기 특히 비문과 같은 고고학적 증거나 텍스트의 내적 증거에 의지해야만 한다. 초기 텍스트의 연대는 매우 불확실하다. 텍스트의 전후 관계는 종종 한 텍스트가 다른 텍스트에 인용됨으로써 먼저 인용되는 것이 이전의 것이라고 입증할 수 있지만, 그것만으로는 정확한 연대를 알기가 불가능하다. 그나마 중국인이 번역해 놓은 불교 텍스트에 날짜가 기록되어 있어 불교의 연대기를 세우는 데 도움을 주지만, 이것이 힌두 물질세계를 이해하는 데 그리 유용하지는 않다. 전통적으로 부처의 연대는 기원전 566년~486년이라고 알려져 왔으나 더 정확한 연대는 그보다 거의 1세기 뒤라는 사실이 리차드 곰브리치와 하인즈 베케르트(Heinz Bechert)[45]에 의해서 밝혀졌다. 이것은 초기 인도인의 물질세계에 대한 연대를 재평가하는 데 도움이 될 것이다.

힌두교에 대한 진부한 표현 가운데 하나는 힌두교가 역사에는 관심이 없고 시간을 선이 아닌 원으로 이해하고 있다는 것이다. 이것은 정확한 역사적 기록을 남기는 데 방해가 된다. 힌두교의 시간관은 아주 오랜 기간에 걸쳐 되풀이된다는 견해를 가지고 있지만 이것이 힌두가 과거에 대해 관심이 없다는 뜻은 아니다. 다른 곳과 마찬가지로 인도 내에서도 비록 역사에 대한 인식이 신화나 전기(*carita* 짜리따), 가문의 족보(뿌라나의 *vaṃśānucarita* 완사누짜리따 부분), 특정 지역의 왕족의 역사(*vaṃśāvalī* 완사왈리) 등 안에 묻혀 있지만, 과거에 대한 기록은 현재의 관심을 반영하는 것이었다. 남아시아 지역에서 발견되는 최초의 역사적인 기록은 4세기에 스리랑카 불교 승려들이 쓴 기록이다.[46] 신화와 계보는 힌두 대서사시와 뿌라나라고 하는 텍스트 속에, 기원 후 처음 500년 동안의 모습이 기록되어 있다.[47] 특히 인상적인 텍스트는 '까슈미르(Kashmir) 왕의 역사'를 쓴 『라자따랑기니』(*Rājataraṅgiṇī*)인데, 이 텍스트는 12세기 깔하나(Kalhṇa)가 쓴 것이다. 이것은 신화보다도 역사적 사실과 더 관계가 있는 완사왈리 장르의 한 부분이다. 여기에는 왕의 계보와 업적에 대한 간결한 설명이 기록되어 있다.[48]

남아시아의 연대기는 고대, 고전, 중세와 근대기로 나누어왔다. 이러한 분류는 텍스트의 장르를 반영하는 것이지만, 이들 기간 사이에는 연속성이 있음을 기억해야 한다. 아랫부분은 일반적인 연대기상의 구조를 다음과 같이 추정한 것이다.

– 인더스 강 유역 문명(기원전 약 2500년~1500년경). 힌두교의

요소들이 이 시기에 흔적을 엿보인다.

- 베다기(기원전 약 1500년~500년경). 이 시기에 드라비다인에 반하는 아리야인의 성장과 문화가 발생한다. 하지만 아리야인과 인더스 강 유역의 문화들 간에는 앞서 상상했던 것 이상의 연속성이 있을 것이다. 이 시기에 베다가 만들어졌고, 다르마와 의례에 관한 문헌이 쓰여졌다.
- 서사시와 뿌라나기(기원전 약 500년~500년경). 이 시기는 뿌라나의 모음집뿐만 아니라 『마하바라따』(*Mahābhārata*)와 『라마야나』(*Rāmāyaṇa*) 같은 작품이 만들어진 시기로 보인다. 특히 굽따(Gupta) 왕조(약 320년~500년경)와 같은 몇몇 중요한 왕국이 생겼으며 비슈누교, 쉬바교, 샥띠교와 같은 대전통이 발전하기 시작한다.
- 중세기(약 500년~1500년경)에는 주요 힌두 신으로 특히 비슈누, 쉬바와 데위에 대한 신애가 발달한 것으로 보인다. 일신론적인 전통 속에서 비슈누교, 쉬바교, 샥띠교가 주로 발전한 시기이다. 이 시기에는 딴뜨라 문헌뿐만 아니라 산스끄리뜨와 토착어로 된, 신애적이면서 시적인 문헌들이 보인다.
- 근대기(약 1500년~현재)는 거대한 왕조인 무갈과 영국이 성장하고 쇠퇴한 시기이자 하나의 민족 국가로서 인도가 기원하는 시기이다. 전통은 지속되지만 중요한 왕실의 후원은 없다. 19세기, 힌두교 르네상스의 성장과 20세기, 주요 세계종교의 하나로서 힌두교의 발전이 엿보이는 시기이다.

# 제2장 고대의 기원

힌두교의 기원은 비록 그 뿌리가 좀 이르긴 하지만 기원전 2500년~기원전 1500년경에 번성했던 인더스 강 유역의 문화와, 기원전 2천년 동안에 발달한 아리야인 문화라는 두 고대 문화의 복합 속에 놓여 있다. 이 두 문화의 관계를 이해하는 데에는 몇 가지 논쟁이 있다. 여러 학자들에 의해 여전히 지지를 받고 있는 전통적 견해는, 인더스 강 유역 문명이 쇠퇴하고 그것이 아리야인 문화로 대체되었다는 것이다. 아리야인은 남아시아로 이주해온 코카서스 지역 출신의 인도-유럽인으로, 인도의 긴 역사 속에서 북부 평원의 비옥한 땅을 가로질러 널리 퍼졌는데, 당시 이들은 침략이나 이주에 아무런 장애를 받지 않았다고 한다. 또 다른 견해는 아리야 문화가 인더스 강 유역 문명에서 발전한 것이지, 외부의 침략이나 이주에 의한 것이 아니라는 견해다. 이 말은 곧 고대 남아시아 역사는 문화적 분열 없이 과거에서부터 연속성을 띠고 있다는 뜻이다. 아직은 아리야인이 아대륙의 외부에서 왔는지 여부를 알 수는 없고, 아리야인 문화에 대해서는 여러 이론 중에서도 '정복자 설화'를 지지하는 사람이 압도적으로 많지만, 그렇다 하더라도 힌두교는 비아리야인 즉, 드라비다인이나 부족민과 같은 비아리야인의 문화와의 상호작용 속에서 이후 2천년에 걸쳐 발전한 것으로 볼 수 있다.

힌두교의 기원을 이해하는 데 있어서 그 견해나 논쟁은 이데올로기적인 관심에서 자유롭지 못했고, 기원에 대한 의문은 최근 2세기에 걸친 힌두교의 발전 속에서 그 자체가 하나의 요인이 되었다. 19세기 다야난다 사라스와띠(Dayānanda Sarasvatī)와 같은 힌두 복고주의자는 새로운 도덕적 자극을 불어넣는 데 있어서 힌두교에서의 아리야인의 과거에 주의를 기울였다. 그리고 기원에 대한 연구는 하나의 학문적인 분석이자 식민주의의 정당성으로서 인도학 연구에서 매우 중요했다. 기원에 대한 의문은 당시의 힌두교 정책과도 관련이 되는데, 이것은 인도의 과거, 힌두, 거대함을 방증하면서 과거와 현재 간에 지속성의 흔적을 찾는다(p.404 참조)

힌두교의 근원을 검토하는 데 있어서 우리는 기원에 관한 그럴듯한 설득력을 갖출 필요가 있다. 실제로 '기원'에 관한 다양한 탐색은 매우 결정하기 어려운 이른바 '본질'을 제시할 수 있다. 기원을 찾는 과정에서 우리는 항상 그것 이상을 시사하는 '흔적'이나 표시만을 쫓는다.[1] 즉, 하나의 '기원'이라 함은 항상 이전에 사라져버린 무엇인가에 대한 결과이다. 따라서 그 '기원'이라는 것은 이후의 깨달음을 가지고 뒤에 수반해야 하는 것을 지적하는 목적론적 방법을 통해서는 이해될 수 없는 것이다. 과거의 문화를 이루는 소위 '흔적'에 관한 검토에서 우리는 인간의 삶에 대한 만족과 모순을 경험한 사람들 곁에서 살아온 문화가 어떤 의미에서는 서두에 불과하기보다는 그 자체로 완전한 것이었으며, 어떤 모습은 반드시 채택과 제한

이 필요함을 상기해야 한다.

이러한 조건을 염두에 두고 이 장에서는 인더스 강 유역과 아리야인 문화에서 힌두교의 뿌리를 찾고, 초기 인도 사회의 베다 종교에 관해 논의할 것이다.

## 인더스 강 유역 문명

인도 고고학 조사감독관 존 마샬(John Marshall)은 1921년 사흐니(D. R. Sahni) 박사에게 하랍빠(Harappa) 발굴을 지시했다. 신드 지방의 모헨조다로(Mohenjo-Daro)에서 발굴 작업 중이던 사흐니와 바네르지(R. D. Banerjee)는 인더스 강 유역 문명을 발견했다. 수메르와 고대 파라오 이집트의 대문명과 마찬가지로 이 도시 문명은 강 주변에 집중해 있었으며, 현재 파키스탄 지역에 걸쳐 흐르고 있는 인더스 강 유역에 있었다. 비록 그것의 기원이 신석기시대(기원전 7000~6000년)로 거슬러 올라가지만, 인더스 강 유역에서 기원한 하랍빠 문명은 기원전 약 2500년경 전부터 나타나 기원전 약 2300~2000년경(메소포타미아와 했던 무역에 대한 기록이 이 시대 기록으로 남아 있다) 절정에 이르다가 기원전 1800년경 쇠퇴하여 기원전 1500년경에는 자취를 감추어버렸다.[2]

이 문명은 도시 문화로 발전했다. 약 40마일 떨어져 있던 모헨조다로와 하랍빠는 인더스 강 문명의 가장 중요한 도시들로서, 이곳에는 약 4만 명이 매우 수준 높은 생활을 향유하며 살았다. 대부분의 가정에 배수구가 설치되어 있고, 우물과 자체 하수 처리장이 설치되어 있는 등 도시에는 고도로 세련된 수로 기술이 있었다.[3] 고대 메소포타미아 문명과 마찬가지로 이곳에서도 곡물이 경제적 토대였으며, 마을 내에는 세금으로 내는 곡물을 모아두는 거대한 저장고가 있었다. 중동과 구자라뜨(Gujarat)의 수렵 채집 부족과 무역을 했는데, 당시 구자라뜨의 도시 로탈(Lothal)이 물건을 수출입하는 중심지 가운데 하나였다. 현재의 하리야나(Haryana) 지역으로, 고대에 이미 메말라버린 하끄라(Hakra) 강줄기를 따라 있던 쥬데이로다로(Judeiro-Daro), 루레왈라 테르(Lurewala Ther), 가나웨리왈라 테르(Ganaweriwala Ther)와 같은 다른 여러 도시들이 아직 발굴되지 않은 채 남아 있다. 이 문화에 앞서는 것이 발루치스탄 주에 속하는 곳으로, 모헨조다로에서 북쪽으로 150마일 떨어진 곳에 있는 메르가르(Mergarh) 유적의 흔적이라 할 수 있다. 이곳에 대해서 프랑스 고고학자 장 프랑수아 자리헤(Jean-Françoise Jarrige)는 농경 집단의 출현을 기원전 6천년 이전으로 거슬러 올라가며 선사시대부터 인더스 강 유역의 문명기에 이르는, 단절되지 않은 문화적 연속성을 입증한 바 있다.[4)]

### 인더스 강 유역의 발전과 지속

인더스 강 유역 문화의 발전과 확장은 인구 증가의 결과로 추정되는데, 그 자체는 농경의 발전과 인더스 강 유역의 풍부한 충적토로 인한 식량 공급량의 증대 때문이다. 실제로 경작 가능한 농경지의 중요성은 인더스 강의 서쪽 유역에 위치한 모헨조다로와 라위(Ravi) 강 동쪽 유역의 하랍빠에 있던 거대한 곡물 창고를 통해 입증되었다. 이 문명에 대한 흔적은 주로 이들 두 도시의 발굴이나 그 밖에 여러 작은 유적지를 통해 입증되었다. 모헨조다로에서 남쪽으로 100마일 떨어진 곳에 있는 아므리(Amri) 유적 메르가르와는 별개로 뻔잡의 깔리방간(Kalibangan), 라자스탄(Rajasthan)의 아흐메다바드(Ahmadabad) 근처에 있는 로탈 지역에서 이 문명은 분명하게 나타난다.

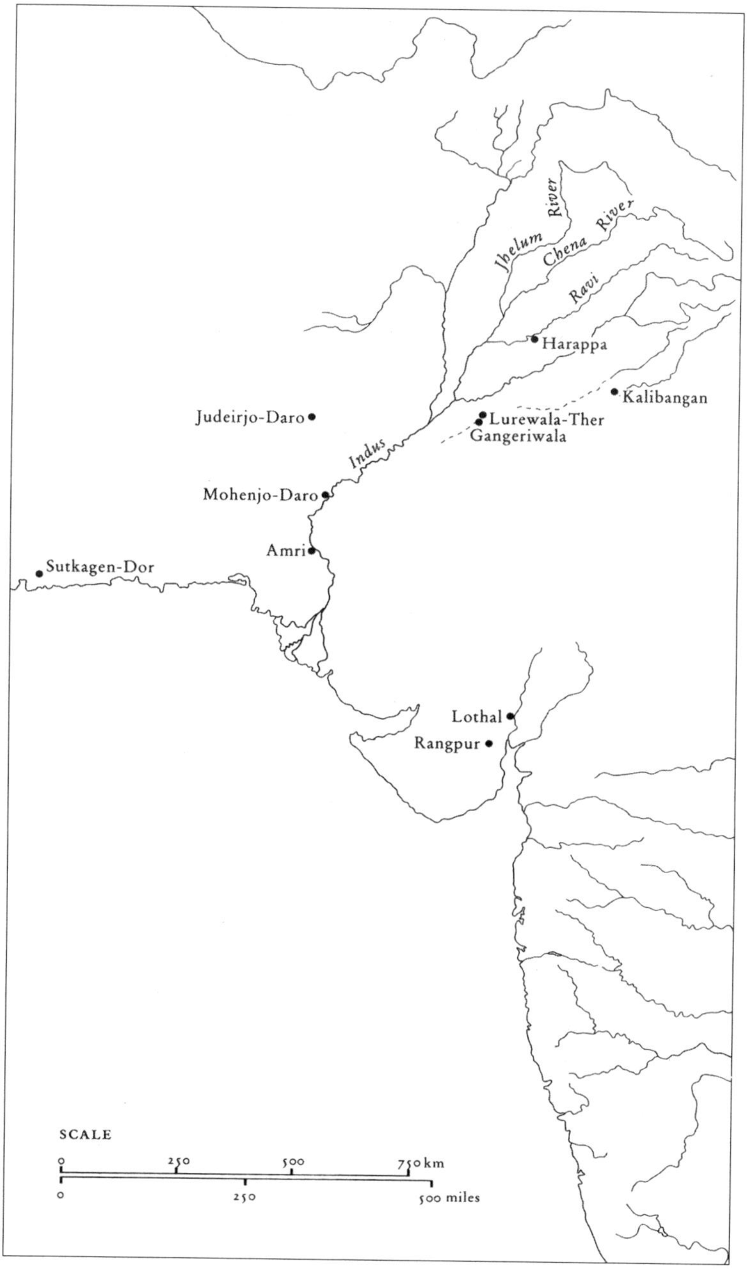


〈지도2〉 인더스 강 유역 문명의 주요 유적지(Parpola, *Deciphering the Indus Script*, p.7를 각색한 것)

이 문화는 매우 방대했다. 성숙한 인더스 강 유역 문명에서 나온 고고학적 증거는 동쪽으로는 시믈라(Simla)와 인접하는 히말라야 산기슭에 있는 루빠르(Rupar)에서부터 서쪽으로는 이란 국경지역과 인접해 있는 수까겐도르(Sukagen Dor)와 구자라뜨 해안의 로탈에 이르기까지 75만 평방 마일에 걸쳐, 천 개 이상의 유적지가 발견되었다.[5] 고고학상의 기록으로 미루어 보면 인더스 강 유역에는 기원전 4천년까지 도기, 건축물, 글자와 같은 물질문화의 통일성이 엿보이는데, 이것은 초기 선사시대 때부터 다른 유적지에서 발견되는 지속적인 발전의 시대를 앞서는 것이었다. 인더스 강 유역의 문화는 수메르나 이집트와 같이 외부의 문화적인 힘에 직접적인 영향을 받아 발전한 것은 아니었고, 처음부터 발루치스탄과 인더스 강 유역에서 지역 문화로 성장한 자생적인 발전이었다.

### 인더스 강 유역의 종교

두말할 것도 없이 우리는 이 문명의 정치와 종교에 대해서는 아는 바가 거의 없다. 인더스 강 유역의 문자는 동석의 인장과 동판에 새겨져 있는 것에서 발견되지만, 아직까지 충분히 판독하지 못하고 있다. 좀 더 간단하거나 다른 글자와 병용되어 있는 비문이 발견될 때까지 인더스 강 유역의 문자 해독은 아마 큰 장애로 남을 것이다. 인더스 강 유역에서 힌두 전통의 발전과 관계된 가장 큰 이슈는, 동석 인장에 새겨져 있는 언어가 무엇이고 어떤 어족과 관련되는지에 대한 답이다. 학자들 내에서는 두 가지 견해가 유력한데, 그 중 하나는 이것이 드라비다 어족에 속한다는 것이고, 다른 하나는 인도-유럽어의 초기 형태에 해당한다는 것이다.[6]

드라비다 어족에는 남인도의 따밀(Tamil)어를 포함해서 깐나다(Kannada), 뗄루구(Telegu)와 말라얄람(Malayalam) 그리고 파키스탄 기슭에 사는 사람들의 언어인 브라휘(Brahui)어가 포함되어 있다. 이 언어들은 인도-유럽 어족의 한 분파인 인도-이란 어족의 지배 이전 전인도에 있던 드라비다 어족의 실체를 보여주는 중요한 증거다. 인도-유럽어에는 그리스어, 라틴어를 포함해서 아베스타어(Avestan, 조로아스터교도들이 신성하게 여기는 언어), 산스끄리뜨, 구자라띠, 우루두, 힌디, 까슈미리, 오리야, 벵갈리와 같은 북인도의 토착어들로 이루어진 인도-이란어가 포함되어 있다.

콜린 렌프류(Colin Renfrew)는 문자 해독 작업에서 몇 가지를 알아낼 필요성을 주장하지만, 병용 가능한 명문이 없기 때문에 판독가들은 해답을 추정한 뒤 그럴듯하게 증명해 보이고자 한다.[7] 문자 해독이 성공할 경우 당시 사람들이 일상적으로 행하던 교류와 종교 등을 알 수 있을 것이다. 아스코 파르폴라(Asko Parpola)는 인더스의 문자를 알아내는 과정에서 그것이 드라비다어와 어떤 관계가 있는지, 힌두교의 드라비다 형태는 어떠한지에 대한 중요한 진척을 이루었다고 주장한다. 하지만 현재는 물질문화를 가지고 사회, 종교적 내용을 추론해야 하는 실정이다.

인더스 문명에서 가장 두드러진 특징은 도시 계획에 따른 고도의 획일성과 건물 벽돌 크기가 일치한다는 점이다. 비슷한 설계에 따라서 많은 집들은 모두 가운데가 안마당으로 둘러싸여 있는 형태로 지어졌고, 물 공급 시설이나 하수 체계를 갖추고 있었다. 이는 권력에 매우 복잡한 행정과 위계적 구조가 있었다는 것을 보여주는 것이다. 하랍빠와 모헨조다로 두 곳 모두에는 낮은 곳에 성곽 도시가 있는데, 이는 성채 즉 언덕 위에 위치한 '아크로폴리스'와 떨어져 있다. 이곳에는 집회장과 사원이 포함되어 있었다. 그 같은 획일성은 더욱 방대한 문화 전파를 암시할 수도 있고, 모헨조다로에서 왕조와 행정의 중심으로서 실제 한 정치체가 정복을 통해 넓은 지역을 제압했음을 의미할지도 모른다. 그렇다면 이는 남아시아에서 가장 빠른 제국의 구조일 수도 있는데, 여기서는 아마도 왕의 숭배가 중심을 이루는 공식 종교에 대한 부담이 포함되어 있었을지도 모른다. 그러나 인더스 문자의 해독 없이는 어떠한 결정적인 단서도 잡을 수 없기 때문에 이 도시의 특성에 대해서는 추리에 그쳐야만 한다.

인더스 강 유역의 성숙한 문화에서 종교는 대부분 사원 건축물, 석상, 테라코타상, 특히 동석 인장이 새겨져 있는 건축물에서 추정해볼 수 있다. 국가 종교에는 사원의례, 대개 동물희생, 그리고 모헨조다로의 성채 안에 있는 소위 '대욕탕'에서 이루어지는 의례욕이 포함된 것으로 보인다. 이 목욕은 나중에 힌두 사원에서 발견되는 물탱크의 전신이고, 힌두교에서 중요한 사상 가운데 하나인, 물을 이용한 의례적인 정화와 관련이 있음을 나타낸다. 깔리방간에 있는 한 의례 지역에는 동물희생이 수행된 것으로 추정되며, 그곳에 일곱 개의 '불 제단'이 안치되어 있었음이 발견되었다. 실제로 모헨조다로의 대욕탕에 있던 벽돌의 단은 이와 유사한 목적으로 사용되었을 것이다.[8)]

수많은 여성 테라코타상이 발굴 과정에서 파헤쳐졌다. 이것은 여신상들로 보이는 것으로, 후대에 힌두교에 등장하는 여신의 흔적이 이 시기까지 거슬러 올라갈 수도 있음을 의미한다. 물론 여신 숭배에 대해서 이처럼 초기 시대부터 연속성이 있다고 보기란 불가능하며, 여신이 인더스 문명에서 숭배의 초점이라는 사실이 반드시 힌두 여신의 전조임을 의미하지는 않는다. 여신 숭배와 다산에 대한 관심은 고대 세계의 보편성으로 보이며, 하랍빠의 남신이나 여신은 후대의 힌두 신보다 수메르인의 신들과 더 일치할지도 모른다.

〈그림1〉 인더스 강 유역의 '원(原)쉬바' 인장

후대의 종교를 생각나게 하는 것으로 두드러질 만한 것은 동석에 새겨진 인장이다. 특히 '빠수빠띠(Pasupati)' 인장은 남근을 가진 좌상인데, 이 인물은 동물들로 에워싸여 있으며 뿔 모양의 머리장식을 하고 있다. 존 마샬과 그 외 몇몇 사람들은 이 형상을 요긴과 동물의 왕(*paśupati* 빠슈빠띠)인 힌두 신 쉬바의 원형이라고 주장했는데, 종종 세 개의 얼굴로 표현되며, 가부좌를 하고 있는 자세는 선(先)아리야 문화에 존재하던 요가의 흔적으로 해석되었다(그림1 참조).[9] 그러나 그런 주장처럼 인장에서 소위 '원(原)쉬바' 상이 세 개의 얼굴을 가지고 있다는 것이나 그가 요가 자세로 앉아 있다는 것은 정확하지 않다. 아스코 파르폴라는, 원(原)쉬바가 초기의 엘람

(Elamite) 인장(기원전 3000~2750년경)에서 발견된 황소 좌상과 거의 동일하다는 점에서 이것이 실은 일종에 '좌상의' 황소라고 주장한다.[10] 인장이 원(原)쉬바 조상(彫像)이라는 주장은 추론에 불과하지만, 그럼에도 신상학적인 상(像)은 쉬바의 이마에 그려져 있는 반달이 이 황소 신의 뿔과 유사하다는 식으로 쉬바 신상에 반영된 것일 수도 있다. 소위 '남근' 모양의 돌 또한 후대 쉬바의 상징적인 표현인 링가(*liṅga*)를 의미한다고도 알려져 있다.

그러나 이러한 연결이 추론적일지는 모르지만, 파르폴라는 인더스 강 유역 문명과 남인도인 즉, 힌두교의 드라비다적인 형태 간에 많은 언어적이고 도상학적인 연속성이 있음을 입증하려고 애썼다. 전쟁의 신 스깐다(Skanda)와 동일하게 여겨지는 남인도의 젊은 남신 무루간(Murugan)은 인더스 강 유역의 문자 속에 나타나 있는데, 파르폴라는 두 개의 원으로 나뉘어진 것 [드라비다어로 무루꾸(*muruku*)라는 단어는 암시적으로 '팔찌'를 의미한다] 과 무화과나무(초기에 불교도가 반얀나무를 부처의 표시로 나타내는 것과 같은 것) 가운데 서 있는 상(像)을 향해 인사하고 있는 사람을 그리고 있는 인장을 가지고 그 연속성을 주장한다. 게다가 무화과 열매는 선각자 비슈누와 관계가 있으며, 이것이 나중에는 여신 두르가와 힌두교도들이 앞머리에 찍는 붉은 점(*tilak* 띨락)과 관련이 된다.[11]

이것은 인더스 강 유역에서 기원한 종교가 힌두교에 이른다는 종교의 연속성을 추측해보는 시도로, 종교의 근원을 매우 오랜 시간으로 거슬러 올라가 찾고 있지만, 이러한 과정에는 주의가 필요하다. 의례용 욕탕, 불 제단, 여성 상, 머리에 뿔을 단 신과 소위 '링가'는 분명 후대의 힌두 전통을 생각나게 하는 것들이다. 그러나 의례적인 정(淨)함, 다산과 희생을 강조하는 것, 그리고 여신 숭배는 고대 세계의 다른 종교에서도 보편적으로 나타나는 현상이다.

또한 파르폴라는 물소 악마와 싸우는 여신 두르가와 연속성이 있다고 주장하지만, 실제로 사자와 싸우는 형상의 동석상은 후대의 힌두교에서 찾아지는 어떤 것이라기보다는 메소포타미아 길가메시(Gilgamesh) 신화를 더 생각나게 한다.[12)]

인더스 강 유역의 문명은 기원전 1800~1700년 사이에 갑자기 쇠퇴한 것으로 보이는데, 이는 근본적으로 폭우로 인한 홍수와 전염병 유행과 같은 환경적 요인 때문이다. 아주 작은 규모의 판잣집들이 있던 시기는 이 시기 이후 얼마 동안 지속되었다. 그리고 이전보다 작은 인더스 계곡의 도시와 촌락들은 큰 도시들이 몰락하고 난 이후에도 계속해서 살아남았다. 모헨조다로에는 사람들이 버리고 간 많은 집채의 잔해와 끔찍하게 죽은 희생자들이 발견되었다. 이들의 죽음은 초기 아리야인 침입자에 의한 것이라는 의견이 많다.[13)]

## 아리야인

연대와 관련해서 보편적으로 인정되는 이론은, 힌두교가 기원전 약 1500년경 중앙아시아에서 아프가니스탄 산맥을 거쳐 인도 북부 평원지대로 들어온 아리야인이 침입한 결과라는 것이다. 이들 집단 가운데 몇몇은 이란으로 갔는데, 아베스타(조로아스터교에서 성스럽게 여기는 경전)와 관계되는 이란인의 종교와 베다 종교 사이에는 깊은 유사성이 있다. 이 이야기는 아리야인이 서쪽으로 유럽까지 간 무리와 같은 어족에 속한다는 주장을 뒷받침한다. 이들의 언어는 베다 산스끄리뜨로, 결국에는 힌두교의 신성한 언어인 고대 산스끄리뜨로 발전한 인도-유럽어였다. 이들은 처음에는 불의 신 아그니(Agni)와 환각 식물 소마(Soma) 그리고 전사 신 인드라

(Indra)를 숭배했다. 이들은 자신들을 가리켜 산스끄리뜨로 아리야(*ārya*)라고 표시했는데, 이른바 '고결한' 혹은 '명예스러운'이라는 의미다. 이들은 고도의 전쟁기술을 이용해서 토착민을 정복하고, 남아시아의 토착민과 구별해서 자신들은 세 개의 상층 카스트에 해당한다고 강조했다. 그들은 북부 평원 전역으로 퍼져나가기 시작해 기원전 1000년이 얼마 지나지 않아서 소위 '아리야인의 땅(*āryāvarta* 아리야와르따)'으로 알려지게 된 갠지스 강 유역에 이르렀다. 아리야인 문화는 점차 데칸 지역으로 퍼져 약 6세기경에는 남인도에 이른다. 게다가 인도-유럽어를 구사하는 아리야인은 그들이 정복한 인더스 강 유역 문명의 후손이자 드라비다어를 구사하는 토착민들과 대립했다. 아리야인의 지식 대부분은 경전인 『리그 베다 상히따』(*Ṛg Veda Saṃhitā*)에 나오는 것으로, 『리그 베다』는 힌두교의 가장 최초의 문헌에 해당한다.

아리야인의 문화가 드라비다인 문화를 덮을 정도로 우월했다는 사실은 별로 논쟁거리가 아니지만, 아리야인이 아대륙 외부에서 들어왔다는 기원 문제는 최근 논쟁거리가 되고 있다. 아리야인 기원에 대해서는 아리야인 이주설과 문화변형 이론 두 가지가 있다.

- 아리야인 이주설. 드라비다어를 구사하던 인더스 강 유역의 문명은 기원전 2000년에서 기원전 1800년 사이에 쇠퇴한다. 침략자라고도 볼 수 있는 아리야 이주민은 기원전 약 1500년경에 등장해 지배적인 문화 세력이 되었다. 이것은 전통 학문적인 측면으로 위에서 대충 설명되었다.

- 문화변형설. 아리야 문화는 신석기시대 이전까지 이 지역에서 사용한 인도-유럽어족에 속하는 사람들이 이룬 인더스 강 유역 문

> 화의 발전일 것이다. 이러한 시각에서 볼 때 인도에 아리야인이 침입한 적은 없으며, 인더스 강 유역 문화는 초기 아리야 혹은 베다 문화에 해당한다.

여기서는 이러한 이론에 관한 정확성을 따져보려는 것은 아니다. 다만 이론의 다양성을 제시하는 정도로만 설명하고자 한다.

### 이주설과 아리야인 신화

비록 산스끄리뜨와 다른 인도-유럽어의 관계에 대해서는 논쟁의 여지가 없다 해도 이러한 측면은 아리야인 이주설을 인정하는 것보다 훨씬 더 복잡한 문제일지도 모른다. 실제로 인도에서 아리야인에 의해 그려진 역사는, 그 이론의 발전에 있어서 유럽이라는 세계가 크게 반영되어 있을지 모른다. 폴리아코프(Poliakov)에 따르면, 인도-아리야인의 침입에 관한 견해는, 19세기 유대-기독교 사상의 제약에서 자유롭기를 원하면서, 동시에 인도 문화에 대해서 식민화를 통해 이해하던 서양학자들에 의해서 발전했다고 한다.[14) 아리야인 침입에 대한 견해는 산스끄리뜨, 언어학 그리고 베다 연구에 대한 관심과 함께 발전하는데, 샤퍼(Shaffer)에 따르면 이 견해는 유럽과 고대 인도가 동등함을 증명하기 위해서 인도 독립 이후 인도 역사가들에 의해 고착화되었다고 한다.[15)

아리야인이 북인도로 이주한 것이 진실인가에 대한 의구심은 잠시 그대로 두고, 폴리아코프가 소위 '아리야인 신화'라고 한 이 역사에는 어떤 특정 방식으로 힌두교가 기원한다. 세계 질서의 합리성과 이른바 '수준 높은' 종교를 연출하는 아리야인은 선주민 드라비다인과는 대조적이다. 이러한 생각을 토대로 할 때 드라비다 문화는 베다 시대 이후 점차 '힌두교' 속으로 유입된다. 인덴은 힌두교의 역사가 정(淨)함의 초기 국면, 지적인 베다 종교로서 소위 '인도학 논의의 창시자'에게 어떻게 이해되는지를 보여주었다. 그리고 고전적인 면에서는 그 이전의 소위 '고등' 종교에 반하는 봉헌적인 종교에 반응한 것이면서, 정령 숭배적인 민속 단계에 해당하는 '드라비다인 즉, 아리야 이전의 종족' 종교에 이어 힌두교가 세 번째로 나온 것임을 보여주었다.16)

논쟁은 본질적으로 아리야인의 지적인 자연 종교(그리스와 스칸디나비아와 동등한 종교로서)가 드라비다인의 낭만적인 신애주의에 의해 붕괴되었다는 데 이른다. 다시 말해서 인도 역사에 대한 서양의 재구성, 특히 초기 구성에 대한 것은 더욱 더 깊은 문화적 관심에서 다루어지는데, 이러한 면은 최근까지 의문시되고 있다.

### 문화변형설

침입의 여부를 차치하고, 만약 인더스 강 유역의 문화가 몰락한 후에 아리야인의 이주가 있었다면, 이 사실은 분명히 고고학적 증거로 뒷받침될 것이다. 아리야인 유입에 대한 가장 확실한 증거는 강가-야무나(Ganges-Yamuna) 강 유역에서 발견되는 회색 채색 토기로, 여기서 우리는 아리야인의 정복에 대한 단서를 잡을 수 있다. 방사성 탄소 연대 측정법상에서 보면 이 회색 채색 토기는 기원전 1100년에서 기원전 300년 사이의 것으로, 정확히 아리야인 이주가 가정되는 시기와 일치한다. 이러한 인도-아리야인과 회색 채색 토기 간의 연관성을 세우는 것과 함께, 더 나아가 토기가 발견된 하스띠나뿌르(Hastinapur)와 같은 몇몇 유적지는 후대의 산스끄리뜨 대서사시인 『마하바라따』와 관계가 있다.17)

그렇지만 회색 채색 토기와 그 지역의 토착 선사 문화 사이에는 지속성이 발견된다. 따라서 이는 아리야인 침입이 의미하는 바와 같은 단절보다는 지속성을 우리에게 제시해주는 것이다. 게다가 샤퍼는 아리야인 침략자와 같은 외부적인 요소를 소개하기보다는 인도 아대륙 내에서 발달한 철제 기술에 대해 더 주목한다.[18] 샤퍼에 따르면 근대 고고학적 증거로는 아리야인이 인도로 이주했다고 보기에 부족하다고 한다. 오히려 '선사시대에서 역사시대에 이르기까지 토착 문화의 발전을 반영하는 일련의 문화적 변화를 고고학적으로 증명하는 것이 가능하다.'고 한다.[19] 산스끄리뜨와 유럽어 사이의 관련성에 관한 언어학적 근거에 기반을 둔 아리야인 침입설은 고고학적 유물을 다시 평가해보면 그 이론을 지지해주지는 않는다. 하지만 여기서는 회색 채색 토기의 공헌이라는 패턴이 베다 아리야인 문화의 공헌에 상응하는 것이라는 파르폴라의 견해에 주목해야 한다.[20]

회색 채색 토기가 아리야인 침입과는 무관하다는 샤퍼의 논쟁이 옳다 하더라도 여전히 고려할 만한 언어학적 증거가 존재한다. 한편으로 고고학적 증거는 북인도에서 먼 옛날부터 이어져오는 문화 연속성의 견해를 지지하므로, 일부는 아리야인 이주설을 따르지 않는다. 그러나 또 한편으로는 산스끄리뜨와 인도-유럽어 간에, 그리고 베다 종교와 다른 인도-유럽인의 종교 간에 세워져 있는 강한 연결 고리를 부인하지 않는다.

이러한 견해에 이어 나오는 논의 한 가지는 콜린 렌프류와 몇몇 학자들의 주장인데, 인더스 강 유역의 언어가 드라비다 어군에 속하지 않고 인도-유럽어에 속한다는 것이다. 이러한 가설은 소위 '이들 지역이 초기 선사시대로 거슬러 올라가 북인도와 이란에서 인도-유럽어의 역사를 이끌어낸다'는 것이다.[21] 당시 인더스 강 유역에서 기원전 천 년의 아리야 문화에 이르기까지 전 단계에서는 연속성이 있었을 것이다. 이 견해에 따르면 인더스 강 유역의 종교는 힌두의 종교로 발전하며, 인더스 강 유역의 언어는 베다의 산스끄리뜨로 발전하고, 인더스 강 유역의 농경은 베다의 농경 방식으로 성장한다.

### 아리야인 이주에 대한 재고

아리야인 이주설과 문화변형설 모두 이를 뒷받침하는 증거를 가지고 있다. 논쟁의 여지가 있지만, 아스코 파르폴라는 연구를 통해서 인더스 강 유역의 문자가 드라비다 어족에 속한다는 것에 대한 강력한 증거를 확립한다. 그 증거는 아나톨리아에서 데칸에 이르는 광범위한 문화권의 언어 분석, 힌두교의 인더스 강 유역과 드라비다 형태 간 도상학적인 연속성, 그리고 베다 즉 아리야인 형태와 인더스 강 유역의 것 사이에 나타나는 불연속성에 기반하고 있다. 아리야인들의 성전 『리그 베다』에서는 다사(Dāsa)의 도시를 정복하는 아리야인이 나오는데, 그것은 원형의 복합 집중 방벽을 가지고 있는 것으로 묘사하고 있다. 하지만 이것은 인더스 강 유역의 도시를 말하는 것으로 보이지는 않는다. 이에 대해 파르폴라는 시가지가 네모난 광장이고, 이는 박트리아에 수백 개의 요새화된 청동기 시대 마을에 상응하는 것이라 주장한다. 아리야인들의 적 다사들은 인더스 강 유역의 거주민이 아니라 아리야어를 구사하던 다른 집단으로, 아리야인에 앞서는 이주민이다.

파르폴라가 인더스 강 유역 사람들이 인도-유럽어를 구사한 사람으로 볼 수 없다고 제시하는 증거 가운데 하나는 말과 전차의 부재에 있다. 인도-아리야인 문화권에 해당하는 모든 곳에 전차와 함께 말의 잔해가 발견된다. 인도의 북서부로 들어온 아리야 부족민에 대해 파르폴라는 어원상 인도-유럽어를 구사하며, 말이 끄는 이륜 전차를 몰았다고 주장한다. 하지만 인더스 강 유역 문화에서 말과 관련한 잔해는 그 어디에서도 발견되지 않았으며, 인장에 새겨져 있는 것 역시 하나도 없다.[22] 말은 아리야인의 동물이며, 이륜전차는 아리야인들의 수준 높은 전쟁 기술을 보여주는 것이다.

파르폴라의 연구는 하나의 정형화된 아리야인 이주설을 지지한다. 기원전 2천년이 시작될 때, 아리야인 방랑자들이 인도 아대륙으로 들어왔다. 그들은 물론 소수였다. 당시 인더스 강 유역의 문화 역시 끊어짐 없이 계속 이어지고 있었다. 고고학적 증거에서 보여주는 것처럼 아리야인 문화는 이와 나란히 유지되고 발전하면서 인더스 강 유역 문화의 요소를 흡수했다. 인더스 강 유역과 베다 문화 사이에 연속성이 존재한다는 사실은 의심할 바가 없다. 비록 산스끄리뜨가 농사 용어나 다른 인도-유럽어에는 존재하지 않는 권설음(捲舌音)을 사용하고 있는 점은 원시 드라비다의 구조를 흡수한 것이기 때문으로 보이지만, 소위 '고결함'을 뜻하는 새로운 집단 아리야인은 아리야어를 구사하는 지배 엘리트 집단을 형성했다. 여기서 한 가지 예기될 만한 것은 드라비다어 또한 산스끄리뜨 요소를 흡수했다는 점이다.[23] 수십 세기에 걸친 이중 언어의 사용은, 근대 프랑스어가 일반 대중이 사용한 라틴어에서 발전한 것과 마찬가지로, 대다수 사람들이 아리야인의 언어로 베다 산스끄리뜨의 형태를 채택할 때까지 발전했을 것이다.[24]

이중 언어 사용에 관한 견해는 어쩌면 새로운 언어를 채택하는 데에는 강력한 사회적 억압이 필요할 것이라는 문제가 있겠지만, 파르폴라의 주장은 이것을 적절히 뒷받침하고 있다. 중요한 증거는 인더스 강 유역의 문자를 통해 나와야 하고, 오직 그 문자 해독의 성공만이 아리야인과 인더스 강 유역 문화 간의 관계에 대한 의문을 시원하게 해소시킬 수 있다. 현재로서는 아리야인이 어디서 기원했는지 그리고 이들의 문화가 토착 문화의 발전이었는지, 아니면 외부에서 이주해 왔는지 그 여부를 알 수가 없다. 그리고 아리야인의 사회 구조, 신화에 대해 우리가 알고 있는 지식, 그리고 무엇보다도 이들의 의례가 산스끄리뜨 텍스트인 베다를 통해 자기표현의 일환으로 나온 것인지도 모른다.

## 베다

힌두 가운데 어떤 사람들은 베다를 인간이 지은 것(*apaurṣya* 아빠우르시야)이 아니라 영원불멸하고 모든 지식을 포함하는 영원한 계시로 여기고, 어떤 사람들은 그것을 신의 계시로 여긴다. 베다는 다른 사람에게 그 지식을 전하는 고대 현자에 의해 받아들여지거나 소위 '이해되는' 것으로, 현자 비야사(*Vyāsa*)가 현재의 형태로 편집하였다. 실제 힌두의 일반적인 정의는 베다를 계시로 인정하는 사람이라는 것이다. 이런 견해에는 문제나 예외가 없지 않지만, 힌두의 자기 이해와 표현에 있어서 베다가 아주 중요하다는 사실에는 의심의 여지가 없다.

믿는 사람의 견지에서 베다는 영원불멸한 계시이다. 다만 서양식 교육을 받은 학자의 텍스트 비평식 견해에서 이것은 오랜 시간에 걸쳐 편집되고, 여러 시대의 사회, 종교적 발전상을 반영하고 있는 것으로 이해된다. 계시가 순차적이라 할 수 있으며 많은 학자들 역시 이를 믿기 때문에, 물론 이 두 견해가 모순은 아니다.

인도라는 환경에서 소위 '텍스트' 즉 '경전'이라는 용어는 전통적으로 베다 아리야인 현자로부터 세대를 거쳐 매우 세심한 보호와 정확성을 바탕으로 전해진 구술 전통을 의미한다. 베다 아리야인 사제 계급은 지금까지 존재하는 브라만이다. 이들은 베다 전통을 유지하는 자로서 낭송을 통해 텍스트를 보전한다. 실제로 베다는 나온 뒤 몇 천 년이 지난 뒤에도 글로 쓰이지 않았는데, 그 이유는 쓰는 행위 자체가 오염의 행위로 간주되었기 때문이다.[25] 비록 베다의 주요부가 명확하게 기술되어 있지만 소위 '계시'의 범주는 훗날 좀 더 최근의 요소와 섞인 것이다. 예를 들어 일명 '우빠니샤드(Upaniṣad)'라고 하는 텍스트는 17세기에 편찬된 것이고, 근대 성인들의 글조차도 계시로 간주되었다. 베다 전통이 바로 산스끄리뜨인데, 베다 전통은 근대로 이어지는 과정에서 하나의 연속성으로 유지되며, 힌두 전통이나 개인에게 가장 중요한 근원을 제공한다. 베다는 힌두교라 알려진 것 안에서 가장 나중에 발전하는 것에도 밑거름이 된다.

베다는 궁극적으로 베다 의례와 관련되며 그것의 1차적인 기능은 의례적인 것에 있다. 베다의 범주는 힌두교 경전을 만드는 방향이 될 뿐 아니라 의례와도 연결이 된다. 고유의 문헌과 관련한 기본적인 베다 구분 가운데 하나는 상히따라는 텍스트 모음으로, 의례용 주문으로 사용되는 운문 만뜨라(*mantra*)와 의례 주석서인 『브라흐마나』(*brāhmaṇa*)이다. 브라흐마나는 의례 규칙을 기술하고 있는 텍스트로, 의례의 의미와 목적에 관해 설명하고 있다. 브라흐마나는 관계론적 신화를 가지고 있는데 의례와 우주를 정교하게 일치(*bandhu* 반두)시키면서 제사를 통해 우주가 지속됨을 주장하기까지 한다. 숲속에서 만들어진 텍스트인 아라니야까(Āraṇyaka)는 여러 브라흐마나 부분을 결론짓고 있다. 이것은 제사와 이에 대한 해석에 관한 것으로, 브라흐마나와 우빠니샤드의 과도기적인 형태에 해당한다. 우빠니샤드는 의례의 본질적인 특성과 의미를 설명하고 있는 아라니야까의 관심을 발전시킨다.

## 베다의 구조

베다라는 용어는 두 가지 의미로 사용된다. 하나는 소위 '계시'와 같은 뜻인데, 그것은 현자에 의해 '들리는 것'으로, 그것으로서 계시서의 완전한 실체를 나타낸다 할 수 있다. 그리고 좁은 의미로는 베다 문헌의 최초 단계로 언급되기도 한다. 전자에서 베다는 일반적인 의미가 리그(Ṛg), 야주르(Yajur), 사마(Sāma)와 아타르와(Atharva)의 네 전통으로 이루어지는데, 텍스트의 범주는 상히따, 브라흐마나, 아라니야까와 우빠니샤드(여기서 마지막 둘은 때때로 하나로 분류되기도 한다)와 같이 세 개나 네 개로 나눈다. 후자는 좀 더 좁은 의미에서 베다라는 용어가 이들 문헌 가운데 상히따의 일부를 의미한다고 본다. 즉, 네 종류로 이루어져 있는 문헌 자체는 『리그 베다 상히따』, 『사마 베다 상히따』(*Sāma Veda Saṃhitā*), 『야주르 베다 상히따』(*Yajur Veda Saṃhitā*), 『아타르와 베다 상히따』(*Atharva Veda Saṃhitā*)와 같은 네 가지 전통으로 인지되었다. 이들 각각은 고유한 브라흐마나, 아라니야까(삼림서) 그리고/혹은 우빠니샤드(비밀서)를 가지고 있을 것이다. 그 다음으로는 종종 수뜨라(*sūtra*) 문헌이 이 구조에 더해지지만 이것은 근본적인 계시의 일부가 아니라 인간에 의해 쓰여진 부차적인 계시, 스므리띠의 한 부분이다. 순서는 대충 연대순으로 볼 때 최초의 텍스트가 『리그 베다 상히따』이고, 가장 후대의 것이 우빠니샤드이다. 우리가 알아야 할 것은 이러한 유형이 의례의 이해와 해석 안에서 하나의 관심이 곧 중요한 힌두 사상의 발전이라는 움직임에 덧입혀져, 의례 안에서 하나의 관심으로 나타난다는 점이다. 그 구조는 다음과 같다.

상히따: 리그 야주르 사마 아타르와

브라흐마나:

아라니야까:

우빠니샤드:

『리그 베다』는 여러 신들에 대한 1028개 찬송을 열권의 책(*maṇḍala* 만달라)으로 만든 집성집(*saṃhitā*)으로, 일찍이 기원전 1200년부터 수백 년에 걸쳐 베다 산스끄리뜨로 지어졌다.[26] 열권의 책 각각은 다른 집안의 현자들이 지었는데, 가장 핵심적인 책은 2권부터 7권까지이다. 이 텍스트는 베다 종교와 사회에 관한 지식 가운데 최초의 것이면서 가장 중요한 자료다. 『사마 베다』는 찬가와 함께 『리그 베다』에 기반한 찬가(*sāman*)책이다. 『야주르 베다』는 의례에서 사용되는 짧은 산문 형식의 모음집으로, 여기에는 소위 '흑'과 '백'으로 두 가지 별책이 전한다. 전자는 산문과 운문의 혼합물이며 후자는 완전히 시구 즉, 만뜨라로 이루어져 있다. 백 야주르 베다는 『바자사네이상히따』(*Vājasaneyi-Saṃhitā*)라는 책 한 권으로 이루어져 있고, 흑 야주르 베다는 『따잇띠리야상히따』(*Taittirīya-Saṃhitā*), 『마이뜨라야니상히따』(*Maitrāyanī-Saṃhitā*)와 『까타까상히따』(*Kāṭhaka-Saṃhitā*)의 세 권으로 이루어져 있다. 마지막으로 『아타르와 베다』는 이들 유형의 일부가 『리그 베다』 시대로 거슬러 갈지도 모르지만, 기원전 900년경에 편집된 찬송과 주문의 형식을 모아둔 것이다. 『아타르와 베다』는 희생제와는 거의 무관하며, 다른 세 상히따와 비교해서 약간 하급서로 여겨진다. 실로 방대한 문헌들 대부분은 아직까지 다른 근대 유럽어로 번역되지 않았다.

### 베다의 연대

비록 연대를 정하기 어렵다고는 해도 최초의 텍스트이자 초기 인도-아리야인에 대한 이해에서 가장 중요하게 여겨지는 것은 기원전 1200년경 쓰여진 『리그 베다 상히따』이다. 그러나 카크(Kak)와 프라울리(Frawley)와 같은 학자는 인더스 강 유역의 언어가 인도-유럽어임을 주장하면서 인더스 강 유역의 문화에 대해서 그 연대를 훨씬 더 이전으로 추정한다.[27] 막스 뮬러(Max Müller)가 제시하는 더 확실한 연대는 기원전 1500~1200년이다. 부처의 탄생을 기원전 약 500년경으로 추정(학자들이 후대에 들어 그렇게 생각한 것)하는 것에 대해서 뮬러는, 우빠니샤드가 기원전 800~600년경에 쓰인 것이라는 의견이다. 하지만 이 연대는 다소 이른 감이 있다. 불교의 연대가 기원전 5세기나 6세기가 아니고 기원전 4세기나 5세기로 다시 추정되는데, 이에 대해서 우빠니샤드는 아마 기원전 600~300년 사이에 쓰여진 것으로 보이는데, 몇몇 텍스트는 후기 불교에서 나온다. 뮬러는 초기 브라흐마나 문헌의 연대는 1000~800년 사이, 상히따 문헌은 약 1200~1000년경으로 추정하며, 텍스트 각 부류마다 조직화하는 데 약 200년 정도가 걸린 것으로 추정하고 있는데, 뮬러 조차도 『리그 베다』가 더 이를 수 있음을 인정한다.[28] 그러나 브라흐마나 문헌의 경우, 우빠니샤드의 연대보다 이전일 것으로 추정하는 뮬러의 의견보다도 더 늦을지도 모른다.

### 베다의 학파

베다의 분류 구조는 특정 텍스트를 전공하는 신학파나 분파(*śākhā* 샤카)에 의해 좀 더 복잡해진다. 베다는 그것과 관련되는 수많은 신학파가 있었을 것이다. 예를 들어 따잇띠리야 분파의 브라만은 흑 야주르 베다에 속하는『따잇띠리야 상히따』와 그것의

| 상히따 | 브라흐마나 | 아라니야까 | 우빠니샤드 | 슈라우따 수뜨라 | 그리히야 수뜨라 |
|---|---|---|---|---|---|
| 리그 | 아이따레야 까우시따끼 | 아이따레야 까우시따끼 | 아이따레야 까우시따끼 | 아슈왈라야나 샨카야나 | 아슈왈라야나 샨카야나 |
| 따잇띠리야 | 따잇띠리야 | 따잇띠리야 | 따잇띠리야 | 바우다야나 바라드와자 아빠스땀바 히라니야께쉰 | 바우다야나 바라드와자 아빠스땀바 히라니야께쉰 |
| 까타까 마이뜨라야니 | 까타 | 까타 | 까타 마이뜨리 | 까타까 마나와 | 까타까 마나와 |
| 바자사네이 | 샤타빠타 | 샤타빠타 | 브리하다 라니야까 | 까띠야야나 | 빠라스까라 |

〈표1〉 『리그 베다』와 『야주르 베다』 전통

브라흐마나, 아라니야까, 우빠니샤드와 슈라우따 수뜨라(*Śrauta Sūtra*)를 배웠을 것이다. 『사마 베다』 학파는 그들의 브라흐마나인 『자이미니야 브라흐마나』(*Jaiminīya Brāhmaṇa*)와 『라띠야야나 슈라우따 수뜨라』(*Lāṭyāyana Śrauta Sūtra*)를 배웠을 것이다. 『리그 베다』의 브라만들은 『아이따레야』(*Aitareya*)와 『까우시따끼 브라흐마나』(*Kauṣītakī Brāhmana*)를 배웠는데, 여기에는 같은 이름의 아라니야까를 포함하여 『아이따레야』와 『까우시따끼 우빠니샤드』(*Kauṣītakī Upaniṣad*) 그리고 『아슈왈라야나』(*Āśuvalāyana*)와 『샹카야나 슈라우따 수뜨라』(*Śāṇkhāyana Śrauta Sūtra*) 등을 포함한다(표1 참조). 비록 초기 텍스트의 가치는 대부분의 낭송자들이 베다의 출처에서 벗어난 언어를 사용함으로써 손상되는지도 모르지만, 이들 학파는 암송에 적합한 규칙의 구조를 가지고 세대를 거쳐 베다의 정확한 전승에 책임을 졌다. 이러한 구조의 한 예로 『리그 베다』와 『야주르 베다』 분파를 나타내는 것을 표1에서 엿볼 수 있다.

베다 문헌에서 가장 놀랄 만한 것은 아마도 3000년 이상 그 내용이 거의 변하지 않고 구전으로 전승되어온 점일 것이다. 이것의 정확성은 이중 점검 방식에 의해 가능했다. 이 텍스트는 산스끄리뜨에서 연성(連聲, *sandhi* 산디)의 규칙에 따르는 상히따빠타(*saṃhitāpāṭha*)의 지속적인 낭송과 음조의 결합 규칙을 따르지 않는 말인 빠다빠타(*padapāṭha*)의 낭송을 통해 최소한 두 번 학습되었다. 스탈은 베다 상히따에서 '불멸의 여신이 우주 전역에 깊고 높게 미친다'는 제목의 시가, 상히따빠타의 이어지는 문장('orv apra amartya nivato devy udvataḥa')과 빠다빠타의 축어적 표현('a/uru/aprah/amartya/nivataḥ//')의 두 버전이 전해 내려온다는 예를 든다.[29]

그러나 베다는 낭송 형식의 구술 전통을 통해서만이 아니라 의례 전승을 통해서도 유지된다. 베다는 근본적으로 전례서(典禮書)이기 때문에 의례적인 용도가 일차적이자 변함없는 기능이다. 의례에 관한 해석은 우빠니샤드와 함께 후대의 힌두교에 속한다.

## 우빠니샤드

우빠니샤드는 아라니야까가 발전한 것으로, 이 두 장르 간에는 명확한 구분이 없다. 『리그 베다』와 접목된 『아이따레야 아라니야까』 자체를 우빠니샤드라 부른다.[30] 그리고 우빠니샤드 가운데 최초의 것은 아니더라도 초기의 것 가운데 하나인 백『야주르 베다』의 『브리하다라니야까』(*Bṛhadāraṇyaka* '거대한 숲')자체를 『아라니야까』(『샤따빠타 브라흐마나 *Śatapatha Brāhmaṇa*』의 마지막 책으로 샤카와 같은 부류에 속하는 것)라 부른다. 가장 오래된 우빠니샤드(『브리하다라니야까』, 『짠도기야』와 『따잇띠리야』)는 산문으로 존재하지만, 가장 최근의 우빠니샤드는 아라니야까에서 옮겨온 것으로 운문의 형태를 띤다.

우빠니샤드는 한 종류의 텍스트가 아니다. 좀 더 오래된 텍스트의 경우 기원전 약 600~300년에 걸쳐 지어졌고, 몇몇 초기 텍스트들은 후기 불교에 존재하며, 『우빠니샤드』라는 제목과 관련된 텍스트는 중세에서 근대에 걸쳐 계속 만들어졌다. 몇몇 학파들로 인해서 소위 '계시'의 범주로 재평가되기 시작했는데, 토마스 코번(Tomas Coburn)은 '진행 방향이나 경험적으로 보아 힌두 종교 전통의 구조를 기반으로 한 것'으로 보아야 한다고 주장한다.[31] 그럼에도 여전히 고(古) 우빠니샤드가 나중의 것보다 권위가 있는 것으로 여겨져 힌두 신학자들에게 권장되었다.[32]

## 베다 의례

베다 아리야인의 주된 종교 행위는 희생제와 희생제에 사용한 음식을 의례 참여자와 많은 초자연적인 존재인 데와(*deva*)와 나누어 먹는 것이었다. 희생제로 신을 달랠 수 있었고, 이로써 자녀나 가축 같은 물질적 이익을 얻을 수 있었으며, 사회를 유지하는 힘 있는 자로서 희생제의 제주(*yajamāna* 야자마나)가 더욱 정결해졌다. 이러한 종교적 의례에는 정교한 건물이나 형상이 필요하지는 않았지만 대체로 필수적인 의례의 진행과 낭독에 자격을 가진 사제를 필요로 했을 것이다. 자미슨(Jamison)은 베다 종교가 예배에 적당한 장소도 없고 어떠한 신상도 없으며, 사방에 전할 만한 성서도 없는 소위 '사상적으로 휴대 가능한 종교'[33]로서, 아마도 유목 생활양식을 연상시키는 것으로 여겼다. '희생(*homa* 호마, *yajña* 야자)'이라는 용어는 동물의 희생으로 한정되는 것이 아니라, 신성한 불 속에 바치는 제물로 특히 우유, 정제된 버터나 기, 응유(凝乳), 쌀이나 보리와 같은 곡물, 소마 식물, 거위, 소, 양, 말과 같이 집에서 기르는 가축에 이르기까지 좀 더 광범위하다. 실제로 불 속에 바치는 제물로는 우유가 동물보다 더 보편적이었다. 이러한 의례에 사용하는 제물은 불을 통해서 간청되는 특정한 신(*deva*)이나 혹은 여러 데와에게 전해졌을 것이다. 불은 베다 의례에서 핵심이고, 일종의 제물이면서 그 자체가 하나의 데와에 해당한다. 다시 말해서 이처럼 변형의 속성을 띤 불은 속세와 신성한 영역을 연결하는 대상이다.

### 공식의례와 가정의례

의례는 슈라우따 즉, 종교적인 공식의례와 가내적이며 삶의 주기와 관계되는 그리히야(*gṛhya*) 두 종류로 발전했다. 슈라우따 의례가 좀 더 오래되었으며 이 두 유형의 의례는 형식상 사용되는 불의 수에 따라 구별된다. 슈라우따 의례에는 신성한 불 세 개가 필요한데 비해 가정의례는 하나만 있으면 된다. 슈라우따 의례에서 초점이 되는 주신은 불의 신 아그니와 식물의 신 소마인데, 이들에게는 우유, 정제된 버터, 응유, 야채 케익, 동물이나 소마 식물의 줄기 등을 바쳤는데, 불 속으로 던져졌다. 베다 종교는 하루와 계절의 리듬과 밀접한 관계가 있다. 따라서 슈라우따 의례는 낮과 밤 사이, 초승달과 보름달 사이 그리고 세 계절(비오는 날, 가을, 더운 때)의 접합점(*parvan* 빠르완) 등 여러 접합점에 제물이 필요했다.

슈라우따 의례에 관한 지식은 주로 베다 지식부와 관련된 슈라우따 수뜨라에 나오며 이는 기원전 8~4세기 사이에 형성되었다. 비록 이것은 『리그 베다』가 만들어진 지 약 500년 이후지만, 우리는 슈라우따 의례의 몇 가지 형태가 그 이전에 만들어졌음을 추정할 수 있다. 『리그 베다』에서는 여러 종류의 성직자들이 이 의례와 관련된다고 하고, 소마와 그 준비에 대해서 광범위하게 다루며, 말 희생제인 아슈와메다(*aśvamedha*)에 대해 묘사하고 있다.[34] 인간 희생제인 뿌루샤메다(*puruṣamedha*) 역시 말 희생제를 본뜬 것이지만 인간 희생제는 말 희생제 이후 없어졌다.[35]

브라만 가운데 특히 께랄라의 일부 남부드리(Nambudri) 집단에서 적어도 슈라우따 수뜨라가 만들어진 때 이래로 현재까지 슈라우따 의례가 손상되지 않고 유지되었음이 스탈에 의해 연구되었다.[36] 『리그 베다』 이전 의례의 기원에 대해서는 물론 인더스 강 유역에 대한 것이 정확히 밝혀지지 않는 한 알기 어렵다.

남아시아에서 의례 전통의 지속성은 강조될 필요가 있다. 이러한 전통이 대체로 급진적인 정치 변화나 여러 가지 다른 해석들 속에서 잔존했다는 것은 놀라운 일이다. 비록 명백하게 정교한 슈라우따 의례와 같은 것은 께랄라에서 소수 브라만 사이에서만 지켜졌지만, 사회관계의 연속성과 연결될지도 모르는 이러한 의례의 연속성은 고대 전통과 함께 근대적인 형태와 이루어진 연결에서 가장 중요한 요소이다.

공식의례나 가정의례와 같은 모든 베다 의례의 중심 행위는 불 속으로 제물을 바치는 식으로 단순하다. 하지만 시작과 끝에 행하는 의례는 한 가지 의례 유형에 다른 부수적인 시구를 동반해서 끼워 넣기 때문에 매우 복잡해질 수 있다. 슈라우따 의례에서 그 복잡성은 여러 전문가의 필요에 따라 만들어진다. 전문 사제와 보조자들은 의례의 특별한 부분을 필요로 했으며, 베다에서 적합한 낭송 부분에 정통했을 것이다. 대부분 의례에는 두 명의 사제만 필요했지만, 소마 식물을 이용한 희생제와 같이 가장 정교한 의례에서는 네 명의 사제가 출석했는데, 이들은 네 상히따 각 부분의 전문가였음직하다. 제사장 호뜨리(*hotṛ*)는 『리그 베다』 시구를 낭독하고, 두 번째 사제 우드가뜨리(*udgatṛ*)는 시구와 비교해서 『사마 베다』 가운데 멜로디를 가미한 노래인 스토뜨라(*stotra*)를 부르고, 아디와르유(*adhvaryu*) 사제는 『야주르 베다』 시구를 찬송하면서 필요한 많은 의례 행위를 수행한다. 이후에는 이 모든 것을 지켜보고 있던 『아타르와 베다』와 관련된 사제가 감독하는데, 그는 다른 사제가 소홀했거나 잘못한 절차가 없는지 살피는 역할을 한다. 기본적으로 소마 희생제는 앞의 세 상히따와 함께 세 명의 사제와 관련되는 것으로, 의례를 관찰하는 브라만은 『리그 베다』 속에는 등장하지 않고 나중에 혼합된 것이다. 이처럼 『아타르와 베다』의 수용이 보여주는 것은, 이것이 다른 상히따와는 약간 구별되며, 다른 텍스트와 동등한 위치에 있지만, 나머지 다른 세 상히따보다는 좀 더 낮게 간주된다는 점이다.

슈라우따 의례에서는 서쪽에 재가자의 불인 가르하빠띠야(*gārhapatya*), 동쪽에 아하와니야(*āhavaniya*), 남쪽에 닥신아그니(*dakṣiṇāgni*)라 하여 적어도 세 개의 불을 피운다. 제단인 베디

(*vedi*)에는 얕고 중심이 좁은 구멍이 있고, 주변이 풀밭으로 덮여 있거나 특별한 의례에서는 좀 더 정교한 벽돌 구조물을 동쪽과 서쪽 불 사이에 두었다. 희생제에 필요한 의례 도구는 이곳에 두고, 희생제를 치르는 사람과 신을 그 자리에 초대하였다. 또한 산제물인 동물을 묶었을 기둥(*yupa* 유빠)이 필요했을 것이다.

많은 슈라우따 의례에 관해서는 베다 텍스트에 복잡하게 기록되어 있다. 아그니슈또마(*agniṣṭoma*)는 다양한 준비물을 가지고 진행하지만 매우 간단한 당일제 소마 희생제이고, 소위 '아그니의 말뚝박기'인 아그니짜야나(*agnicayana*)는 7일 동안 행하는 복잡한 의례다. 아그니짜야나는 께랄라의 남부드리 브라만 사이에서 하나의 살아 있는 전통인데, 스탈은 이것을 명확하게 분석하였다.[37] 이 의례는 2천 개 이상의 벽돌을 쌓아 만든 큰 새 모양의 제단과 일반적인 제사 때 서쪽에 피우는 세 개의 불을 수반했다. 제단 가까이에는 낭송할 텍스트와 준비해 둔 소마를 놓을 장소가 두 군데 마련된다. 이 제단은 특유의 만뜨라 낭송과 함께 다섯 층으로 만들어졌다. 12일 이상 많은 의례 절차를 진행하는데, 이 기간에는 『사마 베다』에 있는 시구를 노래하고, 『리그 베다』를 암송하고, 신에게 소마를 바치며, 희생자와 몇몇 성직자들이 소마를 마시는 행위 등을 한다. 희생자 곧 후원자(*yajmāna* 야즈마나)의 역할은 다소 수동적이지만, 이와 같이 이익을 얻게 되는 의식을 치르는 대가로 소나 현금을 지불했다. 의식을 치르기 전 야즈마나는 자신의 배우자를 동반해서 입문식(*dīkṣā* 딕샤)을 경험하는데, 이때에는 정화를 위한 고행(*tapas* 따빠스)과 같은 몇 가지 고행이 수반된다.

### 소마

소마 희생제 기간 동안에 정성스럽게 준비할 필요가 있는 소마

즙은 본래 소마 식물에서 채취한 것으로, 환각제나 흥분제의 성질을 띠었을 것이다. 베다 아리야인 역시 소유하던 수라(*sūrā*)는 반드시 흥분시키는 음료는 아니었다. 고든 왓슨(Gordon Wasson)은 소위 이 '식물'은 샤머니즘에서 입증되는 신비한 의식의 상태에 들어가는 데 사용하는 모균류 버섯으로, 기분이 좋아지는 상태로 만들었을 것이라고 주장한다.[38] 현재 많은 학자들은 그것을 '모자반속(屬)에 해당하는 바닷말'로 마디는 있으나 잎이 없는 사막 식물 에페드라(*ephedra*)로 생각한다. 이 식물에 대한 출처는 이란 유적지에서 나온 항아리 속에서 발견되었는데, 이곳에서는 소마를 아오마(*haoma*)라고 불렀다.[39] 에페드라는 일종에 환각제라기보다는 자극제라 할 수 있지만, 만약에 소마가 에페드라라고 한다면 환각성분을 띤 모균류 버섯이 북인도에서는 자라지 않는다는 문제에 봉착하게 된다.

그것의 정체가 무엇이든 간에 중요한 것은, 소마가 격양된 상태를 유발했고 그것을 취하는 사람들에게 환상이 보이도록 했다는 점이다.[40] 원래의 소마는 베다 아리야인들에 의해서 없어지고 취하게 만드는 성질을 띠지 않는 식물이 소마 대용물로 대체되었다. 베다의 물질적인 환경 속에서 우리는, 의례가 인도-아리야인의 근본적인 종교적 관심이었다는 것뿐 아니라, 소마 식물에 의해 유발된 신비로운 경험이 머지않아 전통의 발전 속에서 중요하게 여겨졌음을 알 수 있다. 의례와 신비주의라는 두 가지 관심은 후대의 인도 전통 전반에 걸쳐 나온다.

소마 희생제는 동물 희생제에만 나오는 것이 아니라 말 희생제나 왕 대관식(*rājasūya* 라자수야)과 같이 다른 중요한 의례에서도 대부분 나타난다. 『리그 베다』와 브라흐마나[41]에 묘사되어 있는 말 희생제[42]는 왕에 의해서만 수행될 수 있었다. 이 희생제에는 의례적인 살해 이전에 한 해 동안 자유로운 상태로 풀어둔 수말을 필요로 했다. 말을 잘라 그 신체의 여러 부분을 여러 신에게 바치기 전, 왕비는 죽은 수말과 상징적으로 성교를 하게 된다. 즉, 이것은 말의 신성한 힘—누군가는 이것을 쁘라자빠띠(Prajāpati) 신과 동일하게 보기도 한다—이 여왕에게 들어와 그것이 왕과 백성들에게 전해진다고 믿는다.[43]

인도-아리야인 문화 속에서 의례의 의미와 기능을 어떤 한 가지 요소만으로 줄일 수는 없다. 기라드(Girard)의 주장에 따르면 희생제는 카타르시스적인 기능을 해왔다고 할 수 있으며, 통제된 가운데 사회에 대한 공격적인 표현이자 사회적으로 인정되는 방식이라고 한다.[44] 희생제가 카타르시스적인 효과가 있든 그렇지 않든 간에, 그것은 분명히 공동체 내에서 후원자의 지위와 힘을 세우는 기능을 했으며, 뒤르껭 이론에 따라 의례 수행이 사회 내에서 오직 상위 계층에게만 인정되고 그 외의 사람은 배제되는 가운데 사회 내에서 사회적 가치를 강화시키고 힘의 관계를 합법화하기 위해 수행된 것인지도 모른다. 의례는 이속에 포함되는 사람뿐만 아니라 거기에서 배제되는 사람들 간에 더 높고 낮은 사회 집단의 윤곽을 이끌어낸다는 것이 중요하다.[45]

## 베다의 신화와 신학

베다 삼라만상에는 다양한 종류의 호의적이거나 악의적인 초자연적 존재가 산다. 한 가지 면에서 모든 나무와 강은 그것과 연관되는 신성한 대상이 존재하지만, 몇몇 신들의 경우 다른 신들보다 더욱 더 중요하다는 점은 의심할 바가 없다. 『브리하다라니야까 우빠니샤드』(*Bṛhadāraṇyaka Upaniṣad*)[46] 속에서 현자 야자왈끼야(Yājñavalkya)는 얼마나 많은 신들이 존재하는가라는 질문에 대해서 애매모호하게 대답한다. 먼저 그는, 신은 303명이 존재하고, 그 다음에 3,003명이 있다. 그리고 더 나아가서는 33명, 6명, 3명, 2명 1.5명 그리고 마지막에는 1명으로 압축된다고 한다. 다음 시구 속에서 그는 33명으로 정한다. 비록 이것은 후대에 우빠니샤드의 일원론적 철학의 관점에서 보이는 것이 분명하지만—그 속에서 모든 신들은 하나의 단일한 힘의 표현으로 존재한다—이 텍스트에서는 분명히 각각의 다양한 신들이 초기 베다의 신과 동일하다는 흔적을 보인다. 예를 들면 달은 소마와 동일시되고 소마는 아그니와 동일시되며 아그니는 태양과 동일시된다는 식이다.

### 천신(*deva*)

여러 데와에 대한 찬송으로 가득 차 있는 『리그 베다』는 의례를 통해 신에게 호소한다. 그러나 『리그 베다』나 브라흐마나에는 신에 관한 몇몇 객관적인 설화가 나오고, 이 텍스트에서는 신의 이야기에 관한 보편적인 지식을 전한다. 19세기의 유명한 산스끄리뜨 학자 막스 뮬러는 베다의 모든 신을 불, 물, 비, 태양, 폭풍우와 같이 소위 '거대한 자연 현상 배후에서 가정되는 자연력'으로 여겼다.47) 베다에 등장하는 많은 신들이 자연 현상과 관계되어 있는 것은 분명하지만, 몇몇 신의 경우 이러한 모델에 적합하지 않다. 또한 베다 학문에서는 더 이상 힌두 만신전에 대한 설명으로 자연력을 받아들이지 않는다. 신 역시 인간의 속성을 지닌다. 비록 우주의 어머니 아디띠(Aditi), 새벽의 신 우샤스(Uṣas), 파괴의 신 니르리띠(Nirṛti) 그리고 언어의 신 바즈(Vāc)와 같이 몇몇의 여신이 있기는 하지만, 대다수의 신은 모두 남성이다. 사람들은 그들을 찬양하고, 인간의 감정을 공유하며, 욕망을 가지고 있고, 희생제에 초대되어 제사 음식을 공유할 수 있다.

실제로 후대의 브라흐마나 텍스트에는 희생제와 관련하여 소위 '악마' 혹은 '적대적인 신' 아수라(*asura*)와 같은 다른 초자연적인 존재와 데와를 구별하는 것이 나온다. 『샤따빠타 브라흐마나』[48]에 따르면, 데와와 아수라는 창조의 신이 된 '창조주' 쁘라자빠띠에서 태어났다고 전한다. 아수라는 희생제 공물을 스스로의 힘으로 얻는 데 반해 데와는 도움을 받아 얻었다. 이 때문에 쁘라자빠띠는 데와에게 음식물을 제공해주었고 그 결과 데와는 제사에 바친 공물을 받아들이는 데 반해 아수라는 그렇지 않다. 데와는 공물을 받아들이는 초자연적인 부류로 정의되며, 희생제와 직접적인 관계가 있어 공물을 받고 그 답례로 인간에게 도움을 준다. 아니면 루드라(Rudra)와 같이 좀 더 화를 잘 내는 성격을 지닌 신의 경우에는 희생제에 대한 답례로 인간 세계에 전혀 관여하지 않는다. 데와는 아리야인 고유의 신들로 그려지고, 아수라는 이들의 적인 다사의 신으로 그려진 것일 수도 있다.

데와는 위계적인 우주에서 살며, 하나의 도식 안에서 정통 브라만에 의해 세 가지로 요약된 말로 매일 소리 내어 읽힌다. 이 우주는 하늘 즉 천국(*svar* 스와르), 대기(*bhuvas* 부와스), 지구(*bhūr* 부르)의 삼계로 이루어져 있고, 각 영역에는 저마다 다른 신이 살고 있다. 이들 세 영역과 여기에 포함되는 주신은 다음과 같다.

- 천국은 하늘의 신 디야우스(Dyaus), 정의(*ṛta* 리따)와 밤의 신 바루나(Varuṇa), 바루나의 경쟁자이자 밤의 신 미뜨라(Mitra), 자양분을 주는 신 뿌샨(Pūṣan) 그리고 전파자 비슈누로 이루어져 있다.
- 대기는 무사의 신 인드라, 바람의 신 바유(Vāyu), 폭풍의 신 마루

뜨(Marut) 그리고 포악한 신 루드라로 이루어져 있다.

- 지구는 소마 식물의 신, 불의 신 아그니, 그리고 창조력을 가진 브리하스빠띠(Bṛhaspati)로 이루어져 있다.

또 다른 분류로는 아디띠야(Āditya)로 불리는 신의 집단이 자리하는데, 하나는 여신 아디띠의 아들들 [소위 미뜨라, 아리야만(Aryaman), 바가(Bhaga), 바루나, 닥샤(Dakṣa) 그리고 안샤(Aṃśa)] 로, 이들은 천국의 범주에 속하는 신들이다. 그리고 마루트, 일명 루드라와 루드라의 아들은 대기에 속하고, 인드라의 후손인 바수(Vasu)는 자연 현상을 의인화 한 것으로 소위 아빠(Āpa 물), 드루와(Dhruva 북극성), 소마(Soma 달), 드하라(Dhara 지구), 아닐라(Anila 바람), 아날라(Anala 불), 쁘라바사(Prabhāsa 여명) 그리고 쁘랏유샤(Pratyūṣa 빛) 등으로 불리며, 이들은 지구에 속한다.

분명 몇몇 신들은 다른 신들에 비해서 더 중요하게 여겨짐에도 불구하고, 『리그 베다』 상에서 최고의 신은 존재하지 않는다. 가장 중요한 두 데와로는 지구 범주에 속하는 아그니와 소마이다. 아그니는 열의 형태로 세상에 신비롭게 전해지며, 신성한 소 쁘리슈니(Pṛśni)처럼 지구로 간주되고, 태양, 새벽 그리고 위장 속에 숨겨진 열기와 동일시된다.[49] 한편 단순히 불로서 아그니는 특히 불 희생제에 사용된다. 그는 죽은 자를 죽음의 신 야마의 영역으로 옮기고, 제사에 바쳐진 모든 제물을 정화하여 신들의 영역으로 수송한다. 아그니에 관한 신화는 속세에서 숨어 있다가 연료 막대로 불을 지핌으로써 깨어나는 불의 관념을 이용한다.

아그니와 마찬가지로 소마는 인간과 신을 조정하는 신이며, 인간과 신성한 대상 간의 연결고리로, 천상의 기둥이면서 희열의 상태를 제공하고, 신성한 영역으로 여겨진다.[50] 실제로 소마는 아그니와 불사의 감로수인 아므리따(*amṛta*)를 내포하는 달과 동일시되며, 소마와 아그니 신화는 유사하다. 자신이 근본적으로 태어난 곳으로부터 물속에 숨어 있는 아그니는 신에 의해 발견되어, 신들에게 희생제에 바쳐진 공물을 운반하는 일을 수락한다.[51] 아그니와 마찬가지로 소마는 산에서 신들의 눈을 피해 살다가 인드라가 타고 다니는 독수리에 의해 생포되었다.[52] 이 이야기는 그리스의 프로메테우스(Prometheus) 신화와 유사하며 아그니와 소마는 모두 문화의 전달자이자 인간과 자연 세계를 구별 짓는 대상으로 보일 수 있다.

『리그 베다』에 나오는 다른 신들은 비록 아그니나 소마처럼 속세에서 변화 가능한 힘을 지니고 있지 않지만 매우 중요하다. 인드라는 무사 왕으로 소마에 의해 힘을 부여받았으며, 벼락을 내리는 곤봉을 가지고 다니면서 장애물을 파괴하는 신이다. 인드라에 관한 가장 유명한 신화로는 뱀 브리뜨라(Vṛtra, 이름의 의미는 일명 '장애물')를 쳐부수는 것이 있는데, 이것은 우주의 대혼란을 상징하며, 더불어 하늘의 물을 자유롭게 다루어 비를 관장하는 자이다.[53] 폭풍의 신 마루뜨는 베다 사회의 무사 풍조를 반영하는 것처럼 보이는데, 그는 모험에 인드라를 동반한다. 즉, 이웃 집단으로 소를 빼앗으러 가는 아리야인 무사와 마찬가지로 인드라는 소를 점령한다.

인드라의 경우에는 명확한 윤곽을 가지고 있는데 그에 비해서 베다 내의 많은 신들은 불분명하다. 바루나를 포함해서 여신 아디띠의 아들인 여러 아디띠야는 우주와 사회의 질서(*ṛta* 리따)를 보호하는 아득하고도 위엄 있는 하늘의 신이다. 그리고 사회적인 책임이나 협상의 신 미뜨라는 바루나를 동반하며, 결혼과 같은 관습의 신 아리야만이 있고, 이러한 세 부류의 신들보다는 훨씬 열등하지만 뿌샨은 여행을 주재하는 신이다.[54] 이들 가운데 도덕·질서의 신인 바루나가 가장 중요한데, 사람들은 그에게 어떠한 도덕적인 죄에 대해 자비와 용서를 구하거나 소위 '현재에 당면한 문제'에 대해 부탁하기도 한다.[55]

어린 아슈윈(Aśvin) 한 쌍은 행운과 부의 신이다. 이들과는 별도로 태양(Sūrya), 새벽과 일몰 때의 태양(Savitṛ 사위뜨리), 바람(Vāyu), 물(Apas 아빠스), 대지의 여신(Pṛthivī 쁘리트위)과 배우자, 하늘의 신(Dyaus Pitar 디야우스 삐따르)과 같은 자연력과 자연현상이 신성하게 여겨진다. 힌두 만신전 속에는 후대의 전통에서 핵심이 되는 비슈누와 루드라(일명 쉬바)와 같은 또 다른 신들도 존재한다.

### 초기 신학

베다 세계관에서 의례는 가장 중요하며, 베다 상히따는 기본적으로 전례서(典禮書)로 쓰인다. 비록 그것의 사용이 근본적으로 제례의식적이라 해도 베다 찬가의 내용은 신에 대한 구술 전통을 반영하고 있으며, 세상과 인간 사회의 근원에 해당한다. 그 속에는 삶의 기원과 관련된 철학적인 사색도 내재한다. 이러한 찬송[56] 가운데 가장 유명한 것은 존재(*sat* 사뜨)도 존재하지 않는 것(*asat* 아사뜨)도 아닌, 죽음도 불사도 아닌, 밝음도 어둠도 아닌 때가 있던 태초에 존재하던 것에 대한 답할 수 없는 질문이다. 이것은 죽음도 아니고 영원불멸도 아닌, 빛도 어둠도 아닌 것이다. 마지막 시구는 우주의 신비로운 면을 찬송으로 전하며, 이 모두를 최초의 일신교적 전통과 인도의 무신론의 측면에서 해석할 수 있다. 이것은 '왜 이 천지가 생겨나게 되었는지—저절로 생겼을 수도 있고, 그렇지 않을 수도 있지만—는 가장 높은 하늘에서 이곳을 내려다보는 사람, 오직 그만이 안다. 아니 어쩌면 그도 모를지도 모른다.'고 해석한다.[57]

그러나 이것은 브라흐마나에 속해 있다가 후대에 우빠니샤드로 발전하게 되어, 특히 희생제의 특징과 관련하여 좀 더 체계적인 이론으로 전개된다. 브라흐마나는 슈라우따 의례에 관한 브라만의 담론으로, 의례 행위에 대해서 설명하고자 하며, 이는 광대한 우주와 신화학상의 현상과 관계가 있다. 그리고 『따잇띠리야 상히따』에 대해서 한 인도 주석자는 브라흐마나를 소위 '의례 행위와 그것에 속하는 만뜨라에 관한 일종의 해설'이라고 간단명료하게 정의했다.[58] 사회학자 에밀 뒤르껭은 '인간이 사물과 과학과 철학 간에 내적인 연결이 존재한다는 사고를 가지는 그 순간이 가능해진다'고 쓴 바 있다.[59] 브라흐마나의 주요관심 가운데 하나는 슈라우따 의례와 의례의 목적, 그리고 의례와 신화 간에 숨겨져 있거나 내적인 연결(*bandhu*, *nidāna* 니다나)을 세우는 데 있다. 예를 들어 『샤따빠타 브라흐마나』(*Śatapatha Brāhmaṇa*)에서는 신성한 불을 지피는 데 사용되는 불쏘시개를 높은 곳에 두느냐 낮은 곳에 두느냐에 따라 상징을 표현하고 신성 부부인 아내 우르와쉬(Urvaśī)와 남편 뿌루라와스(Purūravas) 간의 관계를 설정하면서 불을 지피는 의식을 행하는 동안에 그 이름들을 주문처럼 외운다. 텍스트 편찬자는 불쏘시개의 성적 상징을 알고 있다. 그는 아디와리유 사제가 손을 댄 냄비에 있는 우유 기름(ghee)을 그 신성 부부의 아들인 아유(Āyu)로 동일시하는데, 그것을 아래(즉, 여성) 불쏘시개에 놓는다. 기는 정액으로도 여겨지는데, 여기에서 정액이란 '태아'나 '비'와도 동일시된다.[60] 이러한 일종의 동일시와 유추는 텍스트를 통해 근거를 마련하게 되고, 넓은 우주의 위계적인 구조가 사회구조, 개인의 신체나 의례 속에서 반복적으로 되풀이되어 우주론을 표현한다. 의례는 우주 가운데 더 넓은 대우주와 사회를 반영하는 하나의 소우주이다.

### 우주론적 상사성

종교사가 미르치아 엘리아데(Mircea Eliade)는 동일시, 혹은 소위 '우주론적 상사성'[61]이 위계와 함께 인도 종교의 원리일지도 모른다고 했다. 이것은 『리그 베다』에서 나온 베다 전통에 나타나며, 불교와 자이나교를 포함해서 후대의 모든 인도 전통에서 발견된다. 근본적인 베다의 동일시, 즉 상사성의 하나로 후대에 은밀한 전통의 핵심이 되는 이것은, 신체와 우주 그리고 희생제 사이에 존재하는 것이다. 여기서 주요 텍스트는 『리그 베다』 끝부분에 나오는 것으로, 이것은 힌두 전통을 통틀어 인용되고 암송되는 우주적 존재인 뿌루샤 숙따(*Puruṣa Sūkta*)에 관한 유명한 찬가이다.[62] 이 찬송은 『리그 베다』 후반부에 나오며, 사회 집단 간의 경계가 어쩌면 덜 분명하게 그려졌을지도 모를 초기 베다 사회를 정확하게 반영하고 있지는 않아 보인다.

이 찬송은 신들에 의한 세상의 창조를 묘사하는데, 그는 희생제물이며 우주의 거대함을 나타내는 소위 '남성(*puruṣa* 뿌루샤)'으로, 그의 신체 각 부분으로부터 우주와 사회가 만들어지고, 심지어는 베다 시와 찬가 그리고 교의가 나온다. 가장 상위의 사제 계급인 브라만은 사회의 목소리로서 그의 입에서 나왔다. 그리고 무사 계급(*rājanya* 라자니야, 혹은 후대 *kṣatriya* 끄샤뜨리야)은 사회의 힘으로서 그의 팔에서 나왔고, 평민인 바이샤(*vaiśa*)는 사회를 뒷받침하는 존재로서 그의 넓적다리에서 나왔으며, 노예인 슈드라(*śūdra*)는 사회를 유지하는 사람들로서 그의 발에서 나왔다고 한다.[63] 여러 가지 면에서 이것은 사상적인 측면으로 작용한다. 성직자인 브라만은 영적인 지주로서 사회 유지를 위해 베다 의례를 수행하고, 지배자인 무사는 사회를 보호하고 지배하며, 평민은 기본적으로 가축을 기르고 농사를 짓는 일을 수행한다. 그리고 노예는 다른 계급을 위해 봉사한다는 것이다. 하지만 이처럼 중요한 찬송은 위계적이고 세습적인 사회 집단이 우주라는 구조의 일부임을 보여준다. 만약 우주가 어떤 의미에서 신성하다고 한다면 그것은 위계질서가 분명한 사회라는 것이다. 게다가 질서는 희생제와 그 신체의 위계적인 구조를 반영하게 된다. 이러한 질서 등급은 신체와 연관된 정-부정의 정도에서 비롯되었다. 즉, 신체의 가장 높은 부위인 머리는 가장 정(淨)하고, 가장 아래에 위치하는 발은 가장 오염되었다. 사회와 개인은 각각을 반영하며, 이 모두는 우주라는 더 큰 구조 즉, 조직체의 일부에 해당했다. 이러한 사회와 우주, 신체와 사회의 통합에는 영원하고 변함없는 신성한 질서인 우주의 법(*ṛta*)이 있고, 베다 의례에서 삶을 이끌어내고, 베다 예언자의 찬가에서 표현되며, 브라흐마나에서 설명되었다.

## 베다 사회

아리야 사회의 네 바르나 가운데 가장 상위 세 계급에 해당하는 구성원은 일종의 통과의례인 입문식(*upanayana* 우빠나야나)을 치르기 때문에 소위 '재생자(*dvija* 드위자)'로 알려져 있다. 이 의례는 드위자에게 사회의 완전한 구성원이 될 자격을 주어 결혼할 수 있고, 의례 전통을 영속할 수 있게 한다. 입문식은 드위자를 사회적으로 네 번째 계급에 해당하는 노예 슈드라와 분리하며, 베다 전통에 접근할 수 있는 사람과 그렇지 못한 사람의 경계를 분명하게 표시한다. 인도-유럽인 연구자인 조지 뒤메질(Georges Dumézil)은 인도-유럽인 사고는 세 계급이라는 사회 구조나 기능으로 특징지을 수 있다고 주장했다. 이 세 계급으로는 사제, 무사 혹은 지배자, 농부를 말한다.[64] 사제 계급은 지배와 군대 통치를 수행하곤 했다. 이러한 구조는 인도-유럽인 사회 전역에서 나타났다.

베다적인 인도 내에서 뒤메질이 말한 세 가지 기능은 사제(브라만), 무사 혹은 통치자(끄샤뜨리야, 라자나야), 그리고 평민(바이샤)이라는 드위자에 상응하는 것이다. 이러한 논의는 아대륙으로 들어간 아리야인을 축으로 자신들 내에서 세 부류로 나누어진 사회 구조와 함께 가장 밑바닥에 토착민을 지정했는데, 이들은 토착 드라비다인들로 이루어진 노예(슈드라)이다. 그러나 초기 인도 사회에서 계급 형성 과정은 좀 더 복잡하며, 이는 아마도 고대 인더스 강 유역의 문명에서 나타나는 것과 같은 토착 구조로까지 거슬러갈지도 모른다. 실제로 인더스 강 유역 도시의 성직자와 지배 계급은 아마도 자신들의 마을 성채 안이나 근처에서 따로 분리되어 살았던 것으로 보인다.

이러한 체계의 기원이 무엇이든 간에 네 층으로 이루어진 계급 구조는 하나의 이론적인 모델이자 신성한 계시에 기반한 사상적인 정당화라는 점을 명심해야 한다. 베다 사회 내에서 사회 계급의 실체는 좀 더 복잡했을 수도 있다. 적어도 리그 베다 시대에는 사제 계급이 지배적인 귀족 사회를 섬기기보다는 두 지배 엘리트 계급인 수리족(Sūris)과 아리족(Aris)이 각각 자신의 사제에 의해 섬겨졌을 것으로 보인다. 아구일라 이 마따스(Aguilar i Matas)는, 리그 베다 종교가 수리족의 후원을 받았으므로 『리그 베다』 텍스트 속에서 아리족은 부정적으로 기술하는 데 비해 수리족에 대해서는 호의적이라고 주장한다. 이것이 신앙에 반영되어, 신학적으로는 수리족이 선호하는 신 인드라가 승리함으로써 아리족의 최고의 신인 바루나보다 더욱 중요한 존재가 된다. 게다가 예배 의식에 사용되는 아그니나 소마와 같은 신은 바루나 편에서 인드라 쪽으로 옮겨가 그것으로써 수리족의 의례상 힘을 확보한다.[65]

## 요약

우리는 힌두교의 기원이 어떤 식으로 인더스 강 유역 문명과 아리야인 문화라는 고대 문화 속에 놓여 있는지 살펴보았다. 비록 그 문제가 논쟁의 대상이기는 하나, 여기에는 인더스 강 유역 문명의 언어가 베다 아리야인의 인도-유럽어와는 대조적인 드라비다어였음을 보여주는 강력한 증거가 있다. 드라비다인의 인더스 강 유역 문화와 아리야인의 베다 문화라는 이 두 문화는 힌두 전통을 구성하는 데 공헌하며, 힌두 문명은 드라비다와 아리야 문화 영역 간의 복잡한 상호작용으로 만들어진 것으로 이해할 수 있다. 브라만과 관련된 아리야인 문화는 후대의 전통을 대표하는 소위 '정복자 설화'를 제공한다. 이에 대해서 드라비다인 문화 영역의 중요성 역시 과소평가되어서는 안 되며, 산스끄리뜨를 포함하고 있는 아리야인 문화 자체는 드라비다적인 요소를 흡수한 결과로 보는 것이 타당하다.

# 제3장 다르마

『샤따빠타 브라흐마나』와 초기 우빠니샤드가 쓰여진 때인 후기 베다 시대 동안 아리야 문화는 갠지스 평원에 자리 잡게 되었다. 우리는 『샤따빠타 브라흐마나』와 『브리하다라니야까 우빠니샤드』가 비데하(Videha) 지역에서 쓰여졌음을 알고 있다.[1] 거대한 왕국은 규모가 축소되었고, 이곳에서 도시화 과정이 이루어지기 시작했다. 이 시기는 인도 종교사의 형성기로, 이때는 기세자 전통으로 특히 불교가 성장하고 브라만 사상이 성립한 것으로 보인다. 마우리야(Mauryan) 왕조(기원전 약 320~185년경)와 굽따 제국(320~500년) 사이에는 북서부로부터 들어온 침략자에 의해 유발된 정치적인 동요기가 있었다. 마우리야의 마지막 왕 브리하드라타(Bṛhadratha)는 기원전 185년에 자신의 브라만 총책인 뿌쉬야미뜨라 슝가(Puśyamitra Sūṇga)에 의해 암살당한다. 슝가 왕조(기원전 약 185~73년경)는 광대한 제국을 세운 왕 데메트리오스(Demetrios) 재위 아래 박트리아에서 온 그리스 침입자들에게 제국의 대부분을 빼앗겼는데, 그 가운데 가장 중요한 왕이 메난데르(Menander, 기원전 약 166~150년경)였다. 메난데르가 죽은 이후 왕국은 붕괴되고 결국 중앙아시아에서 온 사이왕(Sai-Wang) 부족(기원전 약 140년경~기원후 78년)이 세운 샤까(Śaka) 왕조로 대체되었다. 샤까의 세력이 약간 기우는 틈에 꾸샤나(Kuṣāṇa, Kuei-Shang)가 침략해 바라나시를 넘어 갠지스 평원을 따라 확대된 제국을 건설했는데, 이 왕조는 까니슈까(Kaniśka, 78~144년 사이)의 재위 동안 전성기를 누렸다. 마지막으로 굽따 제국은 약 320년경 짠드라굽따(Candragupta) I 세에 의해 세워져 북인도 전역과 중부 대부분 지역에 걸쳐 확대되었다.

종교의 정치적인 후원은 각 왕조에 따라 가지각색의 특징을 띠었다. 아쇼까(Aśoka, 기원전 268~233년)는 불교에 호의적이었으며 까니슈까(1세기) 역시 마찬가지였다. 하지만 두 왕 모두 자신의 영토 내에 있는 다른 종교에 대해서도 관대했던 것으로 보인다. 짠드라굽따 마우리야는 자이나교도였을지도 모른다. 마우리야 왕조의 마지막 왕이 죽음과 동시에 그의 암살자 뿌쉬야미뜨라는 베다의 제의적인 종교로 바꿀 것을 지지했다. 그는 말 희생제를 수행했으며 까우삼비(Kausambi)에서 인간 희생제를 한 것으로 보이는데, 아마도 이는 그리스 전역에 걸치는 승리를 기념하기 위한 것으로 보인다. 비록 종교의 공식적인 후원은 다양했지만 점차 브라만 사상의 중요성이 더해져 사회 정치학적인 종교의 핵심으로 자리 잡았다. 굽따(320~600년)와 그 뒤를 이은 왕조에서 하나의 핵심적인 사상으로서 브라만 사상은 왕의 지위와 깊이 관련되었다. 브라만 종교는 왕의 의례적인 지위, 사회 집단 간의 경계 유지, 그리고 무엇보다 중요한 다르마의 원리에 따른 개인행동의 규칙과 관련되었다.

굽따 전성기에 왕국의 성장과 함께 다르마는 상층 카스트 재가자의 가내적인 영역과 힌두 국가라는 정치적인 영역에서 하나의 사상적인 도구가 되었다.

다르마와 관련된 브라만 사상은 텍스트 속에서 베다 의례의 수행과 사회 윤리학과 관련되는 베다 전통이나 학파에 의해 명확해졌다. 또한 가내 영역에서는 브라만 사상의 형태로, 정치 영역에서는 왕의 사상이라는 형태로 표현되었다. 왕과 브라만은 서로 깊은 관계를 맺고 있었다. 그의 후원을 통해 브라만의 힘을 합법화시키는 사람은 왕이었지만 왕의 의례적인 정화를 담당하는 사람은 브라만이었다. 다르마 사상은 왕실에서 분명해져 왕의 모습 안에서 구체적으로 표현되었다. 그리고 사회 안에서 사람들 간에 상호작용에 있어서 정해지는 규칙과 의례의 규정 등이 명확해졌다. 이 장에서 우리는 다르마 문헌에서 자세히 기술하고, 힌두 역사에서 표현되고 있는 다르마 법칙에 관해 고찰해볼 것이다.

## 다르마 사상

소위 '다르마' 라는 용어는, 서양 언어로는 그 어의에 걸맞게 표현되는 번역 용어가 따로 없이, 주로 '의무', '종교', '정의', '법', '윤리', '종교적 미덕', '원리' 그리고 '올바름'과 같이 다양하게 번역된다.[2] 좀 더 세부적으로 보면, 다르마는 브라만이 행하는 베다 의례의 수행이다. 이것은 일명 '베다 희생제에 관한 의례적인 순서'[3]를 말하는데, 특히 모든 브라만에게 요구되는 '엄숙' 의례(*śrauta*)의 수행과 가내 의례(*gṛhya*) 그리고 한 가족과 사회 집단에 걸맞은 의무를 말한다. 다르마는 의례와 도덕적인 행위를 포함하는 하나의 포괄적인 사상으로, 다르마 의무를 경시하는 것은 사회와 개인에게 악영향을 끼친다고 믿는다. 미만사(Mīmāṃsa) 학파(p.366 참조)의 학자 자이미니(Jaimini)는 다르마를 일종의 지침(*vidhi* 비디)의 특징을 띤 것으로 정의한다.[4] 이는 다르마가 베다에 명시되어 있는 의례 행위(*karma*)를 수행하기 위한 하나의 의무로서, 그 자체 의미에는 아무런 보상이 없지만 그것을 수행하지 않을 경우 소위 '다르마를 행하지 않는 것(*adharma* 아다르마)'이 되어 보복을 당하거나 '처벌(*pāpa* 빠빠)' 받게 됨을 의미한다. 여기서의 의례는 특별히 엄숙한 의례로 자신만의 고유한 깨달음의 표현이다. 다시 말해서, 비록 의례의 후원자에 대해서 하늘의 보상이 없음에도 불구하고 이것은 의례상의 목적을 위한 의례에 해당한다. 브라만은 이것 외에도, 이 생과 다음 생에서 부와 행복을 얻기 위한 의례 역시 수행할 수는 있지만 이러한 여분의 의례는 의무가 아니다. 다르마는 베다의 의무로서 영원불멸한 것이며, 초월적인 다르마는 인간적인 수준에서 좋은 결과를 얻기 위한 의례적인 행위로 표현되거나 나타내는 개개인의 특유한 행동으로 간주된다.

**다르마의 원천**

다르마의 원천은 궁극적으로 베다이며, 베다 전통 내에서 의례와 법과 관련된 구전의 경문은 기원전 8~4세기에 체계화되었다. 지식부의 일부를 이루는 깔빠 수뜨라(Kalpa Sūtra) 텍스트는 부수 학문으로서 소위 '베다의 가지(*vedāṅga* 베당가)'로 알려져 있다. 베당가는 다음과 같다.

쉭샤(*śīkṣa*), 베다 텍스트에 관한 정확한 발음(음성학);
깔빠(*kalpa*), 의례에 관한 올바른 수행(제사학);

비야까라나(*Vyākaraṇa*), 문법학;

니룩따(*nirukta*), 베다 용어들의 어원(어원학);

찬다스(*chaṇdas*), 운율학;

조띠샤(*jyotiṣa*), 천문학;

『가우따마 다르마 수뜨라』(*Gautama Dharma Sūtra*)는 베다가 다르마의 원천이며 그것에서 나온 전통이기도 하다고 전한다.[5) 다르마 수뜨라에 따르면 다르마의 원천에는 계시(이를 테면 베다), 전승(스므리띠) 그리고 관행 즉, 베다에서 익힌 소위 '올바른 관습', 이 세 가지가 있다고 한다. 『마누법전』(*Manu Smṛti*)—정식 이름은 『마나와 다르마 샤스뜨라』(*Mānava Dharma Sāstra*)—에는 이들 세 가지에, 양심으로 표현되는 '자기 자신을 기쁘게 하는 것'이 더해진다.[6)]

다르마의 두 번째 원천인 깔빠 수뜨라는 세 부류로 범주화된다.

- 슈라우따 수뜨라, 엄숙하거나 공식적인 의례에 관한 바른 수행을 다루고 있는 경문(천계경, 天啓經);
- 그리히야 수뜨라(Gṛhya Sūtra), 가내 의례를 다루고 있는 경문(가정경, 家庭經);
- 다르마 수뜨라, 법과 사회 윤리를 다루고 있는 경문(율법경, 律法經).

베다가 계시인 반면에 깔빠 수뜨라는 전승 혹은 부차적인 계시이다. 이 '기억에 근거한' 텍스트는 여러 베다 학파에 속한 인간 현자에 의해 쓰여졌다. 이 현자들은 영감을 받은 비범한 인물로 간주되었다. 여러 학파 내에 있는 현자들이 위의 세 종류의 텍스트를 만든 것으로 보이지만 사실상 슈라우따, 다르마 그리고 그리히야 수뜨라 텍스트의 출처를 아빠스땀바(Āpastamba), 히라니야께쉰(Hiranyakeśin) 그리고 바우다야나(Baudhāyana) 세 현자로 한정한다. 이들 텍스트에서 우리는 다르마가 얼마나 제례의식적인 용어로 이해되는지 알 수 있다. 그것은 다르마를 올바르게 수행하는 것이 한 사람의 의례적 의무를 충실히 이행하는 것임을 보여 준다.

### 슈라우따 수뜨라

슈루띠(계시)를 따르기 때문에 슈라우따라고 부르는 이 텍스트는 매우 전문적인 용어들로 공식적인 베다 제의 수행을 위한 규칙이 기술되어 있는 책이다. 실제 슈라우따 의례는 기본적으로 세 군데 아니면 다섯 군데 마련되는 제단에 주로 채식과 비채식 공물을 올리고 아그니와 소마에 초점을 둔다. 이 공식 의례는 간소한 가내 의례보다는 좀 더 오래전부터 행해졌으며 더욱 복잡하다. 이 의례는 놀랍게도 인도가 오랜 역사를 거쳐 오면서 겪은 정치적 격변이나 사회 변화 속에서도 계속 유지된다. 굽따 시대에 이 의례가 부활했고, 현재 께랄라의 남부드리 브라만 사이에 남아 있다. 슈라우따 수뜨라는 슈라우따 의례 수행을 위한 규칙을 적어 놓은 의례서이다. 최초의 수뜨라 형식의 예라 할 수 있는 텍스트는 기원전 6세기 혹은 그 이전에 바우다야나가 쓴 것이다. 글자 그대로 '실(絲)'이란 용어인 수뜨라는 하나의 원리나 규칙을 뜻하는 함축적인 경구이다. 여기서의 규칙은 이전의 규칙을 가지고 다음 규칙을 정하는 식이므로 축적적이다. 게다가 공물 준비에 관한 지침에 따르면 기를 가지고 만든 공물을 적합한 것으로 여긴다.[7] 슈라우따 수뜨라는 의례의 규칙과 상위 규칙을 기술한 전문 지침서이다. 그래서 스탈은 이것을 이른바 '의례학'이라 불렀다. 슈라우따 수뜨라는 의례의 숨겨진 의미를 고찰하는 것이 아니라 실천해야 하는 규칙에 초점을 둔다는 점에서 그에 앞선 브라흐마나 문헌과는 다르다. 또한 스탈이 보여준 바와 같이 이들 텍스트는 특히 불교도에 반하는 관점을 강조하는 것과 관련 있는 미만사 철학과도 다르다.8)

### 그리히야 수뜨라

그리히야 수뜨라는 가정에서 수행되는 여러 제례(*yajña*)를 나타낸다. 이러한 가정의례가 베다 시대 초기에는 모든 재생 계급에게 허용되었을지 모르지만 이후에는 브라만 계급으로 한정되었다. 브라만은 자신이나 다른 재생 계급을 대표해서 제사를 수행할 수 있었다. 이 텍스트에는 브라만이 지켜야 할 의무로 여겨지는, 가정에서의 불 점화에 관한 지침을 포함하고 있다. 그리고 의례적인 정(淨)함을 위한 규칙과 통과의례로서 특히 탄생, 입문식, 결혼, 죽음과 같은 내용을 포함하고 있다. 사실상 재가자는 소위 '일상 의례(*nitya-karma* 니띠야-까르마)'가 아닌 '특별한 의례(*naimittika-karma* 나이밋띠까-까르마)'로 분류되는 통과 의례에만 브라만을 고용했다. 의례에 대한 관심은 사람들 사이 및 사람과 국가의 사회적 관계를 규정하고 경계 짓는 것과 함께 다르마 수뜨라에서 보충되었다. 자기표현의 단계에서 의례 절차가 사회적 가치를 능가한다는 점은 흥미롭지만, 한 사람의 의례적인 의무 수행은 그의 사회적 지위에 맞게 행동하는 것으로서, 그러한 행동이 도덕적으로 옳은 행위라는 점에서 궁극적으로 이 두 영역은 연결되어 있었다. 이는 의례 수행과 사회 윤리적 의무 간에는 아무런 차이가 없다고 하는 다르마 인식에서 기인한다.

### 다르마 수뜨라

이 텍스트는 그리히야 수뜨라에 나오는 법칙에서 발전한 것으로 인간의 올바른 행위와 관습에 대해서 다루고 있다. 슈라우따 수뜨라와 달리 그리히야 수뜨라는 브라만 재가자의 가정적 관심사와 가정 제례에서 강조하고 있는 것 그리고 이들에게 인정되는 행위 규칙에 대해 기술하고 있다. 다르마 수뜨라 가운데 가장 중요한 것은 현자 가우따마, 바우다야나, 바시슈타(Vasiṣṭha)와 아빠스땀바에서 기인하는 것으로, 이 텍스트에는 가정 제례를 수행하는 데 있어서 지켜야 할 규칙과 체계 그리고 인생의 네 단계(*āśrama*)와 관련된 규칙을 포함하고 있다. 이 텍스트의 중요성은 이 속에 아리야인 재가자의 다르마 수행에 관한 규칙이 정해져 있고, 다르마 샤스뜨라의 전승에 중요한 토대가 된다는 점이다.

### 다르마 샤스뜨라

다르마 샤스뜨라는 이전의 내용을 담고 있지만 텍스트 가운데 약간 후대의 부류에 속하는 것으로 수뜨라에서 다루고 있는 주제들을 정교하게 다듬은 인도 고대의 법률이다. 인간 출처의 다른 텍스트가 특히 서사시(*itihāsa* 이띠하사)나 설화 전통(*purāṇ*)에 기반하는 스므리띠로 간주하는 것과는 달리 다르마 샤스뜨라는 특히 스므리띠와 결합하여 실제로는 간단히 스므리띠라고도 한다. 다르마 샤스뜨라는 산문 형식이 아니라 운문이거나 수뜨라의 산문과 운문 형식의 혼합문으로 이루어져 있다는 점에서 이전의 수뜨라와는 다르다. 특히 왕의 역할에 관해서 수뜨라가 법칙적인 특성을 띠는 데 비해 샤스뜨라는 좀 더 해설적이지만, 둘 다 다루는 주제는 동일하다.[9] 이 텍스트는 특히 다르마의 원천으로 중요하며 상층 카스트 재가자가 반드시 수행해야 하는 의무가 무엇이고 그에게 기대하는 것, 금기시되는 것이 무엇인지 그리고 특히 이러한 규칙들이 법과 의무와 관련해서 더 크게 우주라는 의미와 어떤 관계가 있는지에 대한 분명한 지침을 제공한다. 이 텍스트의 가르침을 따르던 브라만은 스마르따로 알려져 있는데, 스므리띠를 따르는 이들은 특히 카스트와 생의 주기에 관한 다르마인 바르나슈라마-다르마와 관련되어 있다.

다르마 샤스뜨라에 나오는 다르마 법칙은 법률 체계로 통합되어 힌두의 법률 제정이나 소송의 문제를 다루는 데 중요했을 뿐 아니라 심지어 영국이 인도를 지배하는 동안에도 중요하게 취급되었다. 실제로 영국에 의해 '알려진' 최초의 산스끄리뜨 텍스트 가운데 하나가 『마누법전』 즉, 『마나와 다르마 샤스뜨라』인데, 인도학의 창시자 윌리암 존스 경이 처음 영어로 번역하여 1794년에 출판되었다. 이러한 장르에서 가장 오래되고 중요한 텍스트인 『마누법전』은 기원전 2세기~기원후 3세기에 만들어졌다. 다른 다르마 샤스뜨라로는 특히, 『야자왈끼야 스므리띠』(*Yājñavalkya Smṛti*)와 『나라다 스므리띠』(*Nārada Smṛti*)가 중요하게 여겨지는데, 이것은 대략 굽따 시대(320~500년경)에 쓰인 것으로 보인다. 산스끄리뜨 주석서 역시 중요한데, 이 중에서 특히 중요하게 여겨지는 것이 『마누법전』에 대한 메다띠티(Medhātithi)의 주석서이다. 이 책은 보편적이고 통합적인 법으로서 다르마 교리를 담고 있으며 여러 다른 환경과 다양한 상황에 대해서 융통성 있게 기술하고 있다. 이 법전은 힌두교의 전 역사를 통틀어 발생한 사건에 대한 합법적인 결정에 도움을 주는데, 특히 브라만 회의에서 활용된다. 우리는 12세기 비문을 통해서 이것의 사용 일부를 알 수 있다. 한 비문에는 수레를 만드는 목수 카스트인 라타까라(*rathakara,* 글자 그대로 '손수레-제작자')가 베다 사회의 위계 속에서 자신의 지위에 대해 논박하고 있다. 『나라다』와 『야쟈왈끼야 스므리띠』를 포함하는 많은 산스끄리뜨 원전의 인용문과 함께 비문에는 수레 목수에 대해서 두 가지 유형으로 나누고 있다. 한 부류는 '존경받을 만한' 즉, 드위자 계급 간 수직 상향혼으로 생긴 부류이고 다른 유형은 천한 집단으로, 상층 카스트 여성과 하층 카스트 남성이 결혼해서 탄생한 부류가 있다는 판결문이 기록되어 있다.[10)]

이러한 비문에서는 다르마 샤스뜨라가 중요했으며 이것이 애매모호한 법적인 문제를 해결하는 데 도움을 주는 조문의 역할로도 사용되었음을 보여준다. 광범위한 텍스트 자료에 언급되어 있는 인용문 속에서 우리는 다르마 샤스뜨라 외에 비문이 힌두 전통에 대한 학문적인 지식과 함께 하위 집단 사이에 내재하는 고도의 독단과 자각을 시사하고 있음을 알 수 있다. 이러한 비문은 우리에게 텍스트가 당시의 사회 문제에 대해서 끊임없이 판단 기준이 되었음을 보여주기도 한다. 샤스뜨라는 가장 높은 지위에 해당하는 계급으로서 브라만이 의례의 옹호자이자 도덕적인 정(淨)한 존재 그리고 신성한 전통의 전달자라는 중요한 위치에 있던 사회에서 지배적인 브라만 사상과 사회 질서에 관한 시각을 반영하고 있다.

## 다르마의 문맥적 미묘성

다르마가 왕권과 관계되는 중요한 개념으로 힌두 사회의 모든 계급에게 보급되는 데 비해 법전은 주로 브라만의 의무와 관련된다. 다르마에 충실하기 위해서 브라만의 의례적 행위는 정결(*śuddhi* 슛디)해야 한다. 힌두교에서 정(淨)의 중요성에 대해서는 몇 가지 논쟁이 있지만, 이러한 정(淨)의 지위가 정치권력이나 그 이상의 힘에 대해 종속적이라 해도, 정하다는 것이 매우 중요한 개념이라는 것은 의심할 여지가 없다. 오물로 인해서 매일 더러워지는 몸은 기본적으로 물을 이용한 정화 의례를 통해 정(淨)한 상태로 돌아가야 한다. 그러나 신체의 부위에 따라서 그리고 사회 집단에 따라서 오염의 정도가 다르다. 정-부정의 양극성은 힌두 사회를 이루는 것으로, 이에 관한 근본 원리는 다르마 샤스뜨라 안에서 인지되었다. 다르마 샤스뜨라는 질서 유지를 위한 사회적 윤리와, 정-부정의 정도에 지배되는 집단, 남녀 간의 경계를 판단하는 기준을 제시한다. 가장 상위 계급인 브라만은 다른 계급과의 일정한 상호 작용에서 배제된다. 그리고 함께 식사할 수 있는 것과 관련된 규칙과 엄격한 결혼 규칙은 분명한 경계 유지를 보장하는 것이다.

보편적인 의미에서 다르마는 우주의 영원한 근본 원리라고 말하지만 이것은 인간이 맺고 있는 세계와도 분명 관계가 있다. 개인적인 의미에서 다르마는 특정한 법과 개인에게 적합한 환경에 따라 적용된다. 마누에 따르는 다르마 요소 가운데 하나는 소위 '관행'이다. 이것은 다르마가 상황에 따라 적용될 수 있음을 의미하며, 개개인에 대한 다르마의 적용은 다수의 교육받은 남성들이 주도하는 지방 의회에서 결정했다.[11] 이에 대해 웬디 도니저 오플러티(Wendy Doniger O'Flaherty)는 다르마를 이른바 '환경에 민감한 것'으로 보았다.[12] 다르마 샤스뜨라에는 이와 관련한 예가 나온다. 남성의 종교적 의무는 나이, 카스트(*jāti* 자띠), 가족(*kula* 꿀라), 국가(*deśa* 데샤)별로 다르다.[13] 예를 들어 왕은 어떤 사안에 대해 각 지역의 관습과 특정 의무(*svadharma* 스와다르마)에 따라 판단해야 한다. 스와다르마 사상에 따르면, 무사에게 올바른 행동이 브라만에게 올바르지 않은 것이 무엇인지, 남성에게 옳은 것이 여성에게는 틀린 것이 무엇인지 식으로 다르마를 각각의 환경에서 상대적으로 이해하는 것이 중요하다. 마누는 '한 사람의 고유한 의무는

그것이 전혀 가치가 없다고 할지라도, 다른 사람이 잘 수행한 의무보다 더 낫다'고 전한다.[14)]

## 바르나슈라마-다르마

다르마 수뜨라와 샤스뜨라에는 특히 두 가지 관심이 지배적이다. 그 중 하나는 사회 내에서 한 사람의 지위 즉, 계급과 관계된 의무이고, 또 하나는 한 사람의 생의 단계(*āsrama*)와 관련된 의무이다. 이 두 가지 관심은 바르나슈라마-다르마로 알려지는데, 이것에 충실함은 브라만의 바른 실천을 나타내는 것으로, 실제로 힌두를 정의하는 데 있어서 가장 본질적인 부분이다. 일부 몇몇 힌두 전통에는 이러한 유형이 거부되었음을 감안해야겠지만, 그것의 영향은 스스로가 힌두라는 자의식과 자기표현에 있어서, 그리고 서양에서 힌두교를 이해하는 데 있어서 매우 중요하다. 이것은 브라만 사상과 여러 힌두 전통에서 필수적인 요소이며, 딴뜨라 전통의 경우에는 스스로가 이러한 브라만적인 개념에 반해서 정의한다.

### 계급(바르나)와 카스트(자띠)

우리가 살펴본 바에 따르면 베다 사회는 각각 브라만, 귀족 혹은 무사, 평민, 노예의 네 계급으로 나누는데, 상위의 세 계급은 소년이 입문식을 경험하기 때문에 소위 '재생자'라고 한다. 이러한 체계는 더욱 더 거대한 '존재 사슬'의 일부로, 이 속에는 여러 범주(*jāti*)로 세분화되어 정(淨)함의 정도에 따라 정렬되고 서로 연관되는 가운데 질서 정연한 위계 아래 조화를 이루었다.[15)] 재생자 계급에 한해서 베다 강연을 듣는 것이 허용되었으며 그 이전에는 모든 재생자가 베다를 배우는 것이 가능했지만 점차 브라만에 한해서 이들이 베다의 보호자로서 그것을 배우고 의례에 베다를 암송하게 되었다. 『비슈누 스므리띠』(*Viṣṇu Smṛti*)에서는 브라만의 의무가 베다를 가르치고 다른 사람을 위해 희생제를 수행하는 것이고, 끄샤뜨리야는 힘을 신봉하고 백성을 보호할 의무가 있으며 바이샤는 목축과 농사 그리고 장사를 해야 하며 슈드라는 위의 세 계급을 신봉하고 기술에 종사해야 한다고 명확히 전하고 있다.16) '계급'으로 번역되는 바르나는 소위 '색깔'로서 인종적인 특징을 뒷받침하는 의미가 아니라, 모든 것이 다양한 등급으로 표시되는 특성(*guṇa* 구나)과 함께 사회의 위계를 반영하는 색의 상징체계를 뜻한다. 브라만은 정(淨)함과 빛(밝음)의 색인 흰색과 연관되며, 끄샤뜨리야는 열정과 에너지의 색인 붉은 색으로 표현되고, 바이샤는 지구의 색인 노란색, 그리고 슈드라는 어둠과 무기력함의 색인 검은색과 연관되었다.

바르나라는 용어가 베다 사회 내에서의 네 계급을 일컫는 용어인데 비해 자띠('태생')는 우리가 이른바 '카스트'로 알고 있는 힌두 사회의 동종의 구분을 의미하는 용어이다. 카스트는 다음의 특징을 띠고 있다.

- 카스트는 가장 상위에 브라만, 가장 밑바닥에는 불가촉민 [간디는 이들을 하리잔(*Harijan*)으로 불렀으며, 그들 내에서는 스스로f를 달리뜨(*dalit*)라고 불렀다] 의 형태로 한 지역 내에서 위계적인 구조로 정렬되어 있다.
- 카스트 위계는 정-부정 간의 양극성을 토대로 한다. 여기서 브라만이 가장 정(淨)한 존재이고 불가촉민이 가장 부정한 존재이다.
- 한 개인의 카스트는 양도될 수 없으며 신체의 한 부분으로서 제거될 수 없는 것(입문식에 의한 몇 가지 전통에 따른 것 제외)이다.

- 카스트 내혼과 식사할 수 있는 관계에 관한 엄격한 규칙이 존재한다.

자띠는 사회 계급에 대해서만 사용하는 용어가 아니라 살아 있는 모든 범주에 적용 가능하다. 벌레, 식물, 가축, 야생 동물과 천상의 모든 존재는 자띠를 가지고 있는데, 이것은 인간의 카스트 구별이 다른 종 사이에서 이루어지는 구별과 마찬가지로 고귀한 대상으로서 이루어지는 구별로 이해된다는 것을 보여준다. 자띠 구성원들은 동일한 신체적 본질을 공유하는데, 이 본질은 위계적으로 등급화되어 있는 것이다.[17] 소위 이러한 '본질'은 몇몇 인류학자에 의해 계약으로 교환되는 어떤 것으로 이해된다. 다시 말해서 사회적 인간은 항상 각자의 본질을 발산, 흡수한 결과 독립적인 개인은 없다는 것이다.[18] 인간의 자띠는 그들 내에서 많은 하위 구분이 섞여 있는 매우 복잡한 사회적 실체이다. 실제로 브라만과 끄샤뜨리야 바르나는 자띠로 다루어지기도 한다. 모든 인간의 사회 제도와 마찬가지로 카스트 체계는 시간이 지나면서 변화되었지만 그럼에도 불구하고 지속성을 고수했다. 카스트 체계는 마누 당시에도 복잡했다. 그리고 어떤 곳에서는 시대가 바뀌면서, 예를 들면 스스로 정(淨)한 존재라는 전설적인 기원을 만들어 자신의 등급을 바꾸는 식으로, 여러 카스트가 서로 간의 관계 속에서 바뀌는 등, 어떤 면에서는 카스트 체계가 유동적이었다고도 할만하다. 다른 한편으로 바르나는 각 집단을 명확하게 한정하고 조직적인 전체에서 하나의 부분으로 기능하는 가운데 계층화된 사회 질서를 위한 안정적인 모델을 제공한다. 즉, 최초의 인간의 몸 역시 사회 조직체의 일부로서 리그 베다 시대와 마찬가지로 태초에 희생되었다는 것이다.

바르나와 자띠 간에 정확한 역사적 관계는 명확하지 않으며, 카스트 즉, 자띠가 바르나 체계에서 발전했다는 것도 확실하지 않다. 실제로 철학서에는 이 두 용어를 일관성 있게 구별하고 있지 않으며, 할파스(Halbfass)에 따르면 자띠는 다르마 샤스뜨라 문헌에서 바르나라는 의미로 사용된다고 한다.[19] 전통적인 견해에 따르면 자띠는 바르나 체계에서 나온 사회 집단의 확산을 의미한다. 마누는 베다에 따른 계급의 분명한 사상의 관점에서 이전에 주어진 사회 계층화를 이해하고자 했다. 그는 바르나 사이의 잡혼이라는 관점에서 그가 재생자에게 경고하는 것으로 그것의 위험에 대비하여 자띠의 확산을 설명하고자 한다.[20] 실제로 마누는 소위 '성적으로 품행이 방정하지 못함'과 관련해서 몇 가지 엄격한 벌칙을 규정하고 있다. 슈드라 여성과 잠을 잔 브라만은 감옥에 가고 브라만이라는 지위는 그의 아들 대에 이르기까지 상실된다. 그리고 동성애는 카스트의 상실로 처벌하며 여성의 간통은 '사람들이 많이 다니는 장소에서 개의 밥이 되게 하고' 상대 남자는 '벌겋게 달구어진 철제 침대 위에서 태워 죽인다'.[21]

엄한 벌칙이 실제로 수행되었는지 여부는 확실하지 않지만 이러한 예들은 분명 표현상의 영향력을 지니고 있었다는 점, 그리고 마누는 다르마에 따라 규정된 결혼 범주를 벗어난 성행위는 잘 정돈된 사회에서 관대하게 취급되지 않았다는 점을 분명히 말하고 있다. 마누가 카스트 위계에 기초한 사회 윤리에 대한 분명한 견해를 보여줌에도 불구하고 다르마 내에는 다양한 인간 환경에 따라 달리 적용하는 미묘함이 존재한다. 예를 들어 카스트가 제약된 결혼을 벗어난 성행위는 잘못된 것이지만 욕구 만족을 위한 임시적인 간다르와(*gāndharva*) 결혼 관습이 있으며, 그 외에도 살인은 나쁘지만 그것이 허용되는 상황이 있다. 보편적인 도덕법으로서 다르마는 분명 사람들이 처한 상황에 따라서 그리고 재가자가 처한 일상의 현실에 맞게 적용되었을 것이다.

비록 카스트 간 교차 결혼이 마누에서는 부인되지만 그런 일이 발생하는 경우는 남성이 여성보다 더 높은 상층 카스트인 경우로, 이러한 소위 '성질이 맞는(*anuloma* 아눌로마)' 결혼은 반대로 상층 카스트의 여성과 하층 카스트 남성 간의 결혼인 '비위에 거슬리는(*pratiloma* 쁘라띨로마)' 결혼보다는 더 낫다고 여긴다. 마누에 따르면 자띠는 그러한 혼합된 결혼의 결과물이라는 것이다. 예를 들어 가장 낮은 즉, 카스트에서 제외되는 목수 카스트, 고기를 다루는 사람 그리고 몹시 '지독한' 불가촉민(*caṇḍālas* 짠달라) 이 세 부류는 각각 평민, 무사와 브라만이 슈드라 여성과 합방해서 태어난 자들이다.[22] 이 '지독한' 카스트에 속하는 짠달라에 대해서 마누는 모욕적으로 '개를 다루는 요리사'로 분류한다. 이들은 사회에서 가장 낮은 부류로 실제 용어인 아스쁘라슈따(*aspṛṣṭa*)는 '접촉하지 않는'이라는 뜻이다. 이 용어가 산스끄리뜨 원전에서는 그리 많이 사용되지 않지만, 이들은 상층 카스트를 극도로 오염시키기 때문에 서구식 표현으로 '불가촉민'으로 알려져 있다. 글자 그대로 '개-처리자' 카스트는 존재하지 않고 주로 가장 부정한 것으로 여기는 창조물, 가금류, 개돼지와 같은 부류에 대한 마누의 수사적인 표현이다. 만약 브라만이 여기에 속하는 것과 접촉하면 카스트에서 추방된 자나 월경 중인 여자와 같은 등급으로 떨어지므로 이때는 목욕과 함께 정화의 과정을 거쳐야만 한다.[23]

비록 불가촉성이 현재 인도에서 합법적으로 금지되어 있기는 하지만 불가촉민 카스트는 인도 인구 가운데 약 다섯 번째로 많은 수를 차지하고 있다. 그들은 전체적으로 베다 사회와 상층 카스트의 의례 전통에서 배제되어 있으며, 네 계급 체계에서 벗어난 외부 카스트(*avarṇa* 아와르나)에 해당했다. 베다 강연을 듣는 것이 금지되고 재생자에 속하지 않는 슈드라조차도 네 계급 체계 안에는 속해 있었다. 하지만 불가촉민의 경우 상위 사회 질서 안에 자신의 자리란 존재하지 않았다. 마누의 지시[24]에 따라 이들은 마을 외곽 지역에 살면서 짐승 가죽을 다루고 마을에서 나오는 배설물을 청소하는 일과 같은 천하고 더러운 일을 하면서 살아가는 것이다. 5세기에 중국 승려인 법현(Fa-hsien)은 불가촉민이 사람들에게 자신들을 피하라는 신호를 주려고 마을에 들어가기 전에 두드릴 나뭇개비를 준비한다고 전한다.[25] 불가촉민 카스트에 대해서는 거의 확실히 기원전 1,000년으로 거슬러 올라간다. 마누에서 전하는 연대는 그것의 기원이 3세기 이전이라고 하지만 이는 정확하지 않으며 아마도 그 이전일 것으로 보인다. 뒤몽에 의해 인용되는 증거에 따르면 불가촉민의 기원은 서력기원 몇 세기 전으로, 부처 이전의 삶에 대한 이야기를 묶은 책인 자따까(Jātaka)에 등장한다고 한다. 또한 뒤몽은 불가촉민의 부정함은 브라만의 정(淨)함과는 불가분의 관계에 있기 때문에 브라만과 불가촉민이 동시에 생겨났으며, 이 둘은 지위 위계상 양쪽 끝에 자리하고 있다는 그럴 듯한 논리를 제시한다.[26]

## 아슈라마 체계

다르마 사상의 두 번째 개념은 생의 주기와 관련된 아슈라마 개념이다. 베다 사회 안에서 말하는 다른 환경의 성문화와 사람들을 하나의 통일 체계로 통합하려는 시도가 있다. 삶의 네 주기에는 독신주의 학생(*brahmacārya* 브라흐마짜리야), 재가자(*gṛhastha* 그리하스타), 수행자 혹은 숲속 거주자(*vanaprastha* 바나쁘라스타) 그리고 기세자(*samnyāsa* 산야사) 단계가 있다. 패트릭 올리벨(Patrick Olivelle)은 아슈라마 체계를 힌두 해석학 전통 안에 있는 하나의 신학적인 구조라는 식으로, 이 체계를 통해 이해되는 사회 종교적 관습을 식별해야 한다고 본다.[27] 아슈라마는 반영 대상이 사회적 제도나 관습에 해당하는 것으로, 이 체계가 영향을 미치는 일종의 신학적 실체이다.

아슈라마 체계는 기원전 5세기 브라만 전통 내에서 변화의 결과로 나왔다. 처음에 이 용어는 소위 '은자의 집'(아슈라마, 영어식으로 '아슈람'의 출처)을 일컬었는데, 그곳에 머물던 브라만의 생활 방식을 적용한 데서 기인한다. 아슈라마에 살던 브라만 은자들은 베다의 사회 층 속에서 가정 희생제를 수행하며 종교적인 삶을 추구하던 재가자이다가 자신이 살던 마을에서 옮겨온 것으로 보인다. 올리벨이 본 바에 따르면 이 용어는 브라만 재가자만의 특별한 범주를 뜻한다.[28] 이 용어의 의미는 확대되어 브라만 재가자 은자가 살던 장소뿐만 아니라 그들이 이끌어가는 생활 방식으로, 궁극적으로 브라만의 전 삶의 양식을 뜻하게 되었다. 다르마 수뜨라에서 아슈라마는 한 남성이 반드시 통과해야 할 다음 단계가 아니라 완전한 공부가 끝난 이후 재생자 남성에게 열려 있는 완전한 가능성 혹은 삶의 선택으로 이해된다. 재생자 소년은 베다 입문식을 거치면서 아동기를 벗는다. 이후에 그는 스승의 집에서 '제자'로 있으면서 네 아슈라마 단계 각각의 의무와 책임에 대해서 배우게 된다. 이 학습기가 끝날 시기에 그는 성인으로 살아갈 나머지의 삶에서 따르고자 하는 아슈라마 하나를 선택할 수 있었다.[29] 이런 식으로 그는 공부와 관련한 삶을 선택해 소위 '학생' 즉, 브라흐마짜린으로서 계속 살아갈 수 있었다. 다르마 샤스뜨라가 나온 시기에 아슈라마는 재생자 카스트가 통과해야만 한다는 것을 통해서 성공적인 삶의 단계라는 개념을 굳힌다. 샤스뜨라의 많은 부분은 각 단계에서 요구하는 바를 적고 있다. 바르나 체계와 마찬가지로 아슈라마는 일종의 본보기로서 이것의 흐름은 사회 질서가 아닌 개인의 삶에 대한 통시적인 질서와 관계있다. 즉, 이 체계는 상층 카스트 남성이 어떻게 살아야 하는지에 대한 전형이다.

학생기는 소년이 베다를 배우기 위해 자신의 집을 나와 스승(*ācārya* 아짜리야, 구루, 법사 法師)의 집으로 가는 시기로, 상층 카스트 입문식 이후의 전통적인 단계에 해당한다. 베다 학습자인 브라흐마짜린은 '혼자 힘으로 브라만에 적합한 사람이 되는 자'로서, 일찍이 『아타르와 베다』[30]에서 전하는데, 여기서 그는 다르마 샤스뜨라에 묘사된 학생의 모든 특징을 띠고 있다. 예를 들어 음식을 구걸하고 고행을 행하며 영양 가죽으로 만든 옷을 입고, 연료를 모으며 열을 일으키는 고행을 실천한다.[31] 그러나 당시의 학생과는 달리 브라흐마짜린은 브라흐마나에 나오는 창조신 쁘라자빠띠와 동일하게 여겨지는 가운데 신성한 상태에 놓이며, 엄격한 금욕의 규율 아래에 있었다. 실제로 브라흐마짜린이라는 용어는 '금욕하는 사람'을 의미한다. 이 배후에 깔린 사상은 모든 인도인의 종교에 보편적으로 내재하는데, 독신으로 있는 것은 성(性)에 오염되지 않고 성적인 에너지를 통제하는 것으로 보통 정액의 방출을 억제하는 것이다. 이는 종교적인 목적을 위해서 승화되는 것이라 할 수 있다. 마누에 따르면 이 상태는 9세에서 36세까지 지속하는데, 이 시기에 학생은 베다의 대부분을 배울 수 있었다. 이후에 학생은 집으로 돌아오는 의례를 치르고 곧 결혼하여 재가자 단계에 들어갈 수 있었다.[32]

재가자가 늙어 손자를 보게 되는 시기에 관해 마누는 그가 은퇴하여 은자가 되거나 숲속 거주자가 되어야 한다고 전한다. 이 단계에서 남성은 원한다면 자신의 아내와 함께 숲에서 은둔자의 삶을 살면서 혼자 힘으로 의례에 전념하기 위해 재가자의 의무에서 물러난다. 이때부터는 마누의 언급대로 '남성은 혼자서 베다를 암송하는 데 전념하여 스스로를 통제해야 하며, 영적으로 완전해져야 한다고 한다. 이 단계에서 그는 항상 베푸는 자가 되어야 하고 어떠한 것도 취하지 말 것이며 살아 있는 모든 것에 대해 자비로워야 한다'고 전한다.[33] 그는 완전한 기세의 상태가 아니므로 요리에 불을 사용하고 더욱 중요한 것은 매일 제물을 마련하여 세 가지 희생제의 불을 사용하기 때문에 불을 버리지 않았다. 그럼에도 불구하고 다르마 샤스뜨라에 보이는 이 단계에 관한 묘사에서 우리는, 바나쁘라스타가 야채와 꽃, 뿌리 식물, 과일만 먹고 영적인 에너지 즉, '내면의 열(*tapas*)'을 발산하기 위해서 여름에는 자신의 주변에 다섯 개의 불로 에워싼 채 앉아 있고, 겨울에는 젖은 옷을 걸치고 있는 식으로 극심한 고행을 실천한 것을 알 수 있다.[34] 이 단계에 있는 재가자와 속세를 완전히 떠난 사람 간의 중요한 차이는 불 사용 여부에 있다. 기세자는 자신의 희생제에 사용하는 불을 지키는 것과 관련된 베다 규정에서 벗어나 있다. 그리고 음식을 요리하지 않고 철저히 구걸을 통해 살아간다. 레비스트로스(Lévi-Strauss)가 제안한 것처럼, 만약 불과 요리된 음식이 문화의 상징이며 천연의 날 음식이 존재한다면 불을 포기하는 기세자는 어떤 면에서 문화를 버린 것이다. 또한 그는 정(淨)하고 영적인 해탈에 해당하는 초인간적인 영역을 향해 문화의 초월을 시도하고 있는 셈이다.

마누는 만약 브라만이 생의 주기를 따르고 현자에게 자신의 세 가지 베다 학습의 의무를 다하고 신에게 드리는 의례와 조상에게 장례를 치러줄 아들을 낳을 의무를 따른다면, 그 브라만은 해탈이라는 목표에 이를 것이라고 전한다. 하지만 만약 그가 사회적 의무를 다하지 않는다면 기세와 해탈이라는 목적에서 분명히 제한되어

지옥으로 갈 것이며, 그가 사회적 의부를 할 때까지 이 상태는 지속될 것이다. 여기서 사회적 의무라는 의미인 다르마는 분명 목샤보다 우위의 개념인 셈이다.

아슈라마 체계에서 재가자와 기세자 단계는 사상적으로나 역사 발전의 구성 요소라는 견지에서나 분명히 가장 중요하다. 이들 두 단계, 더 정확히 말해서 이 시기를 통과하는 재가자와 기세자 형태는 사회 정치적인 종교와 구원론 간의 차이를 반영한다. 한편 힌두교의 전 역사를 통틀어 재가자와 기세자 사상이라는 두 가지 이미지는 서로 조화를 이루고 두 관습은 균형을 꾀하고자 한다.

다르마 샤스뜨라는 재가자의 삶을 선호한다. 마누는 네 단계 가운데 재가자 단계를 최고로 여기는데, 그 이유는 재가자가 나머지 모두를 후원하고, 그의 행동이 최상의 선이기 때문이라고 한다.[35] 이 텍스트에서는 브라만을 학습하는 남성이자 일명 '자신의 경주마를 모는 마부'[36]로서 스스로의 감각을 제어하는 이성적인 자아 통제가 가능한 모델이고, 올바른 의례 행위를 수행하는 사람으로 표현한다. 그는 베다의 의례 지침을 따르는데, 소위 필수적인 일상 의례와 태생, 상층 카스트 입문식, 장례식과 같은 통과 의례, 그리고 천국으로 가는 것과 같이 원하는 결과를 얻기 위한 의례를 수행하는 것이다. 이들은 가정을 포기하고 의례와 요리에 쓰이는 불을 버리며, 완전한 이탈을 장려하고 모든 것에 평정심을 가지고 대하며, 물질세계에 대한 집착을 초월하는 기세자와는 대조적이다.[37]

기세자 이미지는 브라만뿐만 아니라 왕의 이미지와도 대조적이다. 왕은 기세자와 달리 재가자 사상을 지닌 자로, 정치력을 지니며, 브라만과 달리 브라만의 정(淨)함을 가지고 있지 않다. 그는 바르나 위계에서 볼 때 낮은 계급에 해당하고, 전쟁과 징벌의 행위로 인해 시체와 같은 오염의 상태에 있다. 기세자와 브라만 재가자 그리고 왕의 이미지 간의 관계에 대해서는 논쟁이 있어왔다. 뒤몽을 비롯해 몇몇 학자들은 기세자와 재가자를 힌두교에서 핵심적인 대조 구도로 이해하는 데 반해서 또 다른 학자로 특히 얀 헤스테르만(Jan Heesterman)과 같은 학자의 경우, 기세자와 브라만 간에 유사성을 주장하며 오히려 브라만과 왕의 대조적인 측면을 강조했다.[38] (p.123 참조)

## 성(性)의 역할

생의 네 단계 모두는 특히 식사와 성행위의 통제와 관계되어 각각 신체의 다른 제어에 따라 특징짓는다. 처음과 마지막 아슈라마 단계는 분명 독신주의자이다. 그리고 독신은 브라흐마짜리야에서 규정하는 특징으로, 핵심적인 금욕 사상은 정액 속에 포함된 성적인 능력이 영적인 목표로 방향을 바꿀 수 있어 실제로 머릿속에 비축될 수 있다는 것이다. 브라흐마짜린과 같이 숲속 거주자와 기세자는 해탈이라는 더 큰 목적을 위해 성적인 힘을 초월하고 전환을 추구하고 있다. 재가자만이 생의 올바른 목적(*kāmārtha* 까마르타)으로서 자신의 성욕을 표현하고 분출할 수 있다. 이것과 관련되는 광범위한 문헌으로는 까마 샤스뜨라(Kāma Śāstras)가 있으며, 가장 뛰어난 텍스트인 밧시야야나(Vatsyāyana)의 『까마 수뜨라』(*Kāma Sūtra*)는 예외적으로 여성이 접근 가능했다. 성적인 쾌락은 제일의 기쁨으로 간주되었으며 재력가로서 특히 왕은 사랑의 기술을 훈련받은 고급 창부들과 함께 까마를 경험할 수 있었다. 그렇지만 브라만은 성욕조차도 자신의 이성 안에서 통제한다. 이때 통제는 의례적인 정(淨)을 지켜야 하는 그리고 그 정을 방해하는 여러 요소들을 제어해야 하는 원칙을 기준으로 하여 자신의 세계를 규제하는 것을 의미한다. 여기에서 그 정을 방해하는 요소 가운데 특히 우선적인 것으로는 아내를 비롯한 자신의 집안 여성에 대한 욕정을 들 수 있다.

삶의 올바른 목적인 육체적인 사랑(*kāma*)은 일반적으로 신체와 성행위에 대해서 대체로 긍정적이던 브라만 사상에 포함된 하나의 요소라는 점이 의미 있다. 성(性)은 선천적으로 타고나는 것이 아니라 올바른 카스트 경계 내에서, 특히 부와 권력을 가진 남성에 의해서 합법적으로 분출되고 표현될 수 있다. 마누에서도 서구적 감성이라는 측면에서 볼 때 여성의 권리가 억압적이라고 여기며, 남편과 아내의 상호 성적인 만족이 필요하다고 생각한다.[39] 힌두의 에로틱한 문헌 속에서도 여성이 단순히 남성의 욕구 충족 대상이 아니라는 예가 나온다. 비아르도는 사랑을 여성이 세대를 거쳐 다음 사람에게 전하는 일종의 전통적인 기술로 본다. 그리고 사랑은 한 여성의 스와다르마(*svadharma*)로, 좀 더 정확히 말해서 '여성의 의무'인 스뜨리다르마(*strīdharma*)[40]이며 법전에서 인정하는 인간 경험의 영역에 속한다. 하지만 이성적인 통제를 벗어난 성욕은 카스트 제약과 오염 통제의 범위를 벗어나는 것으로, 의례적인 정화를 위협하고 사회와 가정의 안정을 위협한다고 하여 정통 브라만에게 증오의 대상이었다.

여성에 대한 마누의 태도는 일반적인 브라만 사상의 양면성을 나타낸다. 여성은 숭배의 대상이면서 가족의 번창을 위해서 재가자와 함께 행복을 유지하는 대상이지만 생리 중인 여성은 브라만 남성을 오염시키는 대상이기도 하다. 마누에 따르면 여성은 삶 전체가 남성의 지배 하에서 종속되는 존재이다. 상층 카스트 여성은 어떠한 것도 독립적으로(*svatantra* 스와딴뜨라) 해서는 안 되며, 어릴 때는 아버지에게, 결혼해서는 남편에게, 과부는 아들에게, 이런 식으로 남성의 권위에 복종해야만 한다.41) 남성의 권위에 복종하는 삶에 충실한 여성의 가치 있는 행위는 그녀가 죽은 뒤 하늘에서 보상을 받게 될 것이다.42) 나중에 브라만 전통에서 소위 '훌륭한 여성(*satī* 사띠)'은 남편이 먼저 죽는 경우 남편의 장례식 도중에 따라 죽는 여성인데, 이것은 마누에서는 알려지지 않지만 14세기에 발달한 풍습이다. 현재는 불법으로 규정해두고 있기는 하지만 여전히 인도에서는 종종 사띠가 행해진다.43)

18세기 다르마 텍스트인 뜨리얌바까(Tryambaka)의 『스뜨리다르마 빠닷띠』(*Strīdharma Paddhati*)에는 남편을 향한 아내의 의무가 적혀 있는데, 여기서 여성은 데와로 여겨지며 아내에 대한 남편의 기대 사항이 세세하게 적혀 있다. 가장 먼저, 남편에 대한 순종적인 섬김은 아내가 해야 하는 제일의 종교적 의무로, 이것은 여성 자신의 삶 자체보다 중요하게 여겨진다.44) 가장 상층 카스트 여성의 사상을 그리고 있는 텍스트는 아마도 전문 법전이 아니라 기원전 5세기경 쓰인 것으로 보이는 힌두 대서사시 『라마야나』일 것이다. 이 이야기에서 위대한 왕 라마(Rāma)는 이복형제 발라라마(Balarāma), 아내 시따(Sīta)와 함께 숲속으로 추방당한다. 시따는 예의바르고 정숙하며 아름답고, 남편 라마에게 헌신적이지만 그녀 자신 역시 강한 존재로서 역경을 이겨내고 남편에게 헌신을 다한다. 그녀는 상층 카스트 아내의 사상적인 존재이다.

다르마와 관련된 힌두 문헌의 예에서는 브라만적인 자아 표현과 성(性) 역할에 대한 관념적인 이미지를 다루고 있다. 『마누법전』을 통해 우리는 세상이 어떻게 되어야 하는지에 관한 브라만적 세계관 즉 브라만 이데올로기의 분명한 모습을 볼 수 있지만, 그것이 어느 정도로 사회에 실제로 반영되었는지에 대해서는 정확하게 알 수 없다. 가정에서 여성은 가사 영역에 대해서는 힘을 행사하겠지만 공직이나 행정 그리고 정책에 대해서는 거의 발언권이 없었으며, 인도에서 여성의 지위는 12세기에 이르러서야 변하기 시작했다.

## 정(淨)과 상서로움

힌두 사회의 역사에서 중요하게 여겨온 두 가지 가운데 하나는 정(*śauca* 샤우짜, *śuddhi* 슛디)과 부정(*aśauca* 아샤우짜, *aśuddhi* 아슛디) 간의 구분이고, 또 하나는 상서로움(*śubha* 슈바, *maṅgala* 망갈라)과 불길함(*aśubha* 아슈바, *amṅgala* 아망갈라) 간의 구분이다. 정-부정의 정도는 가장 상위에 브라만이 그리고 가장 밑바닥에 달리뜨가 존재하는 카스트 위계에 따른 지위의 위계 척도를 말한다. 힌두 사회는 이러한 위계 척도를 바탕으로 정렬되어 있다. 또한 상서로움과 불길함은 사건, 시간, 관계가 사회나 개인의 번영에 공헌하는 정도의 척도를 말한다. 여기서 결혼과 같은 특별한 행사를 위해 점성술은 상서러운 정도를 결정하는 데 있어서 특히 중요하다.

정-부정의 정도는 지위와 관련되어 있으며 상서로움과 불길함의 정도는 힘, 특히 정치력과 관련되어 있다. 정(淨)함이 브라만에게 중요한 관심인데 비해서 상서로움은 왕과 토착 지배 카스트의 압도적인 관심으로 여겨졌다. 한편 브라만이 의례적으로 정(淨)한 환경을 만들어내는 것과 마찬가지로 왕은 상서로운 왕국을 만드는데, 그 속에는 행복과 번영이 가득하다. 왕국 안에서 상서로움을 일으키는 능력은 왕의 신성성의 기능에서 나온다. 사원의 신상과 마찬가지로 왕은 신성한 힘을 대표하는 하나의 매개로 여겨지며, 왕국의 번영 정도는 그가 이 책임을 다한 것과 관계가 있었다.

## 왕권의 정치 신학

다르마에서 가장 중요한 일면의 하나는 왕권의 적절성이다. 왕권은 힌두교에서 사상적으로나 사회 정치적 실체로서 매우 중요하며, 이는 궁극적으로 성(聖) 사상과도 연결되었다. 신상이 신과 인간 영역을 매개하는 것으로 믿는 것과 유사하게 왕은 신상의 역할을 하는 것으로 여겨졌다. 그리히야 수뜨라가 가내 의례에 대해서만 관계있는 데 반해 다르마 텍스트는 삶의 네 주기, 사회나 카스트에 대한 의무, 법률 체계와 특히 왕의 의례와 의무에 이르기까지 좀 더 폭넓은 관심을 보인다. 이러한 텍스트를 통해서 우리는 다르마가 무한하며 초월적인 한편, 이 또한 가내 행사나 공적인 일, 사회적 관계와 관련된 것으로 왕의 지위와 행위를 지배하는 정치적 특징을 띠고 있음을 알 수 있다. 특정 왕의 행동과는 무관하게 왕이 힌두 세계관에서 중심이라는 왕권 사상은 베다 시대를 거쳐 힌두 전 역사에서 지지되었다. 이러한 왕권 사상은 현대 힌두교에서도 중요한 역할을 하며 왕권과 관련된 의례는 현재까지 존속한다.[45]

한편으로 왕은 다르마의 목표를 수행하고, 재물과 수많은 여자를 거느린 재가자이지만 동시에 그는 신성한 존재이기도 하다. 힌두 왕권의 역사 안에서 세속적인 힘은 신의 속성이 왕에게 있다고 여기는 종교적 상징주의의 관점에서 합법화된다. 왕은 신성한 존재로 간주되는데, 이는 왕을 나타내는 이름의 하나인 데와라는 이름에서 입증되며, 특히 중세 시대에는 왕이 비슈누 신과 동일하게 여겨졌다. 『리그 베다 상히따』에서 이 사상의 시초를 찾을 수 있다. 여기서 인드라는 '움직이고 쉬며 길들이는 그리고 뿔이 달린 왕이다. 그는 수레바퀴에 붙어 있는 바퀴살과 같이 이 모든 것을 에워싸고 있으면서 이들의 왕으로서 백성을 다스린다'고 전한다.[46] 이와 유사하게 인간왕은 왕국이나 영토 내의 군주로서 자신의 영역을 보호하고 적에 대항해 전쟁을 수행해야 하는 자이다.47) 왕은 사상적으로는 소위 '만물의 통치자' 즉 짜끄라와르띤(*cakravārtin* '수레의 중심에 서 있는 한 사람')이 되기를 열망한다.

리그 베다 시대의 왕은 부족 의회의 힘에 구속되었지만 후기 베다 시대에는 이것이 변해 왕의 힘이 좀 더 절대적이었다. 다르마 수뜨라에는 왕이 신의 혈통을 부여받지 않았다고 전하는 데 비해 후대의 텍스트에는 왕이 명확하게 신과 동일하게 다루어진다. 이에 대해서는 다르마 샤스뜨라, 까우띨리야(Kauṭilya)의 『아르타 샤스트라』(*Artha Śāstra*) 그리고 대서사시인 『마하바라따』에 나온다. 이들 텍스트에서는 초기 인도인의 정치에서 성례(聖禮)적인 왕권 사상의 일면을 명확히 세울 수 있다. 이러한 성례 왕권의 형태는 후대에 왕이 신, 특히 여신과 동일시되어 그를 통해 흐르는 신의 에너지인 샥띠(*śakti*) 사상으로 윤색되었다.48)

일반적으로 끄샤뜨리야가 아니라 해도 일단 신성하게 된 왕은 더 이상 인간이 아닌 신이다. 마누에 따르면 왕은 만물의 군주로 보내진 존재이다. 그는 인간의 모습을 한 위대한 신이거나 아니면 다소 복합적인 신으로서 인드라, 바유, 야마(Yama), 수리야, 아그니, 바루나, 소마와 꾸웨라(Kubera)와 같이 각기 다른 베다 신의 파편들로 이루어진 존재이면서 어떤 의미에서는 이 모든 신을 포함하고 있는 것으로 말할 수 있다. 마누는 다음과 같이 적고 있다.

> 왕은 신들의 군주로서 이들의 분자로 만들어졌기 때문에 탁월한 에너지를 품고 있으며 모든 살아 있는 존재를 능가하고, 태양과 같은 존재로, 눈과 심장은 불타고 있다. 지구상의 그 어떤 존재도 그를 쳐다볼 수가 없다. 그는 특별한 힘을 통해서 불과 바람이

> 된다. 그는 태양이고 달이며 정의의 왕인 야마이고, 부의 신 꾸웨라이며 바루나이면서 위대한 인드라이다.[49]

이 구절은 왕이 왕국 또는 정치 조직에서 가장 높은 정점이라는 것을 보여준다. 왕이 어리다 해도 그는 더 이상 단순한 인간이 아니라 인간의 모습을 한 위대한 신이다. 힘을 유지하는 데 있어서 어떤 특정한 왕의 카리스마가 많지 않더라도, 왕으로 재임하는 동안 하늘에서 힘을 부여받는다는 사상을 통해서 왕권 임명의 합법화가 이루어졌다. 왕에게서 나오는 힘은 왕실과 다른 모든 영역에 미친다.

한편 다르마 문헌 속에는 왕이 법을 집행하는 데 필요한 것에 관한 많은 수사적인 표현이 있다. 힌두 왕은 관료제를 수반하여 왕국을 경영하는 지배자의 모습보다는 신에 더 가까운 의례적인 모습이 더 중요했다. 거대한 왕국의 지배자로서 다르마라자(*dharmarāja*)는 매일 이곳저곳을 점검하는 실질적인 면보다는 도덕적이고 의례적인 원천으로서가 더욱 중요했다. 정치적으로 힌두 왕국의 분할적인 특징은 왕이라는 형태 속에서 의례적으로 통일되어 있었다. 우리는 단순히 힌두 왕을 독재자라거나 카스트 사회의 독특한 결과로서 나타나는 신성한 왕권 제도로 이해할 수는 없다. 오히려 왕은 전체 구조에서 필수적인 요소로서 왕국 내에서 왕과 그 아래 평민에 이르기까지 하나의 통합 수단이 되었다. 힌두 정치체는 로날드 인덴이 표현한 소위 '제국의 형태'를 갖춘 하나의 복잡한 구조였으며, 그 속에서 각 부분은 정치 조직을 유지하는 역할을 했다. 인덴은 이러한 세계 안에서 '왕권은 태양, 관료는 하늘에서 좀 더 힘이 약한 신, 여왕은 지구와 동일시되어 모두가 평민과 함께 존재했다'고 전한다.[50]

## 힌두 분절 국가

역사가 버튼 스타인(Burton Stein)은 힌두 왕국을 피라미드 구조로 이루어진 사회 정치적 집단이나 수많은 끼워진 요소로 이루어져 있는 분절들로 보았다. 이 요소는 각각 지역 안에 마을이, 초지역적인 범위 안에 지역이 그리고 왕국 안에 초지역적인 단위의 식으로 끼워져 있었다.[51] 힘이 약한 왕은 좀 더 힘 있는 왕에게 의례와 상징적인 충성을 다하고 족장은 열악한 왕에게 신하로서 경의를 표했다. 왕조가 시작할 때부터 외래 세력의 지배까지 남아시아 역사에 있어서 각 지역은 군장이나 소왕에 의해 지배되어 왔다. 그들은 성스러운 중심부를 인정하고 충성을 바쳤다. 힌두 왕은 그의 왕국을 완전히 장악한 것은 아니다. 하지만 준거로 삼는 공통적인 틀(베다/다르마) 내에서 분절적인 정치구조를 띤다. 이러한 유형은 까우띨리야의 『아르타 샤스뜨라』에서 찾아볼 수 있는데, 거기에서는 왕이 동맹과 전쟁으로 결합한 국가의 형태에서 중심으로 나타난다.

게다가 왕국은 위계적인 구조 내에 놓여 있었다. 베다와 후기 힌두 우주론에 의하면, 우주는 위계 구조인데, 이 안에는 정(淨)하고 좀 더 정제된 세상이 '상층부'에 놓여 있다. 그러나 이와 동시에 우주는 낮고 부정한 속세와 통합하며 힌두 분절국가와 같은 자치력을 가지고 있다. 이러한 위계적인 우주 안에서 다양한 세계는 세상을 다스리는 원칙을 구현하는 대군주나 신에 의해 지배된다. 우주를 구성하는 다양한 세계는 소위 '인간'이기도 한 힘에 의해 통치된다. 인덴은 고대와 중세 인도라는 자연계는 인간을 토대로 이루어졌으며, 그들로부터 나온 우주적인 대군주에 의해 건설되었다고 보았다.[52] 인간의 영역은 그것이 한 부분이라고 여겨지는 더 넓은 우주라는 맥락 안에 자리한 것임이 분명하다. 힌두 세계 안에는 힌두 분절 국가라는 사회 정치적 영역 안에 나타나는 '존재의 사슬'이 존재한다. 신이 우주라는 영역을 다스리는 것과 마찬가지로 왕은 자신의 왕국을 다스린다.

### 왕국의 조직체

칸토로위츠(Kantorowicz)가 수행한 유명한 연구에서는 중세 유럽에 왕이 어떤 식으로 두 가지 신체를 가졌는지를 보여준다. 첫 번째로 타고나는 신체는 병과 죽음에 종속되어 있는 것이고 또 하나는 그의 통치권에 귀속되는 변치 않는 정치체이다.[53] 이러한 형태는 남아시아의 왕권에도 적용할 수 있다. 모든 인간의 신체와 마찬가지로 왕의 육체적인 몸은 죽음에 종속되는 데 반해 신의 표시로서 왕의 정치체는 뛰어나고 거대한 힘으로 이루어진다. 왕의 육체적인 신체는 죽을 수 있겠지만 그의 정치체는 왕국의 실체[54]로 새로운 왕의 형태 안에서 유지되고 왕실의 정화 행위에 의해 갱생되었다.

왕은 정치체라는 면에서 특히 중요하다. 즉, '왕국의 조직체'는 왕의 고유한 몸에서 재현된다. 만약에 그가 다르마에 따라 행동을 한다면 왕국은 번성하지만, 다르마에 반하는 행동을 한다면 왕국의 조직체(백성들을 의미한다)는 고통을 당한다. 사회체로 표현되는 왕의 몸은 속세에서 우주를 이루고 있는 우주적인 인간 산 제물에 해당했다. 그러므로 왕은 영원불멸한 우주의 법인 다르마와 그것의 세속적인 표현 간의 중개자로서, 분절된 위계 구조로 이루어진 왕실에서 공정하게 통치한 것으로 보인다. 사회체의 정점으로서 그에게 일어나는 모든 일은 무엇이든지 자신의 영토에 좋고 나쁨의 영향이 미친다. 왕이 신의 표시인 것과 마찬가지로 사회는 최초 인간이 만들어낸 우주체의 재현이다.

### 왕의 기능

다르마 문헌에 따르면 왕의 핵심적인 역할, 즉 라자다르마(*rājadharma*)는 다음과 같다.

- 백성 보호;
- 카스트 통제를 통한 사회 질서 유지;
- 정의(*daṇḍa* 단다)로운 통치;

마누는 왕이 소위 '계급과 생의 주기를 보호하는 자'로 창조된다고 말한다.[55] 왕은 사회에서 정의를 받드는 최상의 존재로, 번영과 공동체 보호의 책임을 지고 있는 자로서, 이를 토대로 백성들이 편안하게 살아가도록 하는 존재이다. 왕은 절대적인 정의의 분배자인데, 여기서 단다(글자대로는 '매')라는 용어는 처벌을 의미하기도 한다.

단다는 다르마가 지구상에서 표현되는 방식이다. 이것은 모두에게 두려움을 주기 때문에 사람들은 자신의 특정한 카스트 의무에서 방황하지 않으며, 다르마 사상에 따른 카스트의 복종을 지킨다. 이것은 온 세상의 질서를 지키고 모든 창조물을 지배하며, 모두가 자는 동안에도 보호된다. 단다가 없다면 사회에는 모든 질서가 사라질 것이고 카스트는 섞이게 되며 온 세상이 광분의 상태에 놓이게 될 것이다.[56] 국가의 합법적인 과정을 통해서 왕은 정의를 실천하고 그 결과 사회 질서와 조화를 유지한다는 것을 알아야 한다. 백성에 대한 보호와 정의로운 통치를 게을리 하는 부덕한 왕은 사회의 무질서와 혼란을 불러올 것이다.

영국 식민화와 함께 인도에서 왕의 힘은 약화되었지만 완전히 근절된 것은 아니었다. 퓰러의 기록에 따르면 565개의 왕국과 지방 행정체가 1947년 당시 영국의 직접 통치 하에 있지 않았으며, 1930년대까지 비자야나가라(Vijayanagara)의 폐허 속에서 발전한 왕국인 마이소르의 마하라즈(Maharaj)는 비자야나가라 왕의 직접적인 유산인 나와라뜨리(*navarātri*) 축제를 거행했다. 왕의 의례적인 중요성을 과소평가해서는 안 되며 사상적인 측면에서도 우주적 질서인 다르마의 지지자로서 왕은 당시 힌두 정치의 핵심이다(p.405 참조). 왕은 물질세계 내에서 힌두 세계의 중심이었고, 이러한 이상적인 국가는 신의 유사체이던 왕에 의해서 통치되는 이상적인 왕국이었다. 여기서 이상(理想)은 의례 속에서 성립하였다.

**자즈마니(jajmānī) 체계**

수많은 소왕국은 황제가 통치했지만 개개의 왕국은 왕이 다스렸는데, 이 왕들이 번갈아가며 지배 카스트나 카스트 연합으로 통치되던 수많은 지역을 다스렸다. 이들 지배 카스트는 보통 브라만이 아닌 다른 카스트로, 어떤 경우는 슈드라도 있었다. 자즈만(*jajmān*)은 대가를 지불하고 자신을 위해서 의례를 수행하는 브라만을 고용하는 토착 대지주이다. 그는 자신에게 서비스를 제공하는 다른 카스트에게도 일정한 곡물을 제공한다. 이 용어는 베다의 야즈마나에서 나온 것으로, '희생자' 혹은 브라만에 의해 수행되는 희생제의 의례적인 후원이란 말이다. 자즈마니 체계는 단순히 경제 제도가 아니라 그 자체가 신성한 것으로 간주되는 카스트 위계의 사회 의례적인 구조에서 유래한다.

뒤몽은 카스트가 땅을 소유한 사람과 그렇지 못한 사람으로 나누어질 수 있다고 보았다. 마을이나 지역 내에서 땅을 소유한 카스트는 정치력을 가지고 있으며, 땅이 생계 수단이 되기 때문에 그것을 소유하지 못한 다른 카스트를 지배한다. 여타의 카스트는 지배 카스트와 개인적인 관계를 통해서 생계 수단을 제공받는다. 여기에서 상호 호혜적인 관계가 성립한다. 지배 카스트는 의례적인 필요에 따라서 브라만, 이발사, 목수와 서비스 제공에 대한 대가로 번갈아 '선물'을 받는 불가촉민 노동자를 고용한다.57) 왕국 단위에서 볼 때 왕은 숭배를 포함한 여러 서비스를 받고 이에 대한 대가로 특히 보호라는 선물을 주는, 일종의 자즈만으로 간주되었다.

## 왕권과 초월성

왕인 끄샤뜨리야의 세속적인 힘은 브라만의 정(淨)함과 대조되었다. 헤스테르만은 의례를 수행하면서 세상을 초월하는 사상을 구현하는 브라만과 반드시 힘과 폭력이라는 속세의 관심과 관련되는 왕을 대조시킨다. 헤스테르만에 따르면, 왕은 브라만의 초월적인 영역에 관여하기를 갈망하지만 필연적으로 정치, 욕망 그리고 관심이 속세에 포함되어 얽혀 있기 때문에 실패한다고 한다. 왕의 투쟁의 상태와 브라만이나 기세자의 초월의 상태 간에는 불화가 존재한다.58) 왕실에서 필요한 희생제를 수행하기 위해 고용하는 브라만을 매개로 왕은 신성한 단계에 관여하길 고대하지만 속세에 얽히므로 브라만에게 초월성이 옮겨간다. 이와 함께 여기서 '난폭한 투쟁의 상태'를 움직이는 왕의 힘과 '탁월한 정적인 상태'를 움직이는 브라만 간에는 한 가지 설명할 수 없는 문제와 틈이 존재한다.59) 헤스테르만에 따르면 브라만은 초월의 방향을 향해 나아가는 데 반해서 브라만이 가진 정(淨)함과 권위가 부족한 왕은, 결국에는 투쟁과 폭력의 세상에 남는다고 한다.

이러한 대립은 다르마의 두 가지 의미 간의 대조와 관계되어 있다. 하나는 영원하고 무한한 원리라고 부르며 또 하나는 속세 혹은 인간의 계약이라 말한다. 브라만은 이 두 길에 직면해서, 비록 속세에서 살아가지만 의례를 통해서 그것을 초월해 나가는 데 반해서 왕은 속세라는 영역에서 속세의 다르마와 관련되어 있다. 영원하고 무한한 원리로서 다르마를 옹호하는 데 필요한 것과, 이와는 대조적으로 세상에 적응하는 데 필요한 것들로서 속세의 관심 간의 대조성은 말로 설명할 수 없는 딜레마에 빠지게 한다. 이것이 바로 헤스테르만이 소위 '전통의 내적인 대립'이라 부른 것이다. 이 형태는 특히 로날드 인덴과 니콜라스 덕스(Nicholas Dirks)와 같은 학자들이 역사적인 시각과 인류학적인 시각에서 비평하고 있다. 헤스테르만에 대해서 인덴은, 정(淨)한 브라만과 힘은 있으나 부정한 왕 간에는 아무런 구별이 없다고 주장한다.[60] 그는 오히려 왕과 왕의 후원으로 살아가는 브라만은 친밀한 관계를 이루고 있었으며, 왕은 브라만에게 재산과 토지 그리고 다른 가치재를 기부하였다. 하지만 브라만은 왕과는 분명히 달랐다. 여기서 헤스테르만은 속세의 삶과 초월성 간에 갈라진 틈은 없었다는 견해를 제시한다. 브라만은 그의 내적인 삶과 외적인 표현 간의 관계를 이해했다.

뒤몽에 반해서 니콜라스 덕스는, 카스트는 왕권 사상과 힌두 국가의 구조를 빼고는 이해할 수 없다고 주장한다. 덕스는 카스트를 왕권에 끼어든 것이며 카스트 지배 이데올로기는 정(淨)함의 하나가 아니라 일종에 왕실의 권위였으며, 사회적 관계는 힘과 통치의 기반이 되었다고 주장한다. 카스트, 특히 브라만의 지배는 왕권 그리고 힌두 국가와 관계된 힘에 근거했다. 힌두 국가의 전반적인 붕괴와 함께 카스트는 왕권에서 분리되어 브라만의 주도로 이끌어지는 방식으로 존속했다. 그러나 최근까지 따밀나두의 중심 뿌독꼿따이(Pudokkottai)에 있는 작은 주를 왕이 지배했는데, 그곳의 브라만들은 왕을 위한 의례를 수행하며 왕의 통치권의 상징이 되었다. 왕은 그에 대한 대가로 브라만에게 토지를 주었다. 브라만의 중요성은 늘 왕을 통해 전해졌는데, '왕권은 모두 브라만이라는 존재 덕분에 더욱 강력해졌다'고 덕스는 주장한다.61) 뿌독꼿따이는 브라만의 힘은 왕의 힘과 직접적으로 관련되며 브라만의 정(淨)함은 왕의 후원에 기대어 그에게 종속되어 있음을 말해주는 예이다.

## 요약

다르마는 의례적인 힌두교의 핵심 사상으로, 영원한 것으로 믿어지며 베다의 계시와 다르마 문헌의 부차적인 계시에서 유래한 것이다. 이것은 특히 바르나슈라마 체계에서 표현되는 카스트 위계와 힌두 왕의 특징, 행동과 관계있다. 왕은 옳은 법칙을 통해서 다르마를 표현하며 그 결과 왕국의 번영을 책임진다. 왕에 대한 브라만의 관계는 불분명하다. 한편으로 브라만은 정-부정의 위계적인 지위상 가장 상위에 해당하지만 후원에 있어서는 왕에게 의존하는 존재이다. 헤스테르만은 브라만의 세상 초월적 경향과 속세에 대한 관심 간의 긴장을 전통의 내적인 대립으로 설명했다. 이와는 대조적으로 인덴과 덕스의 연구는 왕과 브라만의 좀 더 가까운 친밀성에 관해 주장했으며, 여기서 덕스는 브라만의 지위가 왕의 힘에서 분리될 수 없었다고 주장했다. 즉, 이는 브라만의 종교적인 영역이 왕의 정치적인 영역 밖에서 이해될 수는 없다는 것이다.

브라만과 왕 간에 대립이 존재하는지 여부 혹은 이 둘의 관계가 생각보다 가까운지에 관한 것은 지속적인 논쟁거리로 남아 있다. 그러나 힌두 전통에서 만들어지는 하나의 대립은 기세자와 세대주 간에 존재한다. 힌두교는 사회적 위계, 카스트, 성적인 규제를 확인하는 존재의 사슬에 관한 사회 정치적 사상으로 이루어져 있으며 이와 나란히 교리와 의례라는 단계에서 이러한 규칙을 거부하는 기세 사상을 포함하고 있다. 의례적인 힌두교와 그 내부의 대립에 대해 더 잘 이해하기 위해서 우리는 고통스러운 사회 정치적 세상을 떠나는 것과 관련된 제도인 기세 사상에 주목할 필요가 있다.

# 제4장 요가와 기세

기원전 6세기까지 여러 브라만 학파는 잘 정립되어갔고, 의례 전통은 스승에서 학생에 이르기까지 세대를 거쳐 전해졌다. 베다 의례 수행의 전성기는 기원전 1000년에서 기원전 500년으로 보이는데, 이 당시의 전통은 현재까지도 완전히 열어지지 않고 존속한다. 의례 수행과 함께 그것의 특성과 목적에 관한 이론은, 가장 먼저 브라흐마나에서 시작하여 후대에 아라니야까와 우빠니샤드에서 발전한다. 의례적인 후원과 왕에게 의례를 행하는 데서 나오는 갱신효과에 대한 고찰 속에서, 브라흐마나는 의례를 삶의 지탱자로 표현하고, 의례와 광대한 우주 간에 정교한 조화를 정하고 있다. 이러한 이론은 가장 상위 의미로 개인의 내면화를 이해하고, 지식을 의례 행위에 종속시켜, 의례의 특성을 완전히 재평가하는 아라니야까와 우빠니샤드 안에서 발전한다. 이러한 영적인 진리는 고행을 통하거나 아니면 세상을 포기하고 요가 수행을 함으로써 얻을 수 있었다. 우빠니샤드는 수행 전통이 존재함을 입증한다. 영적 진리와 해탈이라는 목적을 추구하는 고행주의와 기세 전통은 베다 전통의 범위 내에서 그리고 베다 전통의 범위 밖에 있는, 특히 자이나교와 불교 전통에서 크게 발달하는데 시기적으로 기원전 6세기 혹은 5세기까지이다.

## 일반적인 견해

기원전 9~6세기에 발전한 중요한 두 사상으로는, 소위 인간이 몇 겹을 지나 다시 세상(*saṃsāra*)에 윤회한다는 사상과, 속세에서 행하는 행위의 결과는 내세에 다시 모방된다는 사상이다. 이처럼 끝없는 재생의 과정은 일종의 고통(*duḥkha* 두카)으로, 행위를 최소화하고 영적인 진리를 통해 얻을 수 있는 것과는 거리가 멀다. 요가 수행법과 철학을 체계화시킨 빠딴잘리(Patañjali, 기원전 2세기)는 이 모든 것이 차별적인 인간(*vivekin* 비웨낀)에게 영적인 고통을 주고 있다고 설명한다.[1)] 모든 삶이 고통이라고 하는 교리는 기세자 전통에서도 보편적이고, 부처가 말한 가장 중요한 진리이기도 하다. 고통으로부터 자유로워지려면 행위와 그에 대한 결과로부터 벗어날 필요가 있다. 먼저 행위의 포기란 의례 행위의 포기를 의미한다. 하지만 여기서 행위는 속세에서 행하는 모든 행동을 말한다; 행동의 포기는 고행과 명상을 통해 얻을 수 있는 것으로, 이는 의식을 바꾸는 기술 즉, 세상의 초월을 경험하기 위해, 지각하고 있는 세상으로부터 의식을 철수시키는 기술을 의미한다.

이 시기에 성장한 고행자 집단은 다른 이름 사이에서 슈라마나(*śramaṇs*, 빨리어로는 *samaṇa* 사마나)로 알려진다. 소위 '구도자'를 의미하는 이들은 스스로 엄격한 수행을 하고, 그 결과로 해탈을 얻는 사람들이다. 이들은 집이 없이 떠돌고, 먹을 것은 모두 보시(*bhikṣā* 빅샤)에 의지하며, 자기가 가지고 있는 고유한 소유권을 최소화한다. 최초의 세계 종교인 불교는 여기서 기원했으며, 자이나교도 마찬가지이다. 불교와 자이나교 모두 숭배의 대상으로서 베다를 거부하며, 자이나교는 고행의 실천을, 불교는 명상을 강조한다. 실제로 이들 초기의 기세 전통은 용어나 사상에 있어서 상호 교류하기 때문에 각각의 종교를 별도로 이해할 수는 없다. 다시 말해서 불교는 브라만의 기세자 종교에 영향을 미치고, 브라만 종교는 불교에 영향을 미친다.[2] 고도의 의식 상태나 명상에 전념해 있는 상태에 대해서는 불교 경전에 자나(*jhāna*, 빨리어)나 디야나(*dhyāna*, 산스끄리뜨어)라는 말로 나온다. 이 용어는 불교가 형성되기 이전에 나온 것으로, 그 의미는 사마디(*samādhi*)라고 하는 요가 집중의 상태와 관련해서 후대에 힌두의 실천 단계를 연상시킨다.

기세자 전통은 어느 정도 브라만 재가자의 세계관으로 흡수되어 인간의 환경에 새로운 시각을 제공했다. 고행과 기세 사상은 처음에는 사회적 의무, 공적 의례와 가정의례 수행을 주장하는 브라만 사상과는 관계가 없어 보인다. 하지만 고행주의와 응보적인 업 사상, 윤회와 영적인 해탈과 같은 사상이 정통 베다 영역 밖에서 기원한 것이 아니라거나, 심지어 아리야인 문화와 별도로 기원한 것이 아니라는 데에는 몇 가지 논쟁이 있다. 즉, 이러한 상이한 역사적 기원에 관한 논쟁은 힌두교 내에서 재가자의 세상 인정과 기세자의 세상 거부 간에 명백한 모순을 설명할 수 있을지도 모른다. 하지만 기세와 베다 브라만교 간에 연속성이 보이는 점은 의심할 바가 없기 때문에 두 사상을 간단히 양분할 수는 없다. 또한 비브라만적인 슈라마나 전통에서 나오는 요소들 역시 기세 사상을 이루는 중요한 부분으로 작용했다. 실제로 베다 브라만교와 불교 간에는 연속성이 있으며, 부처는 그가 살던 당시 부패한 시대로 보인 베다 사회의 주된 사상으로 돌아갈 것을 추구했다.[3)]

여러 상이한 기세자 전통에 대해서 세상 포기에 관한 일반적인 사상적 특징은 다음과 같이 요약할 수 있다.

- 행위는 재생과 고통을 이끈다.
- 행위나 심지어 행위 아닌 것으로부터 이탈하는 것은 영적인 해방을 이끈다.
- 완전한 이탈과 그로 인한 영적 해방은 고행과 몰입된 의식의 상태에 이르는 방법을 통해 얻을 수 있다.

## 베다 내의 고행자

『리그 베다 상히따』에서 중요한 종교적 인물은 의례적인 직무를 수행하는 사제와 베다를 받드는 예언자(*ṛṣi*)이다. 그러나 베다 전집 속에는 의례적인 기능을 하지 않거나 브라만적인 베다 공동체를 벗어나 있는 것으로 보이는 사람들에 대한 인용문이 나온다. 그 중에서 특히 주목할 만한 집단은 께쉰(Keśin)과 브라띠야(Vrātya)이다.

### 께쉰

『리그 베다 상히따』의 유명한 찬송에는 머리 긴 고행자나 묵언을 행하는 사람(*muni* 무니)이 나온다. 이들은 후대의 힌두 고행자와 매우 유사하다. 텍스트에서는 이들에 대해 나체('바람으로 감싼')로 다니거나 붉은 누더기 옷을 걸치고 다니는 사람들로 묘사하고 있다. 이들은 소위 '신들린' 자들로, 무아경의 상태를 경험하며 육체를 이탈하는데, 이는 후대의 '육체 이탈의 경험'을 연상시킨다. 텍스트에서는 그들이 독심술을 가지고 있다고 하는데, 이 능력은 후대의 요가 전통에서 요긴을 완성시키는 데 공헌한다. 그러한 경험은 외관상 고행자들이 루드라 신과 함께 마신다는, 출처가 불분명한 '약(*viṣa* 비샤)'으로 유발되며, 이 약은 곱사등이 여신 꾸난나마(Kunaṃnamā)가 마련한다.[4]

비샤라는 용어의 해석에 있어서, 찬송에서는 약으로 촉진되는 환상적인 경험이라고 설명하고 있는 것과는 무관하게 일반적으로는 '독'으로 이해되고 있다. 일부 학자들은, 여기에서 비샤는 환각제를 말하는 것이라며, 소마[5]와 달리 구별한다. 반면에 몇몇 학자들은 화학 약품으로 촉진된 무아경의 의미로 찬송을 이해하는 것은 베다 텍스트의 상징적인 특징을 무시하는 것이라고 한다. 그들은 이러한 독을 마시는 것이 세계양(世界洋)을 덮은 독을 마시는 쉬바 신화와 유사하다고 주장한다. 이러한 견해는, 께쉰이 요가 수행을 통해서 신비로운 상태에 이르고, 그가 독을 마시는 것은 유해한 물질세계에 살면서도 그것에 영향을 받지 않는 능력이 있음을 말하고 있다.[6] 찬송에서는 물론, 환각제를 통해 촉진되는 무아경의 상태를 묘사하고 있는 것이면서 동시에 대상을 상징적으로 묘사하고 있는 것이라고도 볼 수 있다.

께쉰은 비범한 영적 경험을 하는 후대 고행자를 연상시킨다. 원인이나 촉진과는 무관하게, 즉 약을 통해서건 고행의 실천을 통해서건 간에 이러한 찬송은 우리에게 무아경의 종교적인 경험에 관해 쓴 최초의 기록임을 보여준다. 루드라와 께쉰의 결합과 같은 또 다른 찬송의 경우, 후대 요가 전통과 연관성을 세우는 데 있어서 아주 중요하다. 나중에 쉬바가 되는 루드라는 전형적인 고행자로서, 다뚜라(*datura*)라는 환각 식물과 관련된다. 그는 길게 땋은 머리를 한 채 베다 사회의 가장자리에 있는 무서운 신으로서, 소나 아이들이 전염병과 같은 해를 입지 않도록 해달라고 비는 대상이다.[7] 루드라는 베다 만신전 주변에 위치한다. 『리그 베다』에는 루드라에 대한 찬송이 단 세 가지가 나온다. 루드라와 께쉰이 결합한다는 것은 곧 께쉰이 베다 공동체의 바깥에 있음을 보여주는 것이다. 베다에서 이들에 대한 찬송에만 등장하는 꾸난나마 여신을 통해서도 베다 공동체를 벗어나 있던 께쉰의 위치를 짐작할 수 있다.

궁극적으로 이들의 찬송을 만들어낸 사람들이 께쉰에 대해 공감한 것으로 보이기 때문에, 께쉰이 비아리야인 전통을 대표한다는 주장에는 타당성이 없다. 하지만 께쉰이 주류인 베다 의례적인 문화 밖에 존재하는 고행주의 요소를 대표한다는 주장은 타당성이 있어 보이고, 이것이 후대의 기세 전통에 영향을 주었음직하다. 그리고 실제로 부처 자신은 께쉰과 같이 무니로 묘사된다. 그러나 기세자 전통이 단순히 무니 문화에서 발전한 것이라는 견해는 전체를 너무 간소화시키는 것인지도 모른다. 우빠니샤드 안에서 기세 사상의 발전은 이것이 베다의 의례 전통과 밀접하게 관련된다고 볼 수 있다. 하지만 한 가지, 우빠니샤드에는 베다의 의례 전통에 관한 사상이 부재한다는 논의의 요지도 파악해야 한다. 여기서 부재하는 것은 '께쉰 찬송'에서 표현되는 것과 같은 비베다적인 영향을 가리킨다.

### 브라띠야

께쉰과는 별도로 『아타르와 베다 상히따』 제15권에는 무리지어 옮겨 다니는 급진적 무사 집단이 나온다. 브라띠야라 불리던 이들은 아리야인 사회의 가장자리에 살던 사람들로, 께쉰과 관련이 있을 수 있다. 브라띠야는 순회하는 집단으로, 인도 북동쪽에 집중해 있었는데, 베다 아리야인과 같은 언어를 구사했지만 이들은 경멸의 대상이었다. 실제로 특별한 정화 의례인 브라띠야슈또마(*vrātyaṣṭoma*)를 통해 브라띠야는 베다 사회로 동화될 수 있었다. 또한 브라띠야는 브라만의 통과 의례를 받아들이지 않아서 아리야인의 지위가 박탈된 것으로 추정된다. 브라띠야가 정확히 존재했다고 말하기에는 증거가 부족하다. 헤스테르만은 베다의 희생제적인 입문식(*dīkṣita* 딕시따)에서 브라띠야의 유래를 주장하지만, 브라띠야가 정확히 존재했다는 증거는 부족하다. 하지만 그들은 분명 베다 아리야인이 인정하는 집단의 범주에 속한 것으로 보인다.[8) 『아타르와 베다』에서는 그들을, 터번을 두르고 어깨에 두 마리의 숫양 가죽을 댄 검은색 옷을 입은 자들로 묘사하고 있다.[9)]

브라띠야는 자기들만의 고유한 의식을 수행했다. 이 의식의 정확한 특성과 구조는 분명하지 않지만, 아마도 다산, 계절 변화에 따라 마술과 같이 새롭게 태어나는 생명체 등과 관련이 있을 것이다. 하지 때 행하는 일명 '대서원(大誓願, *mahāvrata* 마하브라따)' 의례 동안에 성직자(*hotṛ* 호뜨리)는 신체에 생명력을 불어넣는 세 가지 숨과 관련한 찬송을 읊는다. 이러한 호흡은 숨을 들이쉬고 난 뒤 참다가 내쉬는 것으로, 이것은 후대의 요가 전통에서 쁘라나야마(*prāṇayāma*)로 발전하는 호흡 통제의 초기 형태를 암시한다. 이 의식에는 외설적인 대화가 수반되며, 독신주의자로 보이는 '음영시인'과 '매춘부' 간의 의례적인 성교도 이루어진다. 이것은 후대에 딴뜨라 의례(p.300~303 참조)에서 모방하는 의식이다.

브라띠야는 후대의 전통에서 보이는 고행주의와 호전주의 간의 밀접한 관계를 입증한다. 무사의 형제애는 육체적 기술과 전쟁 기술 안에서 연마되는 것으로, 고행과 극기의 실천과 관련된다. 즉, 외부와 전쟁이 벌어지는 것과 마찬가지로, 몸과 욕정을 정복하는 것은 내적인 전쟁인 셈이다. 고행과 군인의 형제애 간에 나타나는 이러한 연관성은, 나아가 고행 사상과 의례가 인도 사회 무사 계급의 통치 안에서 나타남을 보여준다. 예를 들어 부처는 군인 집안의 출신이며, 우빠니샤드의 비밀스러운 가르침은 통치자와 관련이 있다.

기세와 고행주의는 베다 종교에서 미리 나타난다. 하지만 좀 더 발달한 기세 사상은 기원전 6세기부터 인도의 사회 경제적 변화와 함께 나온다. 이러한 사회 경제적 변화는 엄격한 브라만의 의례 구조에서 벗어난 사상의 발전을 고려한다. 지금부터 당시의 상황에 대해서 잠시 살펴보도록 하겠다.

## 개인주의와 도시화

베다 의례주의는 농경 사회 안에서 발전했다. 즉, 아리야인은 전원시인들이었고 나중에 의례 공동체 안에 속하는 농업 종사자들이었다. 기원전 5세기까지 도시 문화는 갠지스 평원을 따라 발전하고 있었으며, 주요 왕국은 중심 도시의 발달과 결합해 성장하게 된다. 이 가운데 특히 주의할 만한 것이 북쪽으로 브리지(Vrijis)와 샤끼야(Śakyas)의 부족 '공화국'과 함께 성장한 마가다(Māgadha)와 꼬살라(Kosala) 왕국이다. 마가다 제국의 수도 빠딸리뿌뜨라(Patalipūtra, 빠뜨나 Patna)와 같은 몇몇 도시는 인구 증가, 식량 공급량 증대, 무역의 발달과 함께 급속도로 팽창하고 잘 발달된 중심 요새였다. 왕국의 발달과 함께 무역로가 확충되고 도로가 구축되었다. 말하자면, 이처럼 교통이 발달하였다는 사실은 새로운 사상이 특히 떠돌아다니는 고행자들에 의해서 좀 더 쉽게 널리 보급될 수 있음을 의미한다. 이러한 도시화의 환경 안에서 기세자 전통이 발전했다. 리차드 곰브리치는 왕실 보호 아래 이루어진 도시의 성장이 무역, 사람의 이주 그리고 더욱 중요한 개인의 자유와 유동성을 얼마나 고려했는지에 대해서 개괄적으로 설명한다. 이러한 발전을 따라 관료제가 생기고 전통적인 시골의 사회 질서를 무너뜨리는 통치 제도가 생겼다.[10]

우리는 이러한 물질적·정치적인 관심뿐만 아니라 사상적인 관심 또한 고려할 필요가 있다. 폴 위틀리(Paul Wheatley)는, 최초의 마을과 도시는 상업의 중심이었을 뿐 아니라 기본적으로 의례 복합체이며, 이 도시 성벽의 거대함과 복합성은 방어 측면뿐만 아니라 왕의 영광을 반영하는 지위와 특권이라는 측면도 보였을 것이라고 주장한다.[11] 그러한 일면은 성스러운 왕권이라는 힌두 사상에 분명 적합한 측면이다. 갠지스 강 유역의 초기 도시들은 왕의 의례적인 지위를 반영하거나 상징하는 초기 정치체의 중심이다. 왕의 힘을 상징하는 것으로 나타나는 중심 도시는 후대 남아시아 역사에 보이는 하나의 현상인데, 예를 들면 비자야나가라(Vijayanagara)와 같은 것이 있다. 이러한 도시는 고대에서 중세 시대에 이르기까지, 왕권 사상의 연속성을 보여준다.

도시화와 함께 전통적인 농경 생활양식은 쇠퇴한 대신, 무역의 독창성과 기업정신의 중요성이 커졌다. 그리고 사회 집단보다는 개인의 가치가 더 커졌다. 농경에서 도시 환경으로 변화하면서 개인주의가 공동체 안에서 발달할 수 있는 환경을 제공했다. 곰브리치가 보는 바대로, 의례화된 전통적 행위 유형의 약화와 함께 집단보다는 개인이, 무역가, 상점 운영자, 숙련된 노동자 그리고 정부 공무원 등이 마을에서, 사회 경제적인 기능에 있어 중요한 매개자가 되었다.12) 이것은 이 시대에 자치와 개인의 권리-존재하지 않던-가 강조되는 분명한 개인주의가 존재했다거나 도시에 사는 개인이 법과 위계적인 사회 구조에 복종하지 않았음을 말하는 것은 아니다. 다만 그러한 사회 경제적인 기능이 시골이라는 환경에서보다는 도시 혁신가의 손에서 좀 더 잘 자리 잡았다는 말이다. 자치와 책임의 강조와 함께 서양의 기독교 사회에서 발달한 개인주의 형태가 인도 고대 사회에서는 나타나지 않는다. 하지만 별도의 개인을 강조하는 개성은 도시의 중심에서 발달했다. 실제로 사람을 분리 혹은 구분하는 데에는 사회를 통제할 만한 대상으로서 법과 관료제가 필요하다.13)

자이나교와 불교는 잘 정리된 가장 초기의 고행 전통인데, 이 두 사상은 도시라는 환경에서 성장했고, 도시의 상인 계급은 이 새로운 사상에 관심을 가졌다. 부처는 많은 마을을 방문하여 불교 경전을 전했으며, 마을에서 몇몇 부유한 도시 계급으로부터 후원을 받았다. 게다가, 승려와 비구니 공동체 대부분은 시골보다는 도시로 들어온 것으로 보인다.14)

## 슈라마나 전통

기원전 약 800~400년부터 산스끄리뜨와 쁘라끄리뜨 텍스트를 통해서 기세에 관한 새로운 사상이 입증된다. 이것은 지식(*jñāna* 자나)이 행위보다 낫고, 물질적이고 사회적인 세상으로부터 초연해지는 것은 고행의 실천, 금욕, 궁핍 그리고 영적인 훈련(*yoga*) 등을 통해서 길러진다는 사상을 말한다. 이러한 훈련의 목적은 고도의 의식 수련에 있다. 이것은 행위와 재생의 굴레로부터 궁극적으로 해탈이라는 가슴 벅찬 신비적인 경험 안에서 절정에 달할 것이다. 슈라마나 전통에서 나오는 기세자는 교리와 방법상에서 좀 다르다. 하지만 그들은 일반적으로 '삶이 고통이고, 고통에서 벗어나는 해탈(*mokṣa, nirvāna*)은 영적 진리나 영적인 인식(*jñāna, vidyā* 비디야)의 형태'라는 것에 동의한다. 새로운 도시민 사이에서 병이 확산하는 것은 고행의 성장에 기여하며, 삶이 고통이라는 교리가 더해진 것 같다.[15] 새로운 고행 사상 속에서 영적 구원은 단순히 상층 카스트 태생인 데서 얻어지는 것이 아니라 초월적인 통찰력이나 존재의 본성을 이해하는 데에서 얻을 수 있다. 부처에 따르면, 참된 브라만은 특정한 어머니에게서 태어나는 사람이 아니라 행동이 정(淨)하고 도덕적인 사람이라고 한다.[16] 이런 식으로 개인의 경험은 베다의 계시라는 진리를 받드는 것 위에 자리한다. 초기 우빠니샤드의 형성과 불교, 자이나교의 성장 동안에 명상과 영적인 훈련이라는 공통의 유산은, 비정통(베다 거부)과 정통(베다 수용) 전통의 다양한 제휴 속에서 기세자들에 의해서 실천되었음을 직시해야 한다.

기세 즉 '세상 밖으로 나가는 것'에 관한 관습은 기세자(슈라마나, *bhikṣu* 빅슈, *parivrājaka* 빠리와라자까)들에게 속세의 고통과 현세의 책임으로부터 벗어나는 길을 제공한다. 그리고 깨달음과 영적 진리를 찾는 데 전념을 다하는 삶을 제공한다. 여기에서 진리는 각기 다른 체계 안에서 다양한 방식으로 표현되고 개념화된다. 여러 체계 속에는 슈라마나 동향으로 공유하는 교리와 의례 요소가 있지만, 그렇다고 해도 이들 간에는 큰 차이가 존재한다. 예를 들어 물질주의자(*lokāyata* 로까야따, *cārvāka* 짜르와까)는 윤회와 영적인 통찰력이라는 사상을 거부한 반면에 아지위까(Ājīvikas)는 자유로운 의지를 거부했다. 불교도는 금욕과 방종이라는 양극단 사이에서 중도를 강조한 데 비해 자이나교도는 행위로부터 벗어나기 위해서 극단적인 금욕을 강조했다.[17] 슈라마나교 내에서는 종파 간에 차이가 있지만, 모든 슈라마나 집단이 공통의 가치체계와 담론을 공유했다. 그리고 모두 계시로서 베다를 거부하고 정통 브라만의 가르침이나 재해석된 이들의 가르침에 급격히 반항했다. 이 종파는 단연 정통(*āstika* 아스띠까) 브라만교에 의해 이단(*nāstika* 나스띠까)으로 간주된다. 로밀라 타빠르(Romila Thapar)는 문법가 빠딴잘리가 이들의 의견은 뱀과 거위의 관계와 같이 제각각이라고 말한 것에 주목하면서 이들 서로간의 적대감을 지적하고 있다.[18]

브라만교는 슈라마나 학파의 권위와 가르침을 받아들이지 않는다. 하지만 재생, 응보, 해탈 같은 슈라마나의 것과 유사한 가르침이 브라만 전통의 핵심으로 자리하게 되어 베다의 네 번째 층을 이루는 우빠니샤드와 후대의 문헌 속에 나타난다.

## 우빠니샤드 내에 있는 기세

슈라마나 전통은 베다의 의례주의가 해탈을 이끌지 못하는 공허함이라고 생각한 것에 반해서 그들 자신이 규정하는 하나의 분명한 정체성으로 발전했다. 베단따 즉 '베다의 끝'이라고 하는 우빠니샤드와는 대조적으로 슈라마나는 베다 전통 내에서, 주로 의례 과정의 재해석과 그것의 내적인 의미를 설명하는 방식으로 자신들을 규정한다. 우빠니샤드에 나오는 실천은 자이나교와 불교도의 명상 방법과 매우 유사해 보인다. 하지만 실제로 우빠니샤드는 비베다적인 고행자 전통에 대한 분명한 인식을 지적하지 않는다.[19] 좀 더 개인적인 종교적 경험에 대한 강조는 내면화된 명상뿐만 아니라 스승에서 제자에게로 가르침을 직접 전달하는 것에서도 보인다.[20] 우빠니샤드라는 용어는 스승의 발아래 앉아 가르침을 받는 학생

혹은 제자라는 뜻(우빠='~에 가까이', 니샤드='~아래에 앉다')에서 나온 듯하며, 일반적으로 '비밀스러운 가르침'을 뜻한다.

### 의례의 내면화

우빠니샤드는 슈라우따 의례의 의미 해석 속에서 브라흐마나와 아라니야까 저작 다음에 이어진다. 이 텍스트 속에서 우리는 의례 행위와 비교되는 것으로서 은밀한 서신과 관련된 지식의 중요성이 점점 커지고 있음을 알 수 있다. 이 텍스트의 지식부(*jñānakāṇḍa* 쟈나깐다)는 의례부(*karmakāṇḍa* 까르마깐다)에 우선한다. 초기 우빠니샤드에는 브라흐마나의 독특한 이론이 이어지는데, 여기서는 의례와 우주가 서로 조화를 이룬다는 지식이 일종의 힘으로 여겨졌다. 예를 들어 『브리하다라니야까 우빠니샤드』의 첫머리는 말 희생제와 자연계를 동일시하는 것으로 시작한다. 즉 말의 머리는 여명이고, 눈은 태양, 호흡은 바람이라는 식이다.[21] 다시, 『짠도기야 우빠니샤드』(*Chāndogya Upaniṣad*)에는 지식이 힘이나 에너지의 근원이라는 견해에 대해 자세히 설명하고 있다. 슈라우따 의례가 치러지는 동안 우드가뜨리 사제가 암송하는 『사마 베다』 시구인 우드기타(*udgītha*)는 성스러운 음절 옴(*aum*)과 동일하게 여겨진다. 이 텍스트에는 진리와 무지 간에 차이를 두고 있다.

> 옴을 말하면서 사람들은 낭송한다: 옴을 말하면서 사람들은 규칙을 짓고, 옴을 말하면서 사람들은 위대하고 본질적으로 그 음절을 높이 찬양한다. 이를 알든 모르든 사람들은 옴으로 의례를 행한다. 그렇지만 아는 것과 모르는 것은 분명 다르다. 지식과 믿음과 수행으로 의례를 행하는 자가 실로 더 큰 힘을 발휘하게 되는 것이다.[22]

다음으로 이 텍스트는 의례의 내면화에 관해 다음 시구로 넘어간다. 즉, 옴은 호흡, 말, 눈, 귀, 마음과 같이 신체의 여러 부위와 동일한 대상으로 여겨진다.

브라흐마나는 슈라우따 의례와 우주 간에 숨겨진 관계를 세우는 것과 관련되는데, 이 관계는 다소 제멋대로 정해놓은 것으로 보인다.[23] 이에 비해서 우빠니샤드는 이 둘의 조화에 대해 좀 더 깊이 고찰하고 있다. 여기서 강조하고 있는 것은 외적인 의례 수행에서 내면의 명상으로 옮겨가는 변화이다. 진정한 희생제는 호흡에 대해서 불의 공양(*prāṇāgnihotra* 쁘라나그니호뜨라)을 드리는 것으로, 이것은 곧 자아 내의 자아에게 바치는 희생제이다. 의례의 내면화는 의례의 진짜 의도가 외부적인 수행이 아니라 더 깊은 의미의 지혜이다. 즉 의례와 우주 그 자체를 지탱하는 기초나 존재를 지시하는 의미라는 것이다. 이러한 의례의 대상이나 본질, 우주 그리고 자아를 브라흐만이라고 하며, 신성한 소리인 옴(*aum* 혹은 *oṃ*, *pranava* 쁘라나와라고 부른다)과 동일시된다.

### 브라흐만

브라흐마나에서 브라흐만이란 용어는 의례의 힘을 의미하는데, 이것보다 더 오래되었거나 명확한 용어는 없다.[24] 브라흐만은 중성 명사이며, 남성 명사인 창조신 브라흐마, 텍스트집인 브라흐마나, 가장 상층 카스트인 브라만과는 그 의미가 서로 연관되지만, 각각의 용어를 혼동해서는 안 된다. 때맞추어 브라흐만이 의례의 힘으로서뿐만 아니라 우주의 본질을 일컫는 하나의 근본 원리가 되는 추상의 과정이 생겨나 곧바로 모든 현상의 중심에 자리하게 되었다. 『브리하다라니야까 우빠니샤드』에는 최초의 힌두 신학자 야쟈왈끼야와 비데하의 왕 자나까(Janaka)의 대화가 나온다.

여기서는 초기 우빠니샤드에서 우주의 본질을 추구하는 정신을 그리고 있다. 자나까 왕은 야쟈왈끼야에게 다른 현자들의 가르침에서 브라흐만이 언어(*vac*), 생기 있는 호흡(*prāṇa* 쁘라나), 눈, 마음과 심장(*hṛdaya* 흐리다야)이라고 들었다고 한다. 야쟈왈끼야는 절반은 맞는 말이며, 실제 브라흐만은 이러한 모든 현상을 더 깊숙이 지탱하는 것이라고 대답한다.[25]

브라흐만은 의례와 만물의 본질일 뿐 아니라 자아의 본질로, 눈에 보이는 차이를 뛰어넘는 인간의 진리이기도 하다. 야쟈왈끼야와 함께 최초의 힌두 신학자 가운데 한 사람인 웃달라까 아루니(Uddālaka Āruṇi)는 자신의 아들 슈웨따케뚜(Śvetaketu)와 나눈 대화에서 어떻게 브라흐만이 본질이며 우주의 가장 작은 분자인지를 설명한다. 신학적 경험주의에 대한 초기의 예로, 웃달라까 아루니는 왜 브라흐만을 볼 수 없는지 보여주려고 과일 하나를 쪼갠 뒤 다시 그 과일의 씨를 쪼갠다. 이와 유사하게, 바닷물 속에 들어있는 소금은 짠맛이 나지만 완전히 용해되어 볼 수 없는 것과 마찬가지로 브라흐만은 모든 것의 본질로, 볼 수는 없고 단지 경험될 뿐이라고 한다.[26] 이러한 본질은 자아라고 하면서, 다음과 같은 유명한 말 한 줄로 결론짓는다. "그것은 순간이고, 전체는 그 자체이다. 그것은 진리이다. 그것은 자기 자신이다. 그것은 바로 너 슈웨따께뚜이다."

이러한 비인칭 일원론은 초기 우빠니샤드부터 중요했으며, 특히 후대의 베단따 전통과 근대의 신힌두교(11장 참고)에서 매우 중요한 이론이 된다. 자아의 본질은 절대자로, 자기 안에서 의례의 내적인 의미에 대한 진리와 감각의 세계로부터 감각을 철수함을 통해 깨닫는다. 우빠니샤드에서 강조하는 것은 의례의 내면화로, 텍스트에는 외적인 행위를 비판하기도 한다. 의례의 진정한 의미는 외적인 행위에서 찾는 것이 아니라 우빠니샤드에 드러나는 그것의 상징주의와 비밀스러운 의미를 깨닫는 데 있다.[27]

우빠니샤드에서는 심오한 내적 깊이를 가지고 있는, 그리고 실제로 자아 안에 우주를 담고 있는 것으로 개인의 자아를 이해하는 과정의 최고조를 표현한다. 진리(*satya* 사띠야)는 자아이기도 한 절대자이다. 이것은 다양한 현상 아래에 있는 단일한 실체로, 의례의 내면화를 목적으로 하는 진리이다. 이러한 진리는 이해가 되는 단순한 정보가 아니라 기쁨, 즉 희열이라는 감정으로 경험되는 직관적인 통찰이다. 『따잇띠리야 우빠니샤드』에는 '그는 브라흐만이 희열(*ānanda* 아난다)임을 안다. 진실로 존재는 여기서 희열로부터 태어난 것이고, 그때 존재는 희열로 살아가며 희열 안으로 살아가고 죽을 때 희열 안으로 들어간다.'는 인용문이 있다.[28] 이것은 전혀 일상적인 축복이 아니라, 축복 어린 경험이라는, 위계에서 가장 상위에 있는 것으로, 평범한 인간이 느끼는 기쁨과는 거리가 멀다.

### 까르마와 윤회

한 사람이 본질을 깨닫고 브라흐만에 이르는 이러한 영적 충만함과 축복 어린 경험은 행위와 그것의 결과인 소위 재생의 정지에서 나온다. 모든 행위에 결과가 따른다는 것은 이생과 다음 생의 개념으로 설명해야 한다. 여기서 현세의 경험은 과거 행동의 결과에 해당하는 것으로, 이는 힌두 구원론의 핵심이다. 대부분의 힌두 전통에서 구원이나 해탈(*mokṣa, mukti, apavarga*)은 재생(*saṃsāra*)의 굴레로부터 벗어나는 것을 말한다. 이는 무수한 일생을 지나면서 쌓은 업으로부터 자유로워지는 것이기도 하다. 이러한 기본적인 구원의 구조는 가장 나중의 전통에서 다양하게 발전하여 우빠니샤드에서 명확히 구분되기 시작한다.

까르마와 산사라 교리의 기원은 분명하지 않다. 이 개념들은 분명 슈라마나 사이에서 퍼졌으며, 자이나교와 불교 안에서 윤회 과정에 대한 특유의 복잡한 사상으로 발전했다. 까르마와 윤회는 슈라마나나 기세자 전통에서 브라만 사상의 주요 흐름 속으로 들어갔을 가능성이 매우 크다. 또 한 가지, 비록 베다 찬송에는 윤회에 관한 교리가 분명하게 나타나지는 않지만, 소위 '다시 죽는 것'에 관한 사상이 나온다. 즉, 이번 세상에서 죽은 사람은 다음 생에 다시 또 죽을 것이라는 말이다. 의례의 과정은 이처럼 죽음이라는 결과를 막는다는 것을 의미한다. 다시 죽는다는 개념에서 이생으로 돌아간다는 사상이 발달했을 것이다. 『리그 베다』 속에도 신체의 각 부분이 죽은 다음에 다른 곳으로 간다고 나온다. 즉, 눈은 태양으로 가고 숨(*ātman*)은 바람으로, 그리고 본질적인 소위 '인간'은 조상에게로 간다는 것이다.[29] 이생으로 윤회한다는 사상은 한 인간이 이처럼 부분으로 나뉜다는 견해에서 발전한 것이라 할 수 있다. 세 번째로 살펴볼 것은, 윤회 이론의 기원이 베다나 슈라마나 전통 밖인 갠지스 강 유역의 부족 종교나, 아니면 남인도의 드라비다 전통에서 기인한다는 것이다.[30]

『브리하다라니야까 우빠니샤드』에서 응보 행위는 가장 먼저 은밀하고 거의 알려지지 않은 교리로 나온다. 아르따바가(Ārtabhāga)가 야쟈왈끼야에게 인간이 죽은 뒤의 운명에 대해서 물어본다. 『리그 베다』 찬송에서 아르따바가는 눈이 태양으로, 숨이 우주로, 마음이 달로 가는 식으로, 신체 각 부분이 흩어져버린 뒤에 인간은 무엇이 되는지 묻는다. 야쟈왈끼야는 아르따바가를 사적인 곳으로 데려가 이 교리를 누설하지 말 것을 경고하면서 까르마에 대해 말해준다. 즉, 기특한 행동은 공덕(*puṇya* 뿐야)으로 이끄는 데 반해서 악의적인 행동은 더한 악(*pāpa*)으로 안내한다는 것이다.[31] 나중에 이 텍스트는 좀 더 분명하게 모충이나 거머리가 이 풀잎에서 다른 풀잎으로 옮겨 다니는 식으로, 자아가 몸에서 몸으로 이동한다는, 좀 더 명확한 이론으로 해석한다.[32] 후기 우빠니샤드까지 이 교리는 확고해진다. 예를 들어 『슈웨따슈와따라 우빠니샤드』(*Śvetāśvatara Upaniṣads*, 기원전 400~200년)에는 소위 '결실을 맺는 행동의 수행자'인 자아는 자신의 업에 따른 윤회의 굴레 안에서 방랑한다고 분명히 전하고 있다.[33]

## 기세의 기원

브라만과 슈라만 고행주의는 많은 공통된 특징이 있다. 여기서 기세의 기원을 이해하는 데 한 가지 문제가 발생한다. 한편으로 기세 사상은 베다의 의례 전통에서 자연적으로 발전한 것으로 볼 수 있으며, 또 다른 면에서는 이것이 베다 전통 밖에서 기인한 것이라 주장할 수 있다. 물론 두 이론 모두 어떤 면에서는 맞지만 또 어떤 면은 부족한 점이 있을 것이다.

### 계통발생론

기세에 대한 소위 '계통발생론'의 입장은 베다의 슈라우따 의례에서 나온 재가자 사상에서 기세 사상에 이르는 지속적인 발전이라는 것이다. 헤스테르만이 사용한 '계통발생'이라는 용어는 베다 사상의 점진적이고 내적인 발전을 말하기 위한 것이다.[34] 다시 말해서 기세란 베다 공동체 밖인 아리야인 이전의 드라비다인에게서 기인한 사상이 아니라 베다 문화 내에서 발전한 사상이라는 것이다. 궁극적으로 브라만 사상과 기세자 사상 간에는 강조하는 것

하나를 제외하고는 거의 차이가 없다. 브라만 사회 내에서 나타나는 차이와 투쟁은 브라만 세대주와 기세자 간에 있는 것이 아니라, 오히려 브라만과 왕 사이에 존재한다(위의 p.123~124 참조).

이러한 설명에 따라 우빠니샤드에서 발전해 나중에 다르마 샤스뜨라에서 성문화되는 기세는 브라흐마나와 슈라우따 수뜨라 안에서 나오는 것처럼 베다의 슈라우따 의례 안에서 기원한다. 여기서 의례 후원자는 입문식을 치르고 이른바 '입문식을 치른 사람(*dīkṣitā*)'으로서 의례 준비 과정에서 고행을 실천한다. 의례는 상징적으로 후원자의 재생 즉, 부활을 위해 행하는 것이면서 우주의 재생을 상징하는 것이기도 하다. 후원자는 소위 '인간이 자신의 고유한 의례적인 역할에만 의존할 것'을 선동하고 강조하는 의례의 중심에 있다.[35] 헤스테르만은 하나의 사적인 과정으로서 의례 사상은 우빠니샤드 사상으로 발전한다고 한다. 우빠니샤드 사상에서 진정한 의례는 내면화와 초월에 있으며 기세는 이러한 내면화의 결과로 나타난다는 것이다.

## 기세자와 브라만

브라만 재가자와 기세자의 사상적인 규약은 매우 유사하다. 이 둘의 차이는 종류의 차이가 아니라 정도의 차이이다. 기세자와 마찬가지로 브라만은 자신의 감각을 제어해야 하고 진실한 존재여야 하며, 살아 있는 모든 대상에게 비폭력으로 대하고, 공평하고 침착하게 행동해야 한다.[36] 이 두 유형 간의 차이는 브라만이 재가자로서 해야 할 의무를 충실히 행하는 데 비해서 기세자는 인생의 마지막 단계(아슈라마)에 있으면서 의례적인 의무에서 면제된다는 데 있다. 기세자는 사회에서 등을 돌리는 데 비해서 브라만은 그게 아니다. 다만 브라만은 슈라우따 의례가 행해지는 동안에는 속세에서 등을 돌리지만, 의례가 끝난 뒤에는 다시 사회로 돌아온다.

비아르도와 찰스 말라모드(Charles Malamoud)는 헤스테르만의 주장을 보완하는데, 이들 역시 베다 전통의 연속성을 주장한다. 비아르도는 힌두 세계 내에서 다양한 전통은 하나의 깊은 단계로 결합한다고 한다. 이 말의 의미는 비록 다양하지만 서로 관계가 있는 것과 부분들이 모여서 하나의 완전한 힌두 문화로 통합한다는 것이다. 이러한 통합이란 제도화된 통일성이 아닌 것으로, 즉 힌두교 내에는 이러한 제도화된 통일이란 어디에도 없고, 오히려 기세를 포함해서 베다의 계시에서 나오는 것과 같은 파편화된 동향이 힌두교 내에서 모두가 하나의 구조적인 통일을 이루고 있다는 것을 의미한다.[37] 이러한 구조적인 통일은 힌두 문화에서 희생제와 기세라는 두 가지 가장 중요한 요소 안에서 이해할 수 있다. 이것은 동전의 양면과 같으며, 차이점은 재가자가 희생제라는 외적인 행위와 관계되는 데 반해서 기세자는 희생제를 내면화한다는 점이다. 이것과 더불어 의례 후원자와 기세자 모두 정화 의례를 경험하기 때문에 구조적으로 서로 관련이 있다고 하여 연속성이 강조된다.

### 기세의 비베다적 기원

비아르도와 헤스테르만이 보여주듯이, 기세자 전통 안에 재가자의 의례에도 나오는 요소가 있음은 틀림이 없다. 기세자 전통에 대한 상세한 자료는 슈라우따 의례를 설명하는 텍스트보다 뒤에 나온다. 하지만 기세자 전통이 베다 의례주의자의 범위 밖에서 발전해 점차 베다 전통으로 통합, 흡수되었음이 사실인지도 모른다.

패트릭 올리벨은 수많은 저작 속에서, 기세가 베다의 의례주의 환경에서 나온 새로운 사상이고, 이러한 전통을 전문용어로 기세라

한다고 말한다. 하지만 기세의 사조와 목적은 베다의 의례주의와는 다소 차이가 있다고 주장한다. 단순한 차이가 아니라 두 전통은 서로 대립적이다. 여기서 소위 '전통의 대립'이란 헤스테르만이 주장한 것처럼 브라만과 왕 사이에 있는 것이 아니라 오히려 브라만 의례주의자와 기세자 간의 대립을 말한다. 기세자 세계로부터 브라만 재가자의 세계를 분리하는 단층선이 다른 방향에서 그어져 있다.

재가자와 기세자 간의 이러한 구분은 루이 뒤몽의 초점이 되는데, 뒤몽의 사상에 대해서는 올리벨이 확립한다. 뒤몽은 힌두교를 소위 '기세자'와 '세상에 속한 사람'인 브라만 남성 재가자 간의 대화라는 의미로 이해할 수 있다고 주장한다. 기세자와는 달리 세상 안에 있는 사람은 자신의 사회적 실재, 자신이 속한 사회적 환경에 따른 제약과 경계 내에서 기능하는 소위 카스트 체계에 따라 정해진다. 카스트 체계는 정-부정의 구분을 토대로 하며, 브라만 재가자의 지위를 결정한다. 카스트라는 사회적 제약 때문에 세상에 사는 사람은 개인이 아니라 순전히 사회적 관계의 네트워크 안에서 존재한다. 이들은 이러한 네트워크 밖으로 나가버린 기세자와는 다르다.[38] 이러한 견해에 따르면, 기세자는 사회 밖에 있기 때문에 하나의 개인으로 자리한다. 기세자는 재가자 종교에서 나오는 영향과 무관하게 독창적인 사상으로 자신만의 고유한 구원 방식에 전념하는 한 개인이다. 사회로부터 벗어나 있는 개인으로서 기세자는 인도 종교 발전의 진정한 주도자이며, 브라만 재가자 전통이 외부에서 유입된다는 가치를 만든 장본인이다.

많은 비판은 뒤몽 이론에 반대하는 것으로 성격이 규정될 수 있지만 그 가운데 특히 인도 사회에서 행위자로부터 대행자를 데리고 가는,[39] 즉 기세라고 하는 인도 종교 안으로 '새로운' 요소를 도입하고 베다의 정통 의례 전통에 대해 도전하는 개념에 대해서는 좀 더 무겁게 고민해야 한다. 만약 기세가 베다 사상의 발전이라고 생각하는 헤스테르만의 주장이 옳다면, 이 둘 간의 '깊은 대립'은 설명할 수 없다고 주장하는 올리벨은, 기세자와 재가자 사상의 차이를 전개시킨다. 후대의 다르마 문헌 안에서, 기세자와 브라만의 관계가 매우 밀접하다는 것을 반영하지 않고 기세자 사상을 가진 자로서 브라만을 찬양하는 글은, 기세자의 가치가 베다 사상에 통합되어짐을 보여준다. 여기서 기세자 사상을 가진 자로서 브라만을 찬양하고 있는 글은 흔히 '단순한 과장'에 불과하다.[40]

지금까지의 논의를 요약하자면, 인도 기세 사상의 기원에 대해서는 기본적으로 두 가지 입장이 있다. 하나는 그것이 베다의 의례주의에서 발전했을 것이라는 견해(헤스테르만과 비아르도의 견해)이고, 또 하나는 반드시 브라만 세계 밖은 아니라고 해도 기세 사상이 베다 세계의 밖에서 발전했다는 견해(뒤몽의 연구에서 올리벨이 끌어내는 견해)다. 전자의 입장은 베다와 기세자 전통 간, 의례주의자와 기세자의 개인주의 간, 그리고 의례주의와 기세자의 정화 의례 간의 연속성에 초점을 둔다. 후자의 입장은 세상을 부인하는 기세의 가치가 세상을 인정하는 의례주의자 재가자 가치와는 다르다는 주장 속에서, 두 관계의 불연속성에 초점을 두고 있다. 기세 사상의 기원을 간단히 베다 전통이나 비베다 전통이라는 말로 이해할 수 없음은 분명해 보인다. 오히려 여기에는 베다적인 전통 내에 있는 요소의 변형뿐만 아니라 베다 영역 밖에 있는 요소와 이루어진 동화 같은 복잡한 과정이 내재한다.

## 정통적 기세

초기의 기세자는 소규모로 떠돌아다니는 집단으로, 혼자서 돌아다녔거나 혹은 불교의 도래와 함께 은둔자 공동체에 속해 있었다. 여성 기세자도 있었지만 대부분은 남성이었다. 기세자는 1년 중 우기 넉 달을 제외하고는 집 없이 여기저기를 떠돌면서 구걸을 통해 먹고, 품이 넓고 긴 황토색 옷을 입거나 아니면 그냥 벌거벗은 채로 다녔다. 초기의 브라만교에는 불교나 자이나교도와 유사한 기세 관습이 없었다는 점이 중요하다. 여러 세대를 거슬러 올라가는 스승의 혈통은 분명히 있지만, 은둔생활의 관습은 없었다. 중세까지는 힌두교에서 은둔생활의 관례가 발달했다는 증거가 어디에도 없지만, 그럼에도 불구하고 우빠니샤드 속에서 우리는 속세의 삶을 버리고 종교적 계율을 수행하기 위해 숲속에서 칩거하는 사상을 볼 수 있다. 예를 들면 『브리하다라니야까 우빠니샤드』에서 현자 야쟈왈끼야는 부인 둘과 함께 재가자의 신분을 버리고 숲으로 은퇴하기로 결정한다.41)

초기 브라만 전통에는 금욕생활에 관한 부분이 전혀 없다. 하지만 삶의 네 단계인 아슈라마가 발전하는데, 이 단계에서 기세가 마지막 해탈의 단계에 해당한다. 올바른 실천적 기세의 기회는 재생자에게만 해당하며, 속세에서 재가자로서 지켜야 할 사회적 의무를 충실히 이행한 사람이나 재가자가 아닌 독신주의 학생에게 의미 있는 일이었다. 정행의 기세는 오직 베다 의무를 충실히 이행한 사람과 다르마 샤스뜨라가 규정해 놓은 규율을 바르게 실천하는 사람에게만 해당한다. 이것은 불교나 자이나교가 일반적으로 전 사회, 모든 연령대 사람을 받아들이는 이행(異行)의 기세 전통이었다는 것과는 대조적이다. 물론 초기 불교의 수행 규칙에서는 군인

과 노예 등 일부 제약을 받는 사람이 있기도 했다.42)

비록 다르마 샤스뜨라가 나오는 시기(기원전 500년경~기원후 500년)까지 산야사는 인생의 마지막 아슈라마로서 브라만 체계로 통합되지만, 브라만 종교에서 핵심은 재가자와 그의 고유한 의례 수행에 관한 부분이다. 실제 산야사라는 용어는 기원전 2세기 전에는 없던 순전히 브라만적인 용어로서, 불교나 자이나교 문헌에는 나오지 않는다. 후대의 텍스트에는 기세 사상이 알려져, 특히 산야사 우빠니샤드는 서력기원 초기 몇 세기 사이에 나오게 된다. 이 텍스트는 기세 행위와 기세자에게 기대하는 행동 그리고 기세자의 유형에 대해 기술하고 있다. 자신의 이교 상대자와 마찬가지로 정통 기세자는 속세의 관심으로부터 이탈하는 방법을 키워 탄생과 죽음의 틀로부터 해탈을 구하며 고행과 요가 수행을 통해 욕구를 추구한다.

기세 의례는 의례를 끝낸다는 뜻에서 치르는 것으로, 적어도 상징적으로는 의례의 상태에서 비의례의 상태, 그리고 행위에서 비행위로 옮겨간다. 기세 의례는 기세자에게 자신의 성스러운 불에 점화하는 마지막 기회가 되는 것이다. 기세는 베다의 의례적인 종교를 버리고, 브라만의 상징인 불을 포기함을 의미한다. 불을 포기함으로써 기세자는 브라만 의례와 함께 요리하는 것도 포기하고, 앞으로는 구걸에 의지해야 한다. 그리고 집 없이 방랑자처럼 떠돌아다니기 위해 집 안에서 생활하는 삶을 버린다. 『비슈누 스므리띠』에서 기세자는 마을에서 하룻밤 이상을 머물러서는 안 된다고 나온다.43) 하지만 우기 동안에는 한 곳에 머무를 수 있다. 상징적으로 자신의 마지막 의례를 치르는 동안 화염 속에서 하는 호흡은, 기세자가 베다의 엄숙한 의례의 불을 내면화하는 것이므로, 이후에는 외적으로 전혀 불을 사용하지 않는다.44) 불을 내면으로 흡수함과 동시에 기세자는 자신의 낡은 옷을 버리고 나체가 되어 태어날 때의 모습으로 돌아간다. 기세자는 상층 카스트의 상징으로 어깨에 걸치는 성사를 불 속에 던지고, 허리끈, 허리 아래만 두르는 간단한 옷, 황토색 원피스를 입는다. 거기에 지팡이 한 개, 물통과 동냥 밥그릇에만 의지한다. 일부 기세자인 나가(Nāgas)는 나체인 상태로 다닌다.

기세와 관련된 의례는 다양하다. 때때로 기세자는 자신의 고유한 장례식을 상징적으로 치를 것이다. 이는 사회 밖으로 나오기 이전의 자아를 소비하는 것이다. 이때에는 종종 의례 도구를 모두 태우기도 한다. 방법은 여러 가지이지만 가장 중요한 점은, 이 의례가 기세자에게는 불을 점화하는 마지막 기회이며, 이후로는 더 이상 의례에 참석하는 것이 불가능하다는 점이다.45) 하지만 예외가 없는 것은 아니다. 어떤 기세자는 소위 '다섯 가지 불 희생제'를 수행함으로써 불을 계속 사용하는데, 이 수행에는 한낮에 다섯 개의 불에 둘러싸인 채 명상하는 수행법이 들어 있다. 그러나 이것은 이례적인 경우일 뿐이고, 일반적인 기세자는 불을 포기하여 죽어서도 화장을 하지 않고, 시신을 신성한 강에 띄우거나 독특한 무덤인 사마드(*samādh*)에 직립 상태로 묻었다.

## 후대의 기세 교단

떠돌기 전 소위 '훌륭한 남성(*sādhus* 사두)'과 '훌륭한 여성(*sādhuvīs* 사두위)'으로 알려진 많은 기세자들은 신성한 강둑을 따라, 아니면 산지나 화장터와 같이 사람이 살지 않는 사회의 가장자리에서 혼자 살아갈 곳을 선택한다. 황토색 원피스를 입거나 아니면 나체에다 온몸을 신성한 유골로 감싸고 짧은 머리나 헝클어진 머리를 길게 늘인 채로, 기세자는 살아 있는 동안 해탈(*jīvanmukti* 지완묵띠)하기 위해서 그들만의 독특한 정신수행법(*sādhana* 사다나)을 개발한다. 그 밖의 사람들은 기세자 공동체에 들어가거나 암자(*āśramas*)나 수도원(*maṭhas* 마타)에서 산다. 이러한 공동체는 거대한 힌두 전통과 결합하는데, 특히 샤이바와 바이슈나와 전통은 각각 위대한 힌두 신 쉬바와 비슈누에 초점을 맞춘다. 몇몇 기세 교단은 베다 전통 안에서 중요하게 자리 잡지만, 쉬바와 여신 숭배와 관련된 화장터 고행자의 경우 베다의 정론과 정행의 가장자리에 놓인다(p.259 참조).

수도원 생활은 그 시초가 불교에서 발전하지만, 이와 유사한 단체는 후대 힌두교 안에서만 보인다. 전통에 따르면, 위대한 베단따 신학자 샹까라(Śaṅkara, 788년~820년경)는 인도의 동서남북 끝에 수도원을 세웠다. 남부 께랄라의 슈링게리(Śringeri), 서부의 드와르까(Dwarka), 북부 히말라야의 바드리나트(Badrinath), 동부 해안의 뿌리가 바로 그곳이다. 샹까라 혹은 샹까라의 제자 수레슈와라(Sureśwara)는 따밀나두의 깐치(Kanchi)에 또 다른 중요한 수도원을 세운 듯하다. 수도원과 더불어 샹까라는 소위 10개의 교단을 세운다. 이 열 가지를 다샤나미(Daśanāmis)라 하는데, 기리(*giri* '산'), 뿌리(*puri* '도시'), 바라띠(*bhārati* '배움'), 바나(*vana* '숲'), 아라니야(*araṇya* '숲'), 빠르와따(*parvata* '산'), 사가라(*sāgara* '대양'), 띠르타('개울'), 아슈라마('암자') 그리고 사라스와띠(*sarasvatī* '웅변술')이다. 각 교단은 위의 네 곳에 있는 수도원에 속한다. 예를 들어 슈링게리에는 바라띠, 뿌리, 사라스와띠가, 드와르까에는 띠르타와 아슈라마가, 바드리나트에는 기리, 사가라, 빠르와따가, 그리고 뿌리에는 아라니야와 바나가 속한다. 수도원 위계상 뿌리가 전체 다샤나미의 중추에 해당하며, 이 수도원 원장을 우주의 스승이라는 뜻으로 자가드구루(*jagadguru*)라 한다. 입문 때 이들 교단은 기세자에게 새로운 이름을 부여하는데, 가입한 교단의 이름에 끝에는 아난다로 끝난다.

샹까라가 세운 교단은 부분적으로 남인도에서 자이나교와 불교를 근절시키고, 정통 베다 전통에 맞는 전 인도인의 정체성과 응집성을 제공하는 도구로 작용했다. 실제로 기세자가 마을 주변을 돌아다니면서 일반인에게 종교 관념을 가르치고 전해줌으로써 힌두교 내에서 결합이라는 중요한 의미를 제공한다. 베다 전통에서 결합력을 제공하는 또 다른 하나는 북부의 바드리나트, 동부의 뿌리, 남부의 라메슈와람 그리고 서부의 드와르까에 이르는 소위, 인도의 '사방'을 방문하는 기세자의 순례이다.

다샤나미는 가장 정통하고 박식한 힌두 기세자로 이루어져 있다. 황토색 원피스를 입고 다니는 이들은 나체 기세자인 나가와 대조된다고 할 수 있다. 나가는 7세기 이후 무사계급에 속하는 고행자들로, 다샤나미 전통의 보호자이다. 이 무력의 고행자는 다샤나미와 마찬가지로 일원론적인 형이상학 철학을 지지한다(p.373~375 참조). 그리고 이들의 수호신은 고행자와 요긴의 신 쉬바이다. 이들 무사계급의 고행자 교단은 무슬림 침입에 대한 대응으로 9세기~18세기에 발달하며, 그 안에서 소위 여섯 '무리'라는 뜻의 아카라〔*ākhāras*, 예: 아난다(Ānanda), 니란자니(Nirañjanī), 주나(Junā), 아와한(Āvāhan), 아딸(Atal) 그리고 니르와니(Nirvāṇī)로 불린다〕를 조직한다.[46] 16세기에는 바이슈나와 무사 종파인 바이라기(*bairāgīs*)가 나오는데, 이들은 나가와 달리 나체는 아니다. 이와 관련해서 께랄라에는 특히 정교한 전투 체계를 발전시킨 전사 고행자 전통도 있다.

세상을 버림과 함께 기세자는 고행의 실천이나 해탈에 이르기 위해 일명 '내면의 열'인 따빠의 개발이 가능하다. 고행은 12년 동안 잠을 자지 않거나 앉지 않고 오직 한 곳에 기대어 있거나 근육이 위축될 때까지 팔을 위로 높이 들고 있겠다고 맹세를 하는 식으로 엄격한 형태를 취했다. 그러나 고행자에게는 행동하지 않는 상태, 즉 신체와 호흡을 가라앉히고 궁극적으로 정신을 고요한 상태에 이르게 하기 위해서 특히 요가 수행이 장려되었다.

## 요가

기세, 윤회, 까르마 그리고 해탈의 개념과 함께, 고통의 세상 밖으로 인도할 수 있는 방법이나 기술을 가지고 해탈에 이르는 길에 관한 사상이 있다. 힌두 전통 안에서 어떤 식으로 해탈에 이를 수 있을까에 대한 질문에는 수많은 답이 존재한다. 일신론적인 전통에서는 해탈이 한 사람이 전적으로 믿는 신의 은총에서 생긴다고 믿는다. 반대로 비신학적인 전통에서는 고행과 명상을 통해 감각적인 세계로부터 자아를 이탈하려는 노력을 지속함으로써 해탈에 이른다고 보는데, 여기서 고행과 명상은 영적인식의 상태로 이끈다고 생각한다. 신애가 노력의 대가로서 지혜와 은총의 형태로 나타날 때 반응은 섞이게 된다.

요가라는 용어는 '제어하다', '붙잡아매다', '결합하다'라는 의미로, 산스끄리뜨 어근 유즈(*yuj*)에서 유래한 것이다. 이는 영적인 경험과 존재의 본질에 대한 깊은 깨달음이나 통찰력을 이끈다고 여겨지는 고행, 명상과 관련된 기술이나 훈련을 말한다. 요가는 정신과 감각을 억제, 제한할 수 있고, 경험아(*ahṃkāra* 아항까라)를 초월하여 궁극에는 자신의 진정한 본질을 경험한다는 것을 의미한다. 힌두교의 이러한 측면은 반드시 특별한 힌두 세계관으로만 한정되지 않는다. 실제로 이것은 힌두교의 경계를 넘어 현대의 서양으로 수출되었다. 요가의 발전 그리고 그것이 이끄는 영적 구원의 사상은 기세 전통이라는 맥락에서 역사적으로 이해되어야 한다. 우리가 살펴보았듯이, 기세는 고대 인도의 새로운 도시 중심에서 발전하는 사상과 사회 복합을 구성하는 데 반해 요가는 기세의 관습에서 벗어나고 재가자의 삶에 적응하게 된다.

일종의 정신 훈련으로서 요가의 개념은 어떠한 특정 종파와의 결합이나 사회적 형태로 한정되지 않고 아래와 같은 중요한 특징을 띤다.

- 의식은 한 지점에 초점을 집중함으로써 변형시킬 수 있다.
- 의식의 변형은 제한, 영적인 구속 혹은 탐욕, 증오와 같은 순수하지 못한 것을 뿌리째 뽑아버린다.
- 요가는 일종에 고행의 범위에 속하며, 의식의 변형을 쉽게 하기 위한 것으로 구성된다.

## 힌두 전통 안의 요가

요가의 역사는 길고 오래되었다. 최초의 베다 텍스트인 브라흐마나는 고행의 실천에 대해 보여주고 있으며, 베다 상히따는 소위 무니 혹은 께쉰, 브라띠야라고 하는 고행자에 대해 언급하고 있다. 슈라마나 전통과 우빠니샤드 속에는 자아를 통제하는 기술과 명상으로 수준 높은 의식 상태를 경험하는 기술이 나오며, 이러한 주제를 다루고 있는 요가 전통에 관한 문헌은 방대하다. 우빠니샤드 가운데 명상에 대해 최초로 언급하고 있는 문헌의 하나가 『브리하다라니야까 우빠니샤드』이다. 최초의 우빠니샤드로서, 이 책에서는 고요하고 집중된 상태로 자기 안에서 자아를 인식하는 것에 대해 설명하고 있다.[47] 실제 요가라는 용어는 『까타 우빠니샤드』(*Kaṭha Upaniṣad*)에서 처음 나온다. 여기서는 요가를 감각의 부단한 제어로 정의하는데, 이는 요가가 정신 활동의 중지와 함께 최상의 상태를 이끄는 것이라고 한다.[48]

『까타 우빠니샤드』에서 요가는 나찌께따스(Naciketas)와 죽음의 신(Death) 이야기에서 나온다. 아버지에게 노여움을 사 죽음의 영역으로 추방된 나찌께따스는 죽음의 신 야마가 나오기를 기다리고 있었다. 야마가 돌아와, 오랫동안 무모하게 자신을 기다린 데 대한 보답으로 세 가지 소원을 들어준다. 나찌께따스의 첫 번째 소원은 자신의 아버지에게로 돌아가는 것이고, 두 번째는 하늘로 이끄는 희생제 불을 요구한다. 마지막으로 나찌께따스는 다시 죽는 것(*punarmṛtyu* 뿐아므리띠유)을 정복하는 방법을 알려달라고 한다. 야마는 부유한 삶과 장수를 약속하면서 이 세 번째 소원을 단념시키려 한다. 하지만 나찌께따스는, 죽음 앞에서 "모든 인생은 짧다"고 대답한다. 아주 오래도록 살 수 있는 방법은 어디에도 없으며, 종국에는 죽음이 찾아온다는 것이다. 이 말에 결국 야마는, 현명한 자는 스스로의 명상을 통해 신을 깨닫는 것이라고 말해주는 것으로 세 번째 요구에 답한다. 이 텍스트에서는 인간을 전차에 견주고 있다. 즉, 아뜨만은 전차의 제동기이고, 신체는 전차 자체이며, 감각은 말에 해당한다는 것이다. 전사가 전차의 말을 통제하는 것과 마찬가지로 자아는 감각을 억눌러서 통제해야만 한다.[49]

『슈웨따슈와따라 우빠니샤드』에는 이와 비슷하게 '전차에 길들이지 않은 말을 매다는' 것처럼 요긴은 몸을 똑바로 세우고, 호흡을 억누르고, 마음을 제어해야 한다고 전한다. 이렇게 마음에 멍에를 씌우는 것은 내면의 통찰력을 이끌어내며, 더욱 중요한 것은 소위 '요가의 화염 안에서 만들어진 신체'가 현명한 이를 건강하게 하고, 슬픔에서 자유롭게 하며, 목표 달성을 보장한다는 것이다.[50] 좀 더 넓은 범위에서 요가를 다루고 있는 고전 우빠니샤드의 마지막은 흑 야주르 베다에 속하는 『마이뜨라야니야』(*Maitrāyaṇīya*) 즉, 『마이뜨리 우빠니샤드』(*Maitrī Upaniṣad*)이다. 이 텍스트에서는 퇴위한 왕 브리하드라타를 그리고 있다. 그는 천일 동안 자신의 팔을 치켜들고 태양을 응시하는 고행을 한다. 그 뒤에 개화된 고행자 한 사람을 만나, 그에게서 까르마에 종속된 현상적 자아와 행동에 영향 받지 않는 순수한 자아의 차이를 듣는다. 선각자 샤까얀야(Śākāyanya)는 다음으로 왕에게 호흡조절(*prāṇāyṇma* 쁘라나얀마), 감각의 철회(*pratyahṇra* 쁘라띠야한라), 명상(*dhyāna* 디야나), 집중(*dhāranā* 다라나), 탐구(*tarka* 따르까), 전념(*samādhi* 사마디)을 포함하는 여섯 가지 요가를 가르친다. 이러한 분류는 빠딴잘리의 고전 요가와 유사한 체계로, 이보다 먼저 나온 것이다(아래 참조).[51]

『까타』와 『슈웨따슈와따라 우빠니샤드』의 저작 사이에는 수 세기의 간격이 있으며, 따라서 이 시기에 요가 전통이 힌두 사고의 범위 안에서 발달했다고 추정해야만 한다. 유명한 대서사시 『마하바라따』(기원전 400년경~기원후 300년) 한 부분에 『바가와드 기따』처럼 요가 수행을 묘사하는 페이지가 나온다. 『바가와드 기따』에는 한 장 전체(6장)가 전통적인 요가 수행에 대하여 묘사한 부분이 나온다. 『기따』에서도 '지식', '행위', '사랑'에 관한 세 종류의 유명한 요가를 소개한다. 우빠니샤드는 서력기원부터 쓰기 시작하며 나아가는 방향이 종파적이다. 약 20여 종의 텍스트 가운데 하나인 요가 우빠니샤드는 기원전 약 100년 전부터 기원후 300년에 걸쳐 쓰여진 것으로 추정한다. 이 속에는 자세, 호흡 조절,

내적인 통찰력, 내면 소리(*nāda* 나다, *śabda* 샵다)의 요가, 그리고 미묘한 신체 묘사와 같은 요가 수행에 관한 흥미로운 세부내용을 포함하고 있다.

요가 우빠니샤드 가운데 가장 유명한 『요가땃뜨와』(*Yogatattva*)에는 요가의 네 종류가 나온다. 여기에는 만뜨라 암송을 포함하고 있는 만뜨라-요가(*mantra-yoga*), 신체 내에서 우주의 상징적인 용해와 꾼달리니(Kuṇḍalinī)라고 알려진 육체 에너지의 성장에 관한 라야-요가(*laya-yoga*), 여러 가지 자세, 호흡조절, 빛나는 통찰력 그리고 내면의 소리에 집중하는 '힘'의 요가인 하타-요가(*haṭha-yoga*), 라자-요가(*rāja-yoga*, '왕실' 혹은 간단하게 '최상의' 요가) 등이 있다. 마지막 라자-요가는 빠딴잘리의 고전 체계에 해당한다. 이 텍스트 역시 요긴에 의해 얻어지는 마술적인 힘(*siddhi* 싯디)에 관해 쓴 것이다. 하타-요가는 방대한 문헌으로 발전한다. 그 중에서 특히 스와뜨마라마(Svātmarāma)의 『하타요가-쁘라디삐까』(*Haṭhayoga-pradīpikā*, 15세기)는 인도의 연금술, 딴뜨라교, 시다 전통과 관련이 있다.

### 라자-요가

요가 전통에서 가장 중요한 텍스트는 빠딴잘리의 『요가 수뜨라』(*Yoga Sūtra*)이다. 이 텍스트는 기원전 100년에서 기원 후 500년 사이에 만들어졌는데, 이 속에는 고전적인 요가의 함축적인 경구를 포함하고 있으며 '팔지(八支)' 아슈땅가(*aṣṭāṅga*) 혹은 '최고(*rāja*)'의 요가라고 불린다. 『요가 수뜨라』는 수 세기에 걸쳐 발전해오던 요가 사상을 집대성한 것이다. 빠딴잘리는 두 번째 수뜨라 속에서 '요가는 영적인 요동을 중지시키는 것'이라고 간결하게 정의한다.[52] 이것은 요가가 인상과 기억이라는 감각으로 유지되는 혼잡스러운 마음이 제어되고, 하나로 집중된 상태(*ekāgratā* 에까그라따)라는 것이다. 이러한 정신 제어는 요가 방향의 8단계 연마를 통해 생긴다. 그 단계는 다음과 같다.

1. 윤리 혹은 억제(*yama*)는 비폭력(*ahiṃsā*), 진실함, 도둑질하지 않기, 금욕, 탐욕 억제 등 5가지 도덕률로 이루어져 있다.
2. 규율의 준수(*niyama* 니야마)는 정결함, 평온, 고행, 경전 공부, 신애적인 신앙을 내용으로 한다.
3. 좌법(*āsana* 아사나);
4. 호흡조절(*prāṇāyāma*);
5. 감각의 철회(*pratyahāra* 쁘라띠야하라);
6. 집중(*dhāraṇa*);
7. 명상(*dhyāna*);
8. 몰입된 집중(*samādhi*, 삼매, 三昧); 이 단계는 (i)처음의 사고(*vitarka* 비따르까), 지속되는 사고(*vicāra* 비짜라), 희열 그리고 '나'라는 감각(*asmitā* 아스미따)의 네 단계로 유지되는 것인, 의식 대상의 도움과 관련된 집중(*samprajñāta samādhi* 삼쁘라쟈따 사마디)과 (ii)의식 대상의 도움과 무관한 집중(*asamprajñāta samādhi* 아삼쁘라쟈따 사마디)으로 이루어진다.

도덕적 행위와 고행으로 자신을 연마하는 요긴은 거북이가 자신의 수족과 머리를 등껍질 안으로 당기는 것처럼, 여러 단계의 집중이나 명상으로 마음을 제어하기 위해 신체와 호흡을 가라앉히며, 외부 세계에 대한 관심으로부터 몸을 움츠린다. 여기서 의식, 호흡 그리고 신체 간에 한 가지 분명한 관련이 있다. 그리고 신체는 자세를 통해, 호흡은 쁘라나야마를 통해, 정신은 집중을 통해 평온해진다. 사마디 상태에서 요긴은 더 이상 신체 즉, 물질 상태를 의식하지 않는다. 하지만 그의 의식은 고도로 몰입되어 있으며, 욕심, 화, 망상에서 자유로워진다. 사마디 상태는 빠딴잘리가 최종적으로 도달하는 초월적인 '고립'의 상태에 이르기까지 여러 단계로 정교하게 분류한다. 이러한 몰입의 단계는 제한적인 구속의 압박으로부터 정화된 의식의 정도를 나타낸다.

해탈(*kaivalya* 까이왈야)을 이끄는 사마디 경험은 말로 표현할 수는 없지만, 이 까이왈야는 이원론적인 형이상학의 구조, 다시 말해서 상키야(Sāmkhya) 학파의 형이상학이라는 구조 내에서 개념화된다. 상키야 학파에서는 자아 즉, 수동적인 의식의 대상인 뿌루샤와 물질(*prakṛti* 쁘라끄리띠) 간을 완전히 구별한다. 빠딴잘리는 자신의 해설 속에서 이러한 체계를 사고의 철학적인 배경으로 가정한다. 빠딴잘리 체계에서 까이왈야는 윤회의 쳇바퀴로부터 자유로워지는 것이다. 그러나 일원론적인 우빠니샤드와는 달리 여기에서 해탈은 자아가 절대자와 하나라는 상태로 깨닫는 것이 아니라, 자아의 고립과 완전한 초월의 상태에 관한 깨달음이다. 이것은 자아가 물질과 엉켜 있는 상태에서 완전히 이탈한 순수한 의식의 상태이다. 이는 세속적이거나 육감적인 경험을 넘은 상태, 그 안에는 의식이 객체가 없는 그 자체로 흡수되거나 고유한 객체를 가지고 있는 반향적인 것이다.

### 하타-요가

빠딴잘리 요가가 근본적으로 사마디를 경험하기 위한 고도의 정신 집중에 관한 것인데 비해 일명 '힘의 요가'라고 하는 하타-요가는 호흡 기술을 동반하는, 정교하고도 어려운 자세를 말한다. 하나의 완전한 체계로서 하타-요가는 나트(Nāth) 혹은 깐파따

(Kānphaṭa)파에 의해서 약 9세기부터 발날하였다. 하타-요가의 기원은 성자인 맛시옌드라나트(Matsyendranath)와 그의 제자 고라크나트(Gorakhnāth, 9~13세기)에게서 그 흔적을 엿볼 수 있다. 특히 맛시옌드라나트는 불교에서도 숭배의 대상이다. 하타-요가의 목적은 일생 동안 절대자(*sahaja* 사하자)와 본질적인 동일성을 스스로 불러일으켜 해탈을 깨닫는 데 있다. 이 깨달음은 신체 연마를 통해서 완성하거나 요가의 '열' 안에서 찾는다.

이러한 전통에 관한 주요 텍스트 하나가 스와뜨마라마(Svātmarāma, 15세기)의 『하타요가쁘라디삐까』이다. 이 책에서는 여러 가지 복잡한 자세, 호흡 조절, 그리고 신체를 따라 흐르는 호흡과 에너지를 가지고 근육을 수축시키는 것으로, 일명 '고정'을 뜻하는 반다(*bandha* 수축법)에 대해 설명하고 있다.[53] 또 다른 대표적인 텍스트로는 『게란다 상히따』(*Gheranṇḍa Saṃhitā*), 『쉬바 상히따』(*Śiva Saṃhitā*), 그리고 가장 오래된 것으로 보이는 나트 텍스트 『싯다싯단따 빠닷띠』(*Siddhasiddhānta Paddhati*)가 있다. 이 텍스트는 명상에 관한 좀 더 난해한 단계와 관련된 것이나, 여기서 강조하는 것은 단연 신체의 단련이다. 예를 들어, 무명천을 삼켜 위장을 깨끗이 하고 직장 속으로 물을 끌어당기며 무명실을 가지고 코를 정화하고 물을 코 속으로 넣어 입으로 내뱉는 등의 수련을 한다. 이러한 수련은 좀 더 어려운 좌법과 호흡 조절에 맞는 신체를 만드는 정화로, 매우 중요시된다.

### 밀교적 해부

이 텍스트 역시 몸의 중앙을 흐르는 기(*prāṇa*)나 생명의 기운이 흐르는 통로(*nāḍī* 나디)를 따라 연결되어 있는, 그 중심축에 위치하는 중심 즉, '짜끄라(*cakra*)'와 관계된 복잡한 신체를 설명하고 있다. 이러한 통로 가운데, 특히 세 가지가 중요하다. 하나는 몸이 수직축을 이루도록 똑바로 앉았을 때 신체의 밑부분에서 정수리까지 연결하는 중심 통로인 수슘나 나디(*suṣumnā nāḍī*)이다. 그리고 나머지는 그것의 오른쪽과 왼쪽으로 콧구멍을 통해 흘러 밑바닥에서 중심 통로와 결합하는 두 통로이다.

하타-요가를 통해서 중심 통로의 밑바닥에서 휴면 상태에 있는 에너지가 '근본적인 중심(*mūlādhāra* 물라다라)' 안에서 깨어난다. 이러한 에너지는 소위 '악마적인 힘'을 가지고 있는 여신 꾼달리니(Kuṇḍalinī)로 그려지는데, 이 에너지는 중심 통로를 따라 머리 꼭대기에 있는 '천개의 잎을 가진 연꽃(*sahasrārapadma* 사하스라라 빠드마)'까지 흐른다. 이 지점에서 해탈의 기쁨을 경험한다.[54)]

초기 텍스트에는 짜끄라와 나디에 관한 다양한 체계가 나온다. 그 가운데 신체의 축을 따라 있는 여섯 개나 일곱 개의 짜끄라에서 나오는 하나의 체계가 지배적인데, 이 체계는 범 힌두 모델로서 대부분의 요가학파에게 수용되었다. 이 체계는 약 11세기에 딴뜨라의 여신 꾸브지까(Kubjikā) 숭배에서 기원하지만, 급속도로 대중화되어 밀교 해부학의 표준 모델이 되었다. 이들의 중심은 회음부, 생식기, 명치, 심장, 목구멍 눈과 정수리 사이에 해당하는 지점에 위치하게 된다고 말한다(그림2 참조). 하타-요가에 의해 깨어나는 꾼달리니 힘은 정수리에 살고 있는 쉬바신과 합일함으로써 얻을 수 있는 희열을 얻을 때까지 에너지 센터를 꿰뚫어 중앙의 통로로 끌어올린다. 각 중심 즉, 연꽃은 특별한 소리와 결합하고, 특정한 수의 꽃잎을 가지고 있는 것으로 묘사되는데, 그 꽃잎 위에는 산스끄리뜨 글자가 새겨져 있다. 밀교 해부학과 같은 체계는 글자 그대로의 의미를 이해하기는 어렵고, 사마디를 얻으려는 목적을 위해 명상하는 상태를 시각적으로 표현한 체계로 보인다.

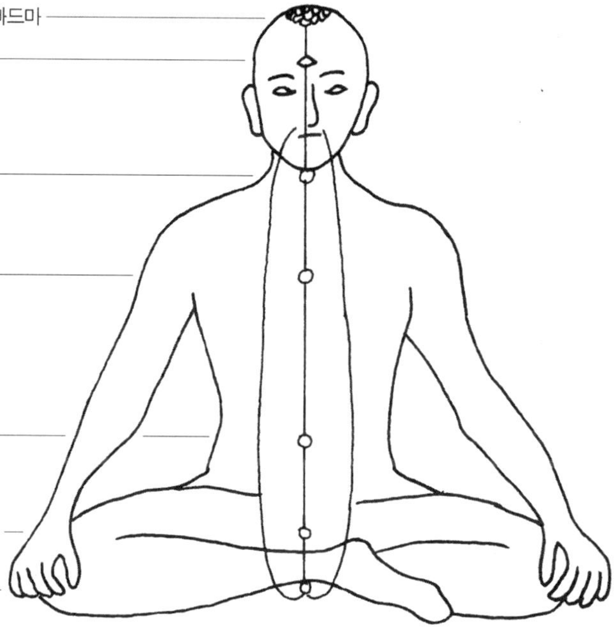

〈그림2〉 요가의 밀교적 해부

나트 요가 수행자에게 하나의 중요한 '중심'은 여섯 개의 중심 구조로 통합되는 것이 아니라, '입천장 중심(*talu-cakra* 딸루-짜끄라)' 즉 목젖이다. 이것은 '왕실의 이'로 알려진 것으로 불사의 감로수가 떨어지는 곳이라고 한다. 영적인 깨달음을 위한 중요한 장소로서 신체의 이 부위는 『따잇띠리야 우빠니샤드』부터 그것이 입증된다. 여기서는 머리 가르마를 타는 지점을 '인드라가 태어난 곳'으로 묘사한다.55) 케짜리 무드라(*khecarī mudrā*)로 알려진 나트 수련의 하나는 혀끝의 방향을 입천장 안으로 바꾸어 두개골로 이어진 이빨의 구멍으로 넣어, 이를 타고 흐르는 불사의 감로수를 막는 것이다. 『하타요가쁘라디삐까』에는 입 안 낮은 부분과 혀를 연결시켜주면서 점차 혀를 뻗어주는 역할을 하는 얇은 막을 자르면서 어떻게 이를 이루어낼 수 있는지가 자세히 설명되어 있다.[56] 딸루짜끄라를 통해 머리 정수리에서 나오는 불사의 감로수는 세상 안으로 흘러 들어가는 것에 대해 집중할 것을 은유적으로 표현한 것일 뿐 아니라 문자그대로의 의미를 지니기도 한다. 또한 케짜리 무드라는 이러한 흐름을 막는 것을 의미한다. 이러한 훈련을 수행하는 요긴은 병으로부터 보호된다고 하고, 까르마로 인해 오염되지 않으며, 시간에 아무 영향을 받지 않는다고 한다. 그는 잘 필요도 없고, 정열적인 여성과 포옹했을 때도 정욕을 자제할 수 있다고 한다.[57]

### 내면 소리의 요가

신체 내의 에너지를 상승시키는 꾼달리니 요가 수행과 밀교 해부학의 교리는 하타-요가 안에서 내면, 즉 '통일되지 않은' 소리(*anāhata nāda* 아나하따 나다 혹은 *śabda* 샵다)의 요가 수련을 동반하게 된다. 이 미묘한 소리는 중앙의 통로에서 울려, 귀, 코, 눈을 막고 호흡을 조절함으로써, 요긴이 들을 수 있다. 『하타요가쁘라디삐까』에 따르면 처음에는 딸랑거리는 소리와 유사한 소리, 다음에는 케틀드럼, 플루트와 같은 덜그럭거리는 소리, 그 다음에는 류트 소리와 같은 내면의 소리에 집중함으로써 요긴은, 최고의 실체인 궁극적인 자아에 몰입하게 된다. 내면 소리의 요가를 통해 정신은 제어되고 몰입된다. 피리 소리를 듣고 있는 뱀과 마찬가지로 '다른 모든 것에는 아랑곳하지 않으며 한 곳에 몰입하여 다른 곳으로 움직이지 않는다.'[58]

이러한 내면 소리에 대한 교리는 요가 우빠니샤드에 잘 입증되어 있다. 브라흐만과 동일시되는 우주적인 소리 옴 음절과 관련해서 초기 베다 사상에 내면 소리에 관한 전조가 보이지만, 대부분은 14~15세기 사이에 완성되었다. 실제로 만뜨라는 내면 소리의 표현이다. 만뜨라의 되풀이(*japa* 자빠)인 만뜨라-요가는 그것의 근원인 내면 소리에 접근하는 하나의 방법으로 간주되었다. 내면 소리의 요가는 현대에도 많은 힌두 요가파들이 중요시하고, 특히 라다소아미 전통에서는 이러한 내적인 소리가 구루에게 분명히 나타난다 하여 중요하게 여긴다.[59]

많은 요가 전통 안에서 보이는 것처럼, 영적인 경험과 우주론 간에는 상호관계가 존재한다. 요가의 내적인 경험, 소리와 빛의 식별은 개인의 심리 상태로서만이 아니라 위계적인 우주라는 미묘한 단계로 이해된다. 요가의 우주는 양파처럼 수많은 겹으로 나누어져 있다. 예를 들면, 낮고 둔한 단계는 평범한 인간 의식의 변동 상태에 상응하고, 높은 단계로 여러 사마디 단계에 해당하는 정(淨)한 상태는 좀 더 정제된 것에 상응한다. 꾼달리니 요가와 내면 소리의 요가 수행은 영적 경험으로서만이 아니라 우주의 많은 겹을 통해 그것의 근본으로 돌아가는, 일종의 여정으로 여겨진다.

### 마술적인 힘

요가 수행의 궁극적인 목적은 삶 속에서 해탈을 얻는 것인데, 요가 전통의 길을 따라서 마술적인 힘은 거의 부수적으로 생긴다고 주장한다. 세속적인 목적으로 이러한 힘을 단련하는 것에는 일반적으로 반대하지만, 그들은 요가 수행에 있어서 수행의 진척 정도를 표시하는 것으로서 마술적인 힘을 중요하게 여긴다. 빠딴잘리의 『요가 수뜨라』 세 번째 절은 마술적인 힘 즉, 놀라운 힘에 대해 쓰고 있다. 빠딴잘리는 집중력 획득 혹은 의식 대상에 대한 영적인 통찰력을 얻는 가운데 여러 가지 힘이 생겨나기 시작한다고 한다. 이러한 힘에는 과거와 미래에 대한 통찰력을 포함하여 과거의 삶에 관한 일, 텔레파시, 사라지는 능력, 죽음에 대한 예지력, 거대한 힘,

비범한 감각들, 공중부양, 그리고 우주적인 영역에 속하는 지식 등이 있다.[60] 그러한 힘은 깨어 있는 의식의 인지에서 얻어질지도 모르지만, 그것에 집착하기 때문에 더 상위의 의식을 만드는 데에는 장애가 된다.

비야사가 쓴 『요가 수뜨라』 주석에는 여덟 가지 마술적인 힘으로서 성취가 나열되어 있다. 즉, 원자만큼 작아지는 능력, 공중부양, 신체를 팽창시키는 능력, 마음을 사로잡는 힘, 억누를 수 없는 욕구의 힘, 자연의 요소를 지배하는 힘, 창조력과 욕구의 성취 능력이 그것이다.[61] 이것은 다른 텍스트에도 나오는 일반적인 마술적인 힘 목록에 해당하지만, 여기에는 차이가 있다. 이러한 힘은 불교에서 명상으로 획득하는 다섯 가지 상위 진리(*abhijñā* 아비쟈) 가운데 첫 번째에 속하는 것이다. 명상이나 요가가 마술적인 힘과 결합하는 형태는 인도 내에서 명상 전통이 매우 초기 시대 때부터 있었음을 보여준다. 여기서 다른 상태와 함께 힘의 목록이 표준화되었으며, 몇몇 전문용어의 원의미를 알기 어렵게 된 가르침에 대해서는 구술 전통과 결부시키고 있다.

## 요약

이 장에서는 복잡한 개념의 일련으로, 힌두교의 중심에 있으며 수천 년에 걸쳐 발전해온 수행과 사회 조직에 대해 살펴보았다. 기세는 베다 전통의 주류로 통합되긴 하지만 베다 전통이 아니라 불교나 자이나교의 한 부분을 이루는 슈라마나에서 기원한 것일 수도 있다. 하지만 기세의 기원이 베다 전통 내에 있건 그 외부에 있건 간에, 기세는 힌두교 내에 있는 생생한 관습이자 힌두 구원론의 핵심이다. 기세와 함께 사람이 자신의 행위에 대한 결과를 거두

어들인다는 까르마 사상, 재생, 해탈 즉, 재생의 굴레에서 벗어나는 구원과 같은 사상이 나온다. 요가는 기세자와 평신도 모두에게 해탈에 이르는 방법이며, 이 장에서 우리는 요가의 기원과 요가의 방대한 역사 안에서 이루어진 몇 가지 중요한 발전에 대해 살펴보았다. 요가는 다른 교리 체계에 적용되며, 힌두교 내에서도 특히 쉬바와 비슈누 전통의 일부분으로 여겨진다. 이제 다음 전통으로 관심을 옮겨보자.

# 제5장 설화 전통과 초기 비슈누교

기원전 처음 천년에는 브라만 의례 전통의 발전, 바르나슈라마-다르마의 고수 그리고 기세 사상의 발전이 보였다. 이러한 발전은 기원전 4세기 마가다와 같은 왕국의 성장과 신성한 왕권 사상이라는 환경에서 나왔다. 기원전 약 500년부터 기원후 1,000년까지, 특정한 신에 대한 종파적 성향을 띤 숭배가 성장했으며, 베다 희생제는 완전히 소멸한 것은 아니지만, 신애적인 숭배(*pūjā* 뿌자)쪽으로 기울었다. 뿌자 수행은 몇 가지 형태로 신에게 사랑을 표현하거나 신애하는 방식으로, 이것은 힌두교에서 핵심적인 종교 실천이 되었다. 인격적인 신(*Bhagavān* 바가완)이나 여신(*Bhagavatī* 바가와띠)에 대한 박띠는 중요한 대중운동이 되었다. 힌두 일신론과 신애주의의 성장은 서사시(*itihās*)와 관련된 산스끄리뜨 설화 전통, 뿌라나로 알려진 고담(古談), 그리고 특히 따밀어와 같이 토착어로 쓰여진 신애적인 시구에 반영된다. 이 장에서는 힌두 일신론과 신애주의가 발전한 예로서 비슈누와 끄리슈나 신의 성장에 초점을 두고, 이와 관련해서 소위 '바이슈나와'의 유래에 대해 살펴볼 것이다.

### 힌두 설화 전통

약간의 예외를 제외하고, 남아시아에는 그리스나 아랍, 유럽 전통에서 발달한 것과 같은 역사적인 사료가 하나도 없다. 이러한 역사적 사료의 부족 때문에 산스끄리뜨 텍스트의 연대를 알기가 어렵고, 역사적·과학적·합리적으로 보이는 서구와는 대조적으로 인도를 비역사적이고 신화적·비합리적으로 보는 경향이 많다. 서구의 시각에서 비이성적인, 이른바 '다름'으로서 인도라는 구조는 힌두 문화(의례, 문법, 건축, 수학, 법과 철학의 과학적인 측면) 내의 매우 '합리적'인 요소가 숨겨져 있고, 서구의 사고 안에서 인도가 신화적인 정도로만 여겨지는 경향을 보인다. 그럼에도 불구하고 힌두교는 '역사', '성인 전기' 그리고 '신화' 간에 뚜렷한 구별이 없는 가운데, 정교한 신화적 설화를 제공한다. 실제로 산스끄리뜨 용어인 이띠하사에는 서양의 이른바 '역사'와 '신화'의 범주가 전부 포함되어 있다. 산스끄리뜨와 토착어로 쓰여 있는 텍스트에서 중요한 사상이나 역사, 규범과 비규범적인 행위로 간주되는 것, 그리고 특정한 사건의 역사성이 추정되거나, 그게 아니더라도 단순히 이야기책이기만 한 것이 아닌 것으로 보이는 것들을 분명히 전하고 있다. 오히려 이러한 신화적 이야기가 중요해 보이는 것은 이 속에, 이야기가 지닌 진실성의 측면과 종교공동체적인 성향의 전통적인 가치라는 측면이 들어 있기 때문이다.

힌두 설화 전통 가운데는 가장 중요한 두 부류가 있는데 하나는 구전되어 책으로 쓰여진 두 개의 서사시 『마하바라따』, 『라마야나』이고, 또 하나는 뿌라나이다. 이띠하사 뿌라나(*Itihāsa Purāṇa*)는 심지어 '다섯 번째 베다'로 알려져 있는데, 스므리띠로 분류되지만 이것은 인간이 쓴 텍스트이지, 계시인 슈루띠가 아니다. 이 텍스트는 재생 카스트뿐만 아니라 모든 카스트가 볼 수 있다. 이 텍스트들 속에는 궁정에서 일어나는 정치적인 문제, 브라만, 평민의 관심사 그리고 의례, 순례, 신화와 관련된 내용이 반영되어 있다. 그리고 여기서는 특히 비슈누, 쉬바, 여신 데위에 초점을 둔 힌두교의 거대한 일신론적 전통의 성장도 보여준다. 힌두 전통은 설화 장르 속에서 세대를 거쳐 전해진 것으로, 비록 현재는 텔레비전과 영화를 통해서만 전해지지만, 현대 힌두의 삶 속에서 여전히 중요한 역할을 하고 있다. 『이띠하사 뿌라나』는 힌두교의 전 단계에 막대한 영향력을 끼쳤고, 지금까지도 영향을 미치고 있다.

서사시는 어떤 특정한 전통에 속하는 것으로 적절히 범주화할 수 없을 만큼 풍부한 요소들로 이루어져 있다. 그럼에도 불구하고 이것은 근본적으로 바이슈나와 전통에 속한다고 하며, 실제로 대부분의 뿌라나가 여기서 나온다. 종종 힌두 신, 설화, 요가, 의례, 신학과 관련해서 백과사전에 비견되는 『마하바라따』 역시 비슈누 전통을 향하고 있다. 이 방대한 문헌에 대해 훑어보는 것은 전반적인 힌두 일신론 전통을 아는 데 있어서, 그리고 특히 비슈누 종교를 이해하는 데 있어서 필수적이다.

### 마하바라따

피터 부룩(Peter Brook)의 9시간짜리 영국 연극 공연의 대중성에서 입증되는 것처럼, 『마하바라따』는 세기와 문화를 통틀어 호소력을 지닌 방대한 서사시이다. 이것은 10만 구 이상으로 이루어져 있는, 세계에서 가장 긴 서사시이다. 전통적으로 이 텍스트의 저자는 이른바 '편찬자'라는 의미의 현자 비야사였다. 학문적으로는, 사실상 이것이 기원전 500년부터 수세기에 걸쳐 편집된 것으로, 기원 후 1세기에 이르러 그 형태가 정립되어 4세기경에 현재의 형태를 갖춘 것으로 보고 있다. 『마하바라따』 작품은 두 가지의 주요 각색본이 전하는 것으로 보인다. 그 중 첫 번째는 비야사에 의해 편찬되고 약 7천 개의 시구 번역문으로 되어 있는 슐로까(*ślokas*)이고, 두 번째는 바이샴빠야나(Vaiśampāyana)에 의해 정교하게 다듬어진 부분이다. 중세시대까지 이 서사시는 북부와 남부 두 종류의 주요 개정판과, 또 다른 형태로 따밀어 본이 있었다. 산스끄리뜨판 편집본이 인도 뿌나(Poona)의 반다르까르 동양연구소(Bhandarkar Oriental Research Institute) 학자들에 의해서 제작되는데, 이것은 다른 필사본과는 비교될 만하다.[1] 이 판은 고대의 현자 브리구의 후손인 바르가와(Bhārgava) 브라만 가문이 체계화한 것으로, 서사시에 다르마적인 요소를 많이 가미해서 다시 쓴 것이다. 실제로 서사시에서 주요 영웅 유디슈티라(Yudhiṣṭhira)는 하나의 신으로, 인격화된 다르마의 아들로 나온다. 이 책은 총 18편으로 구성되어 있는데, 긴 것은 14,000 시구 이상, 짧은 것은 120 시구로 그 길이는 다양하고, 여기에 98편의 보충 부분으로 나누어져 있다. 이 서사시의 부록인 『하리완샤』(*Harivaṃśa*)는 끄리슈나의 일생에 관한 부분을 소개하고 있다.

북부와 남부 개정판과는 별도로, 『마하바라따』는 지역별로 여러 종류가 있다. 중요한 것은 『마하바라따』가 하나의 '비평서'나 학문적인 연구물로서만이 아니라 현대 힌두교의 생생하고 유동적인 부분으로서, 여전히 여러 형태로 고쳐지는 과정에 있다는 점이다. 『마하바라따』와 관련한 산스끄리뜨 설화 전통 역시 각색되어, 대중 축제를 통해 인도의 시골 전역에서 토착어로 구전되었다. 『마하바라따』는 공연이나 암송의 형태로 남아 있다. 1980년대 당시 인도 전역에서 시청자를 사로잡은 『마하바라따』텔레비전 시리즈의 인기는 두말할 것도 없다.

『마하바라따』는 '아리야인의 땅'의 비브라만 사회 집단인 소위 끄샤뜨리야 귀족 사회에서 나온 것이다. 이 이야기는 재빨리 정통 산스끄리뜨 브라만의 전유물이 되어 바르가와 혈통에 의해 사회적 의무(*dharma*) 수행을 강조하는 브라만 사상이 덧입혀지지만, 이것은 비브라만 사회 집단인 끄샤뜨리야의 삶을 이해할 수 있는 내용을 전달하고 있다. 텍스트는 하나의 단순한 이야기로서의 위치를 구가하면서 동시에 인간 세계에서는 도덕에 대한 그리고 초월 세계에서는 저급 자아와 고급 자아 사이에서의 싸움에 대한 여러 가지 수준의 의미를 갖는 것과 은유로서 이해되기도 한다.

이야기는 다음과 같다. 달 왕조의 왕 비찌뜨라위리야(Vicitravīrya)에게는 빤두(Pāṇḍu)와 드리따라슈뜨라(Dhṛtarāṣṭra)라는 두 아들이 있었다. 형 드리따라슈뜨라는 왕좌를 계승해야 했지만 전생의 악업 때문에 장님으로 태어나 왕위 계승이 불가능했다. 그래서 빤두가 집권을 하고, 아들 다섯을 두었는데, 이들을 빤다와(Pāṇḍvas) 즉, '빤두의 아들'이라 부른다. 빤두가 죽자 그의 눈먼 형 드리따라슈뜨라가 왕좌를 차지한다. 그리고 다섯 빤다와 형제 즉 유디슈티라, 비마(Bhīma), 아르주나(Arjuna), 나꿀라(Nakula), 사하데와(Sahadeva)는 드리따라슈뜨라의 아들 100명 즉 까우라와(Kaurava) 사촌들과 함께 자란다. 까우라와 가문의 장남 두리요다나(Duryodhana)는 자신이 왕위 계승의 적통임을 주장하였고 이에 빤다와 형제들과 그들 공통의 처 드라우빠디(Draupadī)를 추방시킨다. 두리요다나는 아버지의 왕위를 이어 왕이 된다. 그러나 빤다와 형제는 왕위에 대한 자신들의 권리에 도전한다. 결국 전쟁을 막기 위해 눈먼 선왕은 왕국을 둘로 쪼개어, 하스띠나뿌르(Hastinapur)로부터 북쪽은 두리요다나에게 주고 인드라쁘라스타(Indraprastha, 현재 델리)에서 남쪽은 빤두의 장남 유디슈티라가 통치하도록 했다. 두리요다나는 인드라쁘라스타를 방문하여 경의를 표하지만, 그곳에서 호수에 빠져 유디슈티라의 웃음꺼리가 된다. 두리요다나는 이러한 무례를 참지 못하고 하스띠나뿌르에서 왕국 전체를 건 주사위 게임으로 유디슈티라에게 도전한다. 도박에 대한 열정이 남달랐던 유디슈티라는 결국 두리요다나에게 아내 드라우빠디를 포함해서 모든 것을 잃고 만다. 드라우빠디는 자신의 옷을 벗기려 하는 까우라와들에 의해 공개적으로 욕보임을 당할 처지에 놓이는데, 끄리슈나의 은총 덕분에 기적적으로 모면한다. 그들은 주사위 놀이를 한 번 더 해서 지는 사람이 숲속으로 추방당해 12년 동안 살고 거기다 1년을 더 신분을 숨기고 살기로 한다. 이번에도 다시 유디슈티라가 패배하여 결국 빤다와 형제들과 드라우빠디는 13년간 추방을 당한다.

숲속에서 그들은 많은 어려움을 겪는데 『마하바라따』는 이에 대한 모든 기록을 하고 있다. 그리고 그 안에 있는 많은 이야기 속에는 서로 다른 등장인물에 의해 전개되는 이야기들이 수없이 많다. 그들은 13년을 왕의 성에서 변장한 채로 지내고, 14년째가 되던 해 자신들의 왕국을 되찾기 위해 모습을 드러낸다. 그러나 그때도 두리요다나가 자신의 왕국을 넘겨주지 않자 결국에는 전쟁이 벌어진다. 전쟁은 18일간 지속된다. 꾸루끄셰뜨라(Kurukṣetra) 전쟁터에는 두 개의 군대가 한 줄로 나란히 서고, 이 전쟁 전날의 내용이 『바가와드 기따』에 나오는 끄리슈나와 아르주나 간 유명한 대화이다. 전쟁은 매우 치열했다. 결국 모든 까우라와들이 죽게 된다. 비록 빤다와들이 승리는 했지만 그들이 아무리 서로 적이었다고는 해도 너무나 많은 적군과 아군이 손실을 입어 비탄에 빠지게 된다. 유디슈티라는 한 어린 친족에게 통치권을 넘기고, 모든 것을 버린 뒤, 형제들, 드라우빠디와 함께 히말라야에 있는 인드라의 천국으로 떠난다. 드라우빠디와 네 형제는 도중에 모두 죽는다. 오직 유디슈티라만이 자신을 따르던 개 한 마리와 함께 여행을 계속한다. 4륜 마차를 탄 인드라와 유디슈티라가 만나게 되고, 인드라는 유디슈티라를 하늘로 초대한다. 하지만 유디슈티라는 신애적(*bhakta*)이던 자신의 개 없이는 그곳에 가지 않겠다고 한다. 결국 그 개는 자신의 다르마로 인해서 신이 되어 유디슈티라를 하늘로 이끌게 되고, 그곳에서 자신에게는 그토록 고통의 원인이던 두리요다나가 전사로서 자신의 다르마에 충실한 대가로 행복하게 있는 모습을 보고는 깜짝 놀란다. 그렇지만 다르마 행위의 전범인 유디스티라는 자기감정으로 인해 이 세상에 다시 태어나야만 했다. 그것은 해탈을 얻기 전에 씻어내야 하는 마지막 집착이었다.

이러한 기본 설화 구조 안에 많은 다른 이야기들, 예를 들어 날라(Nala)와 다미얀띠(Damyantī)[2] 같은 러브 스토리, 그리고 샤꾼딸라(Śakuntalā)[3] 이야기와 같이 애초의 독립적인 이야기로 보이는 것들이 끼어들게 된다. 일명 '신의 노래'로 유명한 『바가와드 기따』는 그 연대가 기원전 2세기 전이 아니라 아마도 『마하바라따』에 삽입되어 있던 것으로 보인다. 하지만 몇몇 학자들은 그것을 텍스트의 한 부류로 쓰여진 것으로 본다.[4] 아르주나와 끄리슈나의 대화에서는 현자 산자야(Sanjaya)가 눈먼 왕 드리따라슈뜨라에 대해 전하는데, 이것은 힌두교에서 가장 중요한 텍스트의 하나가 되었다. 거기에 나오는 대화에 따르면, 끄리슈나는 전쟁에 대한 아르주나의 불신에 응답하고, 점차 스스로가 절대주, 창조자, 유지자이면서 우주의 파괴자로 나타난다.

## 라마야나

두 번째 서사시로 조금 더 짧은 것이 『라마야나』이다. 이것은 라마 왕의 이야기로 발미끼(Vālmīki)가 편찬한 것으로 되어 있다. 문체를 통해 보면 『마하바라따』 이후에 지어진 것으로 보이지만, 이 텍스트는 분명히 기원후 1세기에 유포된 것으로 보인다. 『마하바라따』와 함께 『라마야나』는 북부와 남부 두 종류의 주요 개정판이 있는데, 남부의 것이 좀 더 오래된 것이다.[5] 후대에 산스끄리뜨 본과 여러 토착어 번역본이 있다. 이 가운데 특정한 주석이 가미된 깜빤(Kampaṉ)의 따밀 번역본(9~12세기)과 뚤시다스(Tulsīdās, 1542~1623년경)가 힌디로 쓴 유명한 『라마짜리뜨마나스』(*Rāmacaritmānas,* '라마의 공적에 관한 호수')와 같은 본이 있다. 이것 외에도 엄청난 수의 번역본이 있고, 지역마다 별도의 이본이 많이 있다.[6] 『라마야나』는 여러 이본과 함께 많은 이야기 형태로 존재하며, 1987년 힌디 텔레비전 방영물을 통해 8천만 명의 시청자를 끌어낸 것에서부터, 따밀나두의 마을 공연이나 미국에서 상영된 연극 공연물에 이르기까지 무척 다양하다.[7] 매년 람 릴라(Rām Līlā) 축제와, 특히 바라나시 근처의 람나가르(Rāmnagar)에서 벌어지는 공연에는 수천 명의 순례자가 몰리며, 여기에서는 『라마야나』의 공연 전통을 생생하게 전한다.[8]

기본적으로 내용은 간단하다. 아요디아(Ayodhyā)의 왕자이자 다샤라타(Daśaratha) 왕의 아들인 라마는 비데하의 왕 자나까(『브리하다라니야까 우빠니샤드』에서 처음 나오는 사람)의 딸 시따와 결혼한다. 다샤라타 왕에게 라마를 추방하겠다는 약속을 받아낸 까이께이(Kaikeyī), 즉 아버지의 둘째 부인 때문에, 라마는 자식의 의무를 다하지 못하고 단다까(Daṇḍka) 숲으로 강제 추방당하게 된다. 이때 라마는 아내 시따와 형제 락슈마나(Lakṣmaṇa)를 동반한다. 형제가 사냥을 나가 있는 동안 시따는 머리 열 개를 가진 스리랑카의 마왕 라와나(Rāvaṇa)에게 납치당한다. 하지만 원숭이 왕 수그리와(Sugrīva)가 보낸 원숭이 부대의 도움으로 구출된다. 뛰어난 원숭이는 아니지만 바람의 신 바유의 아들인 원숭이 하누만의 지휘 아래 인도와 스리랑카를 연결하는 길이 만들어지고, 라마의 군대는 그 길을 건너 마왕 라와나를 무찌른다. 마왕 라와나와 마왕의 군대는 모두 죽고, 라마는 시따와 함께 자신이 통치하는 아요디야로 돌아온다. 라마 자신은 시따의 정조를 전혀 의심하지 않지만, 백성들은 시따가 라와나에게 잡혀 있는 동안 순결을 잃었다고 생각한다(이후에 시따는 불 속에 뛰어들어서도 타지 않는 모습을 보여줌으로써 라마에게 자신의 정조를 입증해 보인다). 백성에 대한 의무에 충실하기 위해서 라마는 전통적으로 이 텍스트의 저자로 알려진 발미끼의 암자에 시따를 감금하고, 거기서 시따는 쌍둥이를 낳는다. 몇 년 뒤 라마가 그 쌍둥이를 보고는 아이들과 함께 돌아올 것을 원하지만 시따는 받아들이지 않고 어머니인 지구에게 간청하여 자신을 품게 한다. 텍스트의 결말은 라마와 아요디야의 모든 백성들이 사라유(Sarayu) 강으로 가서 비슈누의 몸으로 들어가는 것으로 끝난다.

『라마야나』는 신으로 여겨지게 된 한 영웅적인 왕의 이야기이다. 실제로 이 텍스트의 최신판에서는 람이 비슈누의 화신(*avatāra*)으로 언급된다. 그러나 『마하바라따』와 마찬가지로 무엇보다 중요한 것은 이것이 다르마에 관한 이야기라는 것이다. 다샤라타는 자신의 말을 지켜야 했기 때문에 아들을 감금시켜야 했고, 그의 말이 곧 힘인 것이다. 그래서 라마는 다르마의 지시대로 아버지에게 복종하기 위해 숲으로 가야만 했다. 또한 시따의 정조에는 전혀 의심할 것이 없었음에도 백성에 대한 의무에 충실하기 위해서 마지막에는 시따를 감금해야 했던 것이다.

『라마야나』는 악에 대항하는 선, 무질서를 능가하는 질서, 그리고 아다르마를 넘어선 다르마의 승리에 대한 이야기이다. 라마와 시따는 힌두 부부에게는 다르마에 따르는 성(性) 역할에 관한 사상적인 모범이다. 남성은 정직하고 용감하며 모든 윤리적인 책임에 충실한 수행자이고 부인에게 헌신한다. 반면 여성은 겸손하고 점잖고 덕을 겸비했으며 자신의 신과 남편에게 신애를 다한다. 뿐만 아니라 여성 역시 스스로가 매우 강한 존재이다. 이러한 강함과 어느 정도의 독립심은 『라마야나』 이야기 끝부분에 나온다. 시따라는 이름은 '경작하다'라는 의미로, 아마도 그녀는 농사와 관련된 독립적인 여신에서 나온 것으로 보인다. 시따는 자신의 아버지 자나까가 쟁기질을 하여 태어났는데, 그녀는 태어난 어머니인 지구로 돌아간다. 시따는 글자 그대로 '여성의 의무(*strīsvadharma* 스뜨리스와다르마)'에 충실한 힌두 여성의 사상적인 대상이다. 하지만 그 자신은 침착하며, 남편인 라마에 대해서 자율적인 요소와 독립적인 정체성을 지니고 있다.

이 이야기는 『마하바라따』보다 단도직입적이고, 더 널리 퍼졌으며, 대중적인 호소력이 강하다. 미사여구를 가미한 세부적인 묘사에 있어서도, 심지어는 하누만의 꼬리에 난 털이 나선모양으로 움직이는 것까지 묘사하고 있는데, 이런 묘사는 아름다운 언어로 표현되어 있고, 이것은 후대의 산스끄리뜨 시문학인 까위야(*kāvya*)의 선구자적인 것이라고 볼 수 있다. 라마의 숭배는 중세 북인도에서 널리 퍼지게 되어, '람'이라는 이름은 신과 동의어가 된다.[9] 라마에 대한 숭배는 최근 몇 년 동안 정치화된 힌두 운동에서 초점이 됨으로써 오늘날 매우 중요해졌다(p.408~409 참조). 하지만 『라마야나』는 이러한 고찰을 넘어 중요하며, 현대 힌두교 안에서 많은 부분을 차지한다. 『마하바라따』와 마찬가지로 『라마야나』는 구술 전통으로 암송되고, 인도의 시골과 마을 전역에서 공연되고 있다.

## 뿌라나

서사시와는 대조적으로 소위 '고대의 옛 이야기'인 뿌라나는 신과 굽따 시대에 이르는 왕들의 계보, 우주철학, 법전 그리고 의례와 성지순례에 대한 묘사로 이루어져 있는 하나의 거대하고 복잡한 이야기 실체이다. 우리는 뿌라나 뿐만 아니라 서사시, 우빠니샤드, 다르마 텍스트, 의례 텍스트 등으로부터 영향을 흡수해 기록된 구전도 다루고 있다. 뿌라나는 전통적으로 끄샤뜨리야 아버지와 브라만 어머니의 아들로 이루어진 전문가들의 집회에서 암송되었다. 그리고 오늘날에는 힌디로 밧뜨(*bhat*)라고 알려진 특정한 개인에 의해 암송되는 것이다.

뿌라나는 주요 18개 뿌라나와 흔히 우빠뿌라나(Upapurāṇa)라고 하는 18개 소(小)뿌라나로 이루어져 있다. 텍스트 각각에는 열여덟 가지 사상이 내포된 다양성이 가미되어 있다. 뿌라나는 전통적으로, 선천적으로 타고나는 소위 밝음 즉, 정(淨)함(*sattva* 삿뜨와), 열정(*rajas* 라자스), 그리고 암흑 즉, 무기력(*tamas* 따마스)이라는 세 가지 특성에 따라 분류되며, 이 세 범주에 각각 여섯 뿌라나가 들어 있다. 삿뜨와 범주에는 바이슈나와 뿌라나 [『비슈누 바가와따』(*Viṣṇu Bhāgavata*), 『가루다』(*Garuḍa*), 『나라디야』(*Na-*

*radiya*), 『빠드마』(*Padma*), 『바라하 뿌라나』(*Varāha Purāṇa*)〕가 있으며, 라자스 범주에는 주신이 창조주 브라흐마〔『브라흐마』, 『브라흐만다』(*Brahmāṇḍa*), 『브라흐마와이와르따』(*Brahmavaivarta*), 『마르깐데야』(*Mārkaṇḍeya*), 『바위시야』(*Bhaviṣya*), 『바마나』(*Vāmana*) 뿌라나〕인 뿌라나가 있다. 한편 따마스 범주는 『쉬바 뿌라나』(*Śiva Purāṇa*)로 이루어져 있는데, 이 텍스트 속에서 주신은 쉬바〔『쉬바』, 『링가』, 『마쯔야』, 『꾸르마』, 『스깐다』, 『아그니 뿌라나』〕이다. 전통의 자기 이해라는 관점에서는 흥미롭기는 하지만, 이러한 정돈된 분류가 범주에 관해 명쾌한 틀을 제공해주는 것은 아니다. 왜냐하면 텍스트 자체가 어떤 특정한 신격체에 대해 절대적으로 집중하는 것이 아니기 때문이다. 그럼에도 불구하고 큰 분류 내에는 종파적인 결합의 성향을 보이는데, 『비슈누』나 『쉬바 뿌라나』와 같은 몇몇 텍스트는 분명하게 특정 신을 향하고 있다. 비슈누와 쉬바의 요소를 모두 포함하고 있는 『아그니 뿌라나』와 같은 텍스트의 경우, 분파적인 특징이 그리 명확하지는 않다. 그리고 사원과 같이 특정한 장소와 관련된 (*sthāla* 스탈라) 뿌라나도 있다.

비록 중세 시대 말까지 이 텍스트에 대한 수정이 계속 진행되지만, 뿌라나를 구성하고 있는 요소 대부분은 굽따 시대(기원후 320~500년경) 동안에 확립되었다는 사실을 알 수 있다. 개개 텍스트의 기원에 관한 부분이나 연대기에 대해 학자들은 설정을 시도하지만,[10] 사실상 정확성을 찾기란 쉽지 않다. 왜냐하면 이 텍스트들은 오랜 시기에 걸쳐 나왔고 경계가 유동적이기 때문에 정확한 연대를 정하기가 힘들뿐더러 불가능한 경우도 있다. 각각의 뿌라나에 걸쳐 동일하게 나오는 구문을 찾는 것은 가능하지만, 이들의 내용을 이루고 있는 부분이나 삽입된 내용의 연속성을 찾기란 매우 어렵다. 뿌라나를 이해하려면 그 자체를 완전한 텍스트로 다룰 만한 분별력을 더 키우고, 통시적이고 역사적인 연속성보다는 텍스트 간의 공시적인 관련성을 파악할 수 있어야 한다.

뿌라나에는 비슈누, 쉬바, 여신(Devī) 그리고 기타 힌두 만신전에 속하는 아그니(불의 신), 스깐다(전쟁의 신이면서 쉬바의 아들), 가네샤(코끼리 머리를 한 쉬바의 아들)와 브라흐마(네 개의 머리가 달린 우주의 창조자)와 같은 여러 신에 관한 종교를 이해하는 데 필요한 근본적인 요소가 담겨 있다. 뿌라나는 비슈누와 쉬바의 대중성 속에 그 기원이 보인다. 그리고 이 속에는 종교의 대중적인 정도가 브라만에게 어떤 식으로 받아들여졌는지를 보여주는 여러 숭배의 브라만적인 표현이 상세히 나온다. 비록 이 텍스트들이 서로 관련이 있어서 어떤 것에 들어 있는 요소가 다른 것 속에서도 나오지만, 그럼에도 텍스트 각각에는 특정한 시각이 가미된 세계관이 들어 있다. 뿌라나는 옛날 이야기를 임의로 수집해둔 모음집으로서가 아니라 매우 선택적이며 기능적인 해설이자 세계관과 구원에 대한 소개서로, 특유의 관점을 전하기 위해서 특정 브라만 집단에 의해 편찬된 것이다. 이것은 비슈누, 쉬바 혹은 데위 아니면 실제로 불특정 다수의 신에게 초점을 두고 있다.

예를 들어 『비슈누 뿌라나』(4세기)는 일반적으로 전형적인 뿌라나 문체를 따르고 있으면서도 비슈누를 중심으로 바이슈나와 세계관을 제시한다. 비슈누가 깨어나 창조주 브라흐마가 되어 세상을 만들어 유지하고, 루드라(쉬바의 다른 이름)의 모습으로 세상을 파괴한다. 다음에 비슈누는 우주의 대양에서 악마 셰샤(Śeṣa)의 상태로 휴식을 취한다. 이와 더불어 이 텍스트에서는 비슈누를 최고신으로 굳히고 있다. 실제로 텍스트에서는 비슈누를 자나릇다나(Janārddhana), 소위 '인류를 받드는 자'로 부르는데, 그는 브라흐마, 비슈누 그리고 쉬바라는 칭호를 지니고 있다.[11] 이 텍스트에서 비슈누의 우월성은 쁘라할라다(Prahlāda) 이야기와 같은 설화에서도 입증된다. 쁘라할라다는 낮이나 밤, 인간이나 짐승, 집안이나 밖 어디에서도 죽일 수 없는 악마 히란야까쉬뿌(Hiraṇyakaśipu)의 아들이다. 히란야까쉬뿌는 그 아이가 비슈누의 숭배자라는 이유로 죽이려 한다. 하지만 아무리 해도 아들을 죽일 수가 없었다. 이에 비슈누는 자신의 숭배자인 아들을 죽이려 하는 히란야까쉬뿌에게 복수하기 위해서 '인간사자'인 나라싱하(Narasiṃha, 인간도 짐승도 아닌 자)로 화신하여 황혼 무렵(낮도 밤도 아닌), 기둥(집의 안도 밖도 아닌)에서 터져 나온다.

### 뿌라나 우주론

비록 어느 텍스트도 엄격히 이러한 유형을 고수하지는 않지만, 뿌라나는 전통적으로 아래의 다섯 가지 주제로 이루어져 있다.

- 우주의 창조 혹은 현현;
- 우주의 파괴와 재창조;
- 신과 성자들의 계보;
- 열네 가지 마누의 통치 즉, 인류의 신화적인 조상들;
- 모든 왕이 이들의 후손에서 나왔다는 태양과 달 왕조의 역사;

뿌라나의 가장 중요한 특징은 여러 왕실 혈통의 계보로, 이 속에는 신화뿐만 아니라 역사가 끼어들지도 모른다. 또한 장대한 시간에 걸쳐 만들어지는 정교한 우주론에서 나오고 있다. 이 우주는 중심에 있는 메루 산에서부터 죽 뻗은 동심원으로 정의한다. 이것은 거대한, '세계란(世界卵)' 안에 에워싸여 있다. 곧 메루 주변에는 잠부드위빠(Jambu-dvīpa)라는 지구 즉, '사과나무가 자라는 섬'이 생긴다. 하지만 그것은 메루에서 수천 마일 떨어진 곳에 있다. 잠부드위빠는 짠 대양에 둘러싸여 있다. 여기서 더 나아가 일곱 개의 육지와 사탕수수 주스, 술, 기, 버터우유, 우유 그리고 달콤한 음료로 이루어진 여러 종류의 대양이, 이 알의 외부의 껍질에 어둠의 영역이 닿아 있는 곳까지 뻗어 있다. 이것은 우주가 소금, 흑해, 깨끗한 물, 럼, 우유, 기와 당밀(糖蜜)을 함유하고 있는 대양의 일원이라는 자이나교의 우주론과 매우 유사하다.[12] 잠부드위빠 내에는 인도(Bhārata)를 포함해서 많은 대륙이 있다. 이곳은 아홉 개 지역으로 나뉜 곳을 문화 영웅 쁘리투(Pṛthu)의 후손들이 통치하는데, 쁘리투는 지구(*pṛthvī*)를 경작한 자이다. 우주란(宇宙卵) 안에서 지구라는 단계의 아래, 위에 더 많은 층이 있다. 지구 아래에는 일곱 개의 지하 세계가 있으며, 그 아래 즉, 이 알의 바닥은 저승이다. 소위 '관통하기', '붉게 달궈진 철'과 같은 여러 이름에서 이 지하 세계의 내용이 생생하게 전해진다. 지구 위(*bhūr*)에는 대기(*bhuvas*), 하늘(*svar*) 그리고 메루 산 위쪽으로 여러 다른 세계가 있고, 맨 꼭대기에 '참된 세상'인 사띠야로까(*satyaloka*)가 있다. 완전한 이 우주에는 인간, 동물, 식물, 신, 뱀 종류(*nāga*), 애벌레(*apsaras* 아빠사라스), 천상의 악공(*gandharva*), 집안의 생물(*paiśaca* 빠이샤짜)과 그 외에도 살아 있는 모든 종류의 생명이 더 많이 살고 있다. 또한 이 우주 안에서 한 생명체는 자신의 행위 여부에 따라 이 영역 안에서 특정한 존재로 재생이 가능하다.[13] 이 세계의 모든 생명은 물론 일시적이며, 하나의 생명체는 결국 또 다른 곳에서 재생할 것이다. 지옥이든 천국이든 이 세상은 영구불변한다.

우주의 구조에 대한 방대한 개념과 나란히 뿌라나에는 방대한 시간 개념이 나온다. 세상은 네 시대 즉, 유가(*yugas*)의 순환에 따라 움직인다. 이러한 유가에는 예를 들면 1,728,000 인간 해를 지속하는 완전한 끄리따(*kṛta*) 혹은 사띠야 시대, 1,296,000년의 뜨레따(*tretā*) 시대, 864,000년의 드와빠라(*dvāpara*) 시대 그리고 마하바라따 전쟁이 시작된 시기로, 전통적으로 기원전 3102년으로 추정되는 때에 시작해 432,000년간 계속될 암흑기 깔리(*kali*) 시대로 나뉜다. 인류의 시간은 하나의 완전한 상태에서 점진적으로 좀 더 도덕적으로 타락한 상태로 흘러 다르마가 잊혀진 상태에 이르는 데까지 전체가 4,320,000년이 걸린다. 깔리 유가는 암흑의 시대로, 이때는 다르마를 상실한 것으로 여긴다. 이 상태는 비슈누의 미래 화신인 깔끼(Kalki)에 의해 다시 새로워질 텐데, 깔끼가 완벽한 끄리따 유가를 새로 열 것이다.[14] 사용되는 이미지로는, 완전한 시대는 모두 네 다리로 서 있는 황소에 빗대어진다. 반면, 이 황소가 뜨레따 시대에는 세 개의 다리로 서있고, 드와빠라 시대에는 두 다리로 서 있으며, 깔리 시대에는 다리 하나로만 비틀거리면서 서 있는 상태로 묘사된다. 네 유가의 전 시대를 만완따라(*manvantara*)라고 부르는데, 이것이 마누 시대 즉, 마누의 삶의 주기이다. 일천 만완따라 즉, 브라흐마 신의 하루가 지난 후 우주는 불이나 홍수로 파괴될 것이다. 그러고 나서 같은 기 즉, 일천 만완따라 동안 브라흐마의 밤이 진행되는데, 그 밤은 다시 한 번 영원이 시작되는 과정이 시작될 때까지 지속된다. 한 깔빠(*kalpa*)는 86억 4천 9백만 년으로 이루어지는 브라흐마의 밤과 낮 세상에 해당한다. 이러한 과정은 끝이 없는 것으로, 즉 이는 신의 놀이로 여겨지는 우주의 창조(*līlā*)라는 것 외에는 다른 어떤 목적도 없다.

### 스마르따

뿌라나의 저술과 함께, 브라만적인 종교의 주요 형태가 확대되어 나타나며, 이것이 중세시대로 이어진다. 스마르따로 알려진 사람들로, 뿌라나 종교를 따르던 브라만에게 숭배의 토대가 된 것은 스므르띠, 즉 뿌라나에 기반한 빠우라니까(*paurāṇika*)였다. 이러한 종교의 형태는 다섯 성지와 이곳에 모셔진 신들로 비슈누, 쉬바, 가네샤, 수리야(태양), 여신(Devī)에 대한 가내적 숭배인 빤짜야따나뿌자(*pañcāyatana-pūjā*)와 관련된다. 그런 면에서 스마르따는, 정교하고 공식적이며 베다적인 의례(엄숙한 제사)를 수행하던 슈라우따와는 대조적으로 보일 수도 있다. 그리고 딴뜨라로 불리는 비베다적인 계시를 따르던 비정통 딴뜨리까(Tāntrikas)와도 대조적으로 보일 수 있다. 비록 뿌라나의 저자가 딴뜨리까는 아니지만, 그래도 이 텍스트는 딴뜨라를 이루는 중요한 요소로서, 특히 의례에 관한 중요한 내용을 담고 있다. 스마르따 의례의 중심이 다섯 신에게 바치는 가사 숭배에 있었다고 할지라도, 물론 베다에서 정하는 사회적 가치와 정결에 관한 규율을 지키면서 특정 신들을 숭배하는 풍조가 일어났다. 이 가운데 특히 비슈누와 쉬바가 두드러졌는데, 이 두 신은 지고의 위치까지 격상되었다. 이렇게 뿌라나와 함께 규범이 되는 것으로, 비슈누와 쉬바에 대한 주된 스마르따 숭배가 확립된다. 그리고 스마르따는 비본질적이고 비브라만적이며 종종 비베다적인, 즉 딴뜨라적인 요소를 흡수한다.

## 사원 도시의 발전

뿌라나 편찬과 특정한 신에 대한 신애 즉, 박띠의 발전은 굽따 시대라는 안정적인 환경에서 가장 먼저 보이며, 굽따 붕괴 이후에는 특히 남부에서 지방의 소왕국이 성장하는 환경 속에서 나왔음이 분명하다. 7세기 동안에 중부와 서부 데칸 지역에는 짤루끼야(Chalukya), 남동부 지역에는 빨라와(Palava) 왕국이 있었다. 약 900개에서 1200개에 이르는 이들 왕국은, 남쪽 끝은 빤데야(Pandeya) 왕조로 교체되고 따밀 지역은 쫄라 왕조로 그리고 짤루끼야는 라슈뜨라꾸따(Rashtrakuta)로 교체된다. 이들 각각의 왕국은 도시 중심으로 성장해 왕국의 중심이 되었다. 즉, 도시는 상업과 행정의 중심이면서, 이와 동시에 도시에서 뻗어나가는 도로의 축에서 사원과 함께 의례의 중심지 구실을 했다. 왕의 의례적인 통치권은 사원에서 브라만의 합법화를 통해 세워졌고, 11세기에서 13세기에 이르기까지 거대한 사원 복합이 지방 왕국을 중심으로 형성되었다. 이러한 도시에는 오릿사 주에 위치한 뿌리의 자간나타(Jagannatha) 사원, 따밀나두에 있는 찌담바람(Cidambaram)의 나따라자(Naṭarāja) 사원 그리고 따밀나두의 딴자우르(Tanjavur)에 있는 라자라제슈와라(Rājarājeśvara) 사원 등이 있었다. 각각의 사원에는 주요 뿌라나 신이나 신을 나타내는 상징물이 안치되어 있었다. 사원에서 특히 중요한 신은 비슈누, 쉬바, 데위이다. 이들은 모두가 고유의 뿌라나를 가지고 있으면서 주요 사원에 모셔져 있다. 특히 비슈누는 왕의 신성 사상과 관계가 있다. 지금부터는 비슈누의 역사와 전통에 대해 살펴보겠다.

### 비슈누

후기 우빠니샤드는 기원전 8~6세기에 쓰였는데, 특히 『슈웨따슈와따라』와 『마하나라야나』(*Mahānārayaṇa*)는 힌두 일신론의 기원을 입증하는 것이다. 일신론은 우주를 창조해 그것을 유지하고 궁극에는 그것을 파괴하며, 은총으로 생명을 구제하는 힘을 지닌 특정한 신(*Bhagavān*)이나 여신(*Bhagavatī*)이 존재한다고 믿는 사상이다. 『리그 베다』에서 루드라로 출현하는 쉬바와 신도들이 가장 최고신이면서 절대주로 믿는 비슈누, 두 신이 일신론적인 관심의 초점이 되기 시작한다. 쉬바 신도를 샤이바, 비슈누와 그의 현현을 믿는 사람들을 바이슈나와라고 부른다.

『리그 베다』 안에서 비슈누는 자비심 많은 태양신으로, 종종 전쟁의 신인 인드라와 함께 나온다.[15] 비슈누라는 이름은 산스끄리뜨 어근 *viś*('들어가다')에서 나온 것으로, 그 의미는 소위 '우주에 들어오는 즉, 널리 퍼지는' 존재라는 것이다. 한 찬송에서 비슈누는 하늘에서 나와 세상을 세 걸음으로 걷는데,[16] 비슈누가 난쟁이로 환생한 뿌라나에서 후대 신화에 기초가 되는 이야기는, 비슈누가 세계를 세 걸음으로 덮어 악마 발리의 힘을 파괴한다는 내용이다.[17]

뿌라나가 쓰인 시기(4~6세기경)에 비슈누는 신상에서 두 가지 모습으로 그려진다. 먼저 첫 번째는 검푸른색 청년으로 똑바로 서 있으며, 네 개의 팔에 손에는 각각 소라나팔, 원반, 곤봉, 연꽃을 들고 있는 모습이다. 비슈누는 까우슈뚜바(*kauṣṭubha*)라고 하는 보석을 착용하고 있으며, 가슴에는 곱슬머리 슈리와뜨사(*śrīvatsa*, 상서러운 여신 슈리)가 산다. 두 번째는 비슈누가 거대한 우주의 뱀 셰샤(Śeṣa, '잔류자') 혹은 아난따(Ananta, '무한함')를 감고 누워 잠든 채로 대양을 떠다니는 모습이다. 비슈누가 깨어나서 우주를 창조한다. 연꽃이 비슈누의 배꼽에서 나오고 연꽃에서 창조의 신 브라흐마가 나오는데, 브라흐마에 의해 창조된 우주는 비슈누에 의해서 유지되고, 이후에 쉬바에 의해 파괴되는 것으로 나타난다. 즉, 브라흐마는 비슈누의 배꼽 안에서 움츠려 있는 연꽃에 감싸여 있다가 끝에는 한 번 더 잠이 든다. 비슈누는 락슈미(Lakṣmī), 슈리와 결혼하게 되는데, 이들이 처음에는 각각 별개의 여신이었지만 여기서는 하나로 나온다. 이들은 후대 힌두교 속에서 각기 다른 신의 배우자로 나온다. 비슈누는 가끔 그의 산 위에서 락슈미와 함께 독수리 가루다를 타고 있는 모습으로도 그려진다.

비슈누의 신도들 사이에서 그리고 바이슈나와 문헌에서 비슈누는 그의 최고의 천국인 바이꾼타(*vaikunṭha*)에 사는 초월적 신이다. 바이꾼타는 우주란(宇宙卵) 꼭대기에 있는 천국으로, 이곳은 신의 은총이 함께하고 비슈누 신자들이 해탈에 이르는 곳이다. 그러나 바이슈나와 전통에서 신은 바이꾼타와 같이 멀리 떨어진 곳에 살고 있을 뿐만 아니라, 속세에서 아래의 세 가지 모습으로 나타난다는 입장을 고수하고 있다.

- 암흑기에 지구상에 열 가지 화신으로;
- 사원과 사당에서 다양한 신상의 형태로(*mūrti, arcā*);
- 내면의 제어자(*antaryāmin*)로서 모든 생명의 마음속에서;

이러한 사상은 모든 바이슈나와 전통에서 다양한 방식으로 강조되고 유지되며, 산스끄리뜨와 따밀어 텍스트 속에서 명확히 표현되고 있다.

## 비슈누의 화신

비슈누는 다르마가 눈에서 사라진 암흑기에 세상에 모습을 드러내는 절대주이다. 그의 모습은 비슈누의 화신이나 '하강한 모습(*avatāra*)'이다. 이와 연관된 교리에 대한 고전적 설명이 『바가와드 기따』 속에 나타난다. 여기에서 비슈누는 끄리슈나로 환생하여 아르주나에게 바라따로서 말을 하고 있다.

> 실제로 나는 비록 태어나는 것이 아닌 불멸의 존재이고 창조의 신이지만, 내 것인 자연에 호소하며, 내 고유한 환영(*māyā*)으로 출생에 책임을 진다. 다르마가 쇠퇴하여 바라따와 아다르마가 판을 칠 때마다 내 스스로가 모습을 만든다. 나는 선한 자를 구하고 악한 자를 멸하기 위해, 그리고 다르마를 재건해야 하는 책임을 지고 있다.[18]

위에서는 비슈누의 교리에 대해 명확하게 설명하고 있다. 특정한 화신에 대해서 여기에서는 언급되지 않지만, 후대 서사 문학 속에서는 많이 나오기 시작한다. 그리고 8세기까지 『바이슈나와 뿌라나』에 알려진 계승 형태는 모두 열 가지이다. 이 모습에는 맛시야(Matsya, '물고기'), 꾸르마(Kūrma, '거북이'), 바라하(Varāha, '멧돼지'), 나라싱하('인간사자'), 바마나(Vāmana, '난쟁이'), 빠라슈라마(Paraśurāma, '도끼를 든 라마'), 라마 혹은 라마짠드라(Rāma-candra), 끄리슈나, 붓다, 깔끼가 있다. 이것과는 별도로 몇 가지 다른 모습이 뿌라나 속에서 화신으로 언급되는데, 끄리슈나의 형인 발라라마(Balarāma), 거인들(*daityas* 다이띠야)에게 빼앗긴 베다를 되찾은 하야그리와(Hayagrīva, '말의 목을 한'), 그리고 시골뜨기로 기쁨을 찾고 있는 모습으로, 나중에 삼신의 화신으로 간주되어 종종 '힌두 삼위일체'인 브라흐마, 비슈누, 쉬바로 잘못 언급되기도 하는 닷따뜨레야(Dattātreya) 등으로 언급된다. 이러한 면은 역사 속에서 나오는 비슈누의 부분에 관한 사상(*aṃśa* 안샤)에서 좀 더 복잡해진 것이다. 이러한 화신들은 각기 다른 시기(*yuga*)에 나타나는 것으로서, 처음부터 네 번째인 암흑기에 이르기까지, 일반적인 타락의 징후가 보일 때 나타나는 것으로 묘사된다(위 참조).

화신에 관한 신화는 창조, 파괴와 우주의 재창조에 초점을 두고 있다. 『맛시야 뿌라나』에는 인류의 시조인 마누가 우주의 대홍수 속에서 물고기에게 어떻게 구조되는지 전하고 있다.[19] 거북이는 우유의 대양 밑바닥에서 만다라(Madara) 산을 지탱하는 임무를 띠고, 그 다음에는 신과 악마들이 우유의 바다를 휘젓는 데 막대기로 사용되는데, 여기에서 불사의 감로수를 포함하여 원하는 것과 원하지 않는 불순물 등 여러 가지 것이 나온다. 보아르(Boar)는 지구를 구하는 인격화된 여신으로, 우주의 대양 밑바닥에서 표면으로 뿜어져 나와 산을 쌓고 일곱 대륙으로 나눈다.[20] 인간사자인 나라싱하는 비슈누의 신봉자인 자신의 아들 쁘라할라다를 살해하려 하는 사악한 악마 히란야까쉬뿌를 퇴치하는 비슈누이다(위 참조). 난쟁이 따라는 세 걸음으로 우주를 걸어 악마 발리를 무찌른다(위 참조). 빠라슈라마는 브라만을 위협하는 거만한 끄샤뜨리야를 무찌르기 위해 화신으로 나타나게 된다. 한편 라마짠드라와 끄리슈나는 서사시에서 영웅적인 왕으로 나온다. 붓다는 이 목록에서 호기심의 대상으로, 악한 자와 악마를 쳐부수고 현 암흑기(*kali-yuga*)의 종말을 이끌기 위해 온 화신이다. 마지막으로, '백마'를 탄 깔끼는 악을 쳐부수고 정(淨)함과 밝음을 되찾아 암흑기의 종말을 고하기 위해 나타나는 화신이다. 이러한 화신들 속에서 우리는 물속의 낮은 생물에서 땅위의 높은 생물에 이르기까지 그 동향을 알 수 있다.[21]

신화 텍스트들은 결코 중립적이지 않고 항상 특정한 각도나 견해를 보이는데, 보통 특정한 집단의 관점을 반영한다. 화신에 대한 교리와 신화는 비슈누의 절대성과 초월성을 강조하는 비슈누교에서 아주 중요하다. 비슈누 뿌라나에서는 신을 포함하여 모든 생명체가 그 최고의 모습이 잘 알려져 있지 않기 때문에 비슈누의 화신을 숭배한다고 전한다.[22] 이것은 바이슈나와 전통으로 흡수된 비바이슈나와 신과 바이슈나와 사상이 이식된 다른 숭배를 고려한 것이다. 모두는 아니라도 몇 가지 계승 형태는 자기네 고유한 숭배의 독립적인 실체 그대로 남아 있을 수도 있다. 예를 들어 끄리슈나의 형 발라라마는 독특한 다산의 신이었으며, 실제로 끄리슈나 자체는 주류 전통에 흡수된 별개의 신이었다. 화신 교리는 비슈누의 전체 세상 초월성에 관한 보편적인 주장을 고려하고 있다. 하지만 이것은 한정적인 표현으로, 비슈누교에서는 다른 전통과의 통합 부분을 고려한다.

## 초기 바이슈나와 전통

비슈누의 발전과 그에 대한 숭배의 초기 역사는 매우 복잡하다. 이 역사에서 비슈누는 근본적으로 독립적인 신과 융합하게 되며, 이 신들에게 초점을 맞춘 전통이 바이슈나와 전통으로 합해진다. 19세기 이전에 하나의 전체로서 힌두교를 서양 용어상의 '종교'에 적용시키기는 어렵다. 하지만 비슈누교와 쉬바교라는 거대한 일신론적인 전통에 대해서는 종교라는 용어를 적용시키는 것이 좀 더 옳다고 본다. 이 전통에는 계시적이고 권위적인 여러 텍스트, 발달한 교리, 의례와 사회 조직을 갖춘 종교의 형태가 존재한다. 초기 단계에서 비슈누교는 북부와 남부 인도에 있는 많은 다른 사회 집단의 종교가 병합한 모습을 보인다. 먼저, 우리는 남부로 가기에 앞서 북부 전통에서 비슈누교의 구조를 설명할 필요가 있다. 산스끄리뜨로 쓰여진 문헌에서는 비슈누와 융합되는 신들로서 특히 바수데와(Vāsudeva), 끄리슈나, 나라야나(Nārāyaṇa)와 같이 기본적으로 독립적인 많은 신들과, 이들에게 초점을 두는 숭배에 대해 입증하고 있다. 이러한 신들 가운데 끄리슈나가 특히 중요하며, 바이슈나와 전통은 비슈누나 끄리슈나 주변으로 모이는 경향이 있다. 실제로 '끄리슈나교'라는 용어는 끄리슈나 신을 숭배하는 것을 말한다. 그리고 '비슈누교'는 비슈누 숭배의 의미를 지니고 있는데, 이 비슈누교 안에서 끄리슈나는 초월 존재가 아닌 단순한 한 화신에 불과하다.23)

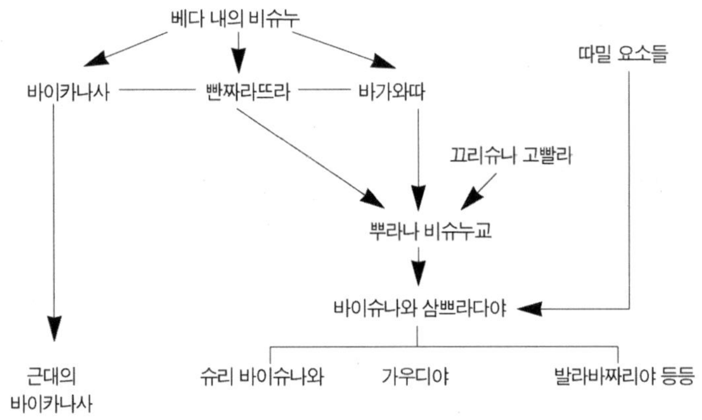


〈표2〉 바이슈나와 전통의 발전

바수데와-끄리슈나(Vāsudeva-Kṛṣṇa), 끄리슈나-고빨라(Kṛṣṇa-Gopāla), 나라야나와 같이 독립적인 숭배는 비슈누교에 통합되는데, 용어 자체는 많은 개별 전통(*sampradāya*)을 아우르는 데 사용되었다. 하지만 바이슈나와파 내에서는 전통의 다양성을 보이지만, 다음과 같은 공통 특징이 분명히 있다.

– 신은 추상적인 절대자(*nirguṇa* 니르구나)가 아니라 인간적인

속성(*saguṇa* 사구나)을 지닌 '최고의 인간(*puruṣottama* 뿌루숏따마)'이다.

- 신은 우주의 근원으로, 우주를 창조, 유지하며 파괴한다.
- 신은 경전, 사원의 신상, 화신과 성자로 모습을 드러낸다.

초기 바이슈나와 숭배는 소위 바수데와-끄리슈나, 끄리슈나-고빨라, 나라야나가 함께 융합된 세 신에게 초점을 두는데, 차례로 모두 비슈누와 동일시된다. 간단히 살펴보면, 바수데와-끄리슈나와 끄리슈나-고빨라는 일반적으로 바가와따라고 하는 집단이 숭배하던 것인데 비해 나라야나는 빤짜라뜨라(Pāñcarātra)파가 숭배하였다. 그러나 이러한 상황은 바수데와가 빤짜라뜨린(Pañcaratrin)의 절대자라는 용어로 사용되는 것과 함께 시간이 지나면서 더욱 복잡해진다. 이러한 복잡한 상황에 대한 이해를 돕기 위해 우리는 먼저 바수데와끄리슈나, 끄리슈나고빨라, 나라야나 이 세 신의 구조에 대해 설명하고, 그 다음으로 이들과 결합된 전통으로 옮겨가야 한다.

#### 바수데와-끄리슈나파

바수데와는 끄리슈나, 비슈누와 동일하게 여겨지는 존재로, 브리슈니(Vṛṣṇi) 혹은 사뜨와따(Satvata)라고 하는 부족의 최고신이었다. 비록 독창적인 바수데와로 거슬러 올라가는 혈통에 대한 흔적은 없지만, 브리슈니라는 영웅, 혹은 왕에서 기원한 것인지도 모른다. 브리슈니는 끄리슈나 부족인 야다와(Yādava)와 융합하게 된다. 바수데와에 대한 숭배는 기원전 5세기나 6세기 정도에 유명한 문법가 빠니니(Pāṇini)가 자신의 문법책 『아슈따드야이』(*Aṣṭā-dhyāyī*) 속에서 전한다.[24] 여기서 빠니니는 신 바수데와의 신봉자

(*bhakta*)에 대해서 바수데와까(*vāsudevaka*)라는 용어로 설명한다. 빠딸리뿌뜨라(Pataliputra)에서 기원전 320년경에 짠드라굽따 마우리야(Candragupta Maurya) 왕실을 방문한 그리스 외교관 메가스테네스(Megasthense)는, 야무나 강가에서 헤라클레스를 숭배하던 마투라(Mathura) 국민에 대해서, 그리스인에 가장 가까운 사람들로 바수데와에 상응한다고 여겼다고 전한다. 마디야 쁘라데쉬(Madhya Pradesh)의 베스나가르(Besnagar)에서 발견된 한 명문에는 2세기 후 다른 그리스 외교관 헬리오도루스(Heliodorus)가 바수데와(대략 기원전 115년경)에 대한 경의의 표시로 꼭대기에 가루다 상을 얹은 기둥을 세웠다고 나와 있다. 헬리오도루스는 자신을 바수데와의 신봉자인 바가와따로 기술하고 있다. 이것은 바수데와 종교가 북서쪽으로 멀리 떨어진 곳에서 박트리아(Bactria)를 지배하던 그리스인에게 받아들여졌음(적어도 일정 부분 이상)을 보여준다. 테라와다(Theravāda) 불교 경전인 빨리 성전은 기원전 1세기에 쓰여진 것인데, 이 법전에서도 여러 숭배 목록에서 바수데와 숭배자를 언급하고 있다.[25] 바수데와는 『바가와드 기따』[26]와 문법가 빠딴잘리의 『마하바시야』(*Mahābhāṣya* '거대한 주석서')[27]에 나와 있으며, 빠니니의 주석서(기원전 150년경)에는 바수데와를 브리슈니 부족에 속하는 것으로 기술하고 있다.

끄리슈나는 야다와의 신으로, 아마도 바수데와 신과 융합한 것으로 보인다. 신에 관한 역사적인 구조가 너무 복잡해서 끄리슈나의 기원으로 거슬러 올라가기란 불가능하나, 끄리슈나가 필시 신격화된 왕이나 영웅이었다는 정도로 추측 가능하다. 끄리슈나의 역사성에 대해서는 성인 전기와 역사가 동시에 뒤엉켜 경계를 정하고 있는 가운데, 그것의 출처를 파악하기가 불가능하다. 그러나 끄리슈나의 역사성은 바이슈나와 전통에서 매우 중요하며, 바이슈나와는 끄리슈나를 하나의 역사적인 인물로 믿는다.[28] 『짠도기야 우빠니샤드』[29]에는 끄리슈나에 대해서, 그가 자신의 신도들에게는 베다의 관계 구조 내에 속하는 대상으로 믿어진다고 전한다. 『마하바라따』에서 끄리슈나는 오늘날 북서 해안에 위치하는 드와르까 지역인, 드와라까(Dvāraka)에 사는 야다와의 우두머리로 나오며, 실제로 끄리슈나는 특히 『바가와드 기따』와 같은 텍스트에서 핵심 인물 가운데 한 사람이다. 기원전 2세기까지 바수데와-끄리슈나는 별개의 신으로 숭배된다. 결국에 『마하바라따』안에서, 예를 들면 『바가와드 기따』[30]에서 끄리슈나는 세 번 모습을 보여 비슈누와 동일시된다.

### 끄리슈나-고빨라파

4세기까지 『마하바라따』 속에서 바수데와-끄리슈나에 관한 전통에 해당하는 바가와따 전통은 브린다와나(Vṛndāvana)에 사는 젊은 청년으로서 일명 끄리슈나파라는 이름의 다른 전통을 흡수한다. 끄리슈나-고빨라는 소를 보호하는 자를 의미한다. 끄리슈나-고빨라는 아비라(Abhīras)의 부족신으로, 그의 형인 발라라마 혹은 상까라샤나(Saṃkarṣaṇa)와 나란히 바이슈나와 전통으로 흡수된 전원신이었다. 『하리완샤』(마하바라따의 '부록'), 『비슈누 뿌라나』와 특히 『바가와따 뿌라나』에는 고꿀라(Gokula)에서 야무나 강둑을 끼고 사는 아비라 씨족의 소치기 정착민으로서 소년과 청년 끄리슈나에 대한 설화 전통이 구체적으로 나온다. 『하리완샤』는 『비슈누 뿌라나』에 직접적으로 영향을 주었고, 비록 남인도의 낭만적인 신애주의의 영향 아래 남부에서 쓰인 책이기는 하나, 『바가와따 뿌라나』에 차례로 영향을 끼쳤다. 『하리완샤』의 연대는 서력기원 후 처음 몇 세기 정도로 추정되며, 그 자체는 마하바라따 전투가 벌어지기 전날의 끄리슈나에 대한 이야기를 제공하는 것으로 알려져 있다. 이 이야기들은 후대의 신애적이고 민속 전통에 초점이 되는 것으로 매우 중요하다. 여기서 끄리슈나-고빨라는 자신의 형제인 발라라마와 함께 브린다와나 숲을 돌아다니며 악마를 무찌르고, 소치기 여성인 고삐(*gopī*)들과 춤을 추고 사랑을 나누는 젊은 호색가로 묘사된다. 젊은 끄리슈나의 에로틱한 모습은 끄리슈나가 그의 사랑스러운 고삐 라다와 나누는 사랑을 칭송하는, 자야데와(Jayadeva)의 『기따고윈다』(*Gītagovinda,* 12세기)와 같은 후대의 바이슈나와 시, 그리고 짠디다스(Caṇḍīdās)와 비디야빠띠(Vidyāpati, 14세기)의 시 속에서 절정을 이룬다.

### 나라야나(Nārāyaṇa)파

나라야나파는 비슈누교를 이루는 전통의 융합에서 또 다른 중요한 요소이다. 나라야나는 『샤따빠타 브라흐마나』[31]에 나오는 신으로, 거기서 나라야나는 우주적 존재(*puruṣa*)와 동일시된다. 나라야나는 힌두쿠시 산에 사는 비베다적 신으로, 베다 만신전 밖에서 기원했을 가능성이 있다. 마누에 의하면 나라야나의 이름은 소위 '수면 위에서 쉬고 있는 자'[32]를 의미한다. 그리고 『마하바라따 나라야니야(*Nārāyaṇīya*) 편』에서 나라야나는 휴식처이자 인간의 목표[33]로, 비슈누의 특징을 모두 가지고 있는 존재이다. 나라야나는 『마하나라야나 우빠니샤드』(*Mahānārāyaṇa Upaniṣad,* 기원전 4세기경에 쓰인 것)[34]에 나오는데, 여기서는 절대자이면서 심장 안에 살고 있는 최고신으로 그를 찬양하고 있다. 『마하바라따』와 몇몇 뿌라나 속에서 나라야나는 최고신이며, 비슈누처럼 우유의 대양 속에서 거대한 뱀 위에 누워 있다. 11세기 후대의 텍스트인 『까타사리뜨사가라』(*Kathāsaritsāgara*)에 따르면, 나라야나는 그의 곁에 앉아 있는 락슈미와 함께 셰샤의 몸 위에 누워 천국인 '흰 섬'에 살고 있다고 한다.[35] 여기서 나라야나는 분명히 비슈누와 동일하게 여겨진다.

그러므로 비슈누는 근본적으로 독창적인 개별 신과 신화에 등장하는 다양한 신이 몇 세기에 걸쳐 융합된, 하나의 혼성적인 모습이다. 이들 각각의 모습은 동일시되지만, 비슈누의 여러 형태는 특히 바이슈나와 전통을 믿는 신도에게 여전히 압도적으로 선호되고 있다. 이것은 특히 끄리슈나에 대한 관심에서 유별나다. 슈리 바이슈나와와 같은 몇몇 바이슈나와는 끄리슈나를 비슈누의 화신으로 여기므로 그들은 비슈누를 따른다. 하지만 가우디야 바이슈나와(Gauḍiya Vaiṣṇvas)와 같은 일부 다른 숭배는 끄리슈나 그 자체를 최고신으로 간주한다.

## 빤짜라뜨라

나라야나의 숭배와 결합하는 전통이 빤짜라뜨라이다. 빤짜라뜨라('5일 밤')는 『샤따빠타 브라흐마나』[36]에서 전하는 '5일 밤 동안의 희생제'에서 유래된 것으로 보인다. 여기에서 뿌루샤-나라야나(Puruṣa-Nārāyaṇa)는 최고의 존재가 되는 방법으로 5일 밤 동안 지속하는 희생제를 생각해낸다. 빤짜라뜨라 교리는 『마하바라따의 나라야니야 편』[37]에서 언급하고 있다. 여기서 바가완 나라야나(Bhagavān Nārāyaṇa)는 우주에 널리 알려져 있고 모든 종교 체계 안에서 나오는 대상으로, 빤짜라뜨라 전통의 훈육자로 여겨진다. 나라야나가 그들의 최고신을 의미하지만, 이 외에도 바수데와라는 용어도 사용된다. 실제로 빤자라뜨라는 발산의 연속 즉, 비유하(*vyūha*)를 통한 절대자의 현현이라는 이론의 특징을 띤다. 이러한 일련의 현현은 상까르사나로 나타나는 바수데와로부터 시작되는데 그 상까라사나는 다시 쁘라디윰나(Pradyumna)로 나타나고 아니룻다(Aniruddha)가 태어난 것은 바로 그 쁘라디윰나로부터이다. 비록 그 가족 관계가 우주론의 체계 안에서 그리 중요한 것은 아니지만, 이들은 각각 끄리슈나의 형, 아들, 손자의 이름으로 되어 있다. 이러한 비유하 발산의 연속은 우주의 최상의 단계인 소위 '정(淨)한 창조'를 이루는 것이다. 한편 이 아래에는 매개물로서 '혼합된' 창조와 '부정한' 것으로서 즉, '물질적인' 창조가 있다. 각 비유하는 하급의 창조로 여겨지는 것과 함께 우주론적인 기능을 하는데, 이것은 쁘라디윰나를 통해 드러난다. 비유하 아래의 우주는 초기 상키야 철학 체계에서 기원하는 몇 가지 범주(*tattva* 땃뜨와)로 이루어져 있다(p.360~361 참조).

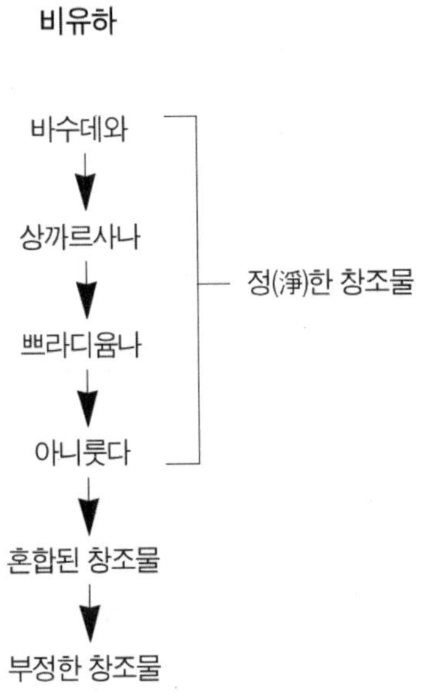


〈표3〉 빤짜라뜨라 우주론

마하바라따의 나라야니야 편과는 별도로 이 전통의 초기 실체를 입증하는 것으로, 별도의 장르인 빤짜라뜨라 문헌이 약 7~8세기경에만 발전한다. 빤짜라뜨라 상히따(Pāñcarātra Saṃhitās)로 알려진 이 문헌은 많은 정통 브라만들에게 받아들여지지 않는 아가마(Āgamas)나 딴뜨라(Tantras)로 알려진 방대한 텍스트 부류(p.255~258 참조)의 일부로 분류된다. 가장 중요한 텍스트로는 '세 가지 보석'에 해당하는 『빠우슈까라』(*Pauṣkara*), 『삿뜨와따』(*Sāttvata*), 『자까키야 상히따』(*Jakākhya Saṃhitās*)가 있으며, 이와 더불어 『아히르부든야 상히따』(*Ahirbudhnya Saṃhitās*)와 『락슈미 딴뜨라』(*Lakṣmī Tantra*) 역시 이 전통 내에서 중요한 텍스트로 언급되어야 한다.[38] 이 문헌의 관심은 우주론, 입문식, 의례, 신성한 음절인 만뜨라 그리고 사원에 관한 것이다. 이러한 텍스트들은 오늘날 남인도의 사원에서 베다 만뜨라가 딴뜨라 만뜨라로, 베다 신이 딴뜨라 신들로 교체되어 숭배의 기초를 이룬다.

빤짜라뜨라 상히따는 바가와따의 소위 '정통' 베다 비슈누교와는 대조적으로 '딴뜨라' 비슈누교를 대표한다. 이러한 구별은 과장되어서는 안 되지만, 그럼에도 불구하고 이것은 베다의 권위를 인정하고 딴뜨라 권위를 거부하는 많은 정통 브라만에게 중요한 요소이다. 실제로 비슈누교 내에서 빤짜라뜨라 상히따의 지위에 대해서는 그것을 계시로 분류할 수 있든 없든 간에, 이 텍스트를 계시로 주장하는 슈리 바이슈나와(Śrī Vaiṣṇva) 전통의 스승 가운데 한 사람인 야무나가 일으킨 논쟁에서 중요한 이슈였다.[39] 빤짜라뜨라와 관련되지만, 그것과는 별도로 이러한 정통에 대한 문제를 뛰어 넘는 브라만 전통 가운데 하나가 바이카나사(Vaikhānasa)이다.

## 바이카나사

바이카나사파 자체는 일종의 바이슈나와 전통으로, 전체적으로는 정통 베다적이며 흑 야주르 베다의 따잇띠리야파 내에 속하는 것으로 간주된다. 이 종파는 베다와 비베다적인 의례의 혼합으로서, 비슈누에 대한 일상 숭배에 대해 기술하고 있는 고유한 『바이카나사스마르따 수뜨라』(*Vaikhānasasmārta Sūtra*, 4세기)를 가지고 있다. 그것 외에도 바이카나사 상히따 모음집도 있다. 이것은 빤짜라뜨라 상히따와는 다른 것으로, 내용이 비슈누, 뿌루샤, 사띠야, 아찌유따(Acyuta) 그리고 아니룻다와 같은 모습의 신에게 공물을 바치고 섬기는 것으로 이루어져 있다. 여기서 빤짜라뜨라 상히따(본집)와 관계되는 몇 가지 모음집이 있는데, 자야키야(*Jayākhya*)에는 뿌루샤, 사띠야, 아찌유따가 바수데와의 현현으로 이름이 올라가 있다.40) 일상 의례는 불 속으로 베다 제사에서 필수적인 공물을 바치고, 그의 본질적인 부분으로서 사원의 내부 성소에 안치된 분할할 수 없는 모습, 아니면 분할 가능하며 변하는 모습의 비슈누에게 공양하는 식으로 진행한다. 숭배 드리는 동안 비슈누는 고귀한 손님으로 환영되며, 베다 암송과 비베다적인 만뜨라가 동반된 공물이 제공된다. 비슈누의 은총으로 신도는, 해탈을 얻어 비슈누가 있는 천국(*vaikunṭha*)으로 인도되는 것이라 여길 것이다.

바이카나사는 남인도의 많은 바이슈나와 사원에서 사제장(*ārcaka* 아리짜까) 역할을 하는데, 이들은 현재까지도 특히 안드라 쁘라데쉬(Andra Pradesh)의 순례 중심지인 띠루빠띠 사원에 남아 있다. 전통의 자각 속에서 이것은 정통인 바이디까(*vaidika*) 지위를 고집하면서 빤짜라뜨라의 '비정통' 딴뜨리까 전통과는 분명히 구별된다.

## 바가와따

더 이전은 아니더라도 기원전 2세기에는 바수데와와 끄리슈나라는 용어가 동일한 신을 지칭하는 데 사용되었다. 이 신의 숭배자는 바가완을 따르는 자를 의미하는 바가와따로, 이 이름은 인간적인 속성을 지닌 절대자 즉, 일신교적인 신과 관련된 것으로 발전한다. 바가와따라는 용어는 빤짜라뜨린이나 바이카나사들이 특정한 종파라는 것과 비교해서, 하나의 특정 종파라기보다는 일반적인 전통이나 일신교적인 개념과 숭배의 형태로, 특히 바수데와-끄리슈나와 관계되는 것이다. 4~6세기를 지배한 굽따 왕조는, 당시 비슈누교가 제국에서 가장 중요한 종교였지만, 불교의 요가짜라(Yogācāra) 전통 뿐만 아니라 바가와따 종교 역시 후원했다. 굽따 왕실의 후원은 바가와따 종교의 영향력과 호소력을 시사하는데, 바가와따가 좁게 한정된 종파라기보다는 제국의 삶과 문화를 이루는 데 있어서 한층 중요한 것이었음을 말해준다. 실제로 바가와따의 주요 텍스트로 알려진 『바가와드 기따』는 힌두교에서 비종파적이고 보편적인 호소력을 가지는 것으로, 이는 바가와따 전통이 비종파적인 특수성이라는 특징을 반영한다. 이것은 텍스트가 특정 신학을 가지고 있지 않다는 말이 아니라, 이 신학이 왕실과 브라만의 후원과 함께 좀 더 폭넓은 토대 위에서 완성되었다는 것이다. 끄리슈나, 바수데와, 비슈누 그리고 바가완 모두 동일하게 최고의 인격신으로 바가와따로 칭하며, 그러한 특징을 지닌 신들이 『기따』 안에서 정교해졌다.

## 바가와드 기따

'신의 노래'라는 뜻의 『바가와드 기따』는 아마도 힌두 성전에서 가장 유명한 것으로, 많은 유럽어와 인도의 토착어로 번역되었으며, 간디가 가장 좋아한 책으로 알려져 있다. 이 작품은 남아시아와 전 세계를 통틀어 수백만의 사람들 마음에 감동을 주었다. 최초의 영어 번역서는 1785년 와렌 해이스팅스(Warren Hastings)의 서문과 함께 찰리 윌킨스(Charles Wilkins)에 의해 번역되었다. 수많은 번역서가 그 이후에 출판되었으며, 이 책은 심지어 '힌두 신약성서(Hindu New Testament)'라고도 언급된다. 그러나 이것이 항상 대중적이던 것은 아니다. 이런 커다란 관심은, 특히 좀 더 교육받은 사회 집단 내에서 일어난 19세기의 힌두 재생 운동 이후에 생기게 되었다. 간디도 이 책을 읽었고, 에드윈 아놀드(Edwin Arnold)의 기따 영어 번역본에 영향을 받았다. 그러나 시골에서는 항상 『기따』보다는 『바가와따 뿌라나』와 같은 덜 다듬어진 이야기들이 훨씬 더 대중적인 호소력이 있었다. 비록 텍스트를 이해하는 데 있어서 그 유명세를 고려하는 것이 중요하지만, 『바가와드 기따』의 대중적인 호소력은 꽤 최근의 현상이다. 우리는 특히 베단따 전통에 속하는 샹까라(Śaṅkara), 라마누자(Rāmānuja) 그리고 마드와(Madhva)와 쉬바 전통에 속하는 아비나와굽따(Abhinavagupta)와 같이 유명한 힌두 신학자에 의해서 이 텍스트의 주석서가 만들어지게 되었다는 점에서, 그것의 신학적인 중요성을 알아야만 한다. 이것은 토착어로도 재구성되었는데, 그 중에서 특히 두드러지는 것이 쟈네슈와라(Jñāneśvara, 13세기)가 번역한 마라티 운문이나 영어로 번역한 여러 가지 주석서, 예를 들면 유명한 초월의 명상 구루인 마하리쉬 마헤쉬 요가수행자(Maharishi Mahesh

Yogi)와 하레 끄리슈나 구루인 스릴라 박띠웨단따 스와미 쁘라부빠다(Srila Bhaktivedanta Swami Prabhupada)가 번역한 영어판 주석서이다.

베단따 전통은 『기따』를 그 고유한 것으로, 우빠니샤드와 『브라흐마 수뜨라』(*Brahma Sūtra*)와 함께 세 가지 학문 체계 가운데 하나로 주장한다. 그러나 이 문헌의 신학은 다른 두 가지와는 상당히 다르다. 그리고 신에 대한 신애와 사회 질서를 위한 것으로, 초연함으로 이행되는 속세에서의 행위가 핵심인 일종의 신학으로서, 그 고유 용어를 이해해야 한다. 이 문헌은 설화의 형태로 힌두 정통에 관한 관심, 예를 들면 다르마와 사회적 안정의 중요성, 정당성과 책임감 있는 행동의 중요성 그리고 인격적인 신(관념적인 왕과 다를 바 없는)으로서 초월적인 대상에게 신애하는 것의 중요성 등을 말한다. 『기따』는 끄리슈나박띠파를 포함해서 상키야 철학, 심지어는 불교 사상과 용어 등에도 많은 영향을 끼쳤다. 『기따』의 주요 테마는 다음과 같이 요약할 수 있다.

- 다르마의 중요성;
- 다르마와 기세는 조화를 이루고 있다. 즉, 행위는 완전한 분리와 함께 수행되어야 한다;
- 영혼은 영원불멸하며, 해탈에 이를 때까지 윤회를 따른다;
- 신은 초월적이며 어디에나 내재한다;
- 신의 은총에 따른 신애를 통해 신에게 이르게 된다;

빤다와와 까우라와들 간에 치열한 전쟁이 있던 전날 밤 아르주나는 도덕적인 딜레마에 빠지게 된다. 전쟁터에서 싸워 자신의 가족을 죽여야만 할까? 아니면 포기하고 보시하러 다니는 것이 낫지 않을까? 그래서 자신을 위해서 전쟁을 피하는 것이 유혈 참사를 막는 길은 아닐까? 아르주나는 마음속으로 전사와 빤두의 아들로서 싸워야 하는 자신의 의무와 기세자 전통으로 지지되는 비폭력(*ahimsā*) 사상 사이에서 갈등한다. 아르주나의 깊은 고뇌에 대해 끄리슈나는, 피하는 것은 비겁하고 명예롭지 못한 것이므로 전쟁터에 나갈 것을 충고한다. 그러나 아르주나는 충고를 거절하고 전쟁을 치르지 않으려 한다. 결국 끄리슈나는 그 전쟁에 아르주나를 참전시키기 위해 두 가지 이유를 덧붙인다. 먼저, 영혼은 죽일 수가 없기 때문에 그것은 '죽이는 것도 죽는 것도 아니다' 오히려:

> 인간은 자신의 낡은 옷을 벗고
> 다른 새로운 것으로 갈아입는다.
> 사람의 영혼도 결국에는 노화된 신체를 버리고
> 새로운 몸에 합류한다.[41]

아르주나가 싸우는 것과는 무관하게 아르주나의 행동은 윤회의 연속에서 신체에서 신체로 옮겨가는 불멸의 영혼에는 아무런 영향을 주지 않을 거라는 것이다. 두 번째로, 첫 번째 이유보다 더 중요한 이유이자 아르주나에게 싸움에 대한 확신을 주는 것은, 그것이 아르주나 자신의 의무(*svadharma*)인 전사로서 전쟁터에 가야 한다는 책임이라는 것이다. 전쟁은 법에 입각한 것으로, 다르마를 세우기 위해서는 싸워야만 한다는 것이다.[42]

한 사람이 의무를 이행할 필요성은 그럼에도 불구하고 해탈과 조화를 이룬다는 것, 끄리슈나의 신성성을 나타내는 것, 그리고 해탈에 이르는 길의 조성과 같은 수많은 테마가 이 문헌에 배어 있다. 그 텍스트가 전하는 가장 중요한 메시지 가운데 하나는 누구든지 자신에게 전유된 의미를 수행해야 한다는 것인데 이 행위는 집착심이 없이 행해져야 한다. 절대자 끄리슈나는 아르주나에게 비록 그가 네 가지의 사회적 계급을 만든 창조주이지만 그는 행위에 따라 경계 짓지 않으며, 행위의 결과에 집착하지 않는다고 말한다. 신을 이해하는 인간은 이와 유사하게 자신의 행위에 대한 결실에서 분리된다. 여기서 소위 '행위'라는 용어는, 속세에서 행하는 일상적인 행위와 전통적인 행위, 베다 의례 모두를 말한다. 바라던 해탈을 자신의 의례 수행(*karma*)의 결과로부터 분리시켰던 고대 현자와 마찬가지로, 아르주나는 지나치게 분리된 채 자신의 행위의 결과를 끄리슈나에게 양도한다. 마음을 통제하는, 기대심을 가지지 않는, 그리고 무엇이든지 자기 길로 가는 것에 대해 만족하는 사람은 어떤 행위도 집착하지 않는다. 행위에 집착하지 않는 것을 통해 그리고 주(主)를 아는 것을 통해 사람은 해탈의 경지에 이를 것이고 죽음에 이를 때 주와 결합하게 될 것이다.43)

끄리슈나는 2장 신의 현현에서 최고 정점에 이르는 과정으로 점차 아르주나에게 자신의 신성성을 드러낸다. 여기서 아르주나는 끄리슈나에게 궁극의 인간(*puruṣottama*)으로 위엄 있고 영광스러운 모습을 보여 달라고 요구한다. 이 요구에 대해 끄리슈나는 아르주나에게 신성한 눈을 줌으로써 화답한다. 그 신성한 눈을 통해 아르주나는 이제 끄리슈나를 우주의 창조자이자 파괴자로 볼 수 있게 되었다. 즉 무한대의 모양과 색으로 된 우주 형태로 모든 신과 피조물 그리고 전체 우주를 모두 그 안에 담고 있는 존재로 볼 수 있게 된 것이다.44)

『기따』에는 해탈에 이르는 여러 가지 길(*mārga*)이 있다는 사상을 설명하고 있는데, 이러한 사상은 근대 힌두교에서 알려지고 있다. 우리가 살펴본 대로 행위의 길(*karma-yoga* 까르마-요가)은 행위의 결실이나 의례적인 행동에서 이탈하여 해탈과 함께 속세의 의무를 단념하는 하나의 방법으로서 강조된다. 이러한 사상은 『기따』에서 매우 중요하게 나타난다. 하지만 행위 위에는 구원의 길로서 신애의 길(*bhakti-yoga* 박띠-요가)이 존재한다. 실제로 여성과 하층 카스트도 이러한 방식을 통해서 해탈에 이를 수 있으며,[45] 이것은 오직 재생자만이 기세(예를 들면, 아슈라마 체계를 통한)를 통해서 해탈에 이른다는 정통 브라만적인 사고와는 현격히 대조되는 사상이다. 신애를 통해 브라흐만의 상태에 이른 사람은 신의 은총(*prasāda* 쁘라사다)으로 신에게 다가간다. 이러한 사상은 힌두교 속에서 처음 나오는 것으로, 인간인 아르주나가 신에게 다가간다(*priya* 쁘리야)는 것이다. 여기에는 인간과 신 사이에 사랑의 끈이 존재한다.[46]

이러한 행위와 신애의 길은 문헌에서 언급되는 진리의 길(*jñana-yoga* 쟈나-요가)과는 대조적이다. 여기서는 절대자의 진리뿐만 아니라 우주의 다양한 구성물(*tattva*)을 식별하는 상키야 체계도 언급한다.[47] 『바가와드 기따』는 다양한 해설이 자리하는 풍부하고도 다양한 해설만큼이나 열린 문헌이다. 주석자들은 문헌이 지닌 고유의 다양성이라는 측면을 강조한다. 예를 들어 철학자인 샹까라(Śaṅkara)는 절대적인 진리(*jñana*)를 최고로 여기는 데 반해서 바이슈나와 라마누자는 진리를 오직 신애의 상태로만 보았다.

### 요약

인격적인 신(Bhagavān)에 대한 신애는 기원전 마지막 500년 동안에 힌두 전통 안에서 발전하기 시작했다. 이러한 신애주의는 소위 '다섯 번째 베다'인 서사시와 뿌라나(*Itihāsa Purāṇa*) 전통 안에서 나타난다. 이 문헌들은 한편으로 대중 전통에서 나오는 브라만의 전유물이며, 다른 한편으로는 왕권 사상의 우월성을 나타내는 것이다. 비슈누와 쉬바에 초점을 두는 신학 전통이 특히 이 시기에 발전하기 시작했는데, 우리는 여기에서 비슈누의 성장과 함께 비슈누 혹은 비슈누의 모습 가운데 하나를 숭배한 몇몇 초기 전통에 대한 흔적을 살펴보았다. 이제 우리는 후대의 전통 속에서 이러한 숭배의 발전에 관한 흔적들 가운데 특히 남인도에서 나타나는 현상에 대해 살펴보아야 한다.

# 제6장 비슈누에 대한 사랑

지금까지 우리는 북부에서 발전한 것으로, 문헌에 반영되어 비슈누 종교에 초점을 두는 산스끄리뜨 설화 전통에 대해서 설명했다. 비록 전 힌두에게 호소력을 띠게 되지만, 『바가와드 기따』는 북인도의 비슈누와 끄리슈나 숭배와 관계된 것에서 기인했다. 그러나 신애에 관한 문헌이라는 방대한 실체는 남인도의 샤이바와 바이슈나와파 모두에 의해서 따밀의 드라비다어로 쓰여진다. 산스끄리뜨 요소가 인도에서 유신론의 발전을 이해하는 데 있어서 중요한 반면에 따밀 문헌은 남인도에서 유신론의 발전에 깊은 영향을 주었는데, 그것은 산스끄리뜨 요소가 북부에 끼친 영향과 똑같다. 최초의 따밀 문헌은 산스끄리뜨화가 시작되기 전에 발전하였기 때문에 근본적으로 산스끄리뜨 문헌과는 다소 차이가 있다. 산스끄리뜨화는 토착신, 의례, 문학 장르 등 문화와 종교에 있어서 토착적이거나 지역적인 형태가 산스끄리뜨 문헌과 문화라는 '대전통'인, 소위 계시로서 베다를 받아들이고, 일반적으로 바르나슈라마-다르마를 옹호하는 정통 아리야인 브라만의 문화나 종교와 동일시되는 것을 말한다. 따밀어는 기원전 3~4세기경에 문학어로 장려되기 시작했다. 초기 따밀어 문학의 기술 문법서인 『똘깝삐얌』(*Tolkāppiyam*)은 기원전 약 100년경 남부 께랄라에서 한 자이나 승려가 집필하였는데, 그는 산스끄리뜨 문법적인 사고에 정통한 것으로 보인다.[1] 기원전 1세기부터 대략 6세기에 걸쳐, 상감(*Caṇkam*) 문학으로 알려진 많은 시 모음집을 만드는 음영시 전통이 발달한 것으로 보인다.[2] 일단 만들어진 힌두 따밀 문화는 9세기에서 13세기 쫄라 왕조 하에서 번성하였고, 까웨리 강 유역은 북부의 갠지스 강 유역과 마찬가지로 힌두교 발전에서 중요해졌다.

산스끄리뜨화 과정은 처음 몇 세기가 지나면서 남인도에서 매우 중요해지기 시작했으며, 점차 따밀 신과 숭배 형태가 북부의 산스끄리뜨 양식을 흡수하게 되었다. 그 가운데 따밀 문화는 점점 더 번성하여 따밀나두의 경우 무갈 제국이 북부에 제국을 세운 이후에는 힌두교 발전의 중심지가 되었다. 북인도의 어떠한 것도 능가할 만한 거대한 사원 복합체가 찌담바람, 슈리랑감(Śriraṇgam), 마두라이(Madurai), 탄자우르에 세워졌다. 이곳은 고전적인 정통 힌두 교리와 실천의 요새가 되어, 신에 대한 브라만적인 숭배 형태와 신성한 왕과 관련된 숭배와 결합했다. 산스끄리뜨화 과정에서 따밀의 토착신은 아리야인의 베다 신과 동일시되어 그 안으로 흡수되었다. 따밀의 무드왈란(Mudvalan)과 띠루말(Tirumāl) 신은 쉬바와 비슈누, 전쟁의 여신 꼬르라와이(Korravai)는 두르가, 그리고 중요한 무루깐(Murukaṉ)은 전쟁의 신인 쉬바의 아들 스깐다와 동일시되었다.

## 따밀 시와 문화

산스끄리뜨 즉, 브라만 문화의 영향을 받기 전 따밀 문화는 그 자체로 매우 풍부했고, 북부의 영향이나 문화적인 형태는 토착 따밀 방식으로 받아들여지고 구체화되었다. 신애의 종교에 대한 관심과 관련해서, 따밀 문화 내에서 신애의 종교의 발전으로 여기는 두 가지 중요한 요소로는 소위 따밀 시와 따밀 신 무루깐이 있다.

최초의 상감 문학의 본문은 '여덟 개의 명문집'과 '열 가지 노래'로 된 두 가지 주요부로 이루어져 있다. 음영시 모음집의 중심 주제는 사랑과 전쟁에 관한 것이다. 사랑시 부류를 아깜(*akam*, '안' 혹은 '내부적')이라고 하고, 전쟁이나 영웅시 부류를 뿌람(*puṟam*, '밖' 혹은 '외부적')이라고 한다. 사랑시 부류는 다섯 가지의 외적인 풍경과 그것에 상응하는 상징적인 표현, 그리고 이에 더해서 동일시되는 꽃의 유형과 관계 지어 내적인 사랑의 감정(*uri* 우리)을 다섯 군으로 분류하기 때문에 특히 중요하다. 구혼은 12년마다 꽃이 피는 산의 풍경에 상응하는 것으로, 기장 밭과 폭포로 나타냈다. 그리고 사랑하는 이를 열렬히 기다리는 것은 해변에 상응하는 것으로 상어와 어부로 나타냈다. 이별은 말라버린 꽃이 만발한 메마른 풍경에 상응하는 것으로, 독수리, 굶주린 코끼리, 강도로 나타냈다. 인내심을 가지고 아내를 기다리는 것은 자스민 꽃과 함께 하나의 목가적인 풍경에 상응하는 것으로, 황소, 소치기 아니면 우기로 상징화되었다. 그리고 실재이거나 상상이거나 간에 애인의 배신에 대한 분노는 농사가 이루어지는 강 유역의 풍경에 해당하는 것으로, 이것은 황새나 왜가리로 나타냈다.

이러한 시의 중요성은 따밀 문화 내에서 시를 통해 감성적인 표현에 관한 전통과 문체나 문화의 분류상 사랑과 연결되는 감성적인 상태에 관한 유형을 우리에게 보여준다는 점에 있다. 이로 인해 열렬한 박띠가 꽃피고, 따밀 종교 문학의 독특한 색깔인 감성적 신애의 시문학의 분위기를 만들어주며, 북부 힌두 문화에 중요한 영향을 끼친 감성적인 박띠가 발전하게 한다. 상감시는 사람이 결혼해서 살면서 다투고 사랑하는 관념적인 것을 그리고 있는 것으로, 매우 세속적인 가치에 집착하는 관념을 보급한 일종의 엘리트 문화이다. 즉 이것은 북부의 기세자 전통이 지닌 고행 사상과는 거리가 멀다. 수공업자, 철이나 금세공인, 목수, 도기공과 농부와 같이 사회의 하층 계급에 속하는 사람들에 대해서는 상감 문학에서 거의 언급하지 않는다.[3]

이 문화에는 우빠니샤드에서 발전하는 초월 사상은 거의 없고, 오히려 홀린 상태에서 나타날 수 있는 신, 즉 초자연(*kaṭavuḷ* 까따울)이라는 개념이 들어 있다. 상감 명문집에 나오는 신 무루깐은 젊고 잘 생긴 영웅적 신으로, 피 희생제를 받아들이는 전쟁과 사랑의 신이다. 그의 숭배는 여사제에 의해 섬겨진 것으로 보이며, 텍스트에서는 젊은 여성들이 신에게 홀린 상태로 소위 '열광적(*verī ayartal* 베리 아야르딸)'으로 춤을 추는 귀신 숭배를 보여준다.[4] 무루깐은 나중에 쉬바의 아들이자 전쟁의 신인 스깐다와 동일시되어 힌두 만신전 속으로 흡수되었다. 그러나 여기에서 그의 실체는, 첫째 이 종교가 우빠니샤드에서 보급된 기세나 세상 초월과 같은 고행자 사상과 자이나교, 불교에서도 나오는 기세자 전통과는 거리가 멀었다는 점과, 두 번째로 소위 '민속 종교'는 그를 나타내는 데 있어서 중요했으며, 공식적인 왕실의 허가를 받았을 것임을 보여준다. 하디(Hardy)는 무루깐 숭배가 북부의 민속 종교와 다르지 않았으며, 소위 '비아리야인에게서 나온 매우 오래되고 보편적인 인도의 대중 종교 양식'을 대표했다고 지적한다.[5] 실제로 파르폴라는 무루깐이 인디스 강 유역 문명의 신으로, 무루깐의 이름은 인더스 강 유역의 언어 속에서 전파된 것이라고 주장한다.6)

무루깐에게 홀린 귀신 숭배와 사랑의 시와 관련해서 발달된 음영시 전통은 북인도에서 온 박띠 사상의 용이한 흡수를 고려하고, 특히 따밀 형태로 변형하는 것을 허용했다. 끄리슈나와 브린다와나 이야기는 남부로 옮겨와 3세기 초부터 상감 문학으로 스며들기 시작한다. 끄리슈나는 마욘(Māyōṉ)이 되었고, 끄리슈나의 신화적인 환경인 마투라는 따밀 환경으로 바뀐다. 설화 전통과 끄리슈나 숭배는 남부에서 이미 확립되어 있던 문화 유형과 결부되어 확고히 정착하게 된다. 7세기에 이르러 인격적인 신으로서 비슈누/끄리슈나와 쉬바를 향한 하나의 격앙된 낭만적 사랑이 사원 신상의 형태로 구체적으로 표현되고, 설화 전통으로 나타나는 박띠가 남인도에서 발달했다. 이처럼 격앙된 신애는 바이슈나와 알와르(Vaiṣṇva Āḻvār)와 샤이바 나야나르(Śaiva Nāyaṉār)의 시 속에서 표현되었으며, 후대 박띠 전통은 남인도와 북인도에 모두 영향을 미쳤다. 이들의 노래는 결혼과 같은 공식 행사 때 따밀의 가정이나 사원에서 여전히 암송되고 있다.

박띠 전통은 종종 공식적인 사원 숭배, 요가, 신학과 같이 제도화된 종교 형태를 거부하고, 신을 직접적으로 경험하는 형태를 지지한다. 종교의 신애에 관한 형태로 특히 초기 중세 남인도에서 발전한 박띠는 신도로 하여금 그들이 믿는 신들에게 쏟아 붇는 감성을 강조하거나 자아 초월의 사랑을 경험하는 것 안에서 한계 상실과 자기 참조 자아의 의식을 강조하는 경향이 있다. 이러한 신애적인 종교에서 강조하는 개인의 경험은 후대 전통에서 자주 신격화되고, 카리스마가 있는 창시자를 중심으로 한다. 남인도의 바이슈나와와 샤이바 모두에서 발달한 박띠 전통은 이러한 일반적 경향을 구체적으로 보여준다.

## 알와르와 따밀 베다

소위 '신에게 몰두한 자'라는 의미의 시인-성자인 알와르는 바이슈나와 공동체 내에서 숭배되는 대상으로, 6~9세기에 남인도의 사원을 떠돌면서 비슈누를 찬양하는 노래를 부르고 다니던 사람들이다. 그들은 전 카스트에 비슈누 숭배를 전도하기 위해 순례지를 세우는 것(특히 슈리랑감에서 유명한 사원으로)을 돕는다. 그리고 남부에서 불교와 자이나교의 성장을 저지하는 데 한몫한다. 전통은 12명의 알와르[7]로 이어지는데, 가장 유명한 사람이 나말와르(Nammāḻvār)였으며, 그들 가운데 한 사람인 안딸(Āṇṭāḻ)은 여성이었다.[8] 알와르는 따밀 사회 전 영역에서 나왔다. 나말와르는 하층 카스트 농부 혈통인 벨랄라(*veḷḷāla*)였다. 그에 반해서 나말와르의 제자 마뚜라까위(Maturakavi)는 브라만이었다. 안딸은 슈리윌립뿟뚜르(Śrivillipputtur) 사원의 한 브라만 사제의 딸로, 알와르의 일원이었다. 안딸은 비슈누의 아내 슈리의 화신으로 여겨지게 되었고, 안딸이 슈리랑감의 유명한 바이슈나와 사원에서 비슈누의 신상 안으로 흡수되었다는 전설이 있다. 다른 알와르들은 비슈누의 화신이나 비슈누의 신격화된 상징인 철퇴, 소라, 까우슈뚜바(*kausṭubha*) 보석, 암모나이트석(*śālagrāma* 샬라그라마)과 유사하게 간주되었다. 알와르의 노래는 10세기에 신학자이자 슈리 바이슈나와 단체의 창시자인 나타무니(Nāthamuni)에 의해서 '4천 개의 신성한 노래' 『날라이라 디위야쁘라반담』(*Nālāyira Divyaprabandham,* 혹은 짧게 쁘라반담 *Prabandham*)으로 알려진 모음집으로 엮이게 되었다. 이 모음집은 슈리 바이슈나와에게 있어서 일종의 성서적인 기반으로, 매우 큰 영향력을 띠게 되었다. 이것은 상당수의 중요한 주석서를 이끌어냈으며, 남인도를 넘어 벵갈 비슈누교에 영향을 끼쳤다. 이 모음집 속에서 가장 유명한 문헌이 나말와르(880~930년경)의 『띠루와이몰리』(*Tiruvāymoli,* 성스러운 말씀)인데, 이 문헌은 왕이자 애인으로서 비슈누—비슈누의 따밀 이름은 마욘('색이 짙은 자')이다—를 위한 1,000가지 노래의 시구를 담고 있으며, 이전의 따밀 시 장르인 아깜과 뿌람을 반영하고 있다.

『띠루와이몰리』는 바이슈나와 사이에서 베다와 똑같이 여겨지는 것으로, 소위 '따밀 베다'로 불린다. 실제로 따밀의 슈리 바이슈나와 전통은 '이원적 베단따(*ubhaya vedānta* 우바야 베딴따)'로 알려져 있는데, 그 이유는 그것이 베다의 산스끄리뜨 전통과 따밀 알와르 전통 모두를 숭배하기 때문이다. 따밀 베다에는 따밀나두 사원에 안치되어 있는 다양한 모습의 비슈누에 대한 시인의 신애를 표현하고 있는 낭만적인 노래를 담고 있다. 이러한 '시'는 노래로 읊기 위해 지었기 때문에, 왕실의 좀 더 형식적인 산스끄리뜨 시(*kāvya*)라기보다는 음영적인 작품에 더 가깝다. 이러한 시 속에서 나말와르는 비슈누의 초월성과 무정형 사상을 전하지만, 특정한 사원에서는 신상의 형태로도 신이 드러난다. 신도들의 흐느낌, 춤과 노래, 신에게 홀리는 것은 신애를 갈망(*viraha bhakti* 비라하 박띠)하는 낭만적인 신애주의라는 특징으로, 그러한 것은 바로 후대의 끄리슈나 고빨라 신도의 특징에 해당한다. 이것은 그리움과 황홀경의 종교이고, 우주 너머에 사는 인격적 신에게 전념하는 것이다. 그리고 머지않아 따밀나두라는 성스러운 지역의 특정한 곳에서 세상에 모습을 드러낸다고 믿는 것이다. 그는 사원에 안치되어 있으며, 그를 향한 신애는 이러한 특별한 형상에 대한 사원 숭배

(*pūjā*)라는 환경 속에서 이해될 필요가 있다. 실제로 알와르 스스로는 신의 상이나 현현들로 취급되기에 이른다.

## 후대의 바이슈나와 전통

알와르의 시적이고 황홀한 박띠는 후대의 전통에 영향을 주었고, 여러 지역과 전 국가를 통틀어 신도들에 의해 사원에서 받아들여졌다. 남부에서 산스끄리뜨로 쓰여진 『바가와따 뿌라나』는 산스끄리뜨로 된 신애에 관한 시와—특히 벵갈 지역에 있는 비슈누교의 북부 형태와 마찬가지로—따밀의 신애주의에 영향을 받았다. 특히 남인도에서 신애주의는 요가를 통한 자기 자신의 제어보다는 오히려 감정의 표현을 강조했다. 그리고 상키야와 같은 몇몇 체계 속에서 설명되는 것인, 영혼을 가두는 식으로 신체와 감각의 영적인 통찰력을 강조하는 것과는 반대로 속세에서 신의 성지로서 신체를 강조했다. 박띠 전통은 영혼의 세상 초월, 인지, 추상적이고 초인간적인 브라흐만이라는 사상보다는 보여지고 숭배될 수 있는 대상으로서, 감정을 지니고 있는 구체화된 신의 형상을 강조하는 것으로 자리 잡았다. 가장 열렬한 몇몇 박띠 시는 따밀어로 쓰여졌다. 샨딜리야(Śāndilya, 8세기경)의 『박띠 수뜨라』(*Bhakti Sūtra*)와 같이 산스끄리뜨로 된 철학서도 있지만, 박띠는 항상 낭만적인 특징을 이어가면서 인지적인 이해보다는 감정적인 경험을 강조했다. 『나라다 박띠 수뜨라』(*Nārada Bhakti Sūtra,* 12세기 정도로 추정)에서는 끄리슈나가 다양한 방식으로 낭만적인 사랑 속에서 숭배되어야 한다고 전한다. 즉, 이러한 낭만적인 사랑은 신의 장엄한 영광에 대한 인식에서부터 끄리슈나의 노예, 동료, 부모 그리고 마지막으로 끄리슈나의 아내라는 역할과 관련되는 여러 감정적인 경험에

이르는 다양한 감정이다.9)

중세 초에는 지방 왕국들의 성장과 함께 이따금 지역적이고 토착적인 전통과 융합되어 토착 언어로 표현되는 브라만 의례와 신화학이 대중화를 보인다. 수많은 전통이 중세 동안에 비슈누교 안에서 발전했다. 이들 전통의 많은 부분이 창시자로서 특정한 개인 성자와 연관되어 있다. 퓰러는 대부분 초창기의 사람들과 관련되지만, 아마도 오랜 기간에 걸쳐 점차적으로 전개되었던 것 같다고 보았다. 그러나 특정한 성자로부터 내려온 계승이라는 주장은 문하생의 계승을 확립하는 데 중요하며, 거기서 문하생 전통에 대한 신빙성을 확인한다. 또 이 교단들은 그들 스스로를 좀 더 넓은 사회적 환경에다 위치시키기를 원하기도 했고, 재가자 특히 왕의 후원을 필요로 했다.10)

비슈누교 내에서는 네 가지 전통인 삼쁘라다야(*sampradāyas*)가 강조되는데, 각각 라마누자(Rāmānuja, 1017~1137년경), 유명한 슈리 바이슈나와 신학자, 이원론적인 신학자 마드와(Madhva, 13세기), '순수 비이원주의자' 발라바(Vallabha, 1479~1531) 그리고 구루에게 완전한 양도를 강조하는 님바르까(Nimbārka, 12세기)의 가르침에 근거하고 있다. 그러나 비슈누교의 발전에 대한 역사적 실체는 좀 더 복잡하다. 남인도에서 가장 중요한 교단은 알와르에 의해 직접 영향을 받은 슈리 바이슈나와였다. 이것은 이미 언급한 바 있는 바이슈나와 신학자와 성자인 마드와, 님바르까와 발라바가 창시한 교단뿐만 아니라, 차례로 벵갈에서 끄리슈나에 대한 신애를 말하는 가우디야 비슈누교(Gauḍīya Vaiṣṇavism)와 마하라슈뜨라(Maharashtra)의 비토바(Viṭhobā) 혹은 빗탈라(Viṭṭhala) 숭배에 영향을 미쳤다.

소위 '종파', '교단', 혹은 '전통'이라는 용어는 산스끄리뜨인 삼쁘라다야와 대충 비슷한 의미인데, 그 특성상 종종 지역의 한 신에게 초점을 두는 전통으로, 제자가 구루에게 전수받는 것을 말한다. 각각의 구루는 신의 창조와 함께 나오는 산따나(*saṁtāna*) 혹은 빠람빠라(*paramparā*)라고 하는 구루 계열 안에 있는 것으로 여겨진다. 문하생 계승의 개념은 힌두교의 모든 형태에서 지나칠 정도로 주요하였는데 이는 그것이 전통과 가르침을 인증해주기 때문이었다. 즉, 계승에 관한 논쟁, 때로는 격렬할 정도의 그 논쟁은 깊은 종교심의 발로이기도 하였는데 특히 구루를 신성성이 육화한 것으로 간주하는 전통 안에서 그러하였으니, 구루는 주의 은총을 신자들에게 나누어주는 힘을 가진 것으로 인식되었다. 삼쁘라다야 학파로 들어가는 입문식과 함께 문하생은 전통과 단체의 가치를 지탱하는 책임을 지는데, 그들은 새로운 이름과 이들 전통에서 특히 신성하게 여기는 만뜨라를 부여받는다. 삼쁘라다야에서는 금욕을 필요로 했으며 오직 기세자로만 이루어져 있었을 것이다. 그렇지 않으면 남성과 여성 재가자 모두를 인정하고 불가촉민을 포함해서 모든 카스트를 받아들이는 훨씬 더 넓은 사회적 기반을 마련했을지도 모른다.

이들 삼쁘라다야는 스므르띠 텍스트로서, 특히 뿌라나를 토대로 하는 브라만적 숭배의 큰 흐름 안에서 발전했다. 스므르띠를 기초로 하는 스마르따 숭배는 그 자체로 비베다적인 계시인 딴뜨라에서 나오는 형태와 사상을 통해서 널리 보급되었다. 하지만 이러한 형태는 존경의 대상인 베다 방식과 통합한다. 실제로 바이슈나와 삼쁘라다야는 일반적으로 스마르따 숭배의 환경 내에서, 특히 슈리 바이슈나와와 가우디야 바이슈나와 전통으로 자리 잡았다. 이 두 전통은 베다와 뿌라나 전통 안에 분명히 속하지만, 많은 부분 비베다적인 딴뜨라 요소를 흡수한다.

인격적인 신을 향한 신애의 태도가 발달해 종종 다른 삼쁘라다야와 결합했다. 문하생과 신의 관계는 하인과 주인, 부모와 자식, 친구와 친구 혹은 사랑하는 사람과 사랑받는 사람의 관계와 같다고 할 수 있다. 예를 들어 벵갈 바이슈나와는 사랑하는 사람과 사랑받는 사람의 태도를 신애의 가장 적절한 표현으로 여기는 데 반해서 뚜까람(Tukārām) 종파는 신애적인 관계를 일종의 하인과 주인의 관계로 보았다. 그러나 여기에서 중요한 것은 신도와 신의 관계는 인간의 관계를 모델로 하고 있으며, 이 속에서 신은 다양한 방식으로 이해되고 접근될 수 있다는 것으로, 즉 신에 대한 사랑은 다양한 형태를 띤다는 것이다.

한편, 박띠 전통 내에서 개인이 추구하는 강한 요소와 신애가 존재한다는 것을 기억하는 것이 중요하다. 하지만 이러한 신애의 형태는 카스트나 성(性)에 기반을 두는 사회적 위계 안에서 신도의 위치에 따라 만들어져 있는 틀을 받아들일 것이다. 이데올로기 수준에서조차도 대부분의 박띠 전통은 카스트와 성(性)이 신애와 궁극적 구원의 문제에 있어서 유효하지 않다는 주장을 유지하지만, 일부는 특별히 카스트와 젠더에 관한 차별 문제에 있어서 관용적인 태도를 취한다. 예를 들면, 슈리 바이슈나와는 하층 카스트와 여성을 배제하고 있지는 않지만 슈리랑감에 있는 그들의 사원 출입에 대해서는 하층 카스트의 접근을 제한한다. 그런데 라이다시(Raidāsis)와 같은 다른 종파의 경우에는 그들 모두가 하층 카스트에 속한다. 가장 중요한 바이슈나와 교단과 숭배는 다음과 같다.

- 따밀나두에 있는 슈리 바이슈나와의 중심은 슈리랑감에 있는 사원으로, 여기서는 특히 라마누자의 사상을 중요하게 생각한다.

- 가우디야 혹은 벵갈 바이슈나와는 주로 벵갈, 오릿사와 브린다와나에 자리한다. 그들은 벵갈 성자인 짜이따니야의 가르침을 숭배하며, 끄리슈나와 라다에 대한 신애에 초점을 둔다.

- 마하라슈뜨라에 있는 비토바 숭배는 특히 빤다르뿌르(Pandharpur)의 중심 순례지 안에 자리한다. 그들의 가르침은 성자(*sant* 산뜨) 쟈네슈와라, 남데브(Nāmdev), 자나바이(Janābai) 등에서 기원한다.

- 라마파는 주로 북동쪽에 위치하는 아요디야와 자나끄뿌르에서 자리하며 『라마야나』가 공연되는 람릴라 축제와 관련된다. 고행자인 라마난디(Rāmānandī) 교단은 라마와 시따에게 전념한다.

- 북부의 산뜨 전통; 엄밀히 여기에는 바이슈나와가 없지만, 능력을 뛰어넘는 초월적 신을 숭배하는 전통이다. 그럼에도 불구하고 비슈누교에서 이 전통의 가르침과 신의 이름이 나온다. 특히 존경받는 인물로는 시크교의 창시자인 까비르(Kabīr)와 나낙(Nānak)이 있다.

### 슈리 바이슈나와 전통

따밀나두에서 나온 슈리 바이슈나와 전통은 우주에 대한 이원론적인 견해를 계승했다. 즉, 하나는 빤짜라뜨라와 관련된 북부의 산스끄리뜨 전통과, 초월의 근원이자 우주를 유지하는 힘으로서 신을 강조하는 것과 관련되는 뿌라나적인 비슈누 숭배이다. 그리고 다른 하나는 특정한 사원 신상 안에 안치된 인격적인 신을 동경하는 신애와 관련된 남부의 따밀 전통이다. 그러므로 슈리 바이슈나와는 산스끄리뜨 경전인 베다와 빤짜라뜨라 아가마 혹은 상히따와 알와르의 따밀 시 모두를 숭배했다. 슈리 바이슈나와는 신학자이자 전통의 해설가로서 그리고 그러한 교단의 교주 역할을 하는 스승(*ācārya*)의 계보 또한 숭배했다. 이들 아짜리야 가운데 첫 번째이자 슈리 바이슈나와의 창시자는 자신의 쁘라반담 속에서 알와르의 시를 모은 나타무니(10세기)였다. 나타무니의 낭만적이고 고행자적인 영감은 따밀 시인-성자에서 나왔다. 하지만 나타무니의 주요 지적 유산은 산스끄리뜨 철학 전통으로, 특히 베단따와 『바가와드기따』, 『비슈누 뿌라나』와 빤짜라뜨라 아가마와 같은 신학이었다. 나타무니는 슈리 바이슈나와 전통의 창시와 함께 따밀 알와르의 계보를 세워 전통을 합법화하는 데 공헌한다. 나타무니는 바이슈나와 종교의 중심이자 끄리슈나의 신화적 고향인 북부의 브린다와나를 순례한 것으로 전하는데, 그곳에서 나타무니는 따밀나두의 사원에 안치되어 있는 신상인 만나나르(Maṉṉaṉār)의 모습을 한 비슈누의 환영을 보았다고 한다. 환영 속에서 비슈누신은 나타무니에게 고향으로 돌아가라고 말했다. 비슈누의 말대로 나타무니는 돌아와 행정관이 되어 슈리랑감에 먼저 만나나르 사원을 짓고 나중에 비슈누 사원을 짓는데, 이곳이 슈리 바이슈나와 단체의 중심지가 되었다. 나타무니의 손자인 야무나는 슈리 바이슈나와의 다음 아짜리야가 되었는데, 그는 빤짜라뜨라 아가마를 계시서의 수준으로 격상시키고 빤짜라뜨라 의례를 정통 브라만 의례와 동등한 것으로 인정하는 같은 변론 주석을 달았다.[11)]

가장 유명한 슈리 바이슈나와 지도자로 힌두교 전체를 통틀어 영향력이 컸던 사람은 라마누자(1017~1137년경)였다. 라마누자는 직접적으로 야무나와 만나지는 않았지만, 이 단체의 깨어 있는 지도자가 되었다. 라마누자는 바이슈나와 신학을 발전시키고 일신론의 관점에서 베단따 전통을 해석하게 되는데, 이것은 '제한적인 불이원론(*viśṣṭādvaita* 비쉬슈뜨아드와이따; p.376 참조)'으로 알려지게 되었다. 라마누자는 산스끄리뜨로 저술했지만 알와르의 박띠시에 영향을 받았다. 라마누자의 애제자인 삘란(Piḷḷāṉ)은 산스끄리뜨와 따밀어가 섞인 마니쁘라왈라(*manipravāla*)어로 나말와르의 『띠루와이몰리』 주석서를 썼는데, 따밀 텍스트의 지위를 향상시키는 계기가 된 이것은 드라비다어로 쓰여진 최초의 주석서이다. 삘란은 슈드라 계급에 속했는데, 이것은 카스트가 구원에 아무런 장애가 되지 않음을 뜻하는 것이다.12)

슈리 바이슈나와에서 구원 즉 해탈은 윤회와 까르마의 틀을 초월하고 죽어서 비슈누의 천국(*vaikuṇṭha*)으로 가는 것으로 이해된다. 그곳에서 영혼은 사랑으로 신과 합일을 이루지만 여전히 그 안에서 신과 영혼은 구별된다. 이러한 상태는 신과 접촉하거나, 속세로부터 분리하는 것을 통해서 이루거나, 좀 더 구체적으로는 사원의 신상으로 있는 화신(*arcāvatāra*)에게 박띠와 관련된 종교적 실천(*upāsana* 우빠사나)을 하거나 신을 향한 봉사(*seva* 세와)를 통해서 얻게 된다. 넘치는 은총을 내려 구원을 주는 신에게 신도가 자신을 양도(*śaranāgati* 샤라나가띠)하는 완전한 양도의 길(*prapatti* 쁘라빳띠) 또한 있다. 전자에서는 인간의 매개와 약간의 노력을 강조하는 데 반해, 후자에서 강조하는 것은 오로지 신의 은총과 매개뿐이다.

라마누자가 죽고 약 200년 뒤에 슈리 바이슈나와 단체는 소위 '북인도 문화(*vaṭakalai* 바따깔라이)'와 '남인도 문화(*teṅkalai* 텡깔라이)'라는 하위 종파로 쪼개진다. 바따깔라이에서는 산스끄리뜨 경전과 사원 신상을 향해 신애하는 전통적인 박띠 요가를 통한 구원이 강조되었다. 이에 반해서 텡깔라이에서는 따밀 경전과 신의 은총에 따라 신에게 양도하는 것이 강조되었다. 이들 두 종교는 각각 '원숭이'와 '고양이' 학파로 알려지게 되었다. '원숭이' 학파에서 구원은 노력과 은총 모두에 의해서 이루어지는 것으로 보았다. 마치 어미 원숭이가 나무를 타는 동안 아기 원숭이가 매달려 있는 식으로, 자신의 노력으로 신에게 매달려 있는 신도를 신은 구원한다는 것이다. 이와 반대로 고양이 학파에서는, 새끼는 아무런 노력을 할 필요도 없이 어미 고양이가 새끼를 입으로 물어 옮겨놓는 식으로, 신도는 오직 은총을 통해서만 구원받는다고 주장하면서 신에 대한 은총만을 강조했다. 이러한 구분은 『바가와드 기따(18.66)』에서 짜라마-슐로까(*carama-śloka*)로 알려진 유명한 구절에 대한 두 가지 해석에서 초래된다. 이 구절은 '포기하는 모든 법은 오직 내 안에서만 은신처를 찾는다. 나는 모든 죄로부터 너희를 구원할 것이다. 두려워 말라.'고 읽는다. 텡깔라이는 이 구절에서 전통적인 박띠-요가의 길과 은밀하고 더 우월한 양도의 길, 두 가지 다른 길이 있는 것으로 이해했다. 이와 반대로 바따깔라이 신학자인 베단따데쉬까(Vedāntadeśika, 1269~1307)는 이 시구가 인간의 두 부류를 말하는 것으로, 한 부류는 재생자로서 의례 수행을 통한 신애로 해탈하는 부류이고, 다른 하나는 하층 카스트로, 사원에서 의례적인 신애를 수행할 수 없어 양도를 통해 해탈을 구하는 부류라고 주장했다.13)

브라만과 비브라만들로 구성된 슈리 바이슈나와 공동체는 비슈누 및 다른 여러 신에 대해 뿌라나 방식의 숭배를 고집하였는데 이는 결국 브라만 집단의 좀 더 넓은 사회적 맥락 안에 존재하는 것이었다. 스마르따파와 비브라만인 그들은 토착 마을신을 숭배하였던 것이다. 슈리 바이슈나와는 산스끄리뜨를 배우고 신학적인 전통과 관련되는 상층 카스트들로 에워싸여 있지만, 동시에 하층 카스트 내에서도 전반적으로 대중적인 호소력을 띠고 있었다. 알와르의 신애주의가 황홀경에 이르는 것과 관련된 것인데 비해서 슈리 바이슈나와의 신애는 공적인 사원 의례라는 환경에서 행하는 것으로만 제한되었다. 박띠 전통 안에서 이러한 황홀경이라는 특징은 알와르와 함께 소멸되는 것이 아니라 북부의 비슈누교로, 특히 벵갈에서 발전했다.

### 가우디야 비슈누교

목자인 끄리슈나에 초점을 두는 박띠 전통은 북인도에서 발달했다. 그리고 이러한 전통은 특히 브린다와나와 벵갈에서 일어난 좀 더 대중적인 신애 운동에서만이 아니라, 산스끄리뜨의 신애적이고 시적인 문학 구절 속에서도 찾아볼 수 있다. 벵갈(가우디야)에서 성장한 비슈누교 형태는 신도와 끄리슈나 간에 신애와 사랑의 관계를 강조하는 종교로 발전했다. 비록 쉬바교에서는 종교적인 것과 심미적인 것 간에 직접 교통이 이루어진 것으로 이해된다 할지라도, 가우디야 바이슈나와 전통에서는 고전적인 시(*kāvya*) 속에서 묘사되는 심미적 경험이라는 범주가 신애적인 종교적 경험에 적용되기 시작해 하나의 종교로 발전했다. 중세 초기에 산스끄리뜨로 쓰여진 왕실의 사랑시로, 문체가 화려하고 바로크적이며 특정한 형식 안에서 절제된 감정을 표현하는 시와 관련해서 번성하는 전통이 있었다. 벵갈 왕 락슈마나세나(Lakṣmaṇasena, 1179~1209년경) 왕실 안에서 왕의 후원 하에 있던 시인 자야데와는, 끄리슈나와 부인 라다의 사랑에 관한 내용을 담은 유명한 시 『기따고윈다』를 지었다.[14] 자야데와는 고전적인 까위야 전통에 속하는 수준 높은 시인이다. 그는 끄리슈나에 대한 라다의 사랑을 표현하는 데 있어서 까위야의 외형적 관습을 따랐는데, 그러한 것으로는 규정된 어휘, 수식어, 상투적인 은유 등이 있다. 일반적인 왕실의 시가 지닌 특징과 마찬가지로, 시의 주제는 연인과 이루어지는 혼인, 이별 그리고 재결합에 대한 것이다. 그들은 연애 행각을 벌이기 위해 은밀히 숲에서 만나지만, 이 연인은 날이 새면 곧 헤어져야 한다는 사실과 다음에 만날 때까지 깊은 그리움(*viraha*)에 빠지게 된다는 사실을 모른다. 끄리슈나와 라다의 사랑에 초점을 두었던 이러한 시 전통은 특히 벵갈의 짠디다사(Caṇḍīdāsa)와 비디야빠띠(Vidyāpati, 14~15세기)의 마틸리(Mathili) 시구에서 지속되었다.[15] 라다의 관점에서 쓰여진 이들의 시는 신에 대한 신도의 그리움과 마찬가지로 끄리슈나에 대한 라다의 깊고 낭만적인 그리움을 표현했다. 짠디다사는 박띠의 특징인 순수한 그리움을 아름답게 표현하는데, 그는 시 속에서 끄리슈나의 플루트 소리를 듣고 있는 라다를 다음과 같이 묘사하고 있다.

> 그렇게 치명적인 플루트로 전하지 마세요.
> 이것은 여인을 그녀 집에서 나오게 하고,
> 시얌(Shyam, 일명 끄리슈나)에게로 그녀의 머리털이 끌리게 해요.
> 헌신적이던 아내는 배우자를 잊어버리고
> 목마르고 길 잃은 사슴처럼 끌리게 해요.
> 심지어는 현명한 고행자조차도 자신의 마음을 잡지 못하고
> 그리고 식물과 나무들은 이 소리에 기뻐하지요.
> 그때는 이 무력하고 순진한 소녀가 무엇을 할 수 있을까요?[16]

그러나 끄리슈나 박띠를 가장 장려한 사람은 끄리슈나짜이따니

야(Kṛṣṇacaitanya), 줄여서 짜이따니야(Caitanya, 1486~1533)인데, 그는 끄리슈나와 라다의 화신으로 간주된다. 짜이따니야는 오늘날까지 이어지는 전통을 낳았으며, 서양에서는 하레 끄리슈나(Hare Kṛṣṇa) 운동으로 나타나게 된다. 짜이따니야는 전통적인 산스끄리뜨 교육을 받는 바이슈나와 브라만 가문에서 자랐다. 1508년에 짜이따니야는 선친의 제사를 거행하기 위해 가야(Gaya)에 갔다. 거기서 짜이따니야는 자신에게 끄리슈나를 향한 숭배를 전한 남인도 기세자의 권유로 개종의 경험을 하게 되었다. 짜이따니야는 고향 벵갈의 나와드위빠(Navadvīpa, Nabadwip)로 돌아와 그곳에서 신도들과 함께 노래와 찬송을 통해 끄리슈나를 숭배하기 시작했다. 짜이따니야는 황홀경이나 정신이 홀린 상태의 경험을 하기 시작했다. 1510년에 짜이따니야는 정식으로 기세의 맹세를 하고, 유명한 사원에서 끄리슈나가 자간나타 신으로 숭배되는 오릿사 지방의 뿌리라는 순례지로 옮겼다. 해마다 정기 축제 동안에 신 자간나타는 거대한 수레에 태워져 사원 밖으로 나와 행렬하게 되었다. 짜이따니야와 그의 추종자들은 춤추고 노래하며 신을 찬양하는 그 수레 행렬에 동참했다. 짜이따니야는 라다와 끄리슈나를 숭배하고 자주 황홀경의 상태를 느끼면서 뿌리에서 여생을 보냈다.[17]

공식적인 의미로 말할 때, 비록 짜이따니야는 교단의 창시자는 아니었다고 해도 『브라흐마 수뜨라』에 대해 주석서를 집필함으로써 가우디야 비슈누교를 확고히 세우고 그 외형과 느낌을 만드는데 결정적인 역할을 하였다. 가우디야 비슈누교 신애의 초점은 라다와 끄리슈나 간의 매우 에로틱한 사랑에 있다. 그러나 이것은 세속적인 의미가 아니라 초월적인 의미로 이해되는 성애주의를 말한다. 가우디야 신애와 관련된 성애주의는 아마도 기독교의 신비종교인 '신부 신비주의(*brautmystik* 브라우뜨미스띠끄)'와 다를 바가 없을 것이다. 실제로 가우디야 바이슈나와의 해탈에서 변함없는 것은 정신이나 완벽한 신체 안에서 라다와 끄리슈나 간의 신성한 유희(*līlā*)와 관련된 황홀한 경험이다. 라다와 끄리슈나 간의 이러한 에로틱한 사랑과 끌림은 이기적인 욕망(*kāma*)으로 전해지는 부정한 세속적 사랑에 반하는, 소위 '순수한 사랑(*prema*)'이다.[18] 끄리슈나는 우주를 되풀이해서 창조, 유지, 파괴하는 최고신(단순히 비슈누의 화신이 아닌)이다. 라다는 우주에 모습을 드러냄으로써 끄리슈나를 '재충전하는 힘'이고, 비록 그들은 하나지만 구별된다. 실제로 '힘을 가진 자(*śaktimat* 샥띠마뜨)'인 신과 그의 힘인 라다의 관계, 그리고 신도와 신의 관계는 '이해하기 어려울 정도의 일체성 내의 차이(*acintya-bhedābheda* 아찐띠야-베다베다)'로 특징된다.

이러한 관계는 라다와 끄리슈나의 사랑으로 세상에 드러나며, 에로틱한 신애적인 종교는 이 관계에 초점을 둔, 고스와민(Gosvāmins)으로 알려진 짜이따니야의 여섯 제자에 의해 발전했다. 이 종교는 딴뜨라적인 바이슈나와 종파인 사하지야(Sahajiya)에 의해 영향을 받았는지도 모른다. 그는 의례적인 성적 합일이 이원성을 정복할 수 있고, 끄리슈나와 라다의 신성한 결합을 가져온다고 주장한 사람이다. 이 전통은 하층 카스트, 도덕폐기론자, 황홀경에 취한 바울(Baul)파 안에서 발전했다.[19] 하지만 가우디야 바이슈나와 전통에서는 이러한 행위를 심오한 영성(靈性)에 대한 오해라며 거부한다. 고스와민의 저작은 실제로 베다의 권위를 인정한다는 점에서 매우 정통적이다. 하지만 이 저작들은 뿌라나 가운데 특히 『바가와따 뿌라나』 계시 범주에 속한다.

비록 『바가와따 뿌라나』에는 끄리슈나와 고삐들의 애정 행각에 대한 내용이 많이 나오지만, 『기따고윈다』에서만 라다가 고삐로 등장하는 것이지, 후대의 문헌과 시각 예술에서는 그렇게 나오지 않는다. 바이슈나와 신화 속에서 라다는 나이도 많고 결혼한 여성이다. 라다와 끄리슈나 간의 사랑은 관례상 불륜이다. 라다는 밤에 자신의 남편 곁에서 나와 끄리슈나의 플루트 소리에 이끌려 끄리슈나를 만나러 간다. 이는 신학적으로 중요할 뿐만 아니라 산스끄리뜨 시 안에서 결혼인 하나된 사랑(*svakīya* 스와끼야, '한 남자의 여성')과 불륜인 분리된 사랑(*parakīya* 빠라끼야, '다른 남자의 여성') 사이의 차이와 관련이 된다. 전자는 욕정(*kāma*)과 결합으로, 후자는 순수한 사랑과 그리움으로 성격이 매겨진다. 라다는 끄리슈나에 대한 사랑 때문에 아내의 의무에 불복종(p.112 참조)하고 사회적인 의무를 초월한다. 라다와 끄리슈나의 사랑은 그리움으로 특징되는 분리된 사랑이다. 즉, 신을 향한 영혼의 그리움은 인간 최고의 영성이라는 식이다.

루빠고스와민(Rūpagosvāmin)은 끄리슈나를 향한 박띠에 대해 『웃지왈라-닐라마니』(*Ujjvala-nīlamaṇi*, '빛나는 푸른 보석')와 『박띠라삼리따-신두』(*Bhaktirasāmṛta-sindhu,* '신애에서 나오는 불사의 감로수 대양')[20]라는 두 가지 중요한 텍스트를 산스끄리뜨로 썼다. 여기에서는 산스끄리뜨 시 안에서 나오는 심미적인 범주가 다른 종류의 신애적인 감정과 경험으로 적용되었다. 산스끄리뜨 시에 따르면 감정(*bhāva*)은 심미적인 경험(*rasa*)으로 변형시킬 수 있다. 예를 들어 슬픔은 비극적인 경험으로, 유머는 코미디로, 성적인 욕망은 에로틱한 경험으로 변형 가능하다. 이와 유사하게 성적인 욕망은 끄리슈나에 대한 에로틱한, 소위 '달콤한' 사랑(*śṛṅgāra* 슈랑가라 혹은 *madhūra-bhakti* 마두라박띠)으로 변형시킬 수 있다. 즉, 인간의 성적인 사랑에 대한 승화는 신이나 초월적인 대상과 나누는 에로틱한 사랑이라는 것이다. 끄리슈나에 대해 모두에게 절실한 이러한 열렬한 사랑은 루빠고스와민에 의해서 라가누가-박띠(*rāgānuga-bhakti*)로 불린다. 이것은 신도들이 성서상 정해져 있는 규칙과 훈령(*vidhi*)을 따르는 바이디-박띠(*vaidhi-bhakti*)라고 하는 신애 형태와는 대조적이다. 라가누가-박띠 안에서 끄리슈나는 신도들의 애인으로서 친밀하고 가까운 대상인 데 비해 바이디-박띠 안에서 끄리슈나는 힘 있고 위엄을 갖춘 왕으로 여겨진다. 두 길 모두 구원의 길로 인도하지만 열렬한 신애가 형식적인 접근보다도 더 우월하며, 더 직접적으로 끄리슈나에게 이끈다고 여긴다.

구원이라는 목표를 달성하고자 하는 가우디야 바이슈나와의 주된 의례 행위에는 끄리슈나의 이름을 반복해서 부르는 의례적 행위(*nāma japa* 나마 자빠), 찬송(*kīrtana* 끼르따나), 사원의 신상이나 비슈누와 관련된 신성한 식물 뚤라시(*tulasī*) 숭배와 더불어 라가누가박띠의 길에서 생생하게 그려지는 끄리슈나의 행동으로, 특히 끄리슈나와 고삐의 애정 행각(*līlā smaraṇa* 릴라 스마라나)에 대한 숭배 등이 있다. 입문 이후 끄리슈나 신도는 아침과 점심, 저녁에 숭배를 실천한다. 이러한 숭배 의식에서는 하레 끄리슈나, 하레 끄리슈나, 끄리슈나 끄리슈나, 하레 하레, 하레 라마, 하레 라마, 라마 라마, 하레 하레(*hare kṛṣṇa, hare kṛṣṇa, kṛṣṇa kṛṣṇa, hare hare, hare rāma, hare rāma, rāma rāma, hare hare*)와 같은 유명한 하레 끄리슈나 만뜨라 구절을 반복하며, 끄리슈나의 이름을 반복해서 부르는 것을 포함해서 조상을 위한 헌주(獻酒)와 신에게 공물을 바치는 것으로 이어진다.[21] 신의 이름은 신의 본질을 구체화하는 것으로, 결과적으로 신의 이름을 반복해서 부름으로써 신도는 신의 실체를 불러내는 것이다. 죽어서 신도는 신의 영적인 거처지 가운데 하나에서 완전한 영적 실체(*siddha-deha* 싯다-데하)로 끄리슈

나를 받들게 될 것이다.[22)]

### 다른 끄리슈나 종파

다른 바이슈나와 삼쁘라다야는 에로틱한 신비주의의 환경과 유사하게 유지되었다. 발라바(Vallabha, 1479~1531)는 끄리슈나의 환영을 접한 이후 목자인 끄리슈나를 숭배의 중심에 두는 전통을 세웠다. 발라바는 『브라흐마 수뜨라』와 『바가와따 뿌라나』에 대한 주석서를 썼으며, 그의 실천 방식인 소위 '은총의 길(*puṣṭimārga* 뿌슈띠마르가)'과 교리인 '순수 불이원론(*śuddhādvaita* 슛다드와이따)'이라고 하는, 일원론과 신애적인 사상이 융합된 종교를 만들었다. 발라바는 끄리슈나를 절대자와 동일하게 여기고, 세상은 환영이 아니라 실재하는 것으로, 만물은 끄리슈나와 동일하다고 주장한다. 가우디야 비슈누교에 나타나는 바와 같이 해탈은 끄리슈나의 은총으로 일어나는데 그것은 신도가 신의 놀이를 구성하는 일부가 될 때까지 이어지는 일련의 단계로 이루어져 있는 길을 따라가면서 일어나는 것이다. 하지만 가우디야 비슈누교와는 달리 뿌슈띠 마르가는 기세를 하지 않는 재가자에게만 해당하는 길이다. 에로틱한 정도를 유지하지만, 뿌슈띠 마르가 신애의 주된 초점은, 끄리슈나는 어린아이이고 신도는 아이의 부모라는 데 있다. 뿌슈띠 마르가는 주로 서인도에서 유행한 것으로, 주요 사원은 라자스탄의 나트드와라(Nathdvara)에 있다.[23)] 또 한 가지 중요한 교단은 19세기에 뿌슈띠 마르가에서 발전한 스와미나라얀(Swaminarayan) 운동으로, 이 운동의 추종자들은 끄리슈나보다는 종파의 창시자인 스와미나라얀에게서 평안을 얻는다.[24)]

몇몇 다른 교단은 끄리슈나의 에로틱한 유희에 관심을 두고 있다. 하리완샤(1585)에 의해 창시된 라다왈라비(Rādhavallābhi)는 라다에 대한 숭배에 집중하는 종파로, 그것의 한 분파이며 남성으로 구성된 종파 샤키 바와(Sākhi Bhāva)는 지금도 존재하는데, 이들은 여자 옷을 입고 다니며 고삐를 흉내 내기 위해서 여성의 버릇을 따라한다. 마지막으로 비슈누스와미(Viṣṇusvāmi)는 12세기에 창시된 것으로, 신도 가운데 한 사람인 빌와망갈라(Bilvamaṅgala)의 산스끄리뜨 텍스트인 『끄리슈나까르나므르따』(*Kṛṣṇakārnāmṛta*, 일명 '끄리슈나 행전의 감로수')로 잘 알려진 종파이다.25)

### 비토바파

바이슈나와 신애주의는 북부로 퍼져 토착 신들이 거대한 힌두 신들과 결합해 신애 운동의 초점이 되었다. 드라비다적인 영향을 강하게 받았지만, 북부의 산스끄리뜨 문화권 내에서 동부 해안으로 정착한 것으로, 마하라슈뜨라에는 넓게 산뜨 전통으로 설명될 수 있는 다수의 바이슈나와 신애 운동이 있었다. 산뜨는 '훌륭한 남성'을 의미하며, 13세기에서 17세기 사이에 살던 모든 카스트의 성자를 일컫는다. 그들은 신의 이름(*nām*)에 대한 신애, 구루에 대한 신애, 그리고 신애 집회인 사뜨상(*satsaṅg*, '진리 공동체')을 통해 해탈의 길을 깨닫게 했다. 바이슈나와 산뜨는 사원에 안치된 인격적 대상으로서 특성이 있는(*saguṇa*) 신을 향한 신애를 가르쳤다. 그러나 시크교가 발전한 뻰잡을 기반으로 하는 또 다른 산뜨 전통은 특성 너머(*nirguṇa*)의 관념적인 신에 대한 신애를 전수했다.

마하라슈뜨라에서는 일반적인 산뜨 범주 내에서 여러 신애 전통이 세워졌다. 13세기에 차끄라다르 스와미(Chakradhār Swami)가 창시한 마하누바와 삼쁘라다야(Mahānubhāva Sampradāya)는 오직 끄리슈나만을 숭배한 데 반해 가장 중요한 종파인 바르까리 빤트(Vārkarī Panth, '순례자의 길')는 비토바 숭배를 중심으로 했는데, 중요한 순례지 중심인 이 종파의 주요 사원은 마하라슈뜨라 남부의 빤다르뿌르에 있다. 산스끄리뜨에 가까운 언어인 마라티 안에서 신애적인 문헌은 대다수 마라티 성자의 글 속에서 발전했다. 이 가운데 특히 주목할 만한 사람이 쟈네슈와라(13세기), 남데브(1270~1350년경), 뚜까람(1568~1650년경), 자나바이, 에끄나트(Eknāth, 1533~1599년경) 그리고 람다스(Rāmdas, 1608~1681)이다. 람다스를 제외하면 모두 바르까리(Vārkarī) 전통에 속한다.[26] 16세기까지 바르까리는 마하라슈트라에서 가장 중요한 종파였고, 아우랑제브 황제의 골칫거리인 유명한 왕 쉬바지(Śivaji)는 뚜까람과 만났으며, 람다스에 의해 입문하게 된 것으로 전한다.

쟈네슈와라는 비록 비토바 숭배가 시기적으로 이보다 훨씬 앞서지만, 종종 바르까리 빤트의 창시자로 간주된다. 쟈네슈와라는 『바가와드 기따』의 마라티 주석서인 『쟈네슈와리』를 썼는데,[27] 그 속에서는 바이슈나와 박띠와는 별도로 아드와이따 베단따와 나트(p.161 참조)의 영향을 보여준다. 쟈네슈와라의 문헌에 따르면 세속의 바다에서 자신을 구원해준 스승과 신에 대해 신애할 것을 찬양한다. 쟈네슈와라에게 있어서 해탈은 신과 하나가 되는 데 있다. 비록 일개 신도는 결코 그의 무한함을 완전히 이해할 수 없다고 해도 말이다. 남데브는 마하라슈뜨라에서 성자로 숭배될 뿐 아니라, 뻰잡에도 알려져 있고 그가 쓴 몇몇 시는 시크의 성서인 『아디 그란트』(*Ādi Granth*)에 나온다. 뚜까람은 아마도 마하라슈뜨라에서 가장 숭배 받은 성자였던 것 같다. 뚜까람은 해탈의 길로서 신에 대한 사랑과, 사랑의 발전에 있어서 신도와 신 간에 이원론의 필요성을 강조했다. 다른 산뜨와 마찬가지로 뚜까람은 신에 대한 찬양을 노래하는 것과 한 사람이 앉은 자세로 명상하고 신의 이름을 되풀이하는 것—이것은 북부의 산뜨 전통에서 보편적인 가르침—으로 해탈에 이르는 일종의 명상적인 신애주의를 주장했다. 가우디야 비슈누교와 달리 에로틱한 심상은 마하라슈뜨라의 산뜨에서 사용되지 않으며, 이 전통에서 주장하는 순수한 사랑은 신을 애인이기보다는 사랑하는 부모로 표현하는 순수한 신애(*prema-bhakti* 쁘레마-박띠)이다.

고도의 정행적인 스마르따 힌두와 관련해서는 하층 카스트와 여성의 경우 영적인 해탈과 숭배의 대상에서 배제된다. 하지만 마하라슈뜨라 산뜨에서 카스트와 성(性)은 아무 문제가 되지 않는다. 비록 쟈네슈와라는 브라만이었지만 다른 많은 마하라슈뜨라 산뜨는 하층 카스트에 속했다. 예를 들어 남데브는 옷 만드는 사람이었고 뚜까람은 슈드라였다. 에끄나트와 뚜까람의 시 속에서 일반적으로 여성의 이미지는 부정적이어서 여성을 요부로 나타내고 세상을 초월하려는 남성의 길에 방해자로 여겨지기는 하지만, 바르까리 전통 속에는 여성 성자도 많이 존재했다. 눈에 띄는 여성 산뜨로는 쟈네슈와라의 여자 형제인 묵따바이(Muktabai)가 있는데, 묵따바이는 나트 요가의 입문자였으며, 남데브의 하녀였던 자나바이는 비토바와 관련된 시 속에서 종종 여성인 비타바이(Viṭhabai)로서 그에게 말을 건다.

자나바이는 신의 모호함을 설명하는 한 여성으로서 비토바에게 말을 건다고 할 수 있다. 일반적으로 자나바이는 남성이지만 때로는 여성이기도 하고 어머니로서 언급되기도 한다. 자나바이는 보통 비슈누나 끄리슈나와 결합되지만, 때로는 쉬바와 관련되기도 하기 때문에 바이슈나와와 샤이바 간의 구분을 흐리게 한다. 실제로 비토바 숭배는 종파적인 구분을 뛰어 넘으며, 빤다르뿌르에 있는 사원으로 매년 두 번씩 이루어지는 순례 여행에서는 종파에 무관하게 방대한 잡종 종파를 끌어들인다. 비록 순례 여행 동안에 카스트 구분이 완전히 근절되는 것은 아니지만, 좀 더 중요한 순례 여행인 아샤다(*aśādha*, 6~7월) 동안에는 6천 명 이상이 모인다.[28]

### 산뜨 전통

마하라슈뜨라에서 발달한 바이슈나와 산뜨 전통은 북부에서 떨어진 비슈누나 끄리슈나의 사구나 모습을 향한 신애에 초점을 두었다. 다른 지역으로, 특히 뻰잡에서 산뜨 전통은 우주에 대한 근원이자 후원자로서 형태가 없이 말로 형용할 수도 없는 절대자로서, 신 니르구나에 대한 신애를 옹호하는 것으로 발전했는데, 그의 은총에 의해서 생명체는 태어남과 죽음의 틀로부터 자유로워진다. 이러한 북부의 산뜨 전통은 바이슈나와 박띠, 수피즘과 나트 요가를 이끌어냈는데, 이 용어들은 산뜨 문헌 속에서 찾을 수 있다. 여기서는 외적인 의례는 거부되는 대신에, 형태를 뛰어 넘은 초월적 신을 향한 개인적 경험을 강조하고 있다. 마하라슈뜨라 산뜨와 닮은 북인도의 산뜨는 힌디와 뻰잡어와 같은 토착어로 신애적인 노래를 지었다. 이 가운데 가장 유명한 산뜨는 까비르, 나낙, 미라바이(Mīrābai), 라이다스(Raidās)와 다두(Dādu)이다. 많은 수가 하층 카스트 출신으로, 라이다스는 불가촉민 가죽 수공인(*chamār* 짜마르)[29]이고, 까비르는 직공[30]이었다. 하지만 모두가 다 낮은 지위는 아니었다. 예를 들어 나낙은 소위 '무사(*khatri* 카뜨리)'였고 미라바이는 공주였다. 산뜨 중 일부는 현재까지 이어지는 전통을 낳았는데, 단연 가장 두드러진 것은 구루 나낙으로부터 나온 시크교이지만, 라이다시, 다두빤티(Dādūpanthis), 까비르빤티(Kabīrpanthis)도 있다.

산뜨 교리는 각자의 언어로 쓰여진 시 모음집과 시크의 성서인 『아디 그란트』 속에서 유지되었다. 이러한 산뜨의 노래는 16세기 동안 북인도 주변으로 퍼지게 되어 떠돌이 음영시인들에 의해 여러 사원에서 불렸다. 이들은 아마도 남인도의 알와르와 나야나르의 노래를 접한 것으로 보인다. 산뜨 가운데 가장 대중적이고 영향력이 있던 사람은 까비르였다. 까비르(1398~1448)는 자신이 태어나기 한 두 세대 전에 이슬람으로 개종한 바라나시의 한 직조공 가정에서 태어났다. 까비르의 구루가 라마누자 혈통인 바이슈나와 라마난다(Rāmanada)로 전해진다. 그러나 한 텍스트에서 제시하는 바에 따르면, 만약에 라마난다가 1299년에 태어났다면 그보다 100년이 지나서 태어난 까비르와 만났을 가능성은 매우 희박하다. 그는 남데브와 쉬바 여성 성자인 랄라(Lallā, 14세기)의 시에 영향을 받았다. 까비르의 시는 매우 특징적이다. 두드러진 특징 가운데 하나는 소위 '거꾸로 된 언어(*ultavāṃsī* 울따방시)'를 통한 완고한 이미지를 사용하고 있다는 점이다. 예를 들어 '소가 송아지의 젖꼭지에서 젖을 빨고 있는'과 같은 식으로, 자기만족에서 독자들을 놀라게 하고, 신은 말로는 형용할 수 없으며 매일 일상의 도리를 뛰어넘는 대상이라는 생각을 전하곤 했다. 까비르는 카스트를 유지하는 것은 해탈과는 무관하다 하여 비판하며, 자신이 살던 당시의 힌두와 무슬림의 종교적 실천과 교리에 대해서도 매우 비판적이다. 까비르는 다음과 같이 쓰고 있다. "힌두는 람을 가장 사랑한다고 말한다. 그리고 뚜르크(Turk)는 라힘(Rahim)이라고 말한다. 그러면서 그들은 서로를 죽인다."31)

물론 북인도 산뜨 간에는 개인적인 차이가 있지만 이들의 교의에는 공통의 주제가 있다. 영혼은 죽음 혹은 시간(*kāl* 깔)과 환영에 지배받는 속세의 함정에 빠져 있기 때문에, 그의 이름(*nām simran* 남 심란)을 반복해서 부르는 묵상의 신애를 통해서, 그리고 구루의 은총으로 신에게 돌아가야 한다. 이러한 반복을 통해 영혼은 신의 광명을 이해할 것이고 신의 신성한 '열광하지 않는 소리(*anāhata śabda*)'를 들을 것이며, 위계적인 우주에서 성장해 참된 거처지(*sach-khand* 사쯔칸드)로 돌아갈 것이다. 산뜨에 의해 사용되는 신의 이름으로는 일반적으로 바이슈나와, 람, 마다브, 끄리슈나와 하리가 있고, 때때로 이에 더해서 나타(Nātha)나 우마빠띠(Umāpati)와 같은 쉬바 이름이 사용되며, 심지어는 알라와 같은 용어도 가끔씩 인용된다.

#### 라마파

한편, 람이라는 용어는 산뜨에 의해서 초월적인 신을 언급하는데 사용되는데, 라마파에서 이 용어는 그가 아요디야의 왕 『라마야나』의 영웅인 라마왕으로 화신한 신과 관련이 있다. 람에 대한 신애와 함께 그의 원숭이 사령관 하누만에 대한 신애는 중세 시대에 북인도에서 널리 퍼지게 되었다. 라마 숭배의 중심은 시따의 전설 속 태생지인 자나끄뿌르와 라마의 전설상 출생지이자 왕국의 수도인 안드라 쁘라데쉬의 아요디야에서 세워진다. 실제로 라마파는 아요디야 사태 속에서 1992년 바브지 마스지드(Babji Masjid) 폭동이 일어난 것과 같이 현대 인도에서 심각한 결과를 계속 초래하고 있다. 아요디야에서 두드러지는 라마 숭배의 한 종파인 라마난디 교단은 비하르(Bihar) 국경 근처 네팔에도 있다.[32]

아요디야에 중심지가 있는 라마난디는 라마난다(15세기?)에 의해 창시되었는데, 이것은 슈리 바이슈나와 전통과 관계된 것일 가능성이 있다. 비록 라마난다가 쓴 글은 남아 있는 것이 하나도 없지만 이들의 문헌은 힌디 매체에서 표현되고 있다. 전하는 바에 따르면 라마난다는 가우디야 비슈누교와는 대조적이고 성애주의가 결여된 신애의 형태로, 라마와 시따에 대한 신애를 주장했다고 한다.

이러한 박띠 유형 안에서 신도의 태도는 애인이기보다는 주인과 하인의 관계이다. 게다가 여기서 하누만은 주인 라마에 대한 신애적인 봉사의 모범적인 예로 환영받고 있다. 라마난다의 글은 하나도 없지만 이 종파의 종교는 『라마짜리뜨마나사』(*Rāmacaritmānasa*)[33]를 지은 뚤시다스(1532~1623)에 기반하고 있다. 발미끼의 『라마야나』 번역문에 대한 이본이 신성한 언어인 산스끄리뜨가 아닌 힌디로 쓰였는데, 이 텍스트가 쓰인 곳인 바라나시의 브라만들은 이 텍스트가 토착어로 발간된 것에 충격을 받았다고 전한다. 이것은 하룻밤 동안 쉬바 사원에 머물던 사람들에 의해, 상부에 위치하는 베다, 뿌라나와 함께 평가되었다. 아침에 뚤시다스의 텍스트는 이들 가운데 가장 최상부에 놓이게 되었고, 이에 더해서 그 권위가 인정을 받았다.[34] 이 텍스트와 뚤시다스의 다른 작품들 속에서 라마는 최고의 신이자 다른 신들에게 칭송받는 존재로서, 모두가 그에게 복종하게 된다.

라마난디 교단은 현저하게 고행자적이고 기세적이다. 과거에 불가촉민을 포함한 모든 카스트가 이 교단에 입문하게 되었고, 입문식에서 과거의 모든 카스트 의무를 버리고 그 자리에 라마에 대한 봉사를 만들었다. 그러나 당시의 실천에는 카스트 제약이 라마난디 사원에서 강제되었기 때문에 오직 브라만들만이 성직자가 될 수 있었다. 비록 현재는 교단에 남아 있는 비구니가 거의 없지만 원래는 성별과 무관하게 모두 입문했다.

라마와 관련된 가장 대중적인 축제는 북인도에서, 특히 바라나시 근처의 람나가르(Ramnagar)에서 벌어지는 람릴라(Rāmlīlā)이다. 이 축제기간 동안에는 드라마틱한 대화의 암송과 더불어 바라나시의 마하라자(Maharāja) 성직자들에 의해 뚤시다스의 『라마짜리뜨마나사』가 암송된다. 비록 람의 삶(결혼, 추방, 라와나와 치른 전쟁)의 주요 사건은 람이 승리하고 돌아와 라마의 왕국을 세우는 것에 관한 것이지만, 라마와 시따의 이야기는 출생 시절 이야기부터 공연이 된다.[35]

## 요약

바이슈나와와 결합된 전통에 대한 개관 속에서 우리는, 남인도에서 기원한 열광적이고 낭만적인 신애주의의 형태가 북인도에서 기원한 존경받을 만한 신애로, 좀 더 소박한 전통과 결합되는 과정을 알 수 있다. 여기서 우리가 본 박띠의 유형—거대한 산스끄리뜨 전통에서 나오는 신과 함께 토착의 지역신이 결합하고, 성자들이 교단을 설립하는 형태—은 쉬바교 내의 신애적인 운동으로도 이어지게 된다. 비록 쉬바교가 낭만적인 신애주의이기보다는 요가 사상과 초월적인 고행주의 경향을 더욱 띠지만, 그럼에도 불구하고 그 속에는 강한 신애적 경향이 있으며, 특히 남인도에서 그러한 경향이 강하다. 이처럼 비슷한 성향을 가진 방대한 전통의 발전에 대해서는 다음 장에서 살펴보도록 하겠다.

# 제7장 샤이바교와 딴뜨라교

힌두 전통의 발전 안에서 우리는 브라만화, 즉 산스끄리뜨화 과정을 살펴볼 수 있다. 이러한 과정에서 베다의 사회적 가치인 거대한 브라만 전통, 베다 의례 형태 그리고 산스끄리뜨 학습은 의례, 이념과 관련해서 토착 대중 전통을 흡수한다. 예를 들면 비슈누와 동일시되는 비토바 숭배와 스깐다와 동일시되는 무루깐 등에서 우리는 전통의 흡수를 엿볼 수 있다. 지역 전통은 토착 언어, 토착 신과 신화, 의례 형태로 표현되었고, 귀신 숭배는 산스끄리뜨화를 통해 보편화되었다. 알와르의 시와 낭만적인 신애는 이들의 시가 브라만적인 슈리 바이슈나와 사상(이를테면, 이것이 산스끄리뜨화되는 것)으로 흡수되어 전 남아시아 현상(이를 테면, 전통의 보편화)이 된다. 게다가 종교가 지역 의례와 귀신 숭배라는 수준에서 형성되어 차례로 이들 숭배에 영향을 끼친다. 지역 의례와 신에게 홀림은 브라만 종교의 기초를 이룬다.

두 번째로 중요한 과정은 소위 고행자 사상의 변형과 관계있다. 다시 말해서 한편으로는 이것이 『바가와드 기따』에서처럼 좀 더 높은 카스트 재가자 사상으로 동화하는 것이며, 또 다른 면으로는 화장터와 관계있는 낮은 카스트의 귀신 숭배 안으로 동화하는 것이다. 이러한 두 극단 사이에서 다샤나미와 같은 정통 기세자가 매우 숭배된다. 이러한 고행 사상과 관련된 표현은 이미 논의된 바 있는 기세의 베다나 비베다적인 기원에 관한 역사적 의문과 연결될 지도 모른다. 그러나 그것의 기원이 무엇이든 간에 재가자들 사이에서 기세자로 향하는 양극적인 태도는 과거에도 있었고 지금도 있다.[1] 한쪽 끝에서는 상층 카스트의 남성 재가자 사상을 지닌 정통 기세자가 매우 숭배된다. 반면에 다른 끝에는 화장터에서 공개적으로 오염을 자초하면서 사는 무서운 비정통 고행자가 존재한다. 이러한 양극적인 태도는 재가자와 고행자 사상 모두를 가진 역설의 신인 쉬바 종교 안에서 명확하게 설명된다.

쉬바교는 쉬바의 가르침(*śivaśāsana* 쉬바샤사나)을 따르고, 쉬바나 쉬바의 배우자이자 힘인 샥띠에 초점을 두는 전통을 말한다. 비슈누교에서도 나오는 비베다적인 의례 형태와 관념이 브라만의 정행으로 흡수되는 것, 토착 신이 범 힌두 신과 동일시되는 것과 같은 과정이 쉬바교에서 나타난다. 이 장에서는 쉬바의 기원과 쉬바 숭배에 중점을 두고 있는 전통에 대해 살펴볼 것이다. 쉬바교는 비록 그것의 재가자 형태에서도 바이슈나와보다는 좀 더 고행주의적인, 즉 고행자 사상을 향하고 있지만 의례적 관행과 종교의 다양성이 그 안으로 흡수된다. 실제로 쉬바교의 특성이나 쉬바교의 영감은 기세자 전통 가운데 특히 화장터 기세자 전통에서 찾을 수 있다. 샤이바 고행주의는 재가자, 속세의 삶 그리고 왕권 사상과 강하게 결합하는 비슈누교와는 대조적이다. 요컨대 비슈누교는 쉬바교보다 좀 더 베다적이며 정행적인 경향을 띤다.

물론 이것에 대한 설명은 좀 더 복잡하며 왕실의 후원과도 관계 있지만, 대체로 쉬바교는 고행자적이고 황홀경이라는 경향이 더욱 두드러진다. 한편, 일반화시키기에 앞서 한 가지 조심해야 할 것이 있는데, 그것은 니체(Nietzsche)에서 나온 개념으로, 질서, 통제와 법이 중요한 아폴로형(Apollonian) 문화와 '춤의 황홀경' 상태를 숭배하는 디오니소스형(Dionysian) 문화 간의 루스 베네딕트(Ruth Benedict) 구분을 이데올로기적인 수준에서 비슈누교와 쉬바교에 적용시킬 수 있다는 주장이다.[2] 비록 끄리슈나를 향한 신애는 황홀경과 도덕폐기론적인 특징이 확실히 있지만, 비슈누교에서 나오는 사상은 베다의 정행적인 경향과 베다적인 가치를 유지하는 경향이 강하다. 물론 쉬바교에도 일부 정행적인 경향이 있지만, 딴뜨라와 관련된 비베다적인 계시를 거리낌 없이 받아들이며 더러운 화장터에서 영감을 끌어낸다. 쉬바교의 몇 가지 황홀경의 경향은 쉬바 신화 속에서 구체화된다.

### 닥샤(Dakṣa) 신화

쉬바 설화에서 중요한 신화가 닥샤 신화이다. 이 이야기는 『마하바라따』에서 전해지며, 뿌라나에 이것과 관련된 이본이 많이 나온다. 브라흐마의 아들(베다 안에서 그의 어머니는 아디띠이다)인 닥샤는 사띠의 아버지이다. 사띠는 아름다움과 금욕 생활의 힘 때문에 쉬바의 아내가 된다. 하지만 결혼식을 치르는 과정에 장인 닥샤와 사위 쉬바 간에 갈등을 일으킨다. 결혼식이 끝나고 난 뒤 쉬바와 사띠는 까일라사(Kailāsa) 산으로 들어가고, 닥샤는 쉬바를 제외한 모든 신들을 초대하여 말 희생제를 치를 준비를 한다. 한편 쉬바는 이러한 사실을 무시하고 신경 쓰지 않았지만, 사띠는 이와 같은 아버지의 무례함에 불같이 화를 내며 희생제가 벌어지고 있는 곳으로 간다. 흥분한 상태로 그녀는 요가적인 힘을 이용해 스스로를 불태워 자살해버린다. 아내가 죽었다는 소리를 들은 쉬바는 격분하고, 무시무시한 비라바드라(Vīrabhadra)의 모습으로 악마적인 힘을 지닌 대군을 이끌고 닥샤의 희생제를 공격한다. 의례가 치러지던 곳은 완전히 파괴되고, 닥샤는 쉬바에 의해 참수당해 닥샤의 목은 희생제의 제물이 된다. 그 다음에 쉬바는 닥샤와 희생제를 소생시킨다. 어떤 본에는 닥샤 대신 염소가 희생된 것으로 나오기도 하는데 여기에서는 희생제에 쉬바가 초대되어 희생제를 부드럽게 진행하는 것으로 전해진다.[3] 후대의 몇몇 다른 본에서는 쉬바가 사띠의 몸을 찾아 슬픔과 격분한 상태로 사띠의 시체를 붙들고는 우주를 가르듯이 난폭하게 춤을 춘다(다음 내용은 p.304 참조).

이 신화는 다양한 이본을 통해 여러 가지로 해석될 수 있지만, 여기서 한 가지 뚜렷하게 알 수 있는 것은 쉬바가 원래 베다 희생제에서 배제되었다는 것이다. 쉬바는 본래 베다 만신전 밖의 신이었으나 나중에 베다 만신전의 신으로 받아들여지게 된 것 같다. 실제로 쉬바는 불 제사를 파괴하는 일을 하면서 역설적이게도 그것을 집행하는 일을 하고 그를 통해 제사는 자신에게 속해 있다고 하는 사실을 확인하고 있다. 사실상 우리는 이 신화에서 쉬바교의 발전에 대해 유추해볼 수 있다. 쉬바는 베다적인 틀의 밖에 존재하지만, 전통이 그와 결합한다. 그리고 쉬바의 존재가 아주 무섭게 알려지면서 필연적으로 베다 만신전 속으로 흡수되어, 쉬바 전통은 베다 사상, 의례와 섞이게 된다.

## 쉬바의 이미지

쉬바는 애매하고 역설적인 신이다. 쉬바는 웬디 오플러티에 의해 소위 '에로틱한 고행자', 남근상 그리고 예측 불가능한 신으로 묘사된다. 그 역시 요긴 독신자로 히말라야에서 고행 중이다. 세 개의 눈을 가진 신 쉬바는 자신의 세 번째 눈으로 욕망을 태워버리고, 화장터에서 춤을 추면서, 소나무 숲에서 현자의 아내를 유혹하는 존재이다. 쉬바는 헝클어진 머리를 풀어헤친 고행자이면서, 아내 빠르와띠(Pārvatī)와 두 아들 가네샤, 스깐다를 둔 한 가정의 남성이고, 재가자 사상을 가진 자이기도 하다. 쉬바는 자기 안에 반대의 성질 모두를 가지고 있으며, 심지어 반은 남성이고 반은 여성(*ardhanarīśvara* 아르다나리슈와라)으로도 그려진다.[4] 쉬바는 파괴의 신으로 묘사되어 창조자인 브라흐마, 유지자인 비슈누와 함께 소위 '힌두 삼위일체'의 한 부분에 해당하지만, 신도들에게 쉬바는 우주의 창조, 유지 파괴와 관련된 최고의 신이다. 쉬바는 인간적인 면에서 아직까지 자신의 참 본성을 숨기고 있지만, 쉬바의 본성은 은혜를 베푸는 자로 드러낼 수도 있다. 쉬바교 안에는 쉬바의 초월성이라는 매우 강한 측면이 있지만, 그렇다고 해도 쉬바는 다양한 모습으로 사원이나 사당에 안치되어 있으며, 신화에서도 그려진다. 쉬바는 특히 다음과 같은 모습으로 숭배되고 도상학적으로 그려진다.

- 히말라야의 까일라사 혹은 까일라쉬 산에서 명상하고 있는 요가 신으로서, 쉬바는 신상에서 재를 바르고 있는 모습으로 표현되고, 욕망을 태워버린 세 번째 눈을 가지고 있으며, 뒷머리를 땋아 내린 채로 머리에는 초승달 모양의 장식이 있고, 갠지스 강 물줄기

가 그의 머리타래를 타고 흐르고 있으며, 뱀과 신성한 루드락샤(*rudrākṣa*) 구슬로 만든 화관을 쓰고, 호랑이 가죽 위에 앉은 상태로 손에는 삼지창을 들고 있다.

- 쉬바의 아내인 여신 빠르와띠, 두 아들 스깐다와 코끼리 머리 모양의 가네샤 등과 함께 한 가정의 남성으로서, 신성한 황소 난디가 쉬바의 곁에 나란히 서 있다.

- 춤추는 신 쉬바 나따라자(Śiva Naṭarāja)로서, 쉬바는 장엄한 춤을 통해 자신의 무한한 에너지, 우주의 창조, 유지와 파괴를 표현한다. 쉬바는 네 개의 팔을 가진 자로, 화염의 원형 안에서, 무지의 난장이(Apasmāra 아빠스마라) 위에서 춤을 추고 있다.

- 쉬바 링가(Śiva *liṅga*)라는 '상(像)'의 모습으로 대부분의 힌두 사원에서 발견된다.[5] 링가는 음문 내의 남근상으로, 이것은 그의 역동적인 에너지인 샥띠와 함께 쉬바의 합일에 대한 상징을 나타낸다.

## 초기의 루드라-쉬바(Rudra-Śiva) 숭배

인더스 강 유역에서 나온 인장이 쉬바의 조상(彫像)이라는 것과 관련된 몇 가지 추측(p.57 참조)과는 별도로, 최초로 쉬바를 언급하고 있는 것은 『리그 베다』이다. 『리그 베다』의 세 가지 찬송 안에서 쉬바는 '고함지르는 자'인 루드라로 나온다. 루드라의 배는 검은 색이고 등은 붉은 갈색 피부로 되어 있다. 루드라는 사납고 파괴적이며 폭풍의 신의 최고신인 마루뜨로, '사나운 야생 짐승처

넘' 공격하지만 그 역시 호의적인 질병의 치료자이기도 하다. 『리그 베다』 2.33, 1.43과 1.114 찬송은 모두 루드라를 찬양하는 내용이며, 루드라에게 자기네 집단을 해치지 말고 아이와 손자들을 데려가지 말 것과 자신의 말과 소를 죽이지 말고 자기네를 떠나 대신에 다른 사람에게 병이 옮겨 가길 간청한다.

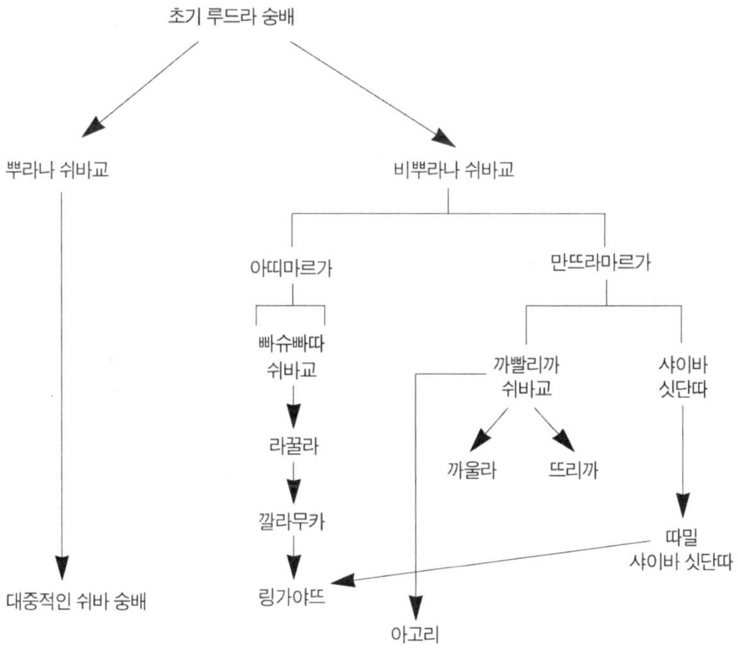


〈표4〉 샤이바 전통의 발전

흑 야주르 베다에 속하는 『따잇띠리야 상히따』(*Taittirīya Saṃhitā*)와 백 야주르 베다에 속하는 『바자사네이 상히따』(*Vājasaneyi Saṃhitā*)[6]에서는, 더 나아가 신의 애매모호한 특성으로 발전하여, 루드라의 악의적인 모습과는 대조적으로 상서로운 모습을 일컫는 소위 '루드라의 백 가지 이름(*śatarudriya* 샤따루드리야)'에 대한 찬송이 나온다. 루드라는 사냥터에 사는 야생의 신으로, 야성적인 습관 때문에 두려움의 대상으로 여겨져 인간 공동체에서 떨어져 나와 산다. 그러나 『리그 베다』에 나오는 것처럼 그 역시 치료자이며, 약초의 신이자 가축의 신 빠슈빠띠이다. 이 찬송은 하나의 신을 여러 신성한 이름으로 부르는 현상의 초기 예인데, 이를 통해 사람들은 그 신이 남신이든 여신이든 그와 접촉할 수 있게 되었다. 처음 몇 세기 동안, 예를 들면 『자발라 우빠니샤드』(*Jābala Upaniṣad*) 안에서는 샤따루드리야의 암송이 불멸로 인도하는 것[7]으로 주장되며, 샤따루드리야는 『쉬바 뿌라나』 속에서 자주 언급된다. 찬송은 쉬바 사원에서 지금도 암송되고 있다.[8]

루드라는 베다 만신전 주변의 신이다. 아리야인 집단에서 떨어져서 산다는 식의 묘사는 루드라의 기원이 비베다적임을 의미하는 것일 수도 있다. 하지만 루드라가 이들의 찬송 안에 포함되어 있다는 사실은 루드라가 주변에 있긴 하지만 여전히 베다 만신전의 일부임을 보여준다. 기원전 5~4세기까지 루드라쉬바는 더욱 더 우월한 위치에 올라, 『슈웨따슈와따라 우빠니샤드』 안에서 그는 우주에서 영향력 있는 물질적 근원인 최고의 절대자와 동일시된다.

## 슈웨따슈와따라 우빠니샤드

백마를 탄 현자의 가르침(*śvetāśvatara*)이라는 뜻의 『슈웨따슈와따라 우빠니샤드』는 기원전 5세기나 4세기경에 지어졌는데, 연대기상으로 보아 『브리하다라니야까』와 『짠도기야 우빠니샤드』와 『바가와드 기따』 사이에 쓰인 것이다. 이 문헌은 초기 우빠니샤드의 단순한 일원론과 후대의 샤이바와 바이슈나와 전통에서 나오는 유신론의 과도기적인 특색을 띠기 때문에 힌두 종교사상의 발전을 이해하는 데 있어서 매우 중요하다. 이 문헌은, 모든 것의 원인은 무엇일까? 누가 기쁨과 고통이라는 다양한 상태를 지배하는가와 같은 우주와 인간의 근원에 대한 일련의 질문을 구하는 것으로 시작한다. 다음으로 문헌은 최고신의 위치에 있는 대상으로서 루드라를 높이는 종교를 제안하는 것에 대한 질문들에 답하고자 한다. 여기에 나오는 신(*Īśa* 이샤)은 후대의 전통에서 쉬바에 해당하는 것으로, 초월적인 존재이면서 우주적인 기능을 하기도 한다. 슈웨따슈와따라에 따르면,

- 신은 우주의 근원이다.
- 신은 그의 힘을 통해서 세상을 만들고, 그것을 유지하는 '마법사(*māyin*)'이다.
- 신은 초월적이며 우주 너머에 살고 있지만, 모든 생명의 마음속 어디에나 내재해 있기도 하다.

이것은 『마하나라야나 우빠니샤드』와 『바가와드 기따』와 관련된 다소 후대의 바이슈나와 신학과 같고, 앞선 두 문헌처럼 신과 개인적인 영혼 간에 몇 가지 구별을 짓고 있어 보인다. 비록 베다베다(*bhedābheda*)라는 용어는 사용하지 않지만, 슈웨따슈와따라는 동일함 속의 차이라는 신학을 전한다. 영혼은 성(性)이 없이 요가와 그가 하나 되는 신의 은총의 결과로 해탈을 얻을 때까지 까르마에 따라 신체의 이곳저곳을 떠돌아다닌다. 실제로 신과 신으로 여겨지는 인간 구루에 대한 최고의 신애를 행하는 사람이라는 맥락에서 박띠라는 용어가 처음 등장한다.[9] 그러나 이것은 문헌의

마지막 연에 나오는 것으로, 이 부분은 후대에 다시 첨가한 것으로 보인다. 박띠의 출처가 여기에서 나타나지만, 이때는 발전의 시기가 아니다.

## 쉬바교의 형성

루드라-쉬바는 『리그 베다』 안에서 찬양의 대상이고, 『슈웨따슈와따라 우빠니샤드』에서는 신격 절대 존재이지만, 쉬바와 샤이바 숭배에 관한 또 다른 초기 근거 또한 있다. 빠니니의 유명한 산스끄리뜨 문법(기원전 2세기)에 대한 빠딴잘리의 대주석서 『마하바시야』에는 동물의 가죽을 뒤집어쓰고 쉬바가 들고 다니는 삼지창의 전조로 보이는 철 작살을 가지고 다니는 쉬바-바가와따(*Śiva-bhāgavata*)라는 쉬바 신자가 나온다. 북인도를 지배한(기원전 200~기원후 100년) 그리스, 샤까 그리고 파르티아 왕의 화폐에는 쉬바의 상징인 황소와 관계된 것이 발견되며, 『마하바라따』에서는 초기 쉬바 고행자에 대해 언급하고 있다.[10] 그러나 쉬바교가 힌두 광신도의 주요 요소로 발전한다는 것을 보여주는 것은 뿌라나이다.

### 뿌라나 쉬바교

굽따 왕조(약 320~500년경) 동안에 뿌라나 종교가 발전한다. 뿌라나가 급속도로 퍼져 찬양자, 낭송자와 더불어 실제 이야기의 저자를 통해 마침내 아대륙 전역으로 퍼지기에 이른다. 이러한 발전은 이 문헌에 기초가 되는 브라만적인 숭배 형태인 스마르따 즉 빠우라니까의 발전을 동반했다. 굽따의 쇠퇴와 함께 스마르따 숭배는 잘 정립되었으나, 밀교적인 숭배의 성장으로 많은 요소가 브라만적인 숭배 형태 안으로 흡수되었다.

샤이바 뿌라나에서 가장 중요한 것은 링가이고, 『쉬바 뿌라나』에는 배타적으로 사원에 링가를 안치하는 것과 같은 샤이바 요소, 다양한 쉬바 형태에 대한 묘사로서 그의 몸이 초월적이고 영원불멸한 곧 우주라는 내용뿐만 아니라 계통학, 카스트별 의무, 다르마 샤스뜨라 요소와 점성술과 같은 평범한 뿌라나적인 주제를 포함하고 있다. 쉬바에 대한 공식 숭배와 관계있는 요소와는 별도로 『링가 뿌라나』에는 고행주의와 요가 가운데 특히 우리가 알고 있는 가장 최초의 샤이바 종파인 빠슈빠따(Pāśupata) 요가에 대한 내용도 나온다. 뿌라나에서는 샤이바에 대해서 소위 빠슈빠따, 라꿀리샤(Lākulīśa), 샤이바 그리고 까빨리까(Kāpālika)의 네 집단으로 분류하고 있다. 한편 라마누자의 『브라흐마 수뜨라』 주석서에서는 이들에 대해서 샤이바, 빠슈빠따, 까빨린(Kāpālin) 그리고 깔라무카(Kālāmukha)로 나눈다.[11] 이 모든 부류는 일반적으로 베다나 뿌라나 체계 밖에 위치한다. 실제로 모든 뿌라나는 베다나 스마르따 정통 범위 안에서 쓰였으며, 『꾸르마뿌라나』(*Kūrma-Purāṇa*)에서는 그것 대신에 샤따루드리야와 샤이바 요소가 들어있는 후대 우빠니샤드인 『아타르와쉬라스 우빠니샤드』(*Atharvaśiras Upaniṣad*)의 권위를 선호하는 빠슈빠따 체계[12]에 대해서 비난한다. 비록 뿌라나가 비정통 샤이바 요소로 널리 알려지나, 베다의 정(淨)과 다르마를 위협하는 것으로 보이는 비정통 즉 딴뜨라 체계와는 거리가 멀다.

정통 방식으로 베다 만뜨라를 이용하여 공물을 마련하는 뿌라나적인 뿌자를 수행하는 방법으로 쉬바를 숭배한 브라만 재가자는, 특정한 샤이바 종파에 입문하는 것이 아니라 베다의 가정의례라는 보편적인 맥락 안에서 바르나슈라마-다르마를 고수하는 스마르따로서 쉬바를 숭배했다. 샹까라는 자신의 『브라흐마 수뜨라』 주석서(라마누자가 주석을 단 것으로, 시와 같은 것)에서 쉬바 숭배자인 마헤슈와라(Maheśvaras)가 빠우라니까(*paurāṇika*) 숭배 방식을 따르는 사람을 의미한다고 전한다. 알렉시스 산더슨(Alexis Sanderson)은 스마르따 범위 안에서 브라만 샤이바인 마헤슈와라는, 입문식인 딕샤를 치르고 샤이바 경전(*śāstra*)에 포함된 쉬바의 가르침(*śivaśāsana*)을 따르는 사람들로서 전문 용어로 샤이바로 알려진 입문자와는 대조된다고 할 수 있다고 한다.[13] 샤이바 입문자는 해탈을 고대하는 데 비해서 샤이바 재가자인 마헤슈와라는 죽어서 세계란(世界卵)의 꼭대기(뿌라나적인 바이슈나와에서 바이꾼타로 이해되는 곳)에 있는 쉬바의 천국(*Śiva-loka* 쉬바-로까)으로 가게 된다.

샤이바 입문자(평신도인 빠우라니까 신도와는 대조적인 의미)는 좀 더 일반적인 특성에 따라 분류될 수 있는데, 알렉시스 산더슨은 이것을 소위 '외적인 길(Outer Path, *atimārga* 아띠마르가)'과 '만뜨라의 길(Path of Mantras, *mantramārga* 만뜨라마르가)'로 나누어 다시 명확히 설명했다.[14] 샤이바 텍스트인 아가마 즉, 딴뜨라 안에서 두 가지 주요 분파로 설명하고 있다. 전자는 오직 고행자에게만 열려 있는 것으로, 오로지 산사라로부터 받는 구원이라는 목적을 위한 길인 반면에, 후자는 고행자와 재가자 모두에게 열려 있는 것으로, 궁극적인 구원으로 이끄는 길일 뿐만 아니라 그 길을 따라 더 높은 세계에서 초자연적인 곧, 마술적인 힘과 기쁨(*bhoga*)을 얻을 수 있도록 이끄는 길이기도 하다. 아띠마르가는 '좀 더 상위의 길'로도 표현될 수 있는데 이 길은 삶의 네 단계라는 정통 체계를 초월하는 것으로, 아띠마르긴에 의해 의하면 정통 기세 단계보다도 한층 더 상위의 길에 해당하는 것이다.

**빠슈빠따 쉬바교**

더 높은 길(*atimārga*) 안에는 빠슈빠따와 그 하위 분파로서 라꿀라라고 하는 깔라무카 교단의 일부에 해당하는 두 개의 주요 교단이 있다. 빠슈빠따는 가장 오래된 샤이바 종파로, 기원 후 약 2세기경에 나온 것으로 추정되며, 『마하바라따의 나라니야(Naraṇiya) 편』[15]에 나온다. 하지만 이들이 속해 있는 고대 텍스트는 남아 있는 것이 하나도 없다. 우리가 가진 유일한 빠슈빠따 경전은 10세기 이전이긴 하지만 비교적 늦은, 까운딘야(Kauṇḍinya)가 쓴 주석서 『빠슈빠따 수뜨라』(*Pāśupata Sūtra*)이다.[16] 이 경전은 화장터에서 브라만의 시체로 들어가 소생하여 역사상의 현자, 라꿀리샤가 된 것으로 보이는 루드라의 계시로 전해진다. 이 모습은 『꾸르마 뿌라나』(*Kūrma Purāṇa*)[17]에서 언급되는 마지막 쉬바의 화신으로도 간주된다. 이 모습으로 그는 『빠슈빠따 수뜨라』에 담겨 있는 가르침을 전했다.

빠슈빠따 고행자는 상층 카스트 입문 의식을 치른 브라만 남성이어야 했다. 비록 그가 삶의 어느 단계에서나 빠슈빠따가 될 수 있었지만, 상층 카스트라는 자신의 지위에 따라 하층 카스트 혹은 여성과 말해서는 안 된다는 계율은 자신의 종교적인 실천에서 여전히 중요했다. 실제로 『빠슈빠따 수뜨라』에 관한 까운딘야 주석서의 한 절[18]에는 '고행자를 유혹하는 요부'라는 여성 차별적인 용어가 나온다. 여기서 요부는 고행자를 미치게 해 그의 성욕이 경전으로는 통제될 수 없을 정도라고 나온다. 빠슈빠따 고행자는 브라만 독신주의자이어야만 했지만, 『꾸르마뿌라나』와 같은 몇몇 베다 스마르따 텍스트에서는 비난의 대상이었다.[19] 빠슈빠따는 인생의 네 단계를 지나 다섯 번째 단계인 소위 '완전한 단계(*siddha āśrama* 싯다 아슈라마)'로 나아가는 것이며, 정(淨)함과 가정의 삶에 대한 베다 재가자의 규칙을 얕보는 것으로, 정통 재가자 사회의 극히 가장자리에 위치한 것으로 보인다. 그러나 다른 많은 샤이바 집단과는 달리 빠슈빠따는 결코 베다 가치를 버렸다거나 완전히 거부하지는 않았다. 거부라기보다는 오히려 베다적인 삶의 최고조이자 충실한 이행이라는 측면에서 이 전통을 이해하고자 한다. 까르마와 재생으로부터 해탈은 죽음의 순간에 일어나는 것으로, 여기서 해탈은 전지전능한 힘이라는 속성을 획득하는 것으로 개념화되었다. 궁극적으로 이러한 해탈은 루드라의 은총을 통해서 얻었지만, 빠슈빠따로서 어느 정도의 노력이 필요했다. 이것은 세 가지 발전적인 단계 안에서 영적인 실천(*sādhana*)이 수반되는 맹세 즉, 서원(*vrata* 브라따)이라는 방식을 통해 이루어졌다.

첫 번째 단계에서 고행자는 샤이바 사원에서 지내면서 몸에 재를 바르고, 물로 목욕하는 것을 금지하며, 춤과 노래, 쉬바에게 신성하게 여겨지는 다섯 가지 만뜨라에 관한 명상, 웃음과 사원 순행과 같은 방법으로 신을 숭배하는 것 등에 몰두했다. 두 번째로는 사원을 떠나는 단계이다. 고행자는 자신의 숭배 관계에서 만들어진 외적인 모습을 벗고, 젊은 여성에게 외설적인 포즈를 취하며, 자고 있지 않는 동안에도 심하게 코를 골아대고 심지어는 불구자인 것처럼 행동하는 등, 마치 미친 사람처럼 공공장소에서 반사회적인 행동을 한다. 이러한 행동은 좋은 까르마가 고행자에게 옮겨가도록 하는 반면에 나쁜 까르마는 고행자에게 욕한 사람에게 전이되도록 하기 위해서 지나가는 사람에게 욕설을 유도하는 것이었다. 세 번째이자 마지막 단계는 다섯 가지 신성한 만뜨라와 성스러운 음절인 옴(*oṃ*)을 이용한 명상을 하기 위해서 동굴이나 버려진 집과 같이 외딴 곳으로 후퇴하는 것이다. 이러한 명상을 힘들이지 않고 쉽게 달성할 수 있을 때 고행자는 마지막으로 자신이 살던 화장터로 물

러나 최후에 루드라와 합일(*rudrasāyujyam* 루드라사유지얌)을 얻으면서 죽게 된다.[20]

### 빠슈빠따의 하위 부류

빠슈빠따 속에는 다양한 하위 부류가 있는데 그 중에서 가장 중요한 것이 라꿀라였다. 그들은 『빠슈빠타 수뜨라』 교리를 받아들인 고행자들로, 다른 빠슈빠따와 비교해서 고행의 실천이나 베다의 권고를 거절한다거나 초월하는 면에 있어서 좀 더 대담했다. 산더슨은 이 종파에서 남긴 유일한 필사본을 인용하면서 이들을 해골 동냥 바가지를 들고 사람 뼈로 만든 화관을 쓰고, 온 몸은 재를 덮어쓴 채 헝클어진 혹은 다 밀어 버린 머리에 해골을 끝에 단 지팡이(*khaṭvāṅga* 카뜨왕가)를 짚고 여기저기 돌아다니는 모습으로 루드라 신을 흉내 낸 자들로 묘사한다.[21] 여기서 고행자는 브라만한 사람을 죽이겠다고 하는 '대서원'을 하는 정도로 극단적으로 루드라를 흉내 낸다. 다르마 샤스뜨라에 의하면 브라만을 죽인 자는 베다 사회의 바깥인 숲속 오두막에 살면서 12년 동안 속죄의 참회를 해야 하는데 살해당한 사람의 해골을 깃발같이 들고 다녀야 했다.[22]

이러한 사상은 한 신화가 뿌라나에서 여러 가지 형태로 바뀌어 전해짐으로써 더욱 강화되었다. 그 이야기의 근간은 다음과 같다. 신 브라흐마가 자신의 딸에게 욕정을 느껴 딸과 잠자리를 하려 한다. 그래서 쉬바는 흉포한 바이라와(*Bhairava*) 모습으로 나타나 엄지손톱으로 브라흐마의 다섯 번째 머리를 베어버린다. 그러자 그 머리는 바이라와의 손을 떠나지 않았고, 결국 그는 두개골이 떨어진 까빨라모짜나('두개골을 자유롭게 하는 곳') 띠르타(사당)가 있는 바라나시에 이를 때까지 여러 사당을 헤매고 다닌다. 그리고서야 쉬바는 브라만 살해 죄로부터 자유로워진다. 브라만(일명 브라흐마)의 두개골을 가지고 방랑하는 자로서 쉬바는, 거지인 빅샤야따나(Bhikṣāyatana)와 두개골을 지닌 까빨린(Kāpālin)으로도 알려져 있다. 이 신화에 대해서는 수많은 이본[23]이 있지만, 여기서 말하는 핵심은 이 이야기가 두개골을 지니고 있는 쉬바의 모습과 라꿀라 고행자의 동일성을 강화하는 데 뒷받침된다는 점이다.

라꿀라 교단의 하나인 깔라무카는 9~13세기에 번성했는데, 이들에 대해서는 주로 남인도의 비문을 통해 알 수 있다. 이들은 까르나따까(Karnataka)에서 퍼졌으며, 13세기에 이들은 이 지역에서 링가야뜨(Liṅgayat) 종파로 대체되었다. 깔라무카는 자신의 고유 사원이 있었다. 술을 가득 채운 병 속에 들어 있는 루드라를 숭배하고 소똥이 아닌 시체의 재를 몸에 바르는 식으로, 이들의 실천에는 이단적인 요소가 매우 강함에도 불구하고 스스로를 베다의 틀 내에 속하는 자로 간주했다.

해탈로 직접 이끄는, 좀 더 상위의 길인 아띠마르가와는 대조적으로 만뜨라의 길(*mantramārga*)은 입문자에게 마술적인 힘의 획득과 함께 좀 더 상위의 세계에서 경험하는 기쁨을 거쳐 해탈에 이끈다. 일반적인 범주 내에는 많은 전통과 의례 체계가 있는데, 산더슨은 수많은 종파와 문헌을 통합하는 범주로 크게 샤이바 싯단따(Śaiva Siddhānta)와 비싯단따(non-Siddhānta) 체계라는 두 개의 넓은 범주로 나눌 수 있다고 보았다.[24] 만뜨라의 길 내에서 이 모든 전통은, 권위적인 계시로서 아가마와 딴뜨라로 알려진 거대한 문헌의 실체를 숭배했다. 이 문헌들은 모두 정통 베다 전통에 의해 엄격히 이단으로 간주되었다. 그럼에도 이들 문헌의 많은 부분이 정통으로 스며들게 되어, 심지어는 스마르따 범위 내에서도 권위적인 것으로 숭배되었다. 계시로 여겨지는 샤이바 딴뜨라 텍스트와 비교해서 만뜨라의 길에서 나오는 전통은 일명 '딴뜨라 전통'으로 알려져 있다. 만뜨라마르가 전통에 대해 예를 들기에 앞서, 먼저 딴뜨라 계시인 아가마와 딴뜨라에 대한 몇 가지 일반적인 의미를 정리할 필요가 있다.

## 딴뜨라 계시

딴뜨라의 연대는 대개 8세기 전후에 나온 것으로 보이며, 10세기에 방대한 산스끄리뜨 텍스트의 본문이 발전한다. 이것은 일반적으로 '딴뜨라'라고 부르지만 '아가마'라는 용어로도 사용되며, 빤짜라뜨라의 바이슈나와 텍스트인 '상히따'와 같다(p.199 참조). 바즈라야나(Vjrayāna, 밀교) 텍스트에 토대를 이루는 불교 딴뜨라 대전집이 있는데, 이것은 산스끄리뜨 원본이 유실된 채 티베트어 번역서만 남아 있다. 딴뜨라의 종교 문화는 본질적으로 힌두이고, 불교 딴뜨라 요소는 샤이바 요소에서 끌어져 나오는 것으로 보일 수 있다.[25] 자이나 딴뜨라와 관련된 주요 본문과 사우라(Saura) 전통 안에서 태양과 관련된 딴뜨라 전집도 있었지만 전하는 것은 하나도 없다. 딴뜨라 텍스트는 그것을 숭배하는 전통에 의해서 베다보다 우월한 계시로 간주된다. 즉, 샤이바 딴뜨라는 쉬바의 계시이고, 바이슈나와 딴드라는 비슈누의 계시이며, 샥따 딴뜨라는 여신의 계시로, 현자를 매개로 인간 세상에 전해진다고 여겨진다. 베다 정통에서는 거부되지만 딴뜨라 신자인 딴뜨리까(*Tāntrika*)는 낮은 수준에서 자신들만의 고유함 안에서 성취와 깨달음이라는 정통의 체계를 이루었다. 어떤 점에서 계시는 진보적이었고 위계의 정점에 자신들의 고유한 체계를 두고 있었다. 딴뜨라 샤이바파는 베다 정통에서 나오는 황홀경의 절정으로서 자신들의 계시를 이해한 반면에, 불교 바즈라야나 수도자들은 자신들의 딴뜨라를 대승 불교(Mahāyana Buddhism)의 최고조로 간주했다.

중세 초 딴뜨라 종교가 급격히 발전하는 곳은 까슈미르와 네팔 지역이었는데, 이곳에는 중요한 필사본이 보존되어 있다. 또한 벵갈과 앗삼 역시 중요한 지역이었는데, 이렇듯 딴뜨라는 남단에 위치한 지역까지 스며들었다. 실제로 딴뜨라 교단과 텍스트에서 전하는 실천은 대략 10세기나 11세기에 전 인도에 퍼진 것으로 보인다. 많은 딴뜨라가 따밀어로 번역되어 있으며, 남인도 사원에서 기도문의 토대가 된다. 딴뜨라교(Tantrism)는 11세기 이후 전 힌두교에 침투하게 되었는데, 아마도 베다 슈라우따 전통을 제외하고는 모두 딴뜨라에 영향을 받은 것으로 보인다. 샤이바, 바이슈나와, 스마르따 종교와 관련되는 모든 형태, 심지어 스스로를 딴뜨라교와 거리를 두고자 했던 형태조차도 딴뜨라 요소를 흡수했다.

딴뜨라는 일반적으로 쉬바와 여신(데위, 빠르와띠, 우마) 간 대화의 형태를 취한다. 제자로서 여신이 질문을 하면 스승인 쉬바가 이에 답하는 식이다. 바이슈나와 딴뜨라(이를테면, 빤짜라뜨라 상히따) 안에서 이루어지는 대화는 신과 여신 슈리 즉, 락슈미 간에 이루어진다. 몇몇 딴뜨라는 샥따 전통이라고 말하는 여신에게 초점을 맞추고 있는데, 여기서는 질문하는 대상이 쉬바이고 여신이 이에 답한다. 이러한 설화 구조는 딴뜨라교 속에서 구루의 중요성으로 나타난다. 여신이 쉬바로부터 지혜를 받는 식으로, 아니면 어떤 경우 이와 반대로, 결국은 제자가 스승으로부터 지혜를 받는다는 것이다. 딴뜨라의 의미는 종종 불분명하고, 살아가는 환경이나 구술 전통 그리고 구루에 의해 주어진 가르침 속에서 편집된 것임을 알아야 한다. 딴뜨라는 종종 스스로를 비밀스러운 것으로 간주하는데, 과거 행위가 미치는 힘을 씻어 없애주는 데 유효한 입문 의례를

수행할 때만 구루에 의해 드러나는 것으로 간주한다.[26]

딴뜨라는 의례적인 성행위와 음주 그리고 사나운 신에게 고기를 바치는 것과 같이 에로틱하고 도덕폐기론적인 요소로 평판이 나 있지만, 이들 내용의 대부분이 좀 더 소박한 특징을 띠며 이 속에는 좀 더 방대한 주제와 관련된 내용을 담고 있다. 근본적으로는 의례서이지만 딴뜨라는 만뜨라 구조, 위계적인 우주론, 입문식, 못들을 정도로 희미한 소리의 발산, 요가, 교리, 특유한 행동, 사원 건축과 같은 구성물에 대해 알기 쉽게 설명한 것이기도 하다. 전통적으로 딴뜨라는 네 가지의 주제 즉, 네 '다리' 혹은 '지지물(*pāda* 빠다)'을 갖는데, 그것은 교리(*vidyā* 혹은 *jñāna-pāda* 쟈나-빠다), 의례(*kriyā-pāda* 끄리야-빠다), 요가(*yoga-pāda* 요가-빠다), 계율 즉, 옳은 행위(*cārya-pāda* 짜리야-빠다)를 포함해야 하는데도 예외적으로 이 텍스트만은 이 구조를 따르고 있다.[27] 교리를 둘러싸고는 저마다의 차이가 있으며, 각각의 딴뜨라 체계는 그 자체가 다른 것들보다 우월하다고 생각한다. 그럼에도 불구하고 이 속에는 특히 영적 수행(*sādhana*)과 의례에 있어서 교리상의 차이를 초월하는 공통의 요소가 존재한다.[28] 딴뜨라에 포함되어 있는 가장 보편적인 특성은 아래와 같다. 이러한 특성의 일부는 딴뜨라에만 해당하는 것은 아니며, 또한 모든 딴뜨라가 아래의 요소 모두를 담고 있지는 않다.

- 딴뜨라는 실천인 사다나와 관계되는 것으로, 여기에는 입문식, 의례와 요가를 포함한다.
- 신과 만뜨라에 관해서는 여러 변형이 있지만, 딴뜨라에는 보편적인 의례 구조가 존재한다. 이 구조는 그것의 상징적인 파괴를 통한 신체의 정화, 만뜨라를 통한 신성한 몸/자아의 창조, 내적의

숭배인 마음속 구상화, 외적인 숭배인 뿌자를 추구하는 것으로 요약될 수 있다. 이러한 과정에는 손짓(*mudrā* 무드라)의 사용, 만뜨라 반복, 신성한 도해(*yantra* 얀뜨라, *maṇḍala* 만달라) 작성을 포함한다.

- 딴뜨라는 초기 전통에서 나오는 우주적인 위계를 흡수하는 정교한 위계의 우주학을 나타낸다. 예를 들어 샤이바 싯단따의 최상의 세계는 까슈미르 샤이바 전통 내에서 세상을 좀 더 초월하는 것이다.
- 신체는 신성하고, 그 안에는 우주의 위계, 남신의 요소와 그의 배우자인 여성 에너지라는 우주적인 양극성을 담고 있다. 남신은 종종 쉬바이고, 그의 샥띠는 여신 꾼달리니이다. 신체 안에서 이 둘의 결합은 해탈의 상징적인 표현이다.
- 딴뜨라는 마술과 같은 힘을 획득하는 것과 수행자의 영적인 여정의 일부로서 상위의 세상(*bhoga* 보가)에서 희열을 경험하는 것과 관계가 있다. 이는 신체를 통한 꾼달리니의 여정으로도 개념화되고 경험된다.
- 딴뜨라는 홀림(*āveśa* 아웨샤), 액막이와 관련되어 있다.

비록 이러한 보편적인 특징이 있지만, 딴뜨라 교단은 자신들의 고유한 계시가 다른 전통 위에 있다고 생각하는 종파적인 경향이 있다. 게다가 딴뜨라는 힌두 전통의 보편적인 특성을 되풀이하고 있다. 이 말은 딴뜨라가 일종의 하위 단위에서 이전의 종교적 형태와 텍스트를 통합한다는 것이다.

## 딴뜨라의 사회적 토대

딴뜨리까의 사회적 지위에 대해서는 거의 알려진 바가 없다. 딴뜨라는 화장터에 살고 있는 고행자 집단에서 기원한 것으로 보이는데, 이들은 아마도 브라만 태생은 아니지만 하층 카스트 집단 가운데 상위 부류에 속한 것으로 보인다. 이러한 화장터 고행은 인도 종교의 오랜 풍습으로 거슬러 올라가는데, 테라바다 불교의 빨리어 경전이 이것을 입증한다.[29] 이 고행자들은 베다 정통의 경계 너머에 있다. 즉, 여기서 고행자 사상은 낮은 사회적 수준에서 표현된다. 중세 초까지 황홀경의 고행자 집단은 바이라와나 여신 깔리(Kāli)와 같은 무서운 신을 흉내 냈다. 이러한 신들은 비채식 공물, 술과 성적인 물질로 달랬다. 제어된 감정은 이들의 수행 특징으로, 고행자는 신을 사로잡기 위해서(*āveśa mām* 아웨샤 맘, '나를 길들이다') 신을 초대하지만, 신을 제어하려는 시도를 통해서 힘을 얻는다. 『네뜨라 딴뜨라』(*Netra Tantra*) 텍스트가 이러한 홀림과 액막이 숭배를 입증한다.[30] 이 고행자 집단은 화장터에 살던 하층 카스트가 지지한다.

이 집단의 사상은 11세기에 까슈미르에서 보이는 것처럼, 대중 종교뿐만 아니라 브라만 사회에도 영향을 주기 시작했다. 여기에서는 쉬바의 한 형태인 스왓짠다-바이라와(Svacchanda-Bhairava) 신과 관련된 대중적인 숭배가 딴뜨라 고행주의에 영향을 받는데, 더욱 중요한 것은 브라만, 왕실과 같은 좀 더 높은 사회적 수준에 끼친 영향이다. 실제로 교육받은 브라만 엘리트인 샤이바 신학자 아비나와굽따가 그 일례에 해당하는데, 아비나와굽따는 극단적인 딴뜨라 사상을 상층 카스트의 한층 수준 높은 종교로 변형하려고 시도했다. 딴뜨라의 영향은 실제 사회적 관심이었으며 이 요소들이 까슈미르 왕실 속으로 스며들어 끄셰멘드라(Kṣemendra)와 같은 드라마 작가에 의해서 희화화되었다.31) 그러나 12세기 이후에 딴뜨라교는 무슬림의 침략과 델리 술탄 조(1206~1526)의 시작으로 북인도와 중부 인도에서 급속도로 쇠퇴했다. 까슈미르는 1014년에 가즈니(Ghazni)에서 온 마흐무드에 의해 약탈당하나, 12세기까지 이 지역은 무슬림의 지배를 받지 않은 상태였다. 무슬림 통치가 미치지 않던 남부에서 딴뜨라교는 살아남았고 사회적 기반으로 흡수되었다. 딴뜨라는 사원에서 텍스트로 사용되며, 따밀나두와 께랄라 지역에서는 상당히 인정을 받았으니 이곳에서 '딴뜨리'라고 하면 사원에 신상을 설치하는 남부드리 브라만 상층 카스트를 의미한다. 이 신상 안치는 딴뜨라교에서 행하는 화장 토대의 기원으로부터 멀리 떨어져 있는 풍습이다.

### 만뜨라의 길

비록 외부의 혹은 상위의 길인 아띠마르가에는 『빠슈빠따 수뜨라』가 있긴 하지만, 그것이 별도의 계시라기보다는 다른 전통에서 나오는 경전을 바탕으로 하고 있다. 하지만 그 자체는 모든 경전을 능가하는 것으로 간주될지도 모른다.32) 이와 반대로 만뜨라마르가 계시는 모든 샤이바 딴뜨라로 이루어져 있다. 그리고 이 방대한 텍스트 본문에 수많은 부류를 포함하고 있다. 만뜨라의 길과 관련된 가장 중요한 특징은 샤이바 싯단따로 알려진 전통과 비싯단따 집단 즉, 바이라와의 가르침(*Bhairava-śāstra* 바이라와-샤스뜨라)으로 알려진 것이다. 이것은 다시 수많은 전통으로 나누어져, 샤이바 싯단따(열개의 쉬바 아가마와 여덟 개의 루드라 아가마로 나누어진다)와 다수의 바이라와 딴뜨라로 존재한다.33) 샤이바 싯단따에 대해서 먼저 살펴보자.

### 샤이바 싯단따

샤이바 싯단따는 만뜨라의 길과 관련된 기본적인 의례와 교리 체계를 제공하는 것으로, 모든 비싯단따 전통의 의미를 전제하고 있다. 샤이바 싯단따는 남부에서 따밀 경전으로 사용되는 가장 중요한 쉬바교의 표준 형태이다. 하지만 본래는 북부에서, 특히 까슈미르 지역에서 나온 것이다. 따밀나두에서 이 전통은 슈리 바이슈나와 전통과 나란한 것으로서, 따밀 신자의 찬송에서 표현되는 낭만적인 신애의 통합으로 나온다. 근본적으로는 박띠가 아니라 의례와 관계있다. 샤이바 싯단따는 '이원론' 체계로, 신과 영혼 간에는 외적인 구별이 있다는 입장을 고수한다. 이 전통은 신과 영혼을 하나로 보았던 일신교적인 '까슈미르' 쉬바교와는 대조적이다. 일신교적인 쉬바교는 까슈미르에서 샤이바 싯단따로 교체되고, 뒤이어 남부에서는 11세기나 12세기 이후에 이 전통이 세워졌다. 딴뜨라 텍스트의 주석서와 의례, 신학에 대한 독자적 작품을 쓴 뛰어난 샤이바 싯단따 신학자들이 많이 있는데, 이들 가운데 까슈미르의 사디요조띠(Sadyojoti, 8세기)와 남부의 보자데와(Bhojadeva, 11세기) 그리고 아고라쉬바(Aghoraśiva, 12세기)가 가장 대표적이다.

샤이바 싯단따 신학에 따르면, 존재에는 신(*pati* 빠띠), 영혼(*paśu* 빠슈) 그리고 이 둘을 얽어매는 영적이고 물질적인 우주(*pāśa* 빠샤)라는 세 가지 다른 범주가 있다고 한다. 사다쉬바(Sadāśiva)라고 불리는 측면에서 신은 우주의 발산과 그것의 유지, 그것의 재흡수, 스스로를 감추고 있는 것, 은총을 통해 모습을 드러내는 것과 같은 다섯 가지 행위를 수행한다. 신은 전체적으로 초월적이며, 외적인 물질인 마야와는 달리 물질과 영적인 우주에서 나온다. 신은 신 아난따의 통치를 거쳐 그것을 창조하는 우주의 동력인(動力因)이다. 신은 질료인(質料因)이자 변형인(變形因)인 마야를 촉진시킨다. 분명한 것은 우주가 궁극적으로 발산과 재흡수라는 무한한 과정 속에서 마야로 다시 돌아가 문제를 해결한다는 것이다. 영혼의 영역은 부정(*mala* 말라), 행위와 이에 대한 결과, 마야 그리고 신의 의지력에 따라서 무의식의 물질세계 안에서 얽혀 있는 의식과 관계된 존재이다. 영혼은 궁극적으로 의례 행위와 쉬바의 은총으로 이러한 엉킴으로부터 자유로워진다. 세 가지 존재론적인 범주는 다음과 같이 요약할 수 있다.

| | |
|---|---|
| 빠띠('신') | 쉬바, 우주의 동력인. 사다쉬바로서 그는 발산, 유지, 재흡수, 은폐, 은총이라는 다섯 가지 행위를 수행한다. |
| 빠슈('영혼', 문자대로는 '짐승') | 쉬바와 다른 개별 영혼으로, 부정, 행위, 물질적인 실체(*māyā*)와 쉬바의 의지로 우주 안에 속한다. |
| 빠샤('끈') | 모든 영적이고 물질적인 현상을 포함하는 우주. 여러 다른 세상을 이루고 있는 우주는 물질적 실체인 마야로 나타난다. |

대부분의 다른 인도 종교와 마찬가지로 샤이바 싯단따 구원학의 목적은 재생의 굴레로부터 자유로워지는 것인데, 여기서는 쉬바와 동일하게 되는 것으로 이해된다. 해탈은 죽음을 맞이하기 직전에

샤이바 싯단떤으로 입문하는 것에서 생기는 것이라고 여긴다. 이것은 그가 쉬바처럼 전지전능하게 된다는 것을 의미하지만 존재론적으로는 쉬바와 다르다. 이러한 최후를 맞이하기 위해서 딴뜨라 경전의 학습자(*sādhaka* 사다까)는 숭배의 대상인 스승에 의해 입문식을 경험하고, 점차 영혼의 부정을 제거하는 매일의 일상 의례와 특별한 의례에 대한 책임을 진다. 그가 행하는 두 가지 입문식으로는 이 숭배자가 공유하는 성서와 의례 내에서 행해지는 소(小) 입문식(*samaya-dīkṣā* 사마야-딕샤) 그리고 영혼의 궁극적인 해탈을 보장하는 해탈 입문식(*nirvāṇa-dīkṣā* 니르와나-딕샤)이 있다. 샤이바 싯단따에서 영혼의 해탈은 입문 이후에 행하는 의례를 통해서만 이룰 수 있었는데, 그 이유는 영혼의 속박이 궁극적으로 물질에서 나오는 부정(不淨)에 의해 야기되기 때문이다. 물질을 제거하는 일은 생각이나 인지로 되는 것이 아니라 오직 행위를 통해서만이 가능하다. 다시 말해서 생각은 세상에 영향을 줄 수 없지만 행위는 가능하다는 것이다. 그러나 노력에서 나오는 교리는 은총의 교리로 균형을 맞추게 되는데, 이 속에서 해탈은 기계적인 과정이 아니라 마지막에 신의 힘에 의해서 얻어진다.

이러한 의례의 길은 모든 계급에게 열려 있지만 여성에게만은 허용되지 않는데, 여성은 아이, 노인, 미치광이, 불구자와 함께 일반인의 입문에서 부적절한 대상으로 범주화된다. 여성은 오직 샤이바 전례(典禮)를 수행하는 자신의 남편을 통해서만 쉬바 숭배에 관여할 수 있지만, 남편이 실천하는 의례의 공적에 따라 쉬바의 체류를 늘릴 수 있다.

이원론적인 아가마와 딴뜨라에는 구원을 위한 가정과 사원 숭배의 필요성에 관한 세부 항목이 들어 있다. 이 텍스트는 오늘날까지 남부에서 사용되고 있으며, 의례 구조를 기술하고 있는 것으로서 모든 딴뜨라 전통의 기초 원리에 해당하는 소마샴부(Somaśambhu, 12세기)와 같은 의례 절차를 요약해놓은 의례 지침서(*paddhati*)가 있다.[34] 기본적으로 쉬바는 경의로운 손님으로 다루어지며, 정화 과정 이후에는 신도들이 숭배하고 섬기기에 앞서 링가로 초대된다. 일상 의례를 마치고 난 뒤 쉬바는 링가를 떠난다. 이 안에서 기본적인 실천이면서 모든 딴뜨라 의례 중의 하나는 숭배자의 신성화이다. 딴뜨라에 따르면 오직 신만이 신을 숭배할 수 있다고 한다. 이 말은 '쉬바가 된 사람만이 쉬바를 숭배해야 한다'는 것이다.[35] 신과 동일시되는 이러한 실천은 일신교적인 형이상학에서 나오는 의례 표현으로 이해될 수 있는데, 여기서 영혼과 절대자는 궁극적으로 하나이다. 이것은 다양한 딴뜨라 체계임이 분명하지만, 샤이바 싯단따와는 무관하다. 오히려 이것은 학습자가 쉬바와 동일하게 되면서 존재론적으로는 별개로 남아 있는 상태를 의미한다.

#### 까빨리까 쉬바교

샤이바 싯단따는 만뜨라의 길과 관련된 기본 의례와 종교 체계를 형성한다. 이 부류 내의 다른 주요 분파는 비싯단따 체계를 구성한다. 딴뜨라와 이 범주 내에 속하는 집단의 분류는 매우 복잡하다. 샤이바 싯단따의 28개 아가마와 구별하는 딴뜨라를 바이라와 딴뜨라라고 한다. 이 범주 안에는 수많은 하위 부류가 있지만, 그들은 모두 바이라와와 잔인한 여신 깔리와 같이 쉬바의 사나운 형태에 대한 숭배를 강조하는 것으로 특징된다.[36] 이들에 대한 텍스트를 쓰고 그들이 기원한 화장터에서 수행하던 고행자를 '두개골 남성'이라는 의미로 일명 까빨리까라고 불렀다. 좀 더 상위의 길에서 나온 라꿀라 고행자와 닮았기 때문에 그렇게 불렀는데, 그들은 두

개골을 단 지팡이와 두개골 동냥 바가지를 가지고 다니며 브라흐마니시드 참회와 관련된 '대서원'을 수행하던 자들이다.

까빨리까 고행자는 신분이 높은 스마르따 브라만 재가자와는 다르고 심지어 샤이바 싯단띤과는 정반대였다. 하지만 그 교리와 실천은 샤이바 싯단따 사상의 토대 위에서 급진적으로 재해석되어 발전했다. 까빨리까 고행자는 흉포한 신들을 따라 하면서 피, 고기, 술과 같은 공물과 카스트에 의해 제약당하지 않은 의례적 성관계에서 나오는 정액으로 신을 위무하면서 화장터에서 살았다. 정통 브라만은 이러한 것들을 매우 오염된 행위로 여겼으며, 심지어는 이런 고행자를 보는 것만으로도 오염된다고 여겼다. 고기와 술은 하층 카스트 내에서는 극히 평범한 것이었지만, 브라만에게는 부정한 것이었다. 정통 브라만은 신을 향해 야채 공물을 준비하고, 성행위는 바르나슈라마-다르마의 법칙에 따라 강제되는 것만이 정한 상태에 이른다고 여겼으며, 뿌자의 세계를 받아들이지 않았다. 까빨리까는 야채 공물 자리에 고기를 얹고 우유 대신 술을 바쳤다. 까빨리까의 목표는 사회의 터부를 깨고, 베다 수행자가 증오하는 공물을 가지고 그 신들을 위무하며 제어된 욕망으로 그 신들이 가진 힘과 연결시키는 것을 통해 달성할 수 있다고 여긴 그 힘에 있었다.

바이라와 딴뜨라 내에서는 '만뜨라의 자리(*mantrapīṭha*)'에 속하는 텍스트와 '비디야의 자리(*vidyāpīṭha*)'에 속하는 텍스트로 구분한다. 만뜨라의 자리 안에는 까슈미르 계곡에서 매우 인기 있는 『스왓찬다바이라와-딴뜨라』(*Svacchandabhairava-Tantra*)와 같이 스왓찬다의 형태로 쉬바파에 속하는 텍스트가 있었다. 하지만 비디야의 자리는 쉬바의 힘인 여신에서 나오는 과격한 숭배 부류에 속하는 텍스트가 포함되어 있다. 이 가운데 가장 중요한 것이 까울라(Kaula)혹은 꿀라(Kula)라고 하는 것으로, 이 이름은 여신에 대한 딴뜨라적인 숭배에 대한 일반적인 방향이면서 수많은 하위 부류에 대한 언급에서 나온다. 까빨리까 고행주의는 바라나시에서, 특히 아고리(Aghorī)들을 제외하고는 인도에서 거의 소멸되었다. 아고리는 두개골로 음식을 받아먹고, 화장터에서 명상하며, 신체의 분비물을 가지고 자신의 신을 달래는데, 이론상으로는 실천이 없으면 두개골을 먹는 의례를 수행하면서 까빨리까 사조를 이어가는 사람들이다.[37)]

### 까울라 전통

까울라 혹은 꿀라라고 부르는 전통은 까빨리까 화장터 고행주의의 환경에서 발전한 것이다. 소위 '가족'을 뜻하는 꿀라는 수많은 딴뜨라 신과 그 배우자의 수행원인 여신 가족(*yoginī*)을 말한다. 까울라는 지역에 따라 네 가지 전통으로 나누어지긴 하지만, 엄밀히 말해서 이러한 자체 분류가 이들 집단의 사회 역사적 실체와 어떤 관계가 있는지에 대해서는 분명치 않다. 동부 인도로 전파된 것은 쉬바와 샥띠를 각각 꿀레슈와라와 꿀레슈와리로 숭배하는데 그들 주변에 많은 시종 여신들이 수행하고 있다. 까슈미르 쉬바교에서 나오는 뜨리까(Trika)는 이러한 전승 속에서 발전한다. 이 전통이 북인도에는 무서운 여신 구히야깔리(Guhyakālī) 숭배로 전해져 까르마 안에서 일련의 사나운 신을 숭배하는 까르마 체계의 토대가 된다. 서인도에 가서는 곱사등이 할머니인 꾸브지까로 집중되었고, 남인도로 전해지면 아름답고 에로틱한 까메슈와리(Kāmeśvari) 혹은 뜨리뿌라순다리(Tripurasundarī)의 모습으로 숭배된다. 이것은 남부에서 슈리 비디야 전통의 기반이 된다(p.296~299 참조).[38)]

이들 딴뜨라 집단과 텍스트의 발전은 복잡하지만 여기서 분명한 것은, 한편으로는 특히 샤이바 싯단따, 사다쉬바의 쉬바 숭배와 같은 온순한 숭배가 출현한다는 점이고, 다른 한편으로는 피, 술과 에로틱한 공물로 달래주기를 바라는 사나운 신(특히 여신들)을 숭배한 극단적 여신을 향한 숭배가 출현한다는 점이다. 규범 체계로서 샤이바 싯단따는 그 자체로 재가자의 종교를 형성했는데, 이것은 오늘날까지 남인도에 남아 있다. 극단적인 까울라 숭배 사상과 몇 가지 의례는 신도들의 구미에 맞추어 좀 더 폭넓게 적용되었다. 이러한 발전은 일명 '까슈미르' 쉬바교로 알려지게 된다.

### 까슈미르 쉬바교

까슈미르 쉬바교는 샤이바 싯단따와 유사한 재가자 종교 안에서 뜨리까('세 겹')로 알려진, 동부 인도의 까울라 전승 발전을 말한다. 그러나 샤이바 싯단따와는 달리 뜨리까는 일신교적이며 신에 관한 정체성, 개인적인 영혼과 우주 혹은 결속에 관한 종교를 고수했다. 이러한 것들은 독립된 존재론이 아니라 본질적으로 그것의 본성이 의식(*saṃvit* 상위뜨, *cit* 찌뜨)이라는 단일한 실체로 존재한다. 우주는 의식의 발산이나 진동이고, 개인은 단지 그 본성이 순수한 의식인 절대자로서 '위대한 쉬바(Maheśvara 혹은 Paramesvara 빠라메슈와라)'의 현현이다. 뜨리까 입문의 구원학적인 목표는 개별 의식이 좀 더 상위에 위치하는 보편적인 의식으로 돌아가 합해지는 것으로, 숭배 수준에서 쉬바와 여신 깔리의 형태로 나타났다. 뜨리까의 기원은 일종의 화장터 숭배이다. 하지만 일신교적인 사상과 의례는 힌두 전통의 주류를 좀 더 흡수하고 샤이바 이원론과는 달리 뜨리까 교리를 받아들인 브라만 재가자에게 호소되었다.

딴뜨라 계시와 나란히 현자 바수굽따(Vasugupta, 약 875~925년경)는 쉬바가 까슈미르의 마하데브 산으로 자신을 데리고 가는 꿈을 꾸었다. 이 산에서 바수굽따는 돌에 새겨진 운문, 즉 쉬바 수뜨라(*Śiva Sūtra*)를 발견한 것으로 전한다. 이 텍스트는 샤이바 일원론의 교리에 대한 윤곽을 보여주는 것으로, 이 전통에 있어서 주요 원천의 하나를 이룬다. 이 신성한 계시와는 별도로 인간의 권위에서 나온 일신교적인 샤이바 텍스트에 관한 종교적 표현을 제공하는 저자들이 있었는데, 특히 소마난다(Somānanda, 약 900~950년경)는 '쉬바의 환영 Vision of Śiva(*Śivadṛṣṭi* 쉬바드류슈띠)' 속에서 최초로 일신교적인 쉬바교에 대한 종교적 표현을 전했다. 그리고 소마난다의 제자인 우뜨빨라데와(Utpaladeva, 약 925~75년경)는 가장 위대한 샤이바 신학자인 아비나와굽따(약 975~1025년경)의 윗대 스승이었다. 한편, 까슈미르 쉬바교의 의례 체계나 토대는 뜨리까인데, 이 저자들의 작품 속에서 이것의 종교적인 표현을 '재인식파(再認識派, Pratyabhijñā 쁘라띠야비쟈)'라고 부른다. 삶의 목적은 절대자인 쉬바의 의식과 한 사람의 의식이 동일하다는 것을 깨닫는 데 있지만, 뜨리까의 비밀스러운 중심에서는 깔리가 된다.

아비나와굽따의 '딴뜨라의 빛 Light on the Tantra(*Tantrāloka* 딴뜨라로까)'이라는 개략에서 묘사되는 뜨리까 의례(*sādhana*)에는 매일의, 샤이바 싯단따의 유형을 따르던 장시간의 의례뿐만 아니라 꾼달리니 요가(p.162 참조) 수행에 포함되는 방법(*upāya*)이라고 하는 요가 행법도 포함되어 있다. 입문식은 그것의 파괴 상징을 통해 몸을 정화하고, 만뜨라를 위치시킴으로써 몸을 다시 창조하며(*nyāsa* 니야사), 몸에 쉬바의 상징인 삼지창을 그려 넣는 시각화를 포함하는 내적 즉 영적 숭배를 행하고, 마지막으로 외적 상징인 도해를 숭배하는 행위를 한다. 시각화된 삼지창은 각각의 갈퀴가 세 여신을 나타내는 것으로, 뜨리까 신학에서 매우 중요하다. 여기서 '뜨리까'라는 이름은 일명 빠라(Parā, '신'), 빠라빠라(Parāparā, '지고의 신이 아닌 지고의 신, the Supreme-Non-Supreme') 그리고 아빠라(Aparā, '신이 아닌 자')에서 나온다. 그 다음으로는 여신 깔라상까르쉬니(Kālasaṃkarṣinī)로 나타나는 순수한 의식의 표현을 의미한다. 뜨리까 기도문의 심층에서 영적으로 선별된 것으로, 여신에게 제공하는 고기, 술과 함께 수행자와 여성 파트너 간의 의례적인 성교를 포함해 '비밀스런 의례(*kulayāga* 꿀라야가)'가 자리한다. 이러한 의례 행위는 쉬바와 그의 힘인 샥띠의 합일(*yāmala* 야말라)을 불러일으키며, 의례화된 성교에서 생기는 미적인 만족(*rasa*)은 기쁨(*ānanda*)과 순수한 의식에서 나오는 경이로움(*camatkāra* 짜마뜨까라)의 단계를 반복한다.[39]

뜨리까 신학자 가운데 특히 아비나와굽따와 그의 제자인 끄셰마라자(Kṣemarāja, 약 1000~1050년경)는 까슈미르에서 성서의 이원론적 해석을 타파하는 데 성공했다. 이원론적 교리가 까슈미르에서는 사라졌지만, 따밀의 신애주의와 융합해 남인도에 뿌리내렸다. 비록 사회의 하층 계급 내에서는 대중화되지 않았으나 뜨리까 사상은 왕실에서 매우 영향력이 있었으며, 이와 관련된 많은 사상과 의례는 정통 스마르따 브라만교로 흡수되었다. 11세기에 까슈미르가 무슬림에게 복속되면서 까슈미르 쉬바교는 거의 소멸된 것이나 다름없어 지금은 이 전통의 흔적만이 남아 있다.[40] 샤이바 싯단따와 관련된 이야기는 색다르다. 남부는 무슬림의 직접 통치에서 벗어나 있었기 때문에 때로는 왕실의 후원과 함께 왕성한 사원문화를 만들 수 있었고, 이것이 오늘날까지 그대로 존속한다.

### 남인도의 샤이바 싯단따

까슈미르에서 소멸된 샤이바 싯단따는 따밀나두에서 발전한다.

이 전통에서 나오는 종교는 신, 영혼 그리고 결속이라는 세 가지 범주로 유지되었으며, 이와 관련된 기도서는 이원론적인 아가마 형태로 유지되었다. 그러나 남인도에서 깊이 매료된 이 전통의 주된 특징은 알와르와 비슷한 샤이바로, 63명의 따밀 샤이바 신자인 나야나르의 따밀 박띠 시 안에서 표현되는 따밀 샤이바파와 융합한다는 점이다. 샤이바 싯단따는 박띠를 흡수해 하나의 따밀 종교가 되어 남인도에서 비슈누교와 마찬가지로 따밀의 문화적 가치와 형태를 갖추었다. 따밀의 문화적 환경에서 시, 국가 그리고 삶에 대한 사랑은 대개 따밀 고전 시대에 해당하는 3세기 이전의 초기 상감 문학 속에서 표현되었는데, 샤이바 싯단따는 따밀의 신애적인 종교로 변형되었다. 샤이바 싯단따는 현재 따밀나두에 강하게 남아 있으며, 다섯 종류의 브라만 혈통에 속하는 '고유의 샤이바' 성직자 집단인 아디샤이바(Ādiśaiva)는 여전히 샤이바 싯단따 사원에서 숭배를 행하는 자격이 있는 사람들이다.

바이슈나와 박띠와 마찬가지로 샤이바 박띠에서는 영원한 초월적인 신에 대한 낭만적인 사랑의 분출을 지지하여 제한된 자아의 상실과 덧없는 속세의 관심을 강조한다. 박띠는 구원에 영향을 주는 것으로, 카스트와 성적인 제약을 거부하는 경향이 있다. 즉 모두에게 필요한 것은 사랑이며 신의 은총이라는 것이다. 샤이바 싯단따와 링가야뜨(p.274~276 참조)의 신애 전통은 배타적이지는 않지만 비브라만적인 사회 집단의 요구를 표현한다. 하지만 이러한 전통 내에서 나타나는 신애주의는 그 뒤에 나오는 박띠 운동의 창시자들과는 기본적으로 맞지 않는 좀 더 형식적인 구조로 흡수된다.

따밀 요소 안에서 표현된 박띠의 견해 가운데 가장 우선적인 것은 신도와 신의 직접적인 관계이다. 이들 찬송 안에는 대체로 반구조적인 면과 사회적 형태로 받아들여지는 것에 대한 전도의 측면이 있다. 예를 들면, 마닉까와짜끄라(Māṇikkavācakra)의 띠루와짜깜(*Tiruvācakam*, '신성한 시구')에서는 신자를, 용인되는 사회적·개인적인 행동에서 벗어나 신을 향하는 사랑에 '미친(*piccu* 삣쭈, *uṉmatta* 운맛따)' 존재로 이해한다. 그러나 아이러니컬하게도 박띠와 따밀 신자의 찬송은 샤이바 경전의 일부가 되었으며, 사원 숭배를 이루는 통합적인 부분이 되어 쫄라 왕에게 정식으로 인정되었다. 왕실의 후원으로 있던 브라만의 힌두 정통은 정통 관심사에 정반대로 보이는 이러한 움직임에 대해 적극적으로 저지하지 않고 오히려 정통 힌두 사상 구조 내로 받아들였다. 실제로 사원에서 이루어지는 신애는 왕에 대한 신하의 복종과 유사하다고 볼 수 있지만, 신하의 헌신과는 달리 박띠는 항상 열광적이고 통제되지 않은 황홀경의 성격을 띠었을 가능성이 있다.

남부에서 샤이바 싯단따가 숭배한 텍스트는 『띠루무라이』(*Tirumurai*)라고 하는 12권의 따밀 샤이바 경전, 그리고 샤이바 싯단따 샤스뜨라이다. 『띠루무라이』는 베다와 전통 의례를 토대로 하는 28가지 이원론적인 아가마, 나야나르의 시로 이루어졌다. 『띠루무라이』는 6세기부터 12세기까지 약 600년에 걸친 방대한 내용을 담고 있다. 샤이바 경전에 나오는 작품을 쓴 시인으로는 떼와람(*Tēvāram*) 형식의 시를 쓴 압빠르(Appar), 짬빤따르(Campantar), 쭌따라르(Cuntarar, 6~8세기경)가 있는데, 남삐 안따르 남삐(Nampi Antar Nampi)가 모음집으로 엮었으며, 10세기에 음악의 토대가 되는 것으로 분류된다. 이들 세 시인은 9세기 말 『띠루와짜깜』(*Tiruvācakam*)의 저자인 성자 마닉까와짜까르와 함께 남인도에서 샤이바 싯단따의 창시자로 여겨진다. 이 시인들은 그들이 사는 곳에서 순례지 네트워크를 형성하고, 쫄라 왕조(870~1280년경)에 신정(神政)지역이기도 한 성지를 만들어 쉬바를 찬양하며, 사원에서 숭배했다.41) 쫄라 왕조 아래 쉬바교는 정치, 종교적인 중심이 되면서 찌담바람에서 거대한 사원과 함께 후원되었다.

600년부터 쫄라의 번성기, 즉 나야나르가 자신들의 찬송을 짓는 기간에 따밀나두의 북부를 지배하던 빨라와와 남부를 지배하던 빤데야는 복잡한 관료제를 포함한 위계적 후원 체계가 갖추어진, 봉건주의를 닮은 강력한 사회 조직을 발전시켰다.42) 북부의 짤루끼야 왕국과는 영토분쟁과 함께 힘겨루기를 했을 뿐 아니라, 왕국 간에는 늘 정치, 군사적 투쟁이 난무했다. 샤이바와 바이슈나와 신도 모두에게 강조된 박띠 운동은, 부분적으로는 사회적으로 낮은 계층을 억누르는 체계에 대항하고 군 재정을 위해 과다하게 부과된 세금에 저항한 것으로 보일 수도 있다. 박띠 운동을 소위 '계급투쟁'으로 과장해서는 안 되지만, 당시의 엄격한 구조와 이성화된 체계에 맞서는 측면이 강한 것은 사실이다. 즉 모든 쉬바 신도는 그의 노예(*aṭiyār* 아띠야르)이고, 각자는 어떤 조직화된 종교 밖에서 그와 개인적인 관계를 가진다.43) 카스트에 대항한 글 또한 '열렬한 신자(따밀어 *cittar*, 산스끄리뜨 *siddha*)' 사이에서 나오는데, 그러한 사상을 지닌 따밀 요가 수행자에 대해서는 띠루물라르의 『띠루만띠람』(*Tirumantiram*)에 나타난다.

박띠의 발전을 이끈 또 하나의 주된 요소는 고행이자 기세 전통인 불교와 자이나교에 대응하는 대중적 반응으로, 이것은 남부에서 약 1200년까지 잘 정립되었다. 특히 자이나교도는 따밀어나 산스끄리뜨에는 없고 다만 쁘라끄리뜨에만 있는 지식이면서 더럽고 반사회적인 것이라고 하는 욕설에 대해 정면에서 맞섰다. 기세 교리와 이들 종교에서 나오는 소위 '무신론'은 중세 따밀 문화에서 호소력이 거의 없었으며, 신애가 새로운 사상으로 널리 퍼지며 인지 가능한 신에 대한 뿌자로 인해 자이나교는 결국 소멸하였다.

따밀의 샤이바 싯단따는 결국 수많은 요소의 융합이라 할 수 있다. 비록 실천적으로 이것이 아가마를 지지하는 것에 대해서는 간과했지만, 브라만적인 베다를 고수한다. 그리고 사원 의례와 밀접한 숭배는 아가마를 토대로 했으며, 신성한 따밀 지역 전역의 사원에 안치된 쉬바의 모습에 초점을 두었다. 그리고 낭만적인 박띠파는 나야나르의 찬송에 의거했다. 한편, 나야나르와 알와르의 시와 함께 남인도에서 기원한 낭만적인 박띠는 급속도로 북인도에 전파되었고, 이웃한 까르나따까에서 링가야뜨 전통이 곧 따밀의 신애주의에 영향을 받게 되었다.

### 께랄라의 딴뜨라교

딴뜨라교는 인도 남서쪽 끝에 위치한 께랄라에도 뿌리를 내려, 남부드리 브라만의 뚜렷한 전통 가운데 하나가 된다. 따밀나두와 마찬가지로 께랄라에는 보편적인 사원문화 내에서 딴뜨라교의 중요성과 함께 딴뜨라적인 숭배 방식이 일상적인 의례 행위와 결합되어 있음을 알 수 있다. 따밀나두의 딴뜨라 전통은 쉬바나 비슈누가 분명한 데 비해서 께랄라에는 이러한 구별이 없고, 께랄라 딴뜨라교는 쉬바, 비슈누, 가네샤 그리고 하층 카스트의 토착 신으로, 특히 여신과 같은 수많은 브라만적인 샤이바와 바이슈나와 신이 숭배의 형태 안에서 통합되어 있어서 따밀나두와 같이 분류할 수 없다. 께랄라의 딴뜨라교는 북부 딴뜨라교에서 나오는 화장터 전통과는 거리가 먼 것으로 보이며, 완전히 정행적인 바이디까 전통 안으로 끼어들게 된다. 께랄라의 딴뜨리는 지위의 위계 안에서 정해져 있는 혈통 집단의 하나인 남부드리 브라만이다. 딴뜨리의 주된 기능은 사원에 신상을 안치하는 것이지만, 일상 의례의 수행은 다른 혈통인 뿌자리(*Pūjāri*)가 수행한다. 일반적으로 하층카스트에게는 병을 치료하고 불운을 막기 위한 의례적인 마술과 관련된 전통 즉, 만뜨라와담(*mantravādam*)이 있다. 그리고 딴뜨리는 사원의 사제이자 마술사(*mantravādin* 만뜨라와딘)의 기능을 잘 수행했다.

이러한 전통이 까슈미르에서 유래된 것일지도 모르지만, 께랄라에서 딴뜨라교의 정확한 기원은 분명하지 않다. 사원 의례에서 사용되는 주요 텍스트는 쩨나스남부드리(Cenasnambudri, 15세기경)가 쓴 『딴뜨라사뭇짜야』(*Tantrasamuccaya*)와, 12세기 전으로 보이는 『이샤나쉬바구루데와-빠닷띠』(*Īśānaśivagurudeva-paddhati*) 두 권이다.[44] 이 텍스트는 사원에서 신분 높은 재가자 종교와 관련된 딴뜨라 숭배에서 사용하지만, 여전히 낡은 딴뜨라 세계관과 화장터 고행주의에서 나오는 딴뜨라교의 근원을 반영하고 있다. 딴뜨라교와 박띠의 융합과 관련해서 또 다른 중요한 지역 전통이 까르나따까에서 발달한 링가야뜨이다.

#### 링가야뜨

일명 '링가를 걸고 다니는 사람'인 링가야뜨 혹은 '쉬바의 영웅'이라는 의미인 비라샤이와(Vīraśaiva)는 바사와(Basava, 12세기경)에 의해 창시되었다. 비록 깔라무카 교단과 일정 부분 관련이 있어 보이지만, 깔라무카와 달리 이들은 고행주의보다는 신애를 강조하며, 매일 숭배하는 목에 걸린 링가를 제외하고는 사원 숭배나 신상 숭배를 거부했다. 링가야뜨 신도는 죽으면 바로 쉬바와 하나가 되어 다시는 속세로 돌아오지 않을 것이라고 믿는다. 그래서 링가야뜨에게는 어떠한 정행적인 장례식도 필요치 않고, 성자가 수행하는 것처럼 죽은 뒤 묻는다. 아직도 다수의 링가야뜨파가 까르나따카에 존재한다.

바사와(약 1106~1167년경)는 깔야나(Kalyāṇa)의 왕인 비잘라(Bijjaḷa) 왕실의 샤이바 브라만이었다. 바사와는 사회, 종교 개혁가이자 일명 '강과 만나는 신(Lord of the Meeting of Rivers)'인 쉬바의 신도였다. 바사와는 시 속에서 자신의 신애를 표현했으며, 새로운 공동체를 만들었다. 링가야뜨파 가운데 눈에 띄는 또 다른 시인은 바사와와 동시대의 사람인 마하데위약까(Mahādévyakka)였다. 그녀는 떠돌이 나체 고행자가 되었는데, 상(像)으로 조각될 때만 머리카락으로만 몸을 가리고 있다고 묘사하고 있다. 자신의 시 속에서 그녀는 쉬바를 동경하고 있다고 쓰고 있으며, 속세의 사랑은 일시적이고 만족스럽지 않다고 하여 무시한다.

나는 아름다운 신을 사랑한다.
아무런 속박이나 두려움도 없고
어떤 씨족이나 영토에 속하지 않으며
경계가 전혀 없는
그의 아름다움에는……

죽어 부패한 남편을 데려와
너의 부엌 화로에서 그들을 부양하느니![45]

바사와는 카스트 체계와 의례적 종교에 강력하게 항거했다. 그는 깔야나에서 공동체를 창시해 카스트에 얽매이지 않는 결혼을 포함한 평등주의를 강조했는데, 이 공동체는 빅터 터너(Victor Turner)가 코뮤니타스(communitas)라고 부른 코뮤니온(communion) 즉 '영성체'의 분위기로 발전하였다.[46] 실제로 바사와의 전기를 쓴 작가에 따르면, 카스트 추방자 아들과 브라만 딸 간의 결혼이 이루어졌다고 한다. 이렇게 사회 전통을 능멸하자 왕 비잘라는 그 부부의 두 아버지를 처형시켰다. 공동체를 핍박하는 그러한 행동에 대해 그들은 반란을 일으켜 왕을 살해하였다. 그 다음으로 링가야뜨 공동체를 핍박하는 일이 일어났는데, 결국 링가야뜨는 살아남았다. 공동체가 왕에 반역하는 난리를 일으키는 것에 대해 바사와는 반대하였고, 결국 자신이 세운 공동체를 떠나 살았다.[47]

## 요약

비쉬누교와 마찬가지로 쉬바교는 비록 그 뿌리가 인더스 강 유역의 문명만큼이나 오래전으로 거슬러 간다고는 해도, 굽따 시대 말에 분명한 형태를 이끌어낸 복잡하고 풍부한 전통이다. 일반적으로 쉬바교는 비쉬누교보다 덜 정행적이며, 베다의 계시 전통 흐름과는 무관하다. 이것은 샤이바 딴뜨라에 그 고유의 계시를 전해주었으며, 낮은 단계에서 베다의 계시와 결합했다. 비쉬누교와 마찬가지로 쉬바교는 정행적인 스마르따 혹은 쉬바의 빠우라니까 숭배에서 황홀경의 박띠까지, 그리고 그것의 딴뜨라적인 극단 안에서 매우 은밀하고 도덕폐기론적인 숭배 형태에 이르는 광범위한 종교 형태로 존재한다. 딴뜨라 영역 내에서 여신이 우월한 곳의 딴뜨라 간에는 샤이바와 샥따의 태도 간에 구별을 어렵게 한다. 다음 장에서는 물질적 딴뜨라교의 샥따파와 여신 종교에 관해 살펴보고자 한다.

# 제8장 여신과 샥따 전통

힌두 문헌의 주류를 차지한 것은 쉬바와 비슈누 전통이었고, 그 전통은 주로 신애 행위에 초점이 되어왔다. 하지만 그럼에도 불구하고 매우 중요한 여신(Goddess) 전통과 다양한 여신(goddess)이 남아시아 전역에 걸쳐 매일 숭배를 받는다. 지역 전통에서 나오는 무수히 많은 여신은 힌두에게 보통 대여신(Great Goddess)인 마하 데위(Mahā Devī)의 모습으로 간주된다. 만약 6천 년이나 5천 년 전의 테라코타 상에 여신상이 있다면 그녀에 대한 숭배는 선사시대로 거슬러 올라갈지도 모른다. 여신 숭배에 대한 현대 서구의 부흥 속에서 힌두 여신 숭배는 힌두교의 범위를 넘어서도 중요하다.[1]

힌두교에서 여신은 모순되고 양향적인 모습이다. 한편으로 그녀는 삶의 근원으로서 무언가를 주고, 넘치게 자비로운 어머니이지만, 다른 한편으로는 분노를 달래기 위해서 피, 고기, 술을 받기를 원하는 매우 무섭고 악의적인 힘이다. 웬디 오플러티는 인도 여신들을 한편으로는 에로틱하고 사납고 위험한 '파괴의 여신(goddess of tooth)'이고 다른 한편으로는 상서롭고 인정이 많으며 다산성을 지닌 '가슴의 여신(goddess of breast)'이라는 특징을 들어 두 범주에서 언급한다.[2] 일반적으로 가슴의 여신은 관대함, 우아함, 남편에 대한 복종이라는 모성의 특징으로 구체화되는 모범적 힌두 여성상의 역할을 한다. 이와는 반대로 파괴의 여신은 독립적이고 천한 서열에, 어떤 경우 자신의 배우자를 지배하기도 한다. 오플러티가 관찰한 바로는, 높은 서열에 속하는 가슴의 여신은 브라만 구조 내에서 성적으로 통제되는 반면에 낮은 서열에 해당하는 파괴의 여신은 자유롭게 남성을 공격하는 존재이다.[3] 이러한 구분에는 몇 가지 예외가 있는데, 뜨리뿌라순다리와 같은 몇몇 여신은 아름다움과 독립성을 모두 가지고 있다. 대여신인 데위는 이러한 이미지를 모두 가지고 있어서 데위와 관련된 숭배는 이러한 양면성을 표현한다.

여신을 믿는 신도를 일반적으로 샥따라고 한다. 이 용어는 우주의 '힘'이나 '에너지'를 나타내는 여신의 이름으로, 샥띠를 따르는 사람을 의미한다. 그러나 샥따 전통은 쉬바나 비슈누교보다는 덜 분명하게 정의되며, 실제로 샥따만이 여신을 숭배한다고 가정하는 것은 크게 잘못된 생각이다. 힌두 대부분이 몇 가지 능력을 지니고 있는 대상으로서, 특히 마을 단위에서 직접적인 은혜를 가져다주는 대상으로서 그녀를 숭배할 것이다. 비슈누교와 쉬바교 모두 남신의 배우자나 에너지로서 그 안에서 여신과 결합한다. 그러나 우리가 살펴본 것처럼, 딴뜨라의 본질에서 쉬바교는 신성함과 실천에 있어서 여성화된 이미지로 전해진다. 샥따 텍스트와 함께 여성화된 종교는 뿌라나와 딴뜨라적인 표현에서 모두 분명하게 나온다. 브라만 세계의 가장자리에서 여신은 정행적이고 뿌라나적인 숭배와 결합하며, 그녀에 대한 딴뜨라적인 숭배는 중세 말 슈리 비디야 전통 안에서 브라만화된다. 힌두 정행에는 브라만 구조 안에 여신을 포함하고 있다. 그러나 하층 카스트, 부족민에 걸친 브라만의 권위 가장자리에서, 그리고 상하 카스트 사이 딴뜨라의 중간 입장에서 여신은 브라만 가치에 대한 숭배의 상징으로서 사나운 독립체의 위치에 있다.

이 장에서 나는 먼저 처음 천년 동안 발전한 신화와 신상 속에 나오는 여신의 이미지에 대해서 설명할 텐데, 이것은 현대 힌두교 속에서 여전히 중요한 위치를 차지한다. 그런 다음에 정행적인 브라만, 딴뜨라 전통 사이, 그리고 마을 단위로 존재하는 여신 숭배의 역사적 발전에 대한 흔적을 살펴볼 것이다.

## 데위 신화

뿌라나와 딴뜨라에는 여신과 여러 여신들에 대한 설화 전통이 많이 나온다. 데위의 가장 중요한 현현이 물소 악마 마히샤(Mahiṣa)를 죽인 무사 여신 두르가이다. 이 신화는 데위 숭배의 핵심이며, 두르가에 대해서는 물소 악마를 무찌른 자인 마히샤마르디니(Mahiṣamardinī)로 보는 주된 신상의 표현에 영감을 제공한다. 이 신화에 대해서는 뿌라나 특히 『데위바가와따 뿌라나』(*Devībhāgavata Purāṇa*)와 『데위마하뜨미야』(*Devīmāhātmya*)에 수많은 이본이 전한다. 후대의 텍스트로, 여신에 대한 찬양과 관련한 가장 초기 작품은 5~7세기경으로 거슬러 올라간다. 『데위마하뜨미야』에 나오는 이본이 가장 짧으며 뒤에 나오는 이야기는 초기의 이본에 기반하고 있다.

물소 악마인 마히샤수라(Mahiṣāsura), 간단히 마히샤('물소')는 브라흐마로부터 어떠한 남자에게도 살해되지 않는 능력을 부여 받게 된다. 이 같은 무적의 힘을 얻은 자신감으로 마히샤는 먼저 세상을 정복하고 난 뒤 하늘을 정복하려고 마음먹고 최후통첩을 하기 위하여 신들의 왕인 인드라에게 가게 된다. 인드라는 마히샤를 하찮게 여겼으나 격렬한 싸움 끝에 패하고 만다. 인드라는 숨기 위해 처음에는 브라흐마에게, 다음으로 쉬바, 마지막으로 비슈누에게 도망친다. 그러자 여러 신들이 모두 몸과 분노의 얼굴들을 합체하였고 여기에서 거대한 에너지 덩어리가 분출하여 아름다운 여성의 모습으로 나타나는데, 그녀가 바로 데위이다. 신들은 자신의 무기를 상징하는 표시를 데위에게 주면서 악마 마히샤를 무찔러줄 것을 청한다. 데위는 산의 신 히마와뜨(Himavat)에게 탈 것으로 사자를 받고, 북인도에서 부의 신 꾸웨라에게 술을 받는다. 데위는 소름끼치게 웃으며 신들은 데위의 '승리'를 외친다. 그 웃음소리와 신들의 고함소리를 들은 마히샤는 화를 내며 무슨 일인지 알아보려고 부대를 보낸다. 부대가 돌아와 마히샤에게 아름다움, 영웅심, 웃음, 공포 그리고 경이로움 이 모두를 지닌 데위의 아름다움을 일러준다. 마히샤는 사절단을 보내 데위에게 청혼하고, 마히샤의 군대는 호전적인 언사에도 불구하고 그녀의 요염함에 넋을 잃고 만다. 사절단은 여신의 비난을 받은 그 즉시 그녀를 공격하지만, 결국에는 모두 그녀에게 죽임을 당한다. 잘생긴 인간의 모습으로 변신한 마히샤는 데위에게 다시 청혼하지만, 데위는 자신이 정의를 보호하기 위해서 태어났기 때문에 마히샤한테 지옥으로 도망치거나 아니면 자신과 싸워야 한다고 말해준다. 마히샤는 다른 동물의 형상으로 탈바꿈하여 데위를 공격하지만 데위는 술을 마신 후 사자를 타고 마히샤를 쫓아가 발로 걷어차고 삼지창으로 가슴을 찌르고, 마히샤가 물소에서 인간의 모습으로 나타났기 때문에 원반으로 목을 베어 죽인다. 남은 악마들은 모두 지옥으로 달아나고 데위는 언제든 필요할 때 도움을 줄 것을 약속하며 신들로부터 숭배받기 시작한다.[4]

이 신화에는 수많은 주제가 나타나 있다. 이 신화에는 다르마샤스뜨라에서 표현되는 여성의 성격(*strīsvabhāva* 스뜨리스와바와) 즉, 수동적이고 호전적이지 않으며, 항상 딸, 아내 혹은 어머니로서 의존성을 지니고 있고, 여성의 역할이 남성의 권위에 의해 한정되는 식의 브라만적 여성 유형에 대해서 직접적으로 맞선다. 어떠한 남성도 마히샤를 죽일 수 없었기 때문에, 남성의 생각에는 여성도 마히샤를 무찌르기에는 역부족일 거라고 여겼다. 마히샤의 첫 반응은 아름다운 데위와 결혼하여 그녀를 지배하고 싶다는 것이었다. 데위의 호전적인 언사와는 정반대로 데위의 매력에 마히샤는 혼란스러워진다. 여신은 통상 미학적인 특질(*rasa* 라사)로 구체화되기 때문에, 산스끄리뜨 시 속에는 영웅심(*vīrya* 비리야)과 에로티시즘(*śṛṅgāra* 슈랑가라)이 모두 드러난다. 마히샤가 공격할 때 데위가 싸움에 앞서 술을 마시는 행동은 술과 피로 마련되는 제물을 수용하는 여신의 기원을 나타낸다. 여기서는 데위만이 모두를 지배하는 악마를 무찌를 수 있기 때문에 남신들보다도 훨씬 더 강력한 존재이다.

## 여신의 이미지

비록 데위가 폭넓은 의미에서 신의 개념에 속하지만, 이 이름은 두르가와 바꿔 쓸 수 있다. 여신의 일반적인 용어는 간단히 말해서 '어머니'이다. 남아시아 전역에 존재하는 여신은 '어머니'로 언급된다. 즉 북부 언어인 힌디로는 마따(Mata), 마따지(Mataji) 혹은 마

(Ma)이고, 남부의 드라비다어로는 암마(Amma)이다. 쉬바와 마찬가지로 여신은 역설적이고 모호한 존재로 구체화된다. 즉 그녀는 에로틱하지만 분리되어 있어 온화하지만 과감하고 아름답지만 무서운 존재이다. 이러한 측면은 지역마다 그리고 전 인도라는 단위에서 다양한 종류의 여신의 모습으로 표현된다. 실제로 토착 여신이 산스끄리뜨화 과정을 통해 대여신과 동일시되는 경향이 있으며, 토착 여신 산또시 마(Santoṣī Ma)가 영화에서 나와 범 힌두신이 된 것처럼 토착 여신이 보편화되는 경우도 있다. 신도에게 있어 여신은 궁극적인 실체이면서 탄생과 죽음의 틀에서 벗어난 진리의 대상이지만, 그녀 역시 모든 생명체를 구속하는 '거대한 환상(*mahāmāya* 마하마야)'이라는 베일에 싸여 있다. 예속되어 있으면서 동시에 자유로운 힘으로서 여신은 샥띠, 에너지 즉 쉬바의 힘이다. 여신은 모든 형태를 이루기 때문에 비슈누의 두 번째 아내, 땅(Bhū), 본성이나 물질과 동일시된다. 그러나 끔찍한 폭력 속에 살고 있는 만물과 인간 사회를 파괴하기도 한다. 여신은 다양한 형태, 자연 현상이나 어머니, 아내, 나이든 여성이나 어린 소녀와 같은 인간의 모습으로 접근하거나 숭배될 수 있다. 그녀의 대표적인 모습은 다음과 같다.

- 물소 악마를 살해한 두르가로서 사자나 호랑이(이때는 그녀를 암비까라고 부른다) 위에 앉아 있거나, 아니면 이들과 함께 동행하고 있다. '접근하기 어려운' 존재로 두르가는 마히샤를 발로 차고 삼지창으로 찔러 참수하는 반면에, 이와는 반대로 온순함을 유지하고 품행이 분리된다.
- 깔리와 짜문다와 같이 다른 무서운 모습으로 나타난다. 그들은 깡마르고 피를 마시며 화장터를 드나드는 폭력적인 모습을 띤다.

'검'거나 '푸른' 색인 깔리는 두개골로 만든 화환을 쓰고 있으며, 여러 개의 팔이 둘러져 있고, 취기가 있는 눈을 굴리며 혀를 날름거리면서 남편인 쉬바 위에서 춤을 추고 있다.

- 신들의 배우자나 에너지(*sakti*)인, 특히 사라스와띠와 빠르와띠 그리고 락슈미는 각각 브라흐마, 쉬바 비슈누의 배우자로, 아내답고 모성적인 신애(비록 정당한 분노가 전혀 없는 것은 아니지만)의 모범이 되는 존재이다. 이러한 범주에는 끄리슈나의 배우자인 라다와 라마의 아내 시따도 포함시킬 수 있다.
- 일반적으로 사나운 여신 집단으로, 모호한 성격을 가지면서 아이를 먹이로 삼지만 악마 또한 파괴하는 존재로 '칠모신(Saptamātṛkās 삽따마뜨리까)'이 있다. 밀교의 딴뜨라 문헌에서 그들은 산스끄리뜨 문자와 관련되어 있는데, 여신 마뜨리까(Mātṛkā)가 전체 문자의 신이다.
- 마을이나 집안의 성소와 사원에서 토착, 지역 성상(聖像)의 모습을 보인다. 종종 북인도의 쉬딸라(Śītala)와 남인도의 마리얌만(Māriyammaṉ)과 같은, 천연두나 다른 부스럼의 여신이 토착 여신들에 해당한다.
- 돌, 기둥, 무기, 상징적인 도해(*yantra*) 그리고 여성 성기(*yoni*) 모양과 같은 '상징적인' 형태로서 나타난다.
- 자연현상으로, 특히 강(Gaṅgā, 신성한 갠지스와 까웨리와 같은), 호수, 나무와 작은 숲으로서 나타난다.
- 특히 축제 기간에 여신에게 홀린 남성과 여성의 '매개물'로서 나타난다.

## 초기의 여신 숭배

남아시아에서 여신 숭배는 아주 오랜 고대로 거슬러 올라갈 수도 있다. 북서부의 메르가르(Mergarh)와 셰리 칸 따라까이(Sheri Khan Tarakai)에서 발견된 진흙으로 구워진 여성상은 그 연대가 6천 년이나 5천 년에 이르며, 테라코타상은 인더스 강 유역 문명의 주요 도시인 모헨조다로(기원전 약 2500~2000년경)에서 발견된다. 하지만 이것들의 용도에 대해서는 밝혀진 바가 없다. 이것들은 아마도 제물이나 부적 아니면 단순한 선물로서 일종의 의례적 기능을 했던 것으로 보인다. 비록 북서 지역에서 나온 작은 상(像)들이 그 연대가 기원전 3세기나 4세기경 정도로, 이는 고대부터 지속적인 전통의 연속성을 입증하는 것으로 보이지만 불행히도 인더스 강 유역 도시의 붕괴 이후의 고고학적인 증거는 불완전하다.

초기의 베다 종교에서 여신(*devī*)은 비록 최초의 텍스트상 기록인 『리그 베다』에서 몇 가지 언급하고 있기는 하지만 초기 기록상 희생제에서는 아무런 역할이 없는 하찮은 존재이다. 이들 가운데 가장 두드러지는 여신이 쁘리트위(땅), 아디띠('자유로운' 자), 우샤스(여명), 니르리띠(파괴) 그리고 바쯔(언어)이다. 쁘리트위는 대지로, 배우자는 하늘의 신 디야우스이다. 아디띠는 쉬바의 장인 닥샤를 포함해 일곱 혹은 여덟 신의 집단인 아디띠야의 어머니로서 몇 가지 중요한 의미가 있는 여신이다.[5] 아디띠는 부와 안녕을 제공하고, 인류에게 우유 자양분을 제공하는 소와 관계가 있다. 브라흐마나에서 아디띠는 대지인 쁘리트위와 동일시된다.[6] 우샤스는 태양이 뜨기 전인 새벽에 세상에 밝은 빛을 주는 어린 소녀이다. 우샤스는 부와 장수를 주는 신이지만, 역으로 하루가 지나고 있음을 전하기 때문에 인간의 삶을 닳아 없애기도 한다. 파괴의 여신 니르리띠는 깔리와 같이 토착적인 범 힌두 여신으로, 후대의 힌두교에서 파괴적인 여성 힘의 초기 형태로 나온다. 『리그 베다』 찬송에서는 니르리띠에게 지나가기를 애원하며, 니르리띠로부터 보호해줄 것을 신에게 요청한다.[7] 브라흐마나에서 니르리띠는 어둠이면서 남인도에 현존하는 죽음을 관장하는 자로 묘사된다.[8] 이와 대조적으로 바쯔는 현자에게 영감을 주는 창조적인 힘으로, 언어의 뜻을 전달하며 진리와 동일시된다. 언어는 후대의 힌두 철학과 요가 그리고 특히 만뜨라와 같은 말 이면에 지닌 힘으로서, 딴뜨라 전통에서 중요한 역할을 한다. 그 외에도 강인 사라스와띠, 밤, 숲 그리고 악마의 어머니인 디띠(Diti)와 같은 여신들이 초기 베다 문헌 속에 언급되어 있다. 그러나 이들의 역할은 남신에게 종속되어 있다.

초기 텍스트에 우리가 베다 종교를 이해할 만한 모든 증거가 나와 있는 것처럼, 이러한 증거에서 다음과 같은 결론을 내릴 수 있다.

- 남신이 우월한 초기 베다 종교에서 여신은 종속적인 지위를 가진다.
- 베다에는 '대여신'에 대한 흔적이 전혀 없으며, 여신 사상에 대해서는 중세시대부터 텍스트적인 증거가 존재한다.
- 베다에 나오는 여신 가운데 쁘리트위와 사라스와띠는 후대의 힌두교 안에 남아 있다. 사라스와띠는 학문과 음악의 여신이면서 브라흐마의 아내가 되며, 쁘리트위 즉 땅은 비슈누의 두 번째 아내가 된다.
- 고고학적인 증거와 베다의 인용을 통한 여신 숭배에 대한 증거에 따르면, 여신 숭배는 비베다적인, 아마도 비아리야인에게서 그 기원이 있다고 한다.

## 여신 숭배의 형성

자이나와 불교 경전에서 그리고 있는 신성한 여성에 대해서는 기원전 1세기 산치(Sanchi)의 불탑(*stūpa* 스뚜빠) 등에 남아 있다. 하지만 베다와 뿌라나 사이에 여신 숭배에 대한 문헌적 증거는 거의 없다.

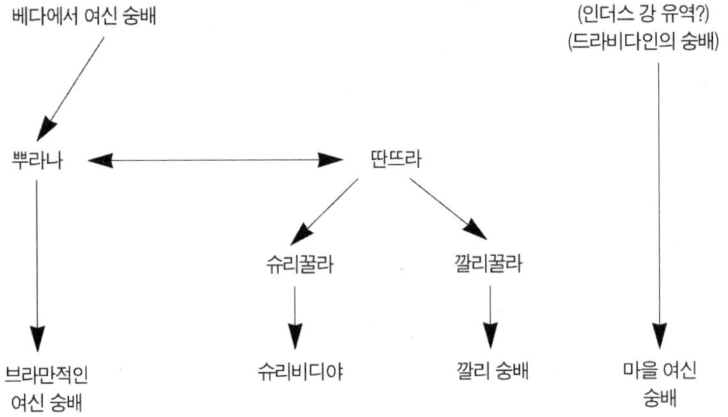


〈표5〉 여신 숭배 전통의 발전

일반적인 면은 하층 카스트에 해당하는 지역 여신이 브라만 전통으로 흡수되고 이 전통에 저항했음을 시사한다. 이러한 여신들 가운데 몇몇은 아리야가 아닌 드라비다적인 것에서 기원했다. 브라만이 쓴 『마하바라따』에서는 일곱이나 여덟의 마뜨리까, 즉 '모신들'과 여러 악마의 모습으로, 여성의 파괴력에 관한 다양한 이미지를 나타낸다. 어둠으로서 마뜨리까는 사회 주변에 살면서 불행을 가져오는 대상으로, 특히 어린이에 대한 이들의 불필요한 관심을 막아야 한다고 묘사된다. 무시무시한 깔리는 쉬바의 배우자인 여신

우마나 빠르와띠의 분노에서 생겨난 존재로 서사시에 나오며, 두르가는 적을 무찌르기 위해 아르주나에 의해 두 가지 칭송의 형태로 숭배 받는다.[9] 남인도에는 초기 여신 숭배에 대한 증거가 있다. 인도 최남단의 사원에 안치되어 있는 처녀신 깐야 꾸마리(Kanya Kumārī)는 서력기원 초기부터 있었고, 따밀 상감 문학에서는 승리의 여신으로 꼬르라와이(Korṟavai)를 언급하는데, 물소들을 이 여신에게 희생물로 바쳤으며, 숲의 전사인 마르와르(Maṟvar)들은 그 여신을 위해 의례 자살을 할 것을 경고 받았다.[10] 그러나 뿌라나에는 좀 더 발달한 샥따 신학과 신화 그리고 단일한 사상을 가지고, 다른 모든 신을 망라하는 대상으로서 '대여신(Mahādevī)'이 나온다.

여신은 점차 브라만 범위 안으로 흡수된다. 이러한 흡수의 과정은 토착 여신의 '상향'이라는 움직임이면서, 아마도 이전까지 상징적인 존재(신의 존재가 돌, 무기, 기둥 그리고 자연 현상과 같은 것으로 표현되던 것)이던 것이 궁극적으로 남신의 아내로서 브라만 만신전 속으로 흡수되어 성상으로 표현되는 변형으로 볼 수 있다. 하나의 독립적인 여신은 여신 스스로가 빤짜야따나 뿌자(*pañcāyatana pūjā*)의 다섯 신 가운데 하나로, 스마르따 숭배 속으로 통합되어 뿌라나 신화에서 일반화된다.

### 뿌라나에 나오는 여신

인도에서 여신을 찬양하는 최초의 작품은 그 연대를 5~7세기로 추정하는, 초기 뿌라나인 『마르깐데야 뿌라나』(*Mārkaṇḍeya Purāṇa*)의 한 부분 즉, 『데위마하뜨미야』('여신의 영광')이다. 이 텍스트는 매우 대중적인 인기가 있으며, 지금도 두르가 사원과 여신을 위한 최고의 가을 축제인 두르가 뿌자 기간에 인도 전역에서 낭송되고 있다. 이 텍스트에서는 거대한 환영인 마하마야이기도 한 여신으로서 궁극적인 실체의 일면을 소개한다. 텍스트를 보면 그녀가 소위 마두(Madhu), 까이따바(Kaiṭabha), 마히샤수라, 슘바(Śumbha)와 같은 많은 악마를 어떤 식으로 무찌르는지에 대해서 세 신화를 통해 자세히 전함으로써, 그녀가 지닌 구원의 힘을 보여준다. 바이슈나와 신화 속에서 마두와 까이따바는 비슈누가 자는 동안에 브라흐마를 공격한 악마들이었다. 브라흐마는 비슈누를 깨워 이들을 무찔렀다. 이 이야기는 『데위마하뜨미야』 속에서 다시 언급되지만, 여기에서 여신은 그의 요가의 잠(*yoganidrā* 요가니드라)과 동일시됨으로서 비슈누보다 우월한 존재가 된다. 이로 인해서 비슈누의 잠은 그를 그녀의 주문(呪文) 아래에 두고, 그보다 더 우월한 위치에 있는 존재로서 여신의 현현(顯現)이 된다. 브라흐마는 비슈누를 잠에서 깨어나게 해 달라고 그녀에게 간청하고, 그녀는 그렇게 한다. 그 뒤에 그는 바이슈나와 신화의 이본에서 나오는 것처럼 악마를 무찌른다. 마히샤수라의 패배에 대한 이야기가 그 뒤에 이어지고, 세 번째 신화는 깔리가 두르가의 이마에서 어떻게 튀어나왔으며, 인격화된 그녀를 화나게 하여 악마인 슘바를 어떤 식으로 무찔렀는지가 나온다.

후대의 『데위바가와따 뿌라나』에서는 우주의 절대적인 근원으로서 여신이 자리하는 가운데 데위마하뜨미야의 환영이 유지된다. 이 텍스트는 『바가와따 뿌라나』와 관계된 것으로, 비록 끄리슈나를 최고신의 현현으로 표현하고 있지만 여기서 데위는 남성의 권위로부터 여성의 힘을 되찾아 자신의 고유한 성질을 이룬다. 여신은 남신의 권위에 종속되지 않고 실제로 남신보다 위에 있으면서 자신이 지닌 잠재력으로 비슈누를 지배하는 존재이다. 또한 그들 중 어느 누구와도 결혼하길 원치 않는다. 이때의 여신은 그녀 스스

로가 소위 '지배자'이다.[11]

### 힌두 여신 범신전

뿌라나적인 스마르따 사상은 중세 초 전 인도에 보급되었다. 뿌라나와 함께 여신은 브라만 종교로 흡수되었고 여신과 관련된 종교는 뿌라나의 설화 전통 안에서 분명하게 나타났다. 이 전통은 광범위하게 퍼지는데, 고고학적인 증거가 아대륙에 걸친 여신 숭배를 입증해준다. 따밀나두 남동부 해안에 있는 마말라뿌람(Mammalapuram, 마하발리뿌람 Mahabalipuram으로도 알려져 있다)에 7세기에 세워진 사원에는 두르가가 물소 악마를 살해하고 있는 그림이 그려져 있는데, 이것은 엘로라(Ellora, 6~8세기) 석굴 사원에도 그려져 있다. 두르가 숭배는 중세 초까지 매우 널리 퍼졌으며, 신화와 물소 악마를 살해하는 두르가 여신의 상(像)은 잘 확립되었다.

두르가 숭배뿐만 아니라 두르가의 화난 상태를 인격화시킨 모습인 깔리 역시 뿌라나적인 힌두교의 발전과 함께 광범위하게 퍼지게 되었다. 깔리는 항상 신분 높은 브라만 세계가 지배하는 세상의 가장자리에 있었지만, 브라만 영역에서도 그녀를 즐겼으며 여전히 대중적인 인기를 누리고 있다. 깔리는 사회 주변에서 살고 더러운 화장터에 자주 등장하면서 불가촉민과 부족민에게 호소력을 띠는 식으로, 브라만적인 정행에 의해 양면적인 가치로 다루어진다. 그럼에도 불구하고 깔리는 특히 벵갈 지역에서 브라만의 관심과 신애를 이끌어냈다. 소위 '어머니'로서 깔리에 대한 신애적인 시구를 쓴 19세기 벵갈 시인 람쁘라사드 센(Ramprasad Sen)과 유명한 성인 라마끄리슈나(Ramākrishna) 모두가 깔리에 대한 환상을 가졌다. 깔리는 피 희생제물을 요구하는데 캘커타의 유명한 깔리가뜨

(Kālīghāt) 사원에서는 수컷염소들이 매일 깔리를 위한 희생제물이 된다.

『마르깐데야 뿌라나』에서 또 다른 사나운 여신으로 알려진 신은 두르가의 주름진 눈썹에서 튀어나온 짜문다이다. 『데위마하뜨미야』에 나오는 한 신화를 보면 여신으로부터 작은 모신(Mātṛkā)들이 나타나는데, 악마 락따비자(Raktabīja, '피의 터')가 그 모신들과 싸움하기 위해 나타난다. 싸움에서 그 모신들이 악마를 공격하지만, 피가 한 방울 땅에 떨어질 때마다 악마가 하나씩 복제되어 나타나다 보니 피를 보면 볼수록 또 다른 악마가 생기게 된다. 결국 이 싸움은 피가 땅에 닿기 전 악마의 피를 다 마셔버린 짜문다에 의해서 구제되고, 악마들은 모두 패배하게 된다.

독립적인 숭배에 속하는 다른 여신들은 두르가나 깔리 그리고 짜문다보다는 덜 폭력적이다. 베다에 등장하는 고대 사라스와띠 강의 여신인 사라스와띠는 자비로운 존재이다. 사라스와띠는 언어의 여신(Vāc)과 동일시되고, 명상, 시, 음악과 학문을 불러일으킨다. 사라스와띠는 브라흐만과 결혼하지만 신상에서는 독립적인 대상으로 그려지는데, 연꽃 위에 앉아서 악기 비나(*vīnā*)를 연주하고 있는 모습이다. 인도의 많은 학교 교실 벽에는 사라스와띠의 상을 걸어두고 있다. 비슈누의 배우자인 슈리, 즉 락슈미 역시 뿌라나 전성기에 발전하는 하나의 독립적인 숭배이다. 락슈미는 재정적인 보상, 행운의 여신으로서 왕실의 힘과 관련되며, 신상에서는 연꽃 위에 앉아 코끼리가 물을 뿌리고 있는 모습이 새겨 있는데, 이는 왕실의 정화를 연상시키는 행동이다. 비자야나가라 왕의 의례가 여신과 동일시로 보일 수 있음에서, 두르가와 나란히 그녀는 왕권과 밀접한 관계가 있다고 하겠다. 이와 같은 범 힌두 여신들과는 별도로, 신상으로는 나타나지 않지만 북부와 동부 지역에서 뱀의 여신 마나사(Manasā)와 같은 마을 단위의 토착 여신 역시 셀 수 없이 많다.

## 희생제와 여신

독립적인 여신의 가장 두드러진 특징 가운데 하나는 그녀가 받아들이고 요구하는 피의 희생제물이다. 희생제물은 여신 숭배의 한 부분이며, 물소 악마를 죽이는 것에서 물소 희생제를 읽을 수 있는 식으로 여신 신화의 핵심이다. 여신은 물소 악마를 살해하고 한 컵의 술을 마시는데, 의례에서 희생된 제물의 피를 마시는 여신의 사상을 신화에서 반영한다. 실제 희생물의 피를 마시는 것은 여신 숭배 가운데 특히 중세 딴뜨라적인 표현의 특징이다. 피를 마시는 것은 여신 신화에서 중요한 상징적 요소이다. 그리고 이것은 마을의 여신 가운데 토착 단계에서 여신의 딴뜨라적인 모습과 함께 상위의 힌두 신 두르가를 나타낸다. 힌두교의 정화된 브라만 형태에서 희생제 사상은 의례에서 도출되며, 마을의 대중 종교 안에서 상징주의나 신화 영역에 한정되는 데 비해서 피의 희생제는 토착 여신 숭배의 통합적인 요소이다. 예를 들어 께랄라의 남부드리 브라만은 이것을 지나치게 오염된 것으로 여겨 피의 희생제를 수행하지 않았으나, '피의 여신'인 락떼슈와리(Rakteśvarī)와 같은 토착적인 여신들을 위해서 피를 대신하는 제물을 마련한다(p.328~329 참조).

비폭력은 힌두교 내에서, 특히 브라만과 기세자 사이에서 중요한 요소이지만, 이러한 것은 여신의 폭발적이고 잔인한 폭력성과는 완전히 대조적인 사상이다. 여신은 모든 것을 주는 다산의 대상이기 때문에 관대함이 지속되게 하려면 피를 가지고도 새로운 활력을 불어넣어야 한다. 이러한 새로운 피는 여신의 월경 주기와 관련될 수 있지만, 특히 신도를 대신하는 것으로 보일 수 있는 것이 희생 제물의 피다. 실제로 비폭력이 브라만 세계에서 의례적인 정(淨)함을 유지하기 위한 근본적인 요소라고 한다면, 폭력은 끄샤뜨리야의 근본적인 요소일 수도 있다. 왕권 사상 가운데 하나가 이웃 왕국과 전쟁을 수행하기 위한 것이었다는 데 한해서 여신과 왕권 간의 관계는 희생제와 관련지을 수 있다. 전쟁터에서 적의 죽음은 곧 희생 제물의 죽음이라는 식으로 전쟁을 일종의 희생제로 이해할 수 있다. 실제로 '위대한 짐승(*mahāpasu* 마하빠수)' 제물에 해당하는 인간 희생제는 베다에서 최고의 희생제로 여겨진다. 하지만 베다 내에서 실제 인간을 희생 제물로 사용하는 일은 결코 없다. 그래서 적과 자신의 군대를 모두 희생 제물로 인정하는 왕과 동물을 희생 제물로 수용하는 여신 간에는 일치하는 점이 있다.

희생제 사상은 다양한 방식으로 힌두 문화의 여러 층을 통해 걸러진다. 마을 여신의 단계는 주로 하층 카스트와 연관되며 실제 동물 희생제는 평범하다. 브라만 집단 내에서 동물과 피 희생제는 실제로 수행되지 않겠지만, 일종의 상징적인 요소로서 이에 대한 표현은 있을 것이다. 한편 범 힌두 신화라는 단계에서 희생 제물은 악마가 된다. 이러한 차원에서 의례적인 희생제 수행에는 그에 맞는 윤리성이 부과된다. 예를 들어 악의 파괴로 여기는 희생물의 파괴, 물소 악마의 파괴에 맞는 물소의 파괴, 우주의 안정과 조화에 적합한 것으로 분노한 신을 달래는 것이 된다. 여신에 바치는 희생제의 개념이 밀교적 해석으로 나타나는데, 이는 우빠니샤드에 나오는 베다 희생제 개념과 같은 것으로 일부 딴뜨라에서 이루어지며, 그 안에서 희생제는 편재하는 여신 깔리가 특정 모습으로 한정된다. 즉, 여기에서 깔리는 절대적이고, 그 무엇에 의해서도 더럽혀지지 않는 의식(意識)이다.

## 딴뜨라의 여신 숭배

뿌라나에서 발전하는 여신 전통은 매우 중요했는데, 여신 숭배와 결합한 전통은 딴뜨라에서 발전했다. 여신의 딴뜨라적 숭배인 샥따 딴뜨라교(Śākta Tantrism)는 11세기 이전에 형성된 남부의 까울라 전승과 관련된 수많은 초기 딴뜨라에 의해서 창시된다.(p.266 참조). 이와 관련된 텍스트는 전통적으로 64가지가 있는데, 초점이 자비롭고 예의바른 여신에 있는 '상서로운 여신 집단(Auspicious Goddess)'인 슈리꿀라(Śrīkula) 딴뜨라와 초점이 사나운 여신에 있는 '암흑의 여신 집단(Black Goddess)'인 깔리꿀라(Kālīkula) 딴뜨라로 나눌 수 있다. 슈리꿀라 텍스트에서 발전한 전통은 슈리 비디야로 알려지게 되었는데, 여기서 자비롭고 아름다운 랄리따 뜨리뿌라순다리(Lalitā Tripurasundarī)가 숭배되었다. 슈리 비디야는 몇몇 옹호자들이 소위 '부정한 물질'을 가지고 여신을 숭배했다고는 하지만 그 자체는 정행적인 브라만 가치와 결합했다. 남인도의 이와 같은 전통은 정통 베단따와 슈링게리와 깐찌뿌람의 샹까라짜리야와 결합했다. 이와는 대조적으로 깔리 전통은 정행보다는 부정과 함께 사회, 종교적인 규범에 대한 대항을 통해 얻어지는 것과 관계되었다.

딴뜨라 사상의 보편적인 특징은 여성을 의례라는 환경 속에서 여신으로 표현하는 것이다. 신만이 오직 신을 숭배할 수 있다는 것을 토대로 남성 숭배자가 남신, 특히 쉬바가 되듯이 그의 배우자는 여신이 된다. 실제로 여신은 다양한 계급에 속해 있는 여성에서 나온다. 딴뜨라 의례에서 두드러지는 부분은 남성과 여성 신도 모두에게 의례적으로 숭배되는 여성이나 어린 소녀에 대한 것이다. 벵갈과 네팔에서 주로 행하던 중요한 의례는 약 12세에 '왕좌'에 앉게 된 젊은 숫처녀에 대한 숭배(*kumārī-pūjā* 꾸마리-뿌자)이다. 그녀는 여신이 이 여성에게 들어가 하나의 상(像)이 된 것으로 여겨지면서 숭배된다. 어린 소녀를 의례적으로 신격화하는 것은 해마다 열리는 네팔의 중요한 축제에서 볼 수 있다. 그러나 여신이 어린 소녀로 숭배되는가 하면 한편으로는 피를 마시는 깔리나 나이 들고 등이 굽은 꾸브지까와 같이 무서운 형태로도 숭배될 수 있다.

### 깔리 숭배

깔리나 그녀의 현현과 관련된 숭배에 대한 증거 가운데 가장 오래된 것은 연대가 7세기나 8세기 정도로 예상되는 딴뜨라 텍스트이다. 깔리 숭배는 까슈미르 쉬바교에서 나왔는데, 이 전통의 기원은 화장터 숭배에서 찾을 수 있다. 자기 분류에 따르면, 슈리 비디야는 까울라 체계인 남부 전승에서 발전하는 데 비해서 깔리 숭배는 북부와 동부 전승에서 발전한다. 북부 전승과 관련된 텍스트인 『자야드라타야말라』(*Jayadrathayāmala*)에서는 깔리를 쉬바, 바이라와와 같은 남성의 모습을 능가하는 것으로, 시체 위에 서 있는 모습으로 신도에게 보인다고 설명한다. 여기에서 깔리는 순수 의식의 심장에 있는 빛 그 절대적 존재와 일치하는데, 거기에서 우주가 탄생하고 그곳으로 우주가 다시 들어간다. 신도는 이렇게 의식이 나타났다가 사라지는 과정에 대해 깊이 생각을 해야 하는데 그 과정이 열두 깔리가 된다. 그리고 그 열두 깔리는 '열세 번째' 깔리인 깔라상까르쉬니(Kālasaṃkarṣinī)로 상징되는 마지막 단계인 자아 자체 안으로의 의식의 내부 폭발을 깨달아야 한다.[12] 의식의 상태와 깔리를 동일시하는 이러한 은밀한 전통은 10세기부터 외적인 의례 안에서 구체적으로 표현되는데, 여기서는 동물과 인간의 머리에다 여덟 개의 팔에는 무기를 지니고 있는 모습으로 구체화된 여신 구히야깔리(Guhyakālī)에 초점을 두었다. 네팔에서는 그녀를 구히예슈와리(Guhyeśvarī)로서 대중적으로 숭배하며, 여신 꾸브지까와 결합한다(아래 참조).

깔리꿀라 텍스트는 여신을 불러일으키기 위해 화장터에서 행하는 섬뜩한 의식을 묘사하고 있는 것으로, 의례 행위자들에게 섬뜩한 경험(*ghora* 고라)을 통해 구원을 얻게 해준다. '자칼에게 제물을 바치는' 한 유명한 의례에서 자칼은 깔리의 현현으로 간주되기 때문에 제물을 바치는 것이다. 이 경우 제물을 바치는 장소는 비록 강력하지만 상서롭지 못한 곳 즉 사거리, 숲, 화장터와 같은 곳이 된다.[13)]

서부 까울라 전승에서 나오는 딴뜨라 집단에 초점을 두는 딴뜨라 여신은 '등이 굽은 신' 꾸브지까이다. 히말라야 서쪽, 어쩌면 카슈미르에서 기원했을지도 모를 이 학파는 12세기 네팔에 있던 것으로 알려지고 있는데, 텍스트에 따르면 이것이 인도 전역으로 퍼졌다고 전한다. 학파의 방침을 담은 텍스트는 '등이 굽은 여신의 가르침에 대한 딴뜨라'로 알려진 『꾸브지까마따 딴뜨라』(*Kubjikāmata Tantra*)이다. 이 텍스트에서는 그녀와 연관된 신화, 교리와 의례에 대해 설명하고 있다. 비록 텍스트와 전통은 등이 굽은 나이든 여성의 모습으로 숭배되는 여신에서 그 이름을 취하지만, 그녀는 최고의 여신(Supreme Goddess, Parā Devī 빠라 데위)과 동일시되며, 소녀와 젊은 여성으로도 숭배된다. 이 학파는 비밀스러운 특징이 있으며, 순수한 의식과 여신을 동일시하는 까슈미르 쉬바교와 밀접한 관계를 보여준다.[14)] 여신은 '뱀처럼 똬리를 튼' 여신 꾼달리니와도 관계가 있다. 꾼달리니라고 하는 것은 인간 몸의 맨 바닥에서 잠자고 있는 어떤 힘을 말하는데, 그것은 요가에 의해 몸의 미세한 중심의 관통이 이루어질 때 깨어나 쉬바의 머리 끝 정수리에서 쉬바와 합체한다. 꾸브지까파는 『꾸브지까마따 딴뜨라』에서 범 힌두와 서양에서 대중화된 밀교적 고전적 표현인 신체의 여섯 중심(짜끄라)에 대해 최초로 언급하고 있기 때문에 중요하다.[15] 초기의 딴뜨라는 여러 곳에서 가지각색으로 언급된다. 이 여섯 센터는 슈리 비디야 전통에서도 받아들이게 되었다.

### 슈리 비디야 전통

슈리 비디야는 랄리따 뜨리뿌라순다리, 간단히 뜨리뿌라순다리('세 도시의 아름다운 여신') 숭배로서, 슈리/락슈미의 딴뜨라적인 형태를 말한다. 그녀는 신성한 도해인 스리짜끄라(*srīcakra*)라 부르는, 내부가 아홉 개의 삼각형으로 이루어진 얀뜨라의 형태로 숭배된다. 열다섯 음절로 이루어진 만뜨라 형태를 슈리위디야(*śrīvidyā*)라고 하는데, 이 전통의 이름은 거기에서 나온다. 가장 초기 단계에서 뜨리뿌라순다리파는 만뜨라마르가, 즉 '만뜨라의 길'의 가장 나중 단계로 분류될 수 있다(p.260 참조). 이 범주에 속하는 슈리 비디야의 가장 초기 출처는 그 자체를 만뜨라마르가로 분류하는 『니띠야소다쉬까르나와』(*Nityāṣodaśikārṇava*, '열여섯 니띠야 여신 전통의 대양')와 『바마께스와라 딴뜨라』(*Vāmakesvara Tantra*)와 함께 형성되었다고 하는 『요기니흐리다야』(*Yoginīhṛdaya*, '요기니의 심장') 두 텍스트가 있다.[16] 『니띠야소다쉬까르나와』는 외적인 의례와 그 마술적인 효과와 관계있는 반면에, 『요기니흐리다야』는 우주의 확대와 축소같이 좀 더 은밀하고 해설적인 슈리짜끄라(*śrīcakra*)와 관계있다. 후대의 텍스트인 『딴뜨라라자 딴뜨라』(*Tantrarāja Tantra*, '딴뜨라의 으뜸')에서는 이러한 주제에 대해서 좀 더 세부적인 설명을 제공하고 있다.[17] 초기 딴뜨라와는 별도로 후대의 여러 문헌에서 여신 뜨리뿌라순다리를 찬양하는데, 특히 『사운다리얄라하리』(*Saundaryalaharī*, '미의 대양'), 『랄리따사하라나마』(*Lalitāsahaharanāma*, '랄리따의 천 가지 이름') 그리고 『뜨리뿌라 우빠니샤드』(*Tripura Upaniṣad*, '뜨리뿌라의 비밀')가 매우 대중적이다.[18] 『사운다리얄라하리』와 『랄리따사하라나마』는 전통적으로 아드와이따 베딴따 철학자인 샹까라가 쓴 것으로 알려져 있다. 실제로 바라띠(Bharati)가 주시한 대로, 토착 슈리 비디야파는 이 문헌의 권위에 대해 아무런 의심도 하지 않는다. 원리 안에서 샹까라는 여신에 대한 신애적인 찬송(이것은 인도라는 맥락에서 철학 작품들과 모순되지 않는다)[19]을 지었는데, 이 문헌들은 샹까라의 베단따보다는 까슈미르 쉬바교의 비이원론에 더 가깝다. 이 문헌과 사용되는 용어들은 우주가 소리의 현현이라는 사상인 까슈미르 쉬바교에서 나와 전해진 뜨리까 사상으로 볼 수 있다. 실제로 까슈미르 뜨리까 여신인 빠라(Parā)는 이 학파에서 나온 몇몇 문헌 속에서 뜨리뿌라순다리의 내적인 근원으로 간주된다.[20]

그러나 남인도에서 발달한 슈리 비디야는 까슈미르 딴뜨라 근본과는 분리되었으며, 뜨리뿌라순다리파는 슈링게리와 깐찌뿌람에서 샹까라에 의해 창시된 것으로 알려진 남부의 베단따인 다사나미 수도자 교단으로 흡수되었다. 슈리 비디야 전통은 남인도에서 대중화되었고, 뜨리뿌라순다리파는 샹까라짜리야의 매우 정통한 일신교적 전통으로서만이 아니라 샤이바 스마르따 공동체로 스며들었다.

슈리 비디야 신학에서 여신은 최고의 존재이면서 그 자신의 현현인 우주 그 자체이다. 비록 인격적인 형태로 구체화되고 찬양의 대상이 되지만, 여신은 비인격적인 힘이기도 하다. 그녀는 우주를 펼치기도 하고 발산과 재흡수라는 무한 주기 속에서 다시 접기도 한다. 이러한 과정은 언어의 발산과 수축으로 개념화되는데, 여기에서 그 언어는 원초적 소리(*śabda, nāda*) 즉 에너지이자 빛이고 의식인 옴이라고 하는 음절이다. 매일의 언사는 이렇게 지각할 수 없는 미묘하면서 편재하는 소리의 총체적 현시일 뿐이다. 여기에서 그 소리는 가장 지각할 수 없는 미묘한 비물질 영역에서부터 인간세상의 총체적 물질세계에 이르기까지의 일련의 등급화된 단계를 통해서 우주에 나타난다. 이 미묘한 소리는 넓이 이전에 에너지의 '점'이나 '방울(*bindu* 빈두)'로 표현되는데, 그 다음에 다양한 우주를 낳기 위해서 앞으로 나아간다. 딴뜨라 신학에서 매우 중요한 용어인 빈두는 산스끄리뜨 자모의 다섯 번째 음소와 결합된 것으로, 비음화된 '점(*anusvara* 아누스와라)'은 집중된, 잠재적인 힘을 상징하며, 표시로서 앞으로 뿜어질 준비를 한다. 우주의 구조에 대한 세부사항은 다른 여러 문헌에서 다양하게 나오지만, 그 원리는 까슈미르 샤이바 딴뜨라의 원리와 비교해서 슈리 비디야 문헌에 나오는 것과 동일하다.[21]

이 우주론은 슈리짜끄라의 우주구조론으로 나타나는데, 이 전통의 주요 상(像)은 사원에 안치되어 숭배의 초점이 된다. 이러한 도형 즉, 의례 도구(*yantra*)는 신과 우주에 대한 표현을 모두 보여준다. 위를 향하고 있는 네 개의 삼각형은 우주 내에서 남성의 원리인 소위 쉬바를 상징하는 것이고, 아래를 향하고 있는 다섯 개의 삼각형은 여성의 원리를 나타낸다. 모든 삼각형은 중심점인 빈두에서 발산한다. 그것을 해석하자면 쉬바와 여신의 합일을 나타내는 것으로, 고유한 신체와 슈리짜끄라의 의례적인 동일화를 통해서 그의 고유한 신체 내에서 열망인 사다까를 깨닫는다.

슈리 비디야 전통의 더 밀교적인 의례에 대한 통합, 그리고 우주론적인 고찰과 밀접하게 관련되는 것은 물질적인 인간의 몸이 미세한 몸과 관련된 총체적인 표현이며, 그 다음이 최고인 인과관계에 따른 육체의 표현이라는 사상이다. 물질세계가 정교한 세계에서 가장 응고된 상태의 응집인 것과 마찬가지로, 결국에 몸은 미묘한 육체의 가장 응고된 형태로 그 다음은 좀 더 상위의 형태와 관련된 표시이다. 구원이나 해탈은 탄생과 죽음의 틀로부터 해방되는 것으로, 그것의 근원인 여신이 있는 곳으로 돌아가는 표현의 단계를 되찾아가는 일종의 여정으로 이해된다. 우주를 통한 이러한 요가 여정은 신체 단련으로도 이해되며, 우주적인 표현이라는 단계에서는 신체의 수직축과 나란한 단계와 관계가 있다. 슈리 비디야 요긴은 여신 꾼달리니의 잠자고 있는 힘을 깨우려고 시도할 것이다. 그 힘은 여러 센터인 에너지 중심을 관통해 여신을 깨움으로써 정수리에서 쉬바와 합일을 이루기 위해 신체에 고루 퍼져 있는 중심 통로의 기저인 '뿌리 중심'에서 깨어난다(p.161~164 참조). 여기에서 슈리 비디야가 채택하고 있는 방식은 어떤 특정한 전통의 경계를 넘은 일반적인 하타-요가의 유형이다.

지위 단계의 위계로서 우주 사상과 신체, 우주 간의 상동관계나 은밀한 왕래는 다른 모든 딴뜨라 전통의 목적에 해당하는 것으로, 슈리 비디야 신학과 의례의 핵심이다. 이것은 최고의, 복잡하고 총체적인 뜨리뿌라순다리의 세 가지 양상이나 모습(*rūpa*)을 설명하는 『딴뜨라라자 딴뜨라』에서 구체적으로 나온다. 여기서 말하는 세 가지 양상은 그녀를 숭배하는 세 가지 방식으로서 마음, 언어 그리고 신체에 해당하는 것이다. 이것은 그녀에 대한 명상이나 아니면 그녀의 모습을 구체화시킨 만뜨라의 반복, 그리고 꽃이나 향, 야채와 같은 제물을 바치는 외적 숭배를 수행하는 것과 관계가 있다. 물론 입문식은 일상적인 것이나 특정한 의례 시에 슈리 비디야에게 접근하기 위한 필요조건으로, 비록 베다 입문식처럼 카스트를 토대로 하지는 않지만 구루에 한정되어야 함을 필요조건으로 한다.

### 좌도 딴뜨라

일반적으로 딴뜨라교를 둘러싸고 있는 가장 유명한 논쟁이면서 특히 슈리 비디야와 관련된 것은 브라만교 내에서 금지하는 '물질'의 의례적인 사용이다. 이 의례적 물질에 해당하는 '다섯 가지 M(*pañcamakāra* 빤짜마까라)'—산스끄리뜨 글자 이니셜이 모두 'M'—, 혹은 '다섯 가지 실체(*pañcatattva* 빤짜땃뜨와)'로 알려져 있다. 의례에는 술(*madya* 마디야), 물고기(*matsya* 맛시야), 육고기(*māṃsa* 만사), 말린 곡류(*mudrā* 무드라), 성적인 교합(*maithuna* 마이투나)을 사용한다. 마누법에 따르면 술, 고기와 생선의 소비는 브라만에게 특별히 금지된다.[22] 그래서 브라만에게 있어서 이러한 물질의 의례적인 사용은 의식적으로 스스로를 오염시키는 것이다. 초기 쉬바교의 까울라 의례에서 나오는 사나운 여신들은 피, 술, 성적인 제물로 진정되었다(p.265). 아비나와굽따는 진정한 '신성함' 혹은 '금욕'을 언급하면서 술, 고기, 성교에 해당하는 '세 가지 M'에 대해 전한다.[23] 다섯 가지 M은 나중에 발전했으며, 이것의 사용은 일명 '좌도행법(*vāmācāra* 바마짜라)'으로 알려지게 되었다. 이것은 정(淨)함에 기반한 '우도행법(*dakṣiṇācāra* 닥쉬나짜라)'과는 대조되는 것으로, 부정함을 통한 초월적인 실천이다. 무드라 사용은 가끔 마약을 말하지만, 단순히 하층 카스트 집단이 준비하는 신에게 바치는 제물을 나타내는 것일 수도 있다.

슈리 비디야 내에서 다섯 가지 M의 사용을 거부하는 사람과 받아들이는 사람 간에는 차이가 있지만, 대개 슈리 비디야는 그 자체가 극단적인 도덕폐기론자적 성격의 딴뜨라 집단과는 거리가 멀다. 좌도 딴드라교는 정행적인 힌두교에 도전적인 도덕적 질문을 던진다. 좌도 혹은 까울라 종파는 마술적인 힘을 얻기 위해서 브라만적인 정(淨)한 규율과 인습을 조롱하는 반면에, 우도인 '전통' 혹은 사마야(Samaya) 종파는 '다섯 가지 M'을 사용하는 대신에 상징적인 대용물(*pratinidhi* 쁘라띠니디)로서 술 대신 우유를, 고기나 생선 대신 참깨를, 섹스 대신 꽃을 제물로 사용한다. 슈리 비디야에서 '다섯 가지 M'을 사용하는 것에 대해서는 논쟁의 여지가 있다. 락슈미다라(Lakṣmīdhara, 16세기)는 비베다적이고 부정한 '다섯 가지 M'의 수행에 대해 단호히 거절하고 '전통 방식(*samayācāra* 사마야짜라)'을 고수한 신학자였다. 그러나 바스까라라야(Bhāskararāya, 1728~1750)와 같은 학자는 금기시하는 물질을 은밀히 사용하는 것을 옹호하기를 즐겼다.[24] 실제로 딴뜨라 브라만 재가자에게 있어서 금기시되는 물질을 다른 방식으로 사용하는 것을 포함하는 딴뜨라적인 구원학을 브라만적인 사회 가치와 나란히 유지하는 것은 아주 일상적인 일이다. 딴뜨라적인 브라만은 비밀리에 까울라(좌도 딴뜨라 수행자)이지만, 대외적으로는 베다적인 사회에서 요구하는 실천을 유지하는 샤이바여야 한다고 자주 인용한다.[25]

의례적인 환경에서 섹스와 영적인 목적 달성을 위한 욕망의 변형은 인도 종교에서 최소한 불교 시대까지 쭉 뻗어 올라가는 고대적인 실천[26]이며, 『브리하다라니야까 우빠니샤드』에서는 절대자와 이루어지는 신비로운 결합에 대해서 성적인 교합을 즐기는 것에 빗대고 있다.[27] 성적인 결합(*maithuna*)은 딴뜨라교의 상징이자 행위로서 모두 중요해진다. 초기 딴뜨라 문헌에서는 신에게 제물을 바치는 것으로 성적인 의례를 강조한 것으로 보인다. 하지만 후대의 문헌에서는 정액이 좀 더 상위 의식의 상태를 위한 일종의 요가적 변화를 촉진하기 위해서 자제되어야 하는 것으로 나온다. 샥따 딴뜨라에서는 심지어 사람을 세 가지 특성이나 성향(*bhāva*)에 따라서 동물적 존재(*paśu*), 영웅(*vīra* 비라) 혹은 신성(*divya* 디위야)한 존재로 분류한다. 하지만 이러한 분류가 쉬바 문헌에는 나오지 않는다. 오직 영웅과 신성한 존재만이 성적인 숭배를 수행해야 하며, 동물의 특성을 띤 존재는 자신을 파괴로 이끄는 욕망에 의해 움직인다.[28] 실제로 성교는 좌도 의례 안에서 수행되거나 아니면 우도 의례에서 성적인 숭배가 풍부하고 강한 기호로 대체된다. 딴뜨라 수행가의 실제나 상징적인 결합은 우주 내에서 남성과 여성의 양극성인 쉬바와 샥띠의 결합을 상징하며, 그들의 희열은 궁극에 이르러 나오는 기쁨을 반영한다. 딴뜨라에는 한편에 쉬바, 하얀 정액, 달, 복종, 의식과 다른 편에 샥띠, 붉은 피, 태양, 활동성, 본성(*prakṛti*) 간에 상징적인 결합의 끈이 존재한다.

여성은 딴뜨라 사고에서 샥띠로 충족되기 때문에 남성보다 더 강력한 존재로 여겨진다. 하지만 이 힘에 일반적으로 여성이 종속적인 상태에 놓인 사회적 현실이 반영되지는 않는다.[29] 비단 남성만이 독점하는 것은 아님에도 딴뜨라 문헌은 브라만 남성들이 주로 썼다. 브라만 남성들은 문헌 속에서 자신의 여성 파트너보다는 남성 수행가의 관심을 반영하고 있다. 몇몇 문헌에서 잇따르는 해탈이 양쪽 파트너와 관련되어 있음이 명확히 드러나지만, 여성은 신성한 영역에 이르기 위한 남성의 '메신저', 곧 문 정도로만 간주되었다. 비록 사회 제도에는 반영되지 않더라도, 여성은 엄격한 정행 브라만교에서보다는 딴드라교에서 사상적으로 좀 더 높은 지위에 놓인다. 이와 관련된 의례에서 여성은 일반적으로 세탁부와 같은 하층 카스트 집단의 출신들로, 사회적 처지는 남성 배우자에 비해서 매우 제약되어 있으며, 강하고 지적이며 아름다운 여성이라는 딴뜨라 모델은 복종적이며 온순한 의존적 성격의 브라만 모델과는 대조적이다.[30] 매우 숭배 받으며 여신에게 신성한 곳(*pīṭha* 삐타)에 살던 여성 딴뜨라 기세자도 있었는데, 이곳에서 딴뜨라 요가 수행자들은 여신들과 만나기를 고대하면서 그들과의 친분을 통해 마술적인 힘을 얻고자 했다.[31]

슈리 비디야의 초월적인 까울라파와는 별도로, 다섯 가지 M을 수용한 다른 딴뜨라 집단은 중세 말에 성장했다. 특별한 주석 가운데 하나는 사하지야의 바이슈나와 전통에 관한 것으로, 이것은 바이슈나와 신학을 인정하는 딴뜨라 불교 사하지야에서 발전했다.[32] 이들에게 남성과 여성은 끄리슈나와 라다의 현현이며, 성적인 의례를 통해서 좀 더 높은 의식 상태인 사마디를 얻을 수 있다고 생각한다. 벵갈의 바울은 사하지야 사상을 계승해, 이들에 의해 성적인 의례가 지속된다.[33]

브라만적인 딴뜨라 숭배의 많은 요소는 술과 피, 헌물로 사나운 신을 달래는 하층 카스트와 까빨리까의 화장터 고행주의에서 나온다. 그러나 이 요소는 브라만 재가자라는 환경에서 슈리 비디야 신도와 같이, 딴뜨라적인 브라만이 딴뜨라 길을 따르지만 자신의 사회적 지위는 유지하는 가운데 구원이라는 개념을 받아들이는 것으로 변형된다. 사회적 지위를 유지하는 반면에 딴뜨라 브라만은 제한적인 의례 환경에서 자신의 사회적 금기를 초월함으로써 힘과 해탈이라는 구원론적인 탐색을 추구할 수 있다. 의례라는 구조에는 하층 카스트 여성과 이루어지는 성적인 숭배를 수행하는 것이 정상적인 것이나, 이는 의례적인 환경 밖에서 그녀와 이루어지는 상호작용과는 상당히 다른 문제이다. 슈리 비디야 내에서 사마야짜라/우도의 길과 까울라/좌도의 길 간의 신학적인 분리에는 브라만교라는 지배 이데올로기와 화장터 고행주의, 하층 카스트에서 나오는 사상과 의례에서 스며든 사상 간에 긴장이 고조된다. 하지만 슈리비디야의 경우 브라만 구조와 사상에 의해 조정되거나 브라만 구조 내에 포함된다.

**샥따 삐타**(śākta pīṭha)

남인도와 북인도에서 여신을 숭배하는 주요 장소로는 케이프 코모린(Cape Comorin)의 처녀신인 깐야 꾸마리 사원, 마두라이의 미낙시 사원 그리고 캘커타에 있는 깔리 사원이 있다. 여신은 특정한 유적지에 안치되어 있을 뿐 아니라 지구, 환경과 동일시된다. 따라서 어떤 의미에서는 '인도' 전역에서 순례 여행을 통해 큰 축복을 받을 수 있는 '사방'에 여신이 존재한다. 그러나 딴뜨라 문헌에서는 특히 이들 순례 중심지와는 별도로 여신이 있는 '자리(*pīṭha*)'에 대해 말한다. 이 '자리'는 쉬바의 첫 번째 아내인 사띠 신화에서 그 정당성을 찾을 수 있다.

나는 이미 닥샤의 희생제 신화에 관한, 예를 들면 어찌하여 쉬바의 장인 닥샤가 희생제에 쉬바를 초대하지 않았으며 딸 사띠가 이에 화가 나서 어떤 식으로 스스로를 태워 요가의 불 속으로 뛰어들었는지, 그리고 어떤 식으로 쉬바가 비라바하드라와 같은 무서운 모습으로 닥샤의 희생제를 파괴했는지에 대해서 자세히 언급한 바 있다(p.241~242 참조). 이 신화의 후대본인 『데위바가와따 뿌라나』와 『깔리까 뿌라나』에서 이 신화가 전해진다. 쉬바는 아내가 죽자 크게 분노했고, 화장터에서 아내의 유골을 집어 들어 어깨 위에 얹고 미친 듯이 춤을 춘다. 다른 신들은 이 춤이 죽음을 부르는 우주의 파괴라는 두려움에 걱정을 했고, 결국 비슈누는 쉬바가 차분해질 때까지 사띠의 몸을 잘게 썰어 조각을 낸다.[34]

한편 남편 장례식 장작더미 위에서 불에 타 죽는 과부의 희생

(*satī*, 'suttee')에는 관련된 신화가 있는데 이것 역시 삐타를 설명하는 것이다. 그리고 이곳은 사띠의 조각난 몸이 떨어진 곳으로 그 위치를 정한다. 비록 다른 문헌 목록에서는 좀 더 언급하고 있으며, 꾸브지까마따 딴뜨라에서는 모든 여성의 안식처가 삐타로 숭배되어야 한다고 하지만, 딴뜨라와 뿌라나에 나오는 근원지는 네 곳이다.[35] 기본적인 네 군데의 '거대한 장소(*mahāpiṭha* 마하삐타)'는 잘란다라〔Jalandhāra, 뻰잡에 있는 잘란다르(Jullundur)로 추정〕, 옷디야나(Oddiyana) 혹은 웃다야나(Uddayana, 북서쪽 끝에 위치한 스와트 강 유역), 뿌르나기리(Purnagiri, 장소 미상), 앗삼에 있는 까마루빠(Kāmarupa)이다. 이곳은 여신의 혀, 유두와 음문(*yoni* 요니)이 떨어진 곳으로 전해진다. 현재의 순례지로서 이들 '자리' 가운데 가장 중요한 곳이 사띠의 요니가 떨어진 것으로 믿는 앗삼의 까마루빠이다. 이곳은 까마기리로도 불리는데, 이곳에서 여신은 음문의 형태로 숭배되며 월경 주기는 붉은 가루를 가지고 상(像)을 장식하는 것으로 경축된다. 이러한 요니 형태는 보편적이지는 않지만 하나의 상으로서 이것의 역사에 대해서는 잘 입증되고 있다.

## 지역의 토착 전통

딴뜨라교의 밀교적인 형태는 힌두교 역사에서 중요한 의미를 띠며, 그 표현은 모두에게 영향을 끼치는 데 비해서 대다수의 힌두와 직접적인 관계는 없다. 인도에서 대부분의 힌두는 마을에 살고, 여신 숭배자 대부분은 지역과 토착이라는 수준에서 토착 여신에 대한 외적인 숭배(*pūjā*)와 더불어 특별히 여신을 위해 마련된 신성한 곳으로 순례를 함으로써 신애를 표현한다. 여신에 대한 브라만적인 사상이 남아시아 전역으로 퍼져 수많은 토착 여신의 모습으로 존재하지만, 신상의 모습으로 표현되지 않고 주로 하층 카스트에 속해 토착 마을에서 숭배되었다.

### 마을 여신

한 가지 구별되는 것은 '뜨거운' 신과 '차가운' 신에 관한 것이다. 뜨거운 신은 정열, 차가워질 필요가 있는 천연두 같은 열병, 오염, 낮은 사회 계층과 관계가 있다. 차가운 신은 이탈, 정열의 식음, 정(淨)함, 사회적으로 높은 계층과 관련된다. 깔리와 같은 사나운 여신과 마을 여신들은 차가움과 대조되는 뜨거운 신으로 분류되며, 대부분 힌두 만신전에 속하는 비슈누나 쉬바와 같은 남신은 차가운 신으로 분류된다. 마을신으로 그라마데와따(*grāmadevatās*)는 항상 뜨거운 신의 부류에 속했다. 이들은 거의 항상 여성인 '어머니(*mata*)'로 불리고, 특정한 마을이나 지역과 관련되어 있으며, 바위, 돌기둥, 막대기, 벽돌 한 짝, 제물과 마찬가지로 그것에 묶은 헝겊 조각과 함께 가시덤불과 같은 단순한 표시나 항아리의 형태로 표현되었다.[36] 이러한 상징적인 모습의 뜨거운 여신은 야채 공물뿐만 아니라 닭, 염소나 때로는 물소를 바치는 피의 희생제(*bali*)와 함께 술로 달래줄 것을 요구한다. 이와는 반대로 차가운 범 힌두 신은 신상으로 표현되며, 오로지 야채 공물만을 받아들인다. 대여신은 이 두 범주 모두를 공유한다. 대여신은 피와 술을 요구하는 뜨거우면서 포악한 신이지만, 동시에 뜨리뿌라순다리나 락슈미처럼 차갑고 자비로우며 야채 공물만을 받아들이는 신의 모습일 수도 있다.

특정 여신의 경우 신전이나 사원에서는 차가운 신상 형태, 신전 밖에서는 상징적인 뜨거운 형태로 두 가지 모습을 띠는데, 이러한 모습은 아마도 정해진 축제 동안에만 나타났을 것이다. 예를 들면 따밀의 여신 마리얌만은 사원 내에서는 움직이지 않는 신상의 모습이지만, 중심 신전에서 나와서는 물 단지와 같은 이차적인 모습으로 오직 피만을 받아들인다. 퓰러의 설명에 의하면 여성은 높고 낮은 형태로 분리된다.[37] 제물은 하층 카스트 '사제'를 포함해서 등급에 따른 카스트 서열을 반영하는데, 아마도 좀 더 낮은 서열에 해당하는 단계에서 고기로 된 제물을 마련하여 신을 사로잡았을 것이다. 락슈미는 부의 여신으로 교역을 담당하는 카스트에게 숭배받는다. 이런 식으로 몇몇 신들이 특정한 카스트와 연관되는 것은 사실이지만, 이것은 신의 등급을 단순히 카스트 사회의 반영으로 이해하려는 것에서 나온 지나친 간소화로 보인다. 마을에서 특정 여신이 브라만에게는 전혀 숭배되지 않는다거나 심지어 같은 카스트 내에서도 똑같은 여신을 숭배하지 않으며, 특정 집단의 여신(*kula mātā* 꿀라 마따)이 다른 집단에게는 숭배되지 않을 수도 있다. 그 외에도 어떤 신의 경우에는 사회적 범위를 뛰어 넘어 호소되기도 한다.

가끔 드물게 구별되기도 하지만, 사나운 마을 여신은 동일한 이름으로 특정한 위치에 있다. 그들은 병 특히 천연두, 불의의 죽음과 같이 질병과 관련된 경향이 있고, 보통 피와 고기로 달래주기를 원한다. 예측할 수는 없지만, 이들 역시 마을의 수호자이기도 하다. 종종 마을에서 범 힌두 대여신과 토착 여신을 동일시했을지도 모르지만, 이 여신들은 범 힌두 여신과는 전혀 외형상 연관이 없으며, 심지어 신상으로나 신화적인 유사성도 전혀 없다.

예를 들면 께랄라에서 특히 무서운 여신인 무왈람꿀리짜문디(Mūvāḷamkuḷicāmuṇḍī)는 수많은 토착 신전인 떼이얌(*teyyam*) 신전에서 숭배되며, 다른 신들과 나란히 매년 춤에 사로잡히는 지역 축제에서 찬양된다. 이 축제 기간에 무희는 신이 되는데, 춤의 내용은 그녀의 신화와 관계가 있다. 신도 가운데 한 사람에게 마술을 행하는 한 브라만은 만뜨라로 여신을 사로잡아 뚜껑 달린 구리 병에 가둔 다음 그 병을 세 남자(*mūvālam*)가 죽은 곳까지 닿는 깊은 구멍(*kuḷi*) 속에 묻으려 하였다. 그러자 그녀는 아주 흉포한 모습으로 땅 위로 튀어나와 그 브라만을 쉬바를 모신 사원으로 몰아 붙였고 그곳에서 자신은 쉬바 곁에 묻히면 진정하겠노라고 해서 브라만은 이에 동의하게 된다. 결국 여신은 떼이얌 신전에서 뿐만 아니라 뜨리깐얄라빤(Trikanyalapan) 사원에서 쉬바의 배우자로 숭배된다. 이 신화는 비록 하층 카스트에 속하는 뜨거운 신(그녀의 떼이얌 춤은 전문적 무당인 하층 말라얀(Malāyan) 카스트에 의해 수행된다)이지만, 상층 카스트의 범 힌두 신인 쉬바의 힘에 포함된다는 것을 보여준다. 그녀의 힘은 남신과 똑같은 위치에 속해 있으면서 브라만 구조 속으로 흡수된다.

큰 사원에 모셔놓은 범 힌두 신과 같지는 않지만 순전히 마을에서만 호소되기보다는 좀 더 넓은 지역 단위로 호소되던 여신으로는 북인도의 천연두 여신 쉬딸라(Śītalā), 남인도의 마리얌만과 같은 여신이 있다. 비록 지금은 근절되었지만 예전에는 여름에 특히 전염성이 강한 천연두가 퍼졌는데, 사람들은 이것을 천연두 여신의 방문이나 그녀에게 '사로잡힌 것'으로 이해했다. 마리얌만의 경우 기원과 관련된 두 편의 신화가 있는데, 첫 번째 신화에서 그녀는 브라만으로 속이고 결혼한 불가촉민에게 기만당한 브라만 소녀로 나온다. 무슨 일이 일어났는지를 깨달은 그녀는 스스로 목숨을 끊어 여신 마리얌만으로 바뀐 다음에 불가촉민을 태워 재로 만들어버린다. 두 번째 신화는 순수하지만 강한 힘을 지닌 성자의 아내와 관련된 이야기이다. 그녀는 기적을 일으킬 수 있었지만 어느 날 사랑을 부르는 신 두 명을 본다. 그녀는 질투심을 느끼고, 그로 인해 자신이 가진 힘을 잃어버리게 된다. 그 후에 남편은 그녀의 정절을 의심하여 아들에게 그녀를 죽일 것을 명한다. 아들은 명에 따라 그녀의 목을 벤다. 결국 그녀는 마리얌만이 되지만 본래 가지고 있던 육체 대신 머리는 불가촉민에서 떼어 만들어진다. 그래서 이 것이 브라만과 불가촉민의 양향성과 분노의 특징 모두를 표현하게 된다.

쉬딸라는 대부분의 시간을 잠을 자지만, 전통적으로 여름에 무서운 파괴력을 가지고 분출한다. 그리고 마을에서 전염병의 형태로 은총을 퍼뜨리며 화해를 요구하는 뜨거운 여신이다. 때때로 이러한 여러 질병은 여신이 무찔러야 하는 악마의 활동으로 이해되며, 또 어떤 때에는 여신 그 자체로서의 역할을 한다. 천연두 희생자들은 여신에게 사로잡히는 것으로 이해되며, 그녀의 분노를 누르는 데 있어서 가장 효과 있는 제물은 피 희생제이지만, 실제로 그녀의 분노를 달래는 제물은 물, 우유와 관련된 '찬' 것이었다.

뜨거운 마을 여신이면서 실제로는 그녀 자신은 대여신에 해당하는 여신은 한 해의 주기적인 틀, 특히 농업 활동의 주기와 밀접한 관계가 있다. 이 여신은 지구와 관련되고, 계절의 변화는 이 여신의 변형으로 간주되었을 것이다. 북부와 중부 인도에서는 계절을 여름(대개 3~6월), 습한 계절(대개 7~10월), 건조한 겨울(나머지 특히 12~1월) 이렇게 세 부분으로 나눌 수 있다. 마을의 의례 주기는 계절의 변화와 밀접하게 연관되며, 지구와 동일시되는 여신 숭배는 이 시기에 매우 중요하다. 의례 주기라는 의미에서 여름은 마을과 지역 여신들에게 중요한데, 축제가 이 시기(뜨거운 여신은 여름 동안에 숭배된다)에 벌어지고, 결혼식을 많이 치러 열정의 '열기'에 대한 표현을 허용한다.[38] 여름의 지역 축제와는 별도로 범 힌두 신으로서 여신의 가장 중요한 축제는 10월에 개최되는 두르가 뿌자이다. 이 축제는 9일 밤(*navarātri*) 동안 열린 후 10일째 되는 닷세라(*dassera*) 날 정점에 이른다.

대중/브라만적인 문화, 하층/상층카스트, 지역/범힌두적, 소/대 전통과 심지어 드라비다/아리야인 간의 구분에서 마을 여신을 살펴보는 것이 가능하다. 한편 이러한 구분은 마을 여신들과 범 힌두 신들 간의 구조적인 대립을 이해하는 데 있어서는 유용할 수도 있다. 하지만 그 지위는 더 복잡하고, 많은 지역 여신들은 '하위'와 '상위' 문화 영역 모두에 관여한다. 예를 들면 알프 힐테바이텔(Alf Hiltebeitel)의 주요 연구에서 보여준 바대로, 여신 드라우빠디는 서사시 『마하바라따』에서 빤다와의 아내로 범 힌두 여신이면서 동시에 따밀나두에서는 토착 지역신이다.[39)]

## 요약

여신은 상징적인 마을신에서부터 두르가나 남신의 아내, 락슈미와 같은 상층 카스트의 범 힌두 여신들에 이르기까지 전 계급에 퍼져 있다. 따라서 여신을 제외하고는 힌두교를 이해할 수 없다. 이 장에서는 브라만적인 힌두교, 딴뜨라적인 힌두교 그리고 마을 힌두교 속에 나타나는 여신에 대한 주요 사상, 신화와 신상의 표현 등을 살펴보았다. 수없이 많은 여신이 있지만 각자는 특정한 장소에서 유일한 존재이며, 근본적으로 깔리와 같은 무서운 모습과 뜨리뿌라순다리나 락슈미와 같은 예의바르고 자비로운 모습 두 가지로 존재한다. 한편 몇몇 여신은 사나운 모습이면서 독립적이다. 그에 비해서 또 어떤 여신은 자신이 힘을 불어넣는 신성한 남편의 완벽한 아내이다. 실제로 쉬바와 같은 신은 여신 없이는 송장과 다를 바 없다.

# 제9장 힌두 의례

힌두 전통 안에는 여러 가지 숭배 유형이 있으며, 채식과 비채식 공물은 남아시아 전역에 걸쳐 존재하는 수많은 신을 위해서 마련된다. 힌두 의례는 가정, 사원, 길가의 성소, 성지 주변, 신성한 강이 합류하는 곳과 같은 순례지 그리고 특별히 만들어진 누각 같은 곳에서 행해진다. 의례는 특별한 행사를 기릴 때나 축복을 받고자 할 때, 혹은 신들의 비위를 맞추기 위한 목적에서 이루어진다. 의례의 유형은 탄생, 아동기를 거쳐 결혼, 마지막으로 죽음에 이르기까지 전 삶을 강제한다. 의례 행위는 매우 다양할 수 있는 데 반해, 의례는 스승에서 학생, 부모에서 아이에 이르기까지 세대를 거쳐 전해지는 교본의 형태와 행위 유형으로 부호화되어 있다. 따라서 이것이 힌두 전통의 외형과 통일성을 부여한다. 의례와 나란히, 종종 그것과 밀접하게 연결된 것으로 보이는 신화와 설화 전통 역시 힌두 전통의 통일성을 뒷받침한다. 한편 설화 전통은 사람들에게 자신이 누구이며 어떤 식으로 존재하게 되었는지에 대한 의미와 이해를 제공하는데, 이것은 더 깊게 정체성과 소속이라는 의미에서 인간을 묶는 의례 행위이다. 힌두는 의례의 의미에 대해 문제제기를 하고 다양한 방식으로 해석하지만, 힌두 전통 내에서 의례는 좀처럼 없어지지 않는다. 의례의 유형은 남아시아의 방대한 지역에 걸쳐 나타나고, 고대부터 되풀이되어 이어져 있다. 또한 여러 가지 의례 요소와 실제 의례 행위는 초기 힌두 텍스트 속에서 그 흔적을 엿볼 수 있다.

## 의례와 힌두 정체성

의례의 연속성은 가장 먼저 힌두의 사회적 관계의 영속성으로 보는 사람도 있겠지만, 그렇게 한정하거나 그런 식으로만 설명할 수는 없다. 힌두 의례가 생겨난 사회·정치적 환경은 힌두 왕국에서 식민 지배에 이르기까지 다양하다. 또한 이 의례는 동남아시아와 같은 국가뿐만 아니라 최근 100년 내외의 기간 동안에는 유럽의 다른 대륙, 심지어 아프리카와 아메리카에까지 전해졌다. 이 장에서 소개하는 의례는 모두 중요한 시기에 힌두교 안에서 수행하던 것으로, 아마 몇몇은 기원전 2천 년부터 지금까지 이어지고 있고, 그보다 덜 오래된 것 몇 가지는 중세시대에 기원한 것으로 보인다. 물론 의례는 변화, 소멸 그리고 새로운 탄생 과정을 겪지만, 사회의 변화보다는 훨씬 늦은 속도로 변화한다. 예를 들면 지금은 인도에 왕이 없는데도 왕권과 결합된 의례는 아직까지 이어지고 있다. 의례는 엄청난 정치·생태학적인 격변과 식민지적 억압에서 살아남은 일종의 저항이다.

의례가 역사의 영향을 받거나 아니면 사회·정치 구조를 반영하는 정도에 대한 의문은 어려운 문제 가운데 하나이다. 어떤 의례 형태는 분명 특정한 역사 시기에 기원하여 그 당시의 문화, 정치적인 요소를 반영하고 있다. 그러나 다른 어떤, 그중에서도 특히 베다의 엄숙 의례와 같은 몇몇 의례 구조는 상대적으로 사회, 정치, 경제적 변화에 그리 영향을 받지 않은 것처럼 보인다. 남아시아의 거대한 정치·경제적 변동에 직면해서 의례가 지속되었기 때문에 이것은 경제 구조에 기대어 부수적으로 존재할 수가 없다. 즉 의례 영역과 정치 영역 그리고 경제적인 영역은 분명히 구별된다. 이것은 결코 동시에 일어나지 않았음을 말하는 것이 아니라 오히려 의례와 정치·경제는 힌두 문화 내에서 다른 영역에 해당한다는 말이다. 그러므로 의례 영역과 종교 영역은 정치 영역으로 한정할 수 없다. 변하기 쉽고 불안정한 정치·경제적 역사에 비해서 의례는 상대적으로 안정적이고 실제로 변화가 없는 것으로 보일 수도 있다. 어떤 면에서 의례는 역사를 문제 삼지 않는다.

의례는 종교적인 구분 역시 가로지른다. 만약 힌두교를 정의하는 것이 가능하다고 하더라도, 교리나 종교적 믿음이라는 의미에서 의례를 구분하기란 불가능하다는 것은 분명하다. 의례는 역사적·개념적으로 모두 종교에 앞서고, 인도에서 다양한 종교는 의례적인 토대 위에서 만들어져 의례 전통이라는 맥락 안에서만 이해할 수 있다. 예를 들어 미만사는 베다 의례의 설명에 기반을 둔다. 힌두 의례의 풍부한 다양성 속에서 우리는 어떤 특정한 교리 안에서 믿음을 요구하는 것이 아니라 오히려 행위를 요구하는 문화 형태를 볼 수 있다. 이것은 힌두교 내에서 특정한 방식의 행위 유형이자 그것을 수행하는 사람이 이해하는 의례의 영속으로, 이는 힌두공동체에서 정체성이라는 의미를 규정하고 표현한다. 여기서 정체성은 사회·정치적 변화를 능가하는 것이며, 때로는 빠른 사회 변화에 직면해서 귀속의식이라는 측면을 제공한다.

한편 의례 행위는 연속성과 귀속의식이라는 측면을 제공하는 것으로 보일 수도 있는데, 최근 스탈이 제기한 것은 의례에 공헌되는 어떠한 의미들이 무작위적이라는 것이다. 의례는 종종 의사소통의 한 체계로서 언어와 비교된다. 그러나 베다의 엄숙한 의례와의 구체적이고 상세한 관계에 대해서 스탈은 의례가 하나의 구문 구조로 이루어진 언어와 같다고 주장하는데, 이 구조는 의미론상 어떤 의미를 가지고 있는 언어와는 다르다고 한다. 베다 의례는 고대부터 오랜 기간을 거쳐 전해지는 구조를 가지고 있다. 하지만 그 구조에 속한 몇몇 의미는 부차적이기도 한데, 그러한 예를 우리는 브라만 문헌에서 찾아볼 수 있다. 의례에 대한 해석이 시대를 거치면서 변하기 때문에, 구조는 변함없이 이어지는 데 비해서 의례의 가장 지배적인 특징, 그것의 구조나 변함없는 메시지에 대해서 그 의미는 임의적이거나 혹은 적어도 부차적임이 분명하다.[1)]

스탈의 논의는 베다 의례를 이해하는 것만이 아니라 일반적인 의례 연구에 있어서도 중요하기 때문에 신중하게 다룰 필요가 있다. 이 문제를 여기에서 다룰 수는 없지만, 공식적인 의미에서 슈라우따 의례가 아무 의미 없다는 사실은 분명하다. 그러나 탄생, 결혼, 죽음을 포함한 가정의례 즉, 그리히야 의례가 무의미한 행위라는 점은 훨씬 덜 분명하다. 실제로 의례 안에서 인간 삶의 경험은 매우 중요한 의미가 있고, 틀림없이 과도기적인 성격의 의례는 심각한 인간의 불안을 표현하고 갈등의 해결을 꾀하려는 시도일 것이다. 힌두교에서 통과 의례는 의례 행위의 중요한 부분을 이루고 있으며, 탄생에서 죽음에 이르기까지 일생을 통해 한 인간이 통과하는 시점을 구속한다. 힌두라는 정체성과 귀속의식은 특히 통과 의례를 통해서 나타나며, 더불어 순례 여행에서도 나타난다. 특히 현대의 순례 여행은 힌두교의 주요 특징이 되었는데, 이것은 힌두교의 다양성 속에서 통일성을 뒷받침한다. 여기서 나는 힌두교에서 응집력을 제공하는 것으로 소위 통과 의례, 개인과 사원 숭배(*pūjā*), 축제, 희생제, 순례 여행과 같은 중요한 의례 과정에 대해 설명하고자 한다.

## 통과 의례

전통적으로 힌두의 통과 의례를 대표하는 것에는 두 가지 요소가 있다. 그중 하나는 특히 그리히야 수뜨라, 다르마 수뜨라, 샤스뜨라와 같이 전승되는 텍스트이고, 다른 하나는 다르마 샤스뜨라에서 그 합법성을 인정받은 지역 구술 전통이다. 그리히야와 다르마 문헌 안에서 통과 의례는 '임시 의례(*naimittika-karma* 나이밋띠까-까르마)'로 '특별한 경우에 수행하는' 의례2)와, 이와는 대조적인 일상 의례(*nitya-karma* 니띠야-까르마) 그리고 목적이나 원하는 바가 있는 경우에 행하는 목적 의례(*kāmya-karma* 깜야-까르마)로 분류된다. 통과 의례는 주요 관심이 신체, 다시 말해서 생물학적인 신체상에 문화적 의미를 부여하여 태아 때부터 죽을 때까지의 그 변천과 관련되어 있기 때문에 '신체 의례'로 분류되기도 한다. 통과 의례는 한 사람의 정체성을 나타내며 개인의 정체성 변화를 보여주는 것이다. 여기서 정체성은 개인적으로나 심리적으로 중요할 뿐만 아니라, 좀 더 넓은 범위의 공동체가 인정하는 것으로, 곧 형식적인 정체성에 대한 부담이자 한 사회 집단이 인정하는 바를 말한다.

우리가 보아온 대로 힌두교는 속세의 삶과 구원론 간에 근본적인 차이가 있는데, 전자는 재가자가, 후자는 기세자가 관심을 가지는 부분이다. 통과 의례는 재가자의 삶의 영역에 있는 것으로 해탈과는 무관하다. 기세 의례와 다양한 종파의 입문식으로서 해탈과 관련된 의례는 통과 의례에 포함되지 않는다. 한편 마누는 통과 의례를 에워싸고 있는 다르마 수행이 다음 생에서 행복으로 이끈다고 전하고 있는데,[3] 이것은 사회 변화와 관련된 의례로는 달성할 수 없는 해탈과는 다르다.

통과 의례의 특성과 구조는 사회 정체성을 형성한다. 실제로 의례를 산스끄리뜨 용어로는 산스까라(*saṃskāras*)라고 하는데, 이것은 '구성하다' 혹은 '모으다'라는 의미로 사회적인 행동가로서 한 인간을 구성한다는 뜻을 함축하고 있으며, 좀 더 넓게는 존재론적인 지위를 나타낸다. 다양한 산스까라를 경험함으로써 힌두는 전통 내에서 자신에게 먼저 다가오는 근원에 접근하여 새로운 영역이나 상태로 들어간다. 인류학자 빅터 터너(Victor Turner)는 '상태(state)'와 '과정(process)' 간에 한 가지 구별을 지었다.[4] '상태'는 상대적으로 안정된 사회적 상태를 말하는 데 반해 '과정'은 안정되지 않고 한계가 있으며, 상태 사이의 과도기를 말한다. 그러므로 통과 의례는 다른 상태를 잇는 과도기적 과정이다. '상태'가 '구조', '위계'와 관련되는 반면에 '과정'은 '반구조', '한계성', '동등함'과 관련된다. 그러나 과정의 일시적인 반구조가 상태의 구조를 강화하는 데 뒷받침한다는 사실을 상기하는 것이 중요하다. 산스까라는 합법적인 사회 질서와 제도를 유지할 수 있도록 뒷받침하는 통과 의례이다. 산스까라는 누구를 포함하느냐 때문만이 아니고, 삐에르 부르디외가 지적하였듯이, 누구를 배제하느냐 때문에 그리고 사회 집단의 질서 구축이라는 점 때문에 중요하다. 다시 말하면, 그 의례를 수행하기를 거부하는 사람들과 그 의례를 아직 수행하지 않은 사람들로부터 그 의례를 수행한 사람들을 별도로 분리시키는 것이 중요하다는 것이다.[5]

다르마 샤스뜨라에는 오직 남성의 통과 의례에 관해서만 다루고 있지만, 인도를 통틀어 여성은 구술 민속 전통에 기반하는 통과 의례를 경험한다.[6] 상층 카스트인 브라만, 끄샤뜨리야, 바이샤 세 카스트에 해당하는 '두 번 태어난' 힌두 남성은 아슈라마 체계의 이론적인 형태인 힌두 삶의 단계에서 한 남성이 통과하는 네 가지 단계, 즉 학생, 재가자, 은자 혹은 숲속 거주자, 기세자 단계를 고수한다. 우리가 아는 바대로 처음 두 단계는 속세의 삶과 관련된 것이고, 세 번째는 재가자 의무에서 은퇴한 뒤의 삶이며, 네 번째는 사회를 초월하는 단계이다. 대부분의 힌두는 재가자로 남는다. 산스까라는 전체적인 삶이 사회적 존재와 관련되는 처음 두 단계를 말한다.

한편, 다양한 산스까라가 여러 텍스트에 기록되어 있는데, 중요한 것은 이것이 의례의 연속이거나 힌두 사회 질서인 다르마를 표현하는 완전한 체계를 이룬다는 점이다. 이 가운데 어떠한 경험은 정행적인 브라만 가치를 받아들인다는 것을 의미하며, 성적인 역할과 카스트 내에서 나타나는 차이를 강조한다. 베다 입문식을 겪는 상층 카스트 소년은 자신의 어린 시절 모습과 그러한 의식을 치를 자격이 없는 하층 카스트나 여성 동갑내기들과 분리된다. 통과 의례는 배제 의례이자 상층 카스트 소년과 집단 내 다른 사람들 간의 차이를 강조하는 것이기도 하다.

산스까라의 수는 다양하다. 비록 그리히야 수뜨라에는 표준이 12개에서 18개 사이라고 되어 있지만, 『가우따마 다르마 샤스뜨라』(*Gautama Dharma Śāstra*)에는 40개가 전한다. 16가지가 표준인 경향이 있지만 『마누법전』에는 13개가 전한다.[7] 이 속에는 태어나기 전의 의례, 출생식, 아동기와 교육기 의례, 그 후 결혼과 장례식으로 나누어질 수 있다. 표준이라고 일컬어지는 16개는 다음과 같다.

1. 가르바다나(garbhadāna), 태아의 임신이나 '정액의 주입'에 따른 임신으로 치러지는 의례.
2. 뿐사와나(puṃsavana), 남아의 탄생을 보장하는 '남자 아이를 얻기 위한' 의례.
3. 시만또나야나(simantonnayana), 가임기 동안 여성의 '가르마를 타는' 의례.
4. 자뜨까르만(jātkarman), 출생식.
5. 나마까라나(nāmakaraṇa), 출생 이후 10일이나 12일 뒤에 이름을 정하는 의례.
6. 니스끄라마나(niskramana), 아이의 첫 외출.
7. 안나쁘라사나(annaprasana), 아이가 딱딱한 음식을 처음 씹는 것.
8. 쭈다까라나(chudakaraṇa), 한 살이나 세 살 때 행하는 삭발식.
9. 까르나웨다(karṇavedha), 세살에서 다섯 살 경 귀를 뚫는 것.
10. 비디야람바(vidyārambha), 다섯 살에서 일곱 살 사이에 글자를 배우는 '학문의 시작'.
11. 우빠나야나(upanayana), 8세 이후부터 약 12세까지 행해지는 입문식과 성사가 부여되는 의례.
12. 베다람바(vedārambha), 베다 학습을 시작하는 의례.
13. 께샨따(keśānta), 처음으로 면도하는 것.
14. 사마와르따나(samavartana), 학생기를 끝맺는 의례.
15. 비와하(vivaha), 결혼식.
16. 안띠예슈띠(antyeṣṭi), 장례식.

이 중에서 가장 중요한 것은 출생식, 입문식, 재가자의 출발을 나타내는 결혼식 그리고 그것이 끝나는 장례식이다. 그러나 현대 힌두교 안에서는 종종 편리성과 경제적인 이유로 입문식과 결혼식을 합해서 치른다.

### 출생식

특히 소년의 출생은 힌두에게 있어서 기쁘고 상서로운 일이지만, 이 역시 불확실성과 부정에 대한 장애가 따르는 일로, 모든 생물학적인 과정은 오염되고 있다고 여기기 때문에 의례적인 제어가 필요하다. 여성이 첫 임신 동안에 가르마를 타는 의례를 치른 다음 아이를 낳기 위해 처가로 갔다가 어머니로서 상위 지위를 새로 부여받아 시댁으로 돌아오는데, 특히 남아인 경우 여성의 지위는 더 높아진다. 첫아이가 남아인 경우는 여아인 경우보다 좀 더 상서롭다고 여긴다. 그렇다고 여아의 탄생을 반드시 불길하다고 여기는 것은 아니다. 아들의 탄생과 함께 남성은 선조에게 진 빚을 되갚고 선친이 천상계에 도달하는 것이 가능해진다고 여긴다. 따밀어를 구사하는 스마르따 브라만인 아이야르(Aiyar) 사이에서 아들의 탄생은, 이 매개자로 하여금 선대가 천상계(*svargaloka* 스와르가로까)로 통과하는 것이 가능하다고 한다.[8)]

### 상층 카스트 입문식

8세에서 24세 사이의 상층 카스트 소년에게는 상층 카스트 남성의 상징인 성사가 제공되고, 베다 입문식인 우빠나야나 의례를 치르게 된다. 의례서에는 입문식에 대한 엄격한 나이 제한을 두는데[『아슈왈라야나 그리히야 수뜨라』(*Aśvalāyana Gṛhya Sūtra*)에는 브라만 소년은 8세와 16세 사이, 끄샤뜨리야는 11세와 22세 사이, 바이샤는 12세에서 24세 사이[9)]여야 한다고 나온다], 현대에는 덜 엄격하게 적용해 젊은 남성이 결혼 전 어느 특정한 날에 우빠나야나를 수행하는 것이 일반적이다. 우빠나야나를 통해 상층 카스트 소년은 상층 카스트 사회로 들어갈 자격을 얻는데, 이것은 다른 사회적 활동 영역으로부터 소년을 배제시키는 것이다. 소년은 여성과 어머니의 영역 그리고 하층의 부정한 카스트와 함께 합법적인 사회 구조와 성적인 역할로부터 분리된다.

의례의 내용은 지역마다 다양하지만 실제 의례는 약 하루 동안 치러진다. 공통 유형은 소년의 머리끝 술을 제외한 모든 머리카락을 자르고, 허리에 천을 감고 허리띠를 두르며 어깨에 영양 가죽을 걸친다. 공물로는 신성한 불을 바치고 소년은 금욕을 맹세한다. 그리고 세 가닥의 실을 세 번 감아 만든 성사를 부여하는데, 이는 재생의 지위를 상징하는 것으로 왼쪽 어깨에 걸쳐 착용하며 죽거나 기세자가 될 때까지 해마다 새것으로 교환한다. 소년은 유명한 '기본 만뜨라' 즉 가야뜨리(*gāyatri*)를 배우는데, 이후 이것을 매일 암송해야 하고, 성스러운 이름을 부여받으며 불을 이용해서 공물을 만드는 방법을 배우게 된다. 의례는 '까쉬(Kaśi)를 향해 출발'하면서 끝이 나는데, 이것은 베다를 배우기 위해 바라나시의 성스러운 도시로 떠나는 상징적 행동을 취하는 것이다. 소년은 외삼촌에게 쾌락에 빠질 만한 곳으로 가지 말아야 할 곳에 대해 듣는다. 다음으로 축제가 이어지고 소년에게 선물을 준다. 고전적인 방식에 따르면 입문식 이후 소년은 학생기로 들어가 스승과 함께 베다를 학습한다.

베다 입문식은 상층 카스트 남성을 위한 것이기는 하나 이것이 상층 카스트 공동체 멤버십에서 여성을 배제한다는 의미는 물론 아니다. 마누에 따르면 비록 결혼은 한 여성의 우빠나야나로, 남편에 대한 시중은 베다 학습과 동일한 것이고 가사는 불 봉납과 같은 것[10]이지만, 여성의 통과 의례도 있다고 한다. 여성 의례와 같은 것은 산스끄리뜨 학술서에 기반하지는 않지만 구술(*laukika* 라우끼까) 전통을 통해 이루어진다. 줄리아 레슬리(Julia Leslie)가 지적한 것처럼, 남아시아에서는 여성을 '억압적인 사고의 수동적인 희생자'로서만이 아니라 근본적으로 여성에 대해서 고유한 긍정의 개념에서 나오는 적극적인 대행자로 이해한다는 점이 중요하다.[11] 그러나 이것이 중요한 의미를 지니고 있기는 하지만 사상적인 브라만 구조나 방식의 힘을 과소평가해서는 안 된다.

따밀나두의 스마르따 브라만인 아이야르 여성에 대한 연구에서 두부리(Duvvury)는 여성이 적극적인 대행자이면서 동시에 브라만 정행 내에 구속될 수 있음을 제시한다. 두부리는 아이야르 여성들이 처음 생리를 하는 동안 우빠나야나와 유사한 의례를 포함해서 고유한 통과 의례를 치른다고 한다. 이 의례에서는 소녀를 어두운 방에 3일 동안 고립시킨다(이때 친구를 동반하는 것은 허락한다). 4일째 되는 날 의례욕을 하고 축제를 개최한다. 소녀의 어머니는 소녀를 사원으로 보내고 나이든 여성이 소녀를 위해 빛 공양(*arati* 아라띠) 의례를 치러주는 다른 가정을 방문한다. 여성을 위한 대안 의례는 아마도 남아시아 종교의 한 부분이겠지만, 이는 민속 전통으로 이해되는 것으로 산스끄리뜨 학술서에서 전하는 것은 없다. 의례가 여성의 열망에 대한 표현이고 한 집단에 속한다는 의미에서 표현되는 것이지만, 이러한 의례는 브라만적인 정행이라는 좀 더 넓은 구조적 맥락에서 이해할 필요가 있다. 두부리는 의례가 여성의 희망을 표현하는 것인 데 반해 한 문화적인 환경 내에서 여성을 '크게 어머니나 아내의 기능을 하는 의미로' 한정하는 것으로도 분명히 보인다고 주장한다.[12] 더 넓은 브라만 구조 속에서 민속 전통(*laukika*)이 다르마 전통(*śāstra*)에 종속되는 것이고, 토착어가 산스끄리뜨에, 인간의 관례가 보편적인 법(*darma*)에, 여성이 남성에 종속되는 것이다.

**결혼**

기세자가 되지 않는 한 힌두 사회의 기준에서 결혼(*vivaha*)은 예정된 것이다. 결혼 산스까라와 함께 상층 카스트의 젊은 남성은 부와 세속적인 성공(*artha*)을 얻고 기쁨을 경험하며, 특히 성적인 만족(*kāma*)을 경험할 의무(*dharma*)라는 목적을 추구할 수 있는 가운데 재가자의 삶으로 완전히 들어간다. 여성에게 있어서 결혼은 가족과 친구들과 함께 하는 아동기의 마지막이며 남편과 함께 새로운 삶을 출발하는 것으로서, 보통 남편의 마을에서 새로운 사회적 관계를 맺는 것을 나타낸다. 물론 결혼은 조정이 된다. 남인도 드라비다인들은 어린 부부가 이미 서로를 잘 알고 있는 교차사촌혼을 권장하고, 이에 반해 북부는 외혼을 장려한다. 결혼은 감정적으로 억압적일 수 있고, 젊은 여성은 문화적으로 자신의 집과 이전 삶의 방식을 버리는 것에 슬퍼할 수도 있다. 그러나 대부분의 여성들은 결혼이 완전한 여성으로 전환하는 데 있어서 필수적인 행동이고, 성숙한 여성 세계로 통합하는 의미로 결혼을 원할 것이다.

힌두는 결혼할 때 비록 부와는 다른 요소로 직업이나 점성술적인 측면을 고려하기는 하지만 무엇보다도 중요한 요소는 카스트이다. 카스트(*jati* 자띠) 내의 결혼은 일반적으로 동혼이지만 마누 속에서 자세히 전하는 바로는, 친족 집단(*gotra* 고뜨라) 외혼이다.[13] 그러나 남아시아에서 결혼의 사회적 실체는 결혼과 친족관계 유형의 지역적인 차이와 함께 마누 법칙보다도 더 복잡하다. 예를 들면 카스트 동혼에서 눈에 띄는 예외가 께랄라의 남부드리 브라만 사이에서 보이는데, 이들 집단에서 장남은 남부드리 여성과 결혼하지만 나머지 아들들은 자신보다 낮은 카스트인 나야르(Nayar) 여성과 결혼한다. 이 결혼으로 태어난 아이들은 나야르 카스트에 속해 어머니의 집에서 살거나 아니면 어머니와 어머니 형제의 집에서 산다. 남부드리 아버지는 자신의 가족이라 하더라도 오염을 피하기 위해서 자신이 먹을 음식이나 가제도구를 가지고서야 그 집을 방문할 수 있었다.[14]

힌두에게 결혼은 아마도 가장 중요한 산스까라일 것이다. 딸의 결혼은 신랑 가족에게 선물을 주고 정교한 결혼식 준비를 진행하는 하나의 행사로서 막대한 비용과 함께 가족들이 동원된다. 실제로 뒤몽에 따르면 결혼은 가족의 부와 지위를 입증하는 기회로서 시골 공동체에게는 부담의 주된 원인이라고 한다.[15] 결혼식은 지역마다 다양하지만 공통 방식은 신부 아버지가 신랑과 신랑의 아버지에서 딸을 내주는 것이다. 이때 공물을 불속으로 던진다. 신부의 손목을 실로 묶어 신랑의 가족이 있는 맷돌 쪽으로 세 걸음 움직이는데, 이것은 충성을 약속하는 일종의 상징적인 행동이다. 다음에는 힌두 결혼의 가장 중요한 부분으로, 신랑 신부는 성스러운 불 주위를 일곱 걸음 옮기고 신랑이 불 속으로 공물을 봉납하는데, 이것은 신랑이 우빠나야나 기간에 배운 의례이다. 만약 그 의례가 저녁에 치러진다면 신랑 신부는 밖으로 나가 북극성을 보면서 신부는 그 별처럼 변함없게 해 달라고 기도할 것이다. 결혼식 이후 2~3일을 보내고 신부는 신랑과 함께 재가자의 길을 밟을 집으로 돌아오게 된다.

### 장례식

대부분의 다른 문화에서와 마찬가지로 힌두교에서도 죽음은 상서롭지 못하고 남겨진 사람들은 오염에 대한 위험과 악령이 달라붙을 위험으로 가득 차는 것이다. '마지막 희생제(*antyeṣṭi*)'라고 하는 마지막 산스까라 [실제로 페리(Parry)는 이 의례가 희생제와 유사하다고 지적한다] 16)는 죽음으로 인한 오염을 통제하며, 죽음으로 인해 분리되고 떠도는 고인의 영혼을 생각하는 것으로부터 평범한 사회적 삶으로 돌아와 가족을 재통합한다. 장례의 풍습은 지역마다 일부 차이가 있지만 이러한 두 가지 관심은 전 힌두에게 공통적이다. 신체를 처리하는 방식은 화장이 보편적이고, 매장은 하층 카스트나 성자들 사이에서 행해지며, 아이들은 주로 매장을 한다. 성자는 사마디 혹은 사마드라고 하는 관에 묻는데, 이것은 비록 그가 자신의 몸을 떠나지만 높은 의식의 상태로 흡수된다는 믿음을 나타내는 것이다. 기세자는 기세 의례 동안에 자신의 장례식을 치르고 자신의 사회적 정체성을 초월함으로써 간단히 강물에 버려진다.

가능하면 사람은 죽은 당일 화장한다. 유골을 씻어 백단향 반죽으로 된 기름을 머리에 바르고, 남자는 면도를 하고 천으로 감싸 신의 이름('Rām')을 부르면서 빠른 시간 안에 남자 친척들이 화장터로 옮긴다. 화장더미 위에서 유골은 발끝을 죽음의 신 야마의 영역인 남쪽에 두고 머리를 부의 신 꾸웨라의 영역인 북쪽에 둔다. 만약 고인이 재생자라면 이론적으로는 고인의 가내용 불을 가지고 장례 화장더미에 불을 붙이게 되고, 남은 사람은 장례식 이후 3일에서 10일간 모여 지낸 뒤 특정한 곳에 묻거나 되도록이면 성스러운 갠지스 강에 뿌린다. 장례를 치르는 당일은 가족이 극도로 오염된 상태에 있고, 마지막 의례(*śrāddha* 슈랏다)를 수행할 때까지 오염된 상태에 놓인다. 슈랏다 의례에서는 다음 생인 영혼의 세상(*preta-loka* 쁘레따-로까)에서 몸을 만드는 쌀로 만든 경단(*piṇḍa* 삔다)을 고인을 위해 공물로 마련한다. 이러한 일상의 공물은 임신한 열 달을 재현해서 10일간 지속적으로 바친다.17) 이후 영혼의 몸은 완전해져서 사삔디까라나(*sapiṇḍikaraṇa*)로 알려진 의례와 함께 조상의 영역(*pitṛ-loka* 삐뜨리-로까)으로 옮겨가게 된다. 남인도에서는 죽은 자를 위한 삔다 공물을 성스러운 강 합류점에 놓는다. 영혼이 여전히 떠돌아다니는지 여부를 결정하는 의례에는 까마귀를 위한 삔다 공물을 준비한다. 만약 까마귀들이 그 공물을 먹으면 고인은 행복한 것이다. 이것은 생의 주기에서 마지막 의례를 나타내는 것으로, 삶이 시작할 때 출생식을 하는 것처럼 마지막 의례를 치르는 것이다.

공식적인 브라만적 힌두교 사상은 재생이다. 이것은 일반적으로 기세자 전통에 의해 나타나는 유형인 데 반해 장례식은 기세 유형과 나란히 내생을 움직이는 또 다른 모델로 설명한다. 여기서 고인은 중간 영역인 '영혼의 세상'으로 가고 다시 삔다 공물을 통해 하나의 완전한 몸이 만들어지면 '조상의 영역'으로 간다. 마을 단위에서도 종종 내생에 대한 믿음은 다르다. 일반적으로 사람은 죽은 이후에 다른 곳으로 가 사람이 되는 다른 요소나 힘을 지닌 혼합의 존재로 여겨진다. 예를 들면 께랄라의 일반적인 민간신앙은 한 사람이 죽어서 적어도 두 가지 힘으로 분리되는데, 하나는 '영혼(*jīva* 지와)' 즉 '삶의 원리(*ayus* 아유)'가 신이나 하늘(*svargam* 스와르감, 심지어는 *mokṣam* 목샴 즉 '해탈'이라고도 한다.)로 사라지는 것이고, 다른 힘은 신체가 영혼(*preta, piśāca* 삐샤짜)의 모습으로 지구상에 남아 있는 것이다. 지상에 남는 육체와 관련된 부분은 종종 까마귀가 된다고 여긴다.[18] 브라만이 아닌 사람 가운데 윤회를 믿지 않는다고 주장하는 사람은 거의 없기도 하고 동시에 장례를 수행하거나 수행해야만 하는 힌두들의 경험 속에서 무엇이 제대로 된 절차인가에 대해 인식론적으로 불협화음이 일어난 것은 없다. 이는 의례 영역의 자율성과 장례와 관련된 의례 유형이 고인의 몸을 화장함으로써 윤회라는 출입구를 만들기 전에 다음 생에는 베다 시대로 돌

아갈 것이라는 믿음을 따랐음을 가리킨다.[19)]

통과 의례는 한 사람이 생의 다른 접합에서 수행하는 특별한 의례이다. 브라만뿐만 아니라 모든 힌두가 매일 수행하는 의례도 있다. 신에게 공물을 바치고 이들에게 축복을 받는 식으로 신을 향한 일상적인 숭배가 이루어진다.

## 뿌자

동물 희생제와 대조적인 뿌자는 야채 공물, 꽃, 향을 신에게 바친다. 모든 신은 이러한 공물을 받으며, 비록 몇몇 신들은 피 희생제를 받아들이지만 대부분은 뿌자에 초점을 둔다. 산스끄리뜨로 크게 '숭배'라고 번역할 수 있는 뿌자는 가정과 공공 사원에서 남아시아 힌두가 수행한다. 최소한 이것은 신상을 위해 소소한 공물을 마련하는 것을 포함해서 백단향 반죽(*candana* 짠다나)으로 만든 점(*tilak* 띨락)이나 이마에 붉은 심황 가루(*kunkuma* 꾼꾸마)를 찍고 신의 축복을 받게 된다. 개인 가정에서 살펴보면, 살림살이가 나은 집에서는 별도의 방에서 뿌자를 드리고, 별도의 방이 없으면 집안에서 가장 성스러운 장소인 부엌에 안치된 신상 앞에서 수행한다. 사원에서는 뿌자를 매우 정성스럽게 수행하는데, 사원의 성직자(*pūjāri/pūcāri* 뿌자리/뿌짜리)가 신성한 구절(*mantra*)을 낭독하면서 상(像)을 씻기고 옷을 입힌 뒤 다양한 음식을 바친다. 그리고 강한 향냄새와 함께 큰소리로 종이 울리며 여기에 북소리가 동반된다. 많은 사람들은 다르샤나(*darśana*)를 얻기 위해 신을 응시하고 신에게 바친 공물의 대가로 축복을 받기 위해서 뿌자를 드린다.

### 사원에서의 숭배

뿌자는 인도 전역의 여러 사원에서 유사한 방식을 따르며 동일한 요소를 이루고 있다. 남인도 사원에서 뿌자는 일반적으로 중세시대에 지어진 아가마와 딴뜨라 같은 성전과 의례 지침서의 지시를 따른다. 사원에서는 따밀나두의 여러 사원에서 사용하는 『까미까가마』(*Kāmikāgama*)나 오늘날 대부분의 께랄라 사원에서 사용하는 『딴뜨라사뭇짜야』(*Tantrasamuccaya*)와 같은 특정 텍스트 속에 규정된 의례와 만뜨라를 채택한다.

사원에서 뿌자는 보통 세상(洗像, *abhiṣeka* 아비셰까) 의례를 의미하는 것으로, 이때에는 참기름과 커드 등으로 신의 '몸'을 문지른다. 그 다음에 신을 새 옷으로 갈아입혀 꾸미고, 새로운 성사(상층 카스트의 상징)를 두른 다음 금, 보석과 향수로 장식하고 종종 붉은 심황가루로 이마나 미간에 점을 찍는다. 익힌 쌀과 단 음식 접시를 벨소리에 따라 신(*naivedya* 나이웨디야)에게 바친다. 쌀은 나중에 성직자와 사원의 사제들이 소비한다. 신이 식사를 마친 뒤에는 커튼을 물리고 신도는 신의 '혜안(*darśana*)'을 몸에 지닐 수 있게 된다. 그런 다음에는 의례의 마지막 단계로 보이는 불의 진열(*dīpārādhana* 디빠라다나)이 이어지는데, 사제가 상(像) 앞에 원형으로 둘려져 있는 많은 장뇌 불을 흔든다. 이때가 되면 의례는 절정에 이르고 북, 파이프 연주가 이어진다. 이때 사제가 불 하나를 신도에게 가져가 신도의 손에 그 불꽃을 전해서 신도들의 눈과 얼굴에 닿게 해 신의 빛과 온기를 전달한다. 사제가 심황가루나 흰 가루를 신도의 이마에 묻혀주고 나면 뿌자가 끝난다. 신도들은 나중에 먹기 위해 축복 받은 음식(*prasāda*)을 가져간다. 신도들에게 신의 빛과 온기를 전하는 원형 불은 아라띠(*arati,* 뿌자와 같은 뜻으로 사용되는 용어)로 알려져 있다. 퓰러는 마두라이의 미낙시 사원에서, 사상적으로 뿌자는 예비 의례로 전제되는 것으로서 불 의례(*homa*)와 함께 끝나지만, 이것은 오로지 중요한 때에만 수행한다는 것에 주목한다.[20] 뿌리에 있는 유명한 자간나트 사원과 같은 여러 사원에서는 사당 앞에서 신성한 춤을 추기 위해 신과 결혼하는 사원 '매춘부' 즉, 데와다시(*devadāsī*) 무희들이 있다.

께랄라 해안가에 있는 유명한 구루와유르(Guruvayur) 사원은 수천 명의 순례자를 끌어들여 5일간 뿌자를 거행한다. 뿌자는 하루의 접합 시점(새벽, 정오, 해질녘)에 거행하고, 새벽과 정오 사이에 두 번 더 거행한다. 사원을 관장하는 '구루와유르의 최고신' 구루와유랍빤(Guruvayurappan)은 끄리슈나로 여겨진다. 그 상(像)은 일상 의례를 수행하는 사원의 내부 성소에 서 있는 자세로 안치되어 있다. 한편, 하루는 기술적으로 다섯 뿌자로 나눌 수 있는데, 어떤 점에서 전체 하루 동안의 의례 주기를 하나의 뿌자에서 볼 수 있다. 신을 깨워 목욕시키고 사원 주변을 돌며 음식과 빛을 신에게 바치는데, 이에 대한 축복은 그의 혜안(*darśanam*), 음식 그리고 색깔을 띤 가루의 형태로 신도에게 전해진다.[21]

구루와유르 사원에서 보여주는 숭배의 유형(최소한 공물을 바치고 축복을 받는 것)은 힌두교 전체를 다양성이란 의미 안에서 이해하게 한다. 다음 예를 본다면 그것을 이해할 수 있을 것이다. 구루와유르 북쪽으로 하루 여정 거리에 빠이야누르(Payyanur)라는 작은 마을이 있다. 이곳에서는 께랄라 전역에서 온 여러 집단과 함께 남부드리 브라만 가족이 해마다 의례를 드리는데, 바로 락떼슈와리 신에게 뿌자를 드리는 것이다. 전통적으로 각각의 남부드리 일가는 가족 구성원들이 특별한 의례 행사 때 돌리는, 대대로 물려받은 토지(*illam* 일람)가 있다. 이 특별한 뿌자에서는 가족의 신 락떼슈와리에게 공물을 바치고, 신은 이들 가족에게 축복(*anugraham* 아누그라함)을 선사한다.

뿌자 드릴 준비는 의례가 시작되기 전날 저녁부터 하는데, 이때 바나나 나무줄기를 벗긴 껍질로 만든 뼈대 즉, 만달람(*maṇḍalam*)을 제단으로 마련한다. 의례 당일 아침에 부모, 아이들, 삼촌, 숙모로 확대된 가족이 집에 마련한 사당에 모여 두 세 시간 동안 뿌자를 드린다. 여신은 그녀가 사는 신전 내부 성소의 닫힌 문 뒤에서 존경받는 조상으로 불려진다. 신전에는 많은 불이 밝혀지고 여신을 감동시키는 것으로 힘(*nyāsa*)을 부여하는 만뜨라를 낭송한다. 그 다음에 사제는 내부 사당에서 물러나고, 공물을 받는 신에게 기원하기 위해 마련한 장소, 즉 만달람에는 불을 밝힌다. 공물로는 검붉은 피 대용물(*guruśi* 구루쉬)을 담은 사발 세 개를 마련하는데, 사제는 이것을 만달람 여기저기에 뿌린다. 그 다음에는 가족이 사당 주위를 돈다. 마지막으로 아라띠(*arati*) 불을 가지고 화염에서 여신의 열기를 꺼내 가족 주위로 가져간다. 미리 신에게 올린 붉은 가루로 이마에 점 표시를 해준다. 의례가 끝나면 가족은 뿌자 동안 신에게 올린 음식으로 이루어진 후식과 함께 축복받은 음식을 가지고 향연을 연다.

신상에 올리는 공물, 성스러운 형식의 암송, 내부 성소의 문에 다가가는 것, 빛을 바치는 것 그리고 불 속에서 여신의 은총을 받는 것과 같은 이러한 뿌자 속에서 우리는 힌두 의례의 기본 요소들을 볼 수 있다. 이러한 구조는 바로 구루와유르 의례와 같고, 지역적인 다양성을 보이기는 하지만 인도아대륙 전역, 그리고 실제로 힌두교가 전해진 다른 국가에서 보이는 것과 같은 양식이다. 이러한 뿌자에서 흥미로운 것은 붉은 색의 물 공물이 피의 상징적인 표시라는 점이다. 실제로 락떼슈와리는 '피의 여신'이란 의미이다. 그래서 좀 더 부정한 하층 사회 집단 가운데는 글자 그대로 여신에게 피를 바치기도 하지만 남부드리에게는 그것이 대용물이나 상징적인 공물로 대체된다. 여신을 달래기 위해서 실제 피를 사용하는 것은 남부드리를 오염시키는 것이기 때문에 이들은 대용물을 사용해야만 한다. 실제로 남부드리는 하층 카스트가 물질을 사용하는 데 반해서 자신들은 만뜨라를 사용한다고 말한다.

**축제**

음력을 사용하는 힌두력은 많은 종교 축제(*utsava* 우뜨사와)에서 강조되는 것으로 이 중 몇 가지는 전 인도인이 선호하고, 몇몇은 지역적으로 선호한다. 축제 동안에는 종종 특정한 사원에서 수백 명의 남성이 수레(*ratha* 라타)에 태운 사원 신상(*mūrti* 무르띠)을 마을로 끄는 행렬을 보기 위해서 수천 명의 사람들이 거리에 줄을 잇는다. 뿌리의 자간나타 사원에서 벌이는 유명한 축제가 있는데, 이때에는 거대한 카트와 상(像)의 행렬이 거리로 나온다(영어로 초대형 트럭은 이 카트에서 나온 말이다). 그 상에는 예쁘게 꾸민 코끼리와 말 그리고 성인(*sādhu*)이 종종 축제 분위기 속에서 함께 동반한다. 상이 입증하는 것은 이것이 신의 상서로운 '혜안'에 해당한다는 것으로, 여기에서 신의 축복을 받으려는 것이다. 복제된 상은 항상 사원에 안치되어 있는 핵심적인 상과는 달리 오직 축제 때나 신이 사원을 순행할 때에만 사용한다. 힌두 축제 가운데 중요한 것으로는 다음과 같은 것들이 있다.

- 끄리슈나 자나마슈따미(Kṛṣṇa Janamaṣṭami). 이것은 슈라와나(Śravana, 7~8월)에 열리는데 끄리슈나의 탄생을 기념하는 것이다.

- 라키 반단(Rakhi Bandhan). 슈라와나의 보름에 소녀가 색실을 가지고 남자 형제의 손목을 묶는 축제이다.
- 가네샤 짜뚜르티(Gaṇeśa Catūrthi). 이 축제는 바하드라빠다(Bhadrapada, 8~9월)에 시작과 장애의 신이면서 코끼리 머리를 하고 있는 신성한 가네샤를 기리는 축제이다.
- 다샤라(Daśahrā, Dussehra 두세라). 이것은 몬순의 마지막을 나타내는 아슈위나(Aśvina, 9~10월)에 열리는 축제 가운데 하나다. 특히 벵갈에서는 처음 9일 동안을 나와라뜨리('9일 밤')라 하여 마지막에 여신을 위한 축제 즉, 두르가 뿌자를 벌인다. 축제 10일째 되는 날에는 라마와 원숭이 부대가 악마 라와나를 무찌르고 승리한 것에 대해 경축하는 축제를 벌인다.
- 디왈리(Dīvālī) 혹은 디빠왈리(Dipāvalī). 이는 아슈위나에 열리는 빛의 축제로, 힌두 세상 전체에 있는 창문과 문 주위를 등으로 밝히거나 강 아래로 등을 띄워 보내며 선물을 교환했다.
- 쉬바라뜨리(Śivarātri). 이 축제는 마가(Māgha, 1~2월)에 쉬바를 숭배하는 축제로, 특히 샤이바에 의해서 경축된다.
- 홀리(Holi). 팔구나(Phālguṇa, 2~3월)에 있는 봄 축제로, 종종 난폭한 행동을 하기도 한다. 이 축제 동안에는 다른 사람에게 물과 색 가루를 흠뻑 뒤집어씌운다.

그 외에 다른 축제들은 위에서 소개한 것보다는 인기가 없지만 그래도 많은 사람들이 경축한다. 이 가운데 남인도에서 인기가 있는 나가 빤짜미(Nāga Pañcamī)가 있는데, 이 축제 동안은 뱀에게 먹이를 주며 숭배한다. 북인도에서 열리는 봄의 축제 바산뜨(Vasant) 때는 여성과 소녀들이 밝은 노란색 드레스를 입는다. 좀 더 지역적인 축제로는 께랄라의 떼야람 신과 관련된 '춤에 홀리는'

축제가 있다.

### 성지 순례

힌두교에서 성지 순례는 필수적이며 현재는 인도라는 방대한 지역을 가로지르는 원활한 교통 체계의 발달과 함께 매우 대중적이 되었다. 성지 순례는 성지를 방문하는 띠르타 야뜨라(*tīrṭha yatra*)로, 이 말은 '건너는', '가로지르는' 장소라는 의미이며, 이곳은 신이 인간 세상과 접촉하거나 만나는 곳이다. 띠르타는 지구상에 있는 초월적 장소이며 그곳은 상위 영역과 하위 영역이 만나고, 매일 신성과 만나는 곳이다. 그러므로 띠르타는 두 영역의 매개지라 할 수 있다. 성지 순례는 뿌리에서 매년 자간나타 신의 행렬이 이루어지는 사원 축제 기간에 하는 것이 특히 길하다고 알려져 있다. 그런 장소에서 힌두는 스스로 '죄(*pāpa*)'나 축적된 까르마로부터 자유로워지고, 경배(*vrata*)를 다한다. 또는 단순히 성지 순례라는 변형된 경험을 즐긴다. 비록 전체는 아니지만 성지 순례 기간에는 카스트 제약에서 벗어나는 경향이 있고, 사람들이 하나의 집합적인 정체성과 관련해서 평등함과 보편성이라는 사상의 특징을 띤다.[22)]

인도에는 많은 성지 순례지가 있는데, 바라나시의 도시나 인도 최남단의 깐야 꾸마리 사원은 전 힌두가 찾는 곳인 반면에 위에서 언급한 께랄라의 구루와유르 사원은 좀 더 토착적이고 지역적인 관심을 받는 곳이다. 특정한 신을 숭배하는 마을이나 도시(라마의 출생지이자 수도인 아요디야) 혹은 갠지스, 야무나, 사라스와띠 강의 합류점에 있는 알라하바드(Allahabad)처럼 신성한 강의 합류점에 위치한 곳이 성지 순례의 중심으로 매우 인기가 있다. 전통적인 성지 순례의 중심 도시로는 아요디야, 마투라, 하르드와르

(Hardwar), 바라나시, 웃자인(Ujjain), 드와르까 그리고 깐찌뿌람 일곱 곳이 있다. 신성한 강은 저절로 성지 순례지가 되는데, 히말라야에서 솟아 나와 서부 벵갈 바다로 흐르는 갠지스 강의 경우 특히 그러하다. 야무나 강 또한 히말라야에서 솟아 나와 갠지스 강과 만난다. 마하라슈뜨라에서 솟아 나오는 고다와리(Godavari) 강은 안드라 쁘라데쉬로 흐른다. 그리고 까웨리 강은 까르나따까에서 따밀나두로 흐른다. 이 강둑을 끼고 있는 마을은 특히 성스러운 도시로 여겨지는데, 갠지스 강을 따라 바라나시, 알라하바드(혹은 쁘라야가 Prayaga), 하르드와르와 더해서 강 위쪽에 있는 바드리나트(Badrinath)와 께다르나트(Kedarnath)가 주로 순례자들을 끌어당긴다. 갠지스 강의 실제적인 근원지로 께다르나트보다 더 위쪽에 있는 고무카(Gomukha)는 접근하기 불가능함에도 불구하고 많은 순례자들을 끌어당긴다. 다른 중요한 성지 순례 중심지로는 마투라(끄리슈나의 태생지), 브린다와나(Vṛdavana, 끄리슈나의 숲속 은둔지) 그리고 남부의 깐찌뿌람이 있다. 전통적으로 인도의 네 '나침반 점'에 네 군데의 신성한 거처지(*dhama* 다마)가 위치하는데, 북쪽은 바드리나트, 동쪽 해안에는 뿌리, 남쪽에는 라메슈와람(Rameshwaram) 그리고 서쪽 해안은 드와르까이다. 이곳은 다마 야뜨라(*dhama yatra*)를 수행하기에 매우 상서로운 곳으로, 일부 힌두에 따르면 시계방향으로 네 중심지를 모두 순례한 사람은 구원을 얻는다고 한다.

### 바라나시

바라나시 혹은 베나레스(Benares)는 갠지스 강 아래로 내려가는 계단인 가트(*ghats*)가 있는 곳으로 유명한데 이곳은 힌두에게 가장 중요하고 유명한 도시로, 순례자들이 강을 따라 목욕을 하며 시체를 화장하는 곳이다. 실제로 쉬바에게 신성시되는 이 도시의 다른 이름인 까쉬에서 죽는다는 것은 죽어서 해탈에 이르는 것이다. 모든 순례 중심지 가운데 바라나시가 아마 가장 인기 있는 곳일 것이다. 바라나시는 인도뿐만 아니라 우주의 중심으로 간주된다. 모든 신이 이곳에 모이게 되고 모든 성지 순례지가 이곳에서 하나가 된다. 이곳은 단순히 도시 중심 그 이상으로 여겨지는 도시이다. 그리고 이 도시는 모든 지역을 에워싸고 있으면서 모든 현상을 포용하는 신을 상징한다. 바라나시에는 우주에 존재하는 화장터를 반영하는 거대한 화장터(*mahāsmaśāna* 마하스마샤나)가 있다.[23]

**꿈바 멜라(Kumbha Mela)**

꿈바 멜라는 특히 신성한 남성과 여성을 모시는 축제로, 알라하바드, 웃자인, 하르드와르와 나시끄(Nasik)에서 열린다. 가장 중요한 것은 12년마다 알라하바드에서 개최하는 것인데, 이 축제의 주기는 목성의 움직임과 관계있다. 축제 기간에 순례자와 기세자는 의례욕을 하기 위해 갠지스 강으로 줄지어 간다. 나체 상태로 몸에 재를 바른 채 헝클어진 머리를 한 나가 사두(*nāga sādhu*)가 선봉에 서고 나머지 수행원들이 그 뒤를 따르며 맨 뒤에 일반 재가자가 선다.[24] 이 성지 순례에는 엄청난 인파가 몰려드는데, 1989년 알라하바드 꿈바 멜라 동안 이 강으로 목욕하러 온 순례자만 해도 1,500만 명 정도로 추정된다.

**사바리말라이(Sabarimalai)**

께랄라의 서가츠에 있는 사바리말라이에 대한 최근의 한 예를 살펴보자. 이곳은 쉬바의 아들 아이얍빤과 비슈누의 여성 형태인 모히니(Mohinī)를 모신 사원이 있는 곳이다. 이곳으로 오는 성지 순례는 마르갈리(12~1월)에 약 41일간 이루어진다. 아이얍빤 숭배는 주로 젊은 남성에 의해 이루어지지만, 사춘기 소녀와 폐경기를 겪은 여성도 이 성지 순례에 참여할 수 있다. 순례자들은 검은색 옷(몇몇은 황토색 옷을 입기도 한다)을 입으며, 축제 기간인 41일 동안에는 성행위, 술, 고기, 달걀과 같은 음식을 자제하는 식의 엄격한 통제를 따른다. 축제 기간에 순례자는 성지 순례 전날 밤 구루에 의한 입문식을 치르는 자리에서 상징적인 장례식을 경험하는 기세자가 된다. 사원에 도착해서 순례자는 사원에 있는 18계단 가운데 하나에 올라서서 코코넛을 깨뜨리는데, 이것은 스스로가 아이얍빤 몸이 되는 상징적인 행동이다.[25] 순례자는 해마다 코코넛 하나씩을 깨뜨리면서 한 계단씩 올라가는데 18개의 계단 모두를 올라갈 때까지 성지 순례를 가야 한다.

## 점성술

힌두교에는 인간의 삶이 행성의 움직임에 영향을 받는다는 깊은 믿음이 있다. 따라서 점성술은 의례를 수행할 때 상서로운 시간을 결정하는 데 그것을 시간 단위로 정확하게 결정을 하게 할 정도로 매우 중요하다. 성지 순례, 축제, 결혼 그리고 결혼 상대자를 결정하는 데 있어서 중요하다. 점성술(*jyotiṣa* 지요띠샤)은 베당가[26] 가운데 하나에 속하는데, 베다 지식의 다양한 측면을 발전시키고 있는 이 텍스트는 희생제를 올릴 적당한 시간을 결정하는 데 우선적으로 사용하거나 그 용도로 고안된 것이다. 점성가(*jyotiṣi* 지요띠쉬)는 중요한 결정에서 조언을 해주는 사람으로, 힌두의 삶 속에서는 매우 중요한 존재이다. 예를 들어 바라나시의 성지 순례는 갠지스 강으로 이끄는 길에 있는 점성술사의 의견을 따를 것이며, 아이의 부모라면 출생 이후 아이의 운세를 간단히 그려볼 것이다. 아이의 삶 속에서 일어나는 모든 중요한 일에서 통과 의례를 치를 상서로운 시간을 결정하는 데 이들의 의견을 고려할 것이다.

## 사적인 의례

막 뒤에서 이루어지는 사제에 의한 신의 숭배 안에는 사적인 요소가 있음에도 불구하고, 뿌자는 지금까지 사원이나 가정의 신당과 같은 공적인 영역 내에서 행해지는 것으로 설명된다. 이 의례들은 달래기 위한 것으로, 바꿔 말하면 공동체가 다르샤나, 쁘라사다의 형태로 신의 은총을 받는 것이다. 여기서 신은 이들을 보호하고 안내할 희망적인 존재이다. 그러나 몇몇 힌두는 영적인 구원을 목적으로 의례를 수행하는데, 이것은 다양한 방식으로 개념화된다. 고통스러운 물질세계로부터 지혜와 해탈을 얻은 이후에 구도자는 쉬바 신에게 초점을 두는 샤이바 전통과 비슈누나 그의 화신에 초점을 두는 바이슈나와 전통 혹은 여신의 현현들에 초점을 두는 샥따 전통과 같은 힌두교의 대전통 가운데 하나에 입문했을 것이다. 이러한 많은 전통에서 성서적인 기반을 이루는 텍스트 장르가 아가마와 딴뜨라임은 앞서 언급한 바와 같다.

예를 들어 리차드 데이비스(Richard Davis)[27]가 말한, 그러한 전통 내에 있는 샤이바 싯단따 신도는 자신이 선택한 신(*iṣṭa-devatā* 이슈따-데와따)에게 개인적인 뿌자를 드리고 매일 신상 앞에서 혼자 의례를 수행하는 한편, 이와 동시에 사원과 가정 성소에 나가 공식 의례 생활을 유지하고 일반적인 재가자로서 해야 하는 의무에 충실한다. 비록 이러한 전통에 입문하는 것에 여성을 반드시 배제하지는 않지만 신도는 주로 남성이다. 영적인 구원이라는 목적을 위해 입문자가 해야 하는 사적인 의례는 여분의 의례에 해당하므로 이것이 자신의 공식 의례에 대한 의무를 대체하지는 못한다. 올바른 사적 의례 수행은 신도 자신이 특정한 전통에 의존하여 살아 있는 동안이나 죽어서 영적인 구원을 얻을 것을 기대한다.

내면화된 의례는 소수의 의례가(해탈이라는 과업에 전념하는 대가나 영적인 힘을 얻는 자) 사이에 존재했을 뿐, 대다수 힌두는 앞서 설명한 가정과 사원에서 오직 정기적인 뿌자만을 드린다. 힌두 숭배에서 고전적이고 중요한 형태로, 비폭력 사상의 대중화와 채식주의를 강조하는 브라만 사상의 보급과 함께 좀 더 최근 들어 과소평가되고 있는 경향을 보이는 것이 희생제이다. 희생제는 주로 하층 카스트 집단 내에서 동물을 죽이는 의례를 말하는데, 이는 피를 요구하는 여신을 위한 공물로 제공된다. 브라만은 대부분 죽음이 오염과 연관된다고 보기 때문에 특별한 베다 슈라우따 의례가 아닌 한 희생제를 수행하지 않지만, 마을 단위에서 동물 희생제는 널리 보급되어 있다.

## 희생제

앞에서 살펴보았듯이 신을 위해 마련하는 공물에는 두 종류가 있다. 하나는 '채식주의자'들의 공물로 과일, 야채, 쌀 등인데 이것은 모든 신들이 다 수용한다. 이에 반해서 비채식주의자의 공물, 즉 동물 희생제는 오직 몇몇 뜨거운 신들만이 받아들인다. 동물 희생은 힌두 전통의 역사에서 항상 중요하게 다루어지는 부분이다. 현대 힌두교에서는 종종 난색을 표하기도 하지만, 닭, 염소 때로는 물소 희생제는 숭배의 필수적인 부분이며 특히 사납고 폭력적인 마리얌만이나 깔리와 같은 뜨거운 여신을 달래는 방법이다. 실제로 물소 희생제는 왕실의 힘과 연결되며 마을의 물소 희생제는 '10일'간의 축제 동안 여신에 대한 장엄한 왕실의 희생제를 나타내는 것으로 이해할 수 있다.

한편 닭과 같은 가금류, 염소와 양은 사나운 남신이나 여신에게 공물로 바치는 경우를 자주 볼 수 있는데(주로 가금류), 물소 희생제만은 1947년 이후 인도 정부가 대대적으로 금지한 탓에 열리는 경우가 매우 드물다. 그러나 여신을 위한 물소 희생제는 가을에 열리는 '10일간'의 축제 즉, 두르가 뿌자 동안에 행하는 특별한 행사로, 이때에는 물소 악마를 물리친 두르가의 승리를 경축한다. 물소 희생제가 드물기 때문에 이것에 대해 쓴 민족지(民族誌)가 있다. 알프 힐테바이텔은 1829년 왈터 엘리어트(Walter Elliot) 경의 초기 민족지를 인용하며, 1984년 따밀나두 긴게(Gingee)의 물소 희생제를 보고 기록을 남겼다. 여기서 희생제의 주요 수취인은 '연꽃 처녀'인 여신 까말락깐니(Kamalakkaṉṉi)로 이 여신을 모신 작은 사원이 긴게 왕성(Gingee Royal Fort)으로 오르는 가파른 경사면 중간에 있다. 그녀는 자신의 일곱 자매 가운데 깔리얌만(Kāḷiyammaṉ)과 마리얌만을 위한 희생제에 동반된다.

희생제는 10일간 열리는 축제 마지막 날 치러지고 세 사원의 공동 계율과 그것을 체계화시킨 위원회를 필요로 하는데, 여기에는 주로 슈드라이지만 끄샤뜨리야 태생임을 주장하는 반니야르(Vanniyar) 카스트로 구성된다. 축제 동안에는 물소 두 마리가 이 공적인 숭배 안에서 여신을 위해 희생을 당하며 많은 수탉과 숫염소가 개인과 개별 가족들로 이루어진 사적인 숭배에서 희생당한다. 실제 희생제는 하리잔이라고도 부르는 불가촉민인 빠라이야르(Paṟaiyar)가 수행한다. 까말락깐니와 깔리얌만 여신은 각각 자신을 타나내는 상징인 삼지창과 항아리 모습으로 나온다. 까말락깐니와 깔리얌만은 나중에 자매 마리얌만을 만날 테지만 그 사이에 신들린 빠라이야르 가운데 하나인 사나운 남신 비라빤(Vīrappan̲)을 동반하다.

우선 물소는 왕실 성채 밖에 있는 나무에서 정화하는데, 물을 뿌리고 머리에는 빨강고 노란 심황 가루를 덕지덕지 칠한다. 물소는 발을 묶어서 큰 칼로 수차례 목을 그어 벤 다음 옆으로 던진다. 네팔의 물소 희생제에 관해 베레만(Berreman)은, 제물이 칼과 메스로 난도질된다고 적고 있지만, 전통적으로 물소는 목을 베어 죽인다.[28] 1829년에 엘리어트가 쓴 기록에서, 물소 다리 하나는 절단해 입 속에 넣는다고 힐테바이텔은 전한다. 제물을 그렇게 의례적으로 수치스럽게 다루는 것은 희생제의 공통 주제 가운데 하나로 제물은 한편으로는 신성하기 때문에 성스럽게 다루어야 하지만 다른 한편으로는 엄청난 폭력의 희생물이기 때문에 그것이 신성하다는 것은 그것을 죽일 때에만 해당할 뿐이라는 이중적인 태도가 그 안에 있다.[29] 긴게의 희생제에서는 먼저 머리를 제거하고 그 다음에 머리와 몸통을 하리잔이 가져가게 된다. 여신에게 홀린 마을 사람들은 핏자국이 묻어 있는 땅을 펄쩍 뛰어오르고, 여성들은 물소의 피로 이마에 띨락을 찍는다. 여신과 비라빤의 대표(이들 상징물)가 춤을 추며 희생제 장소에서 도취되는데, 힐테바이텔은 이것에 대해, 물소 악마를 살해하는 것은 여신에 대한 도취를 반영하는 것이라고 설명한다. 두 번째, 물소 희생제는 하리잔 거주지로 가는 길의 특별한 곳에서 벌이며, 고기를 분배하기에 앞서 먼저 그 몸을 옮긴다. 그러는 사이 까말락깐니와 깔리얌만 두 여신은 자매 마리얌만을 만나 항아리 모습으로 그녀의 사원에서 나온다. 자매는 전년도 축제 이후에 만나지 못했기 때문에 여기에서 매우 즐거운 향

연을 벌인다.[30]

오직 여신이나 여신의 형태만이 물소 제물을 받아들인다. 이와 같은 희생제는 마을이나 공동체가 여신과 접촉할 수 있는 길이며 이에 더해서 그것들은 사회적인 위계를 반영한다. 한 등급에서 희생제는 맨 위에서 여신과 함께 그 자체가 공동체를 대표한다. 이러한 사회 계층화는 축제 동안 여신을 위한 공물 속에 반영된다. 개인 가정과 관련된 '사적 숭배' 내에서 여신을 위해 야채 공물을 올리게 되고, 이는 브라만으로부터 축복받은 음식으로 소비한다. 육식을 하는 카스트인 슈드라가 공양하는 가금류와 염소는 이와 유사하게 신성한 음식으로 소비되며, 한편 불가촉민 카스트는 자신들의 마을에서 물소 고기를 먹는다. 그 내장과 피는 마을 경계에 사는 악마를 위해 공양한다.[31] 물소 희생제는 등급의 맨 꼭대기에 존재하는 신성으로서 이 경우에는 피 희생제의 부정함을 흡수할 수 있는 여신이 여기에 속하고, 다음으로 브라만의 공물과 야채만을 소비하는 것, 그 아래로 낮은 등급의 육식을 하는 카스트, 그 아래에 가장 오염된 상태의 하리잔이라는 등급이 함께 힌두 세계를 나타낸다. 여기서 악마는 심지어 하리잔보다 더 아래로 분류된다.

## 신화와 희생제

물소 희생에 대해서 입증되는 폭력은 물소 악마에 대한 여신의 폭력을 나타내는 동시에 폭력의 정화력이다. 희생제 수행을 통해 기부자나 공동체는 정화된다. 이 말은 곧 제물의 희생은 기부자나 공동체를 위한 일종의 대용물이 되고, 그렇게 함으로써 공동체나 기부자의 죄는 여신의 은총으로 변한다. 심오한 단계에서 희생제의 제물은 기부자나 희생자 혹은 전체로서 공동체를 대신하는 대체물이다. 인도 전통에는 인간 희생제에 대해 언급하는 텍스트가 있지만 그것은 실제로 행해진 것이 아니고 단지 하나의 사상이나 가능성으로만 존재한다.[32] 희생자와 희생 제물의 동일시는 수많은 힌두 신화에 나오는데, 신화 가운데 특히 『데위마하뜨미야』에는 마히샤수라의 목을 베어 살해하는 두르가에 대한 부분에서 신상에서 물소와 인간이 같은 모습으로 그려져 있다. 이러한 동일성을 보여주는 다른 유명한 신화가 닥샤를 참수하는 쉬바의 이야기 즉, 닥샤 신화이다. 희생제의 선동자인 닥샤는 희생제의 제물과 동일시되고, 웬디 오플러티가 관찰한 바대로 희생제를 파괴함으로써 비라바하드라로서 쉬바는 닥샤를 죽임에 따라서 사실상 완전한 희생제를 올린 것이며, 이때 닥샤는 희생제의 제물이 되는 셈이다.[33]

## 의례적 정(淨)

힌두 의례의 핵심은 정(淨)함에 관한 사상이다. 누군가 의례를 수행하거나 이익을 위해 수행하는 의례는 가능한 한 오염되지 않아야 한다. 신체와 신체 생성물(모든 신체의 분비물, 머리카락, 손톱)의 본연의 기능은 힌두를 오염시키는 것으로, 이들은 매일 아침 의례욕으로 정화할 필요가 있다. 오염이라는 심각한 상태는 죽음과 그로 인한 슬픔, 생리, 탄생으로 인해서도 야기되며, 이때에는 인간이 오염되기 때문에 사원에 들어가는 것과 같은 일정한 행동에 제약이 있다. 실제 전통적으로 여성은 나머지 가족의 오염을 막기 위해 생리 중에는 요리를 하지 않았다. 사원이나 가정의 신당 앞 즉, 신성의 면전에서 힌두는 의례적으로 정(淨)한 상태임이 분명한데, 이것은 가능한 한 오염을 근절시켰음을 의미한다. 물론 여기에는 한계가 있으며 일정한 계급 사람들은 자신의 몸이 사회 집단에서 기인하여 저절로 생기기 때문에 오염을 결코 제거할 수 없다. 그러므로 하층 카스트에 속하는 사람들은 락떼슈와리를 향한 남부 드리의 뿌자 동안에 가정 신당 출입을 금한다. 유사하게 오직 브라만 사제만이 사원에서 신의 내부 성소 출입이 허락된다.

정(淨)과 오염의 정도는 개인에 따라 다르고 여성과 남성, 하층 카스트와 상층 카스트가 각각 다르다. 매일 신체를 통해 이루어지는 오염과 오염 물질에 접촉해서 생기는 오염은 구별되는데, 일반적으로 일종의 신체의 고유한 산물인 신체적 물질로 간주되는 것에는 좀 더 깊은 단계의 정-부정이 존재한다. 가장 상층 카스트인 브라만은 정(淨)한 신체적 물질인 반면에 하층 카스트는 부정한 신체적 물질이며 이와 동시에 불가촉민은 가장 오염된 존재이다. 그들이 가지고 태어난 신체는 항상 오염의 상태에 있기 때문에 비록 인도에서 차별은 불법이지만 불가촉민은 힌두 사원이나 브라만이 운영하는 신전에는 입장할 수 없다. 법이 존재함에도 불구하고 하층 카스트 힌두와 외국인은 신을 화나게 하는 오염의 대상이기 때문에 사원에서 배제되는 경우가 많다. 정과 부정의 정도는 하나의 조직적인 원리이며 힌두교 내의 사회적 공간에서 신체에 대한 규정을 지배하는 구속이다. 힌두 의례는 신에 대한 숭배의 표현(혹은 신에게 호소하거나 보호를 요청하는 것)일 뿐만 아니라, 신분에 따라 절대적이고 분명하게 어떤 특정한 의례에 포함되는 사람일 뿐 아니라 통과 의례에서 보여주듯 그러한 의례에서 배제되는 사람이라는 집단 정체성을 말하는 것이기도 하다.[34]

## 의례와 신들림

축제 동안 공식 의례의 한 가지 중요한 측면은 경축에 초점을 두는 사원의 신에 대한 홀림(아웨샤)이다. 이것은 보통 하층 카스트 집단 내에서 일어나며 종종 의례 과정에서 필수적이다. 신성한 존재가 사원에서 상(像, *mūrṭi*)을 차지하고 사로잡는 것과 같은 이치로 신은 신도의 몸으로 들어와 신도를 차지하고 신들리게 할 수 있다. 신들린 사람은 신의 현현이 되어 그들의 몸은 신상(*vigraha* 비그라하, *mūrti*)과 동일해진다. 물론 유령이나 악마에게 홀리는 것은 상서롭지 못하고 의례 전문가가 액막이굿을 해야 하지만 의례 환경에서 이루어지는 신들림은 분명 은총이자 상서로운 것으로 간주된다. 축제와 같은 특별한 행사 때가 되면 한 사람이 정기적으로 신들리게 되고, 그 사람은 심지어 신의 '사제'나 '여사제'가 될 수도 있다.[35]

의례적인 신들림은 께랄라의 떼이얌 신을 위한 축제에서 가장 두드러지게 나타난다. 말라바르 지역 전체의 하층 카스트 축제는 떼이얌 신들이 거처하는 수많은 신당에서 열리는데, 상이나 칼의 모습으로 모셔진다. 축제 동안 신은 정교한 머리장식과 함께 얼굴에 화장을 하고(사진 19, 20 참조) 신으로 아름답게 치장한 떼이얌 무희에게 홀릴 것이다. 무희는 관객에게 다르샤나를 주면서 신상 주위를 돌며 춤을 춘다. 이 축제 동안에는 떼이얌 춤이 춤패의 빠른 드럼 소리와 함께 격렬하고 긴장된 분위기를 연출한다. 축제 행사 때 특정한 신의 역할을 공연하기 위해 특별히 지명된 무희에 의해서 번갈아가면서 각각의  신적 대상에 대한 공연을 하면서 축제는 약 이틀간 지속된다. 제단 가까이에서 춤이 시작되면 닭을 제물로 올리고 술을 바치며 거울을 그에게 비춘다. 거울에 비친 모습을 보면서 그는 자신이 공연하고 있는 신에게 홀리게 된다. 그는 떼이얌 신전 앞에서 말라얄람어로 찬송을 한다. 그 찬송은 신에게 드리는 일련의 찬양인데, 맨 먼저는 3인칭으로 찬양하고, 그 다음으로는

2인칭으로 그리고 마지막으로 1인칭으로 찬양을 한다. 이로서 완전한 신들림에 이른 것을 보여준다. 떼이얌은 신전에서 꺼내온 칼과 방패를 가지고 춤을 추는데, 이것으로 깨끗한 영혼을 가진 군중을 공격하는 것은 상징적 행위이다. 떼이얌은 가끔 주거지로부터 밖으로 나와 사원으로 행하는 마을 거리를 행렬하는데, 이는 사원에서 하는 신상 행렬과 동등한 것으로 간주된다. 이 과정에서 그는 상층 카스트 사제가 안으로 참여하도록 요구한다. 가끔 의례적인 공물 교환이 있지만 떼이얌의 출입은 거절당하고, 이들은 도중에 사람들에게 다르샤남을 전하며 몇몇 집에 들어가 신의 은총을 주고 떼이얌 신전으로 돌아온다. 사원 문을 두드리는 것과 출입을 거절당하는 사람이라는 유형은 상층 카스트, 전 힌두, 사원에 안치된 차가운 신과 하층 카스트, 토착적이고 뜨거운 떼이얌 간의 위계적인 관계를 나타낸다. 비록 상위 신과 떼이얌은 명확히 구별됨에도 불구하고, 자신의 고약한 본성을 결코 잃어버리지 않으면서 종종 동일시된다. 예를 들면 닐레슈와람(Nileshwaram)의 작은 마을 신전에서 떼이얌 비슈누무르띠(Viṣṇumūrti)는 비슈누의 무시무시한 화신 나라싱하와 동일시된다.

떼이얌의 예는 리치 프리만이 폭넓은 연구에서 보여준 바대로, 신들림이 어떻게 사회 문화적으로 정의되는 현상인지를 설명한다. 신들린 의례의 무희는 의례적으로 정해진 방식에 따라 공연한다. 중요한 점은 신들림이 문화적으로 정해진 것이지 근본적으로 수행자의 내면의 의식 상태가 아니라는 점이다. 비록 수행자가 어느 정도는 즉흥적일지도 모르지만 떼이얌에 관해 그가 수행하는 의례적인 노래는 표준 유형을 따른다. 프리만은 '떼이얌에서 신들림은 근본적으로 의례적인 행위이고 그것은 개인적인 동기와 특징은 거의 없이 고도로 형식화된 행위와 믿음의 틀로 규정된다'고 본다.[36)]

## 의례와 만뜨라

모든 힌두 의례 중에서 가장 두드러지는 구조의 하나는 신성한 형태의 암송인데, 주로 산스끄리뜨로 되어 있는 의례적 행위에 동반된다. 이것을 만뜨라라고 한다. 만뜨라는 특히 정의하기 힘들지만 대부분 산스끄리뜨 운문과 경구 속에만 있는 것이 아니라 문장, 시구나 단어 형태로 광범위하게 인용되며, 의례적인 목적과 구원의 목적에서 암송되고 찬양된다.[37] 정통 베다 전통 속에서 만뜨라는 보호를 위한 신을 부르는 데 사용되며, 세상에 마술적인 영향을 미치는 데 쓰인다. 그리고 딴뜨라 전통에서 만뜨라는 그 자체가 신 혹은 신의 구체적인 힘이나 에너지로 여겨진다. 만뜨라는 들릴 만큼 크게 부를 수도 있고[38] 속삭여도 되고(종종 말로 하는 만뜨라보다 더 고상한 것으로 간주되는 단계), 순전히 영적으로만 소리를 낼 수도 있는데, 침묵을 가장 상위 단계로 간주한다.[39] 특히 중요한 것은 만뜨라 지식의 거장인 스승이나 구루가 제자에게 말로 전하는 만뜨라이다. 그리고 구루는 만뜨라에게 권능을 부여하고, 그 언어에 힘과 에너지를 부여하는데, 이는 사원에서 신상에게 권능을 부여하거나 생명력을 주는 것과 같은 방식으로 이루어진다.

만뜨라는 힌두교 의례 전통의 핵심이며 실제로 힌두 전통은 종종 그들이 사용하는 만뜨라에 의해 정의되거나 윤곽을 잡을 수 있다. 예를 들어 비슈누나 비슈누의 화신에 대한 만뜨라는 바이슈나와에 의해서 되풀이될 것이고 쉬바를 위한 만뜨라는 샤이바에 의해서 되풀이되는 식이다. 가장 유명한 베다 만뜨라가 가야뜨리(Gayātrī)이다. 즉 '옴 부르, 부와, 스와/따뜨 사위뚜르 바레니얌/바르고 데와시야 디마히/디요 요 나흐 쁘라쪼다야뜨(Oṃ bhūr, bhūva, sva/tat savitur vareṇyam/bhargo devasya dhīmahi/dhiyo yo naḥ pracodayāt)'로, 이것은 대개 옴(*Oṃ*, 지구, 대기 그리고 하늘)으로 간단하게 번역할 수 있다. '우리가 사위뜨리 신이 주시는 은총 생각에 빠져 있게 하소서; 신께서 우리 잡념을 버리게 하소서.'[40] 이것은 성사 착용 의식(*upanayana*) 동안에 어린 브라만에게 전수되고 그 뒤에 정통 브라만에 의해 매일 아침 해 뜰 때 읊어진다.

만뜨라는 대개 '종자음(*bīja*)'을 조합해서 만들고, 소리의 단위는 산스끄리뜨 음성학에 기초를 두는데, 의미가 없기도 하지만 의미 있는 어떤 경구와 관계가 있는 경우도 있다. 예를 들어 '옴 나마흐 쉬바야 훔(Oṃ namaḥ śivāya huṃ)'에는 '쉬바에게 경의를 표하다(*namaḥ śivāya*)'라는 의미 있는 요소를 내포하고 있고, 비자스 옴(*bījas oṃ*)과 훔(*huṃ*)은 의미론적으로 아무 뜻이 없다. 가장 유명한 알맹이격인 만뜨라는 옴이다. 『아타르와 베다 상히따』에서 가장 먼저 나오는 옴은 『따잇띠리야 우빠니샤드』[41]에 나오는 절대적인 실체(*brahman*)로서, 『만두끼야 우빠니샤드』(*Maṇḍukya Upaniṣad*)[42]에서는 우주의 구조와 동일시된다. 그리고 사원에서 행하는 베다 희생제에서부터 매일 드리는 뿌자에 이르기까지 모든 힌두 의례에 이 구절이 나온다. 옴은 베다에서 가장 신성한 소리로 간주되는데, 데모 킬링리(Dermot Killingly)가 주시한 바로는 이 음이 전체 베다 전집을 대표하거나 요약할 만한 것이고, 힌두 영역 밖에 있는 불교나 시크교도 이 옴을 신성한 음으로 받아들인다고 한다.[43] 옴은 의미론적으로 아무 뜻이 없지만 베다의 핵심으로서 우주를 나타내는 절대적인 소리로 숭배 받는다.

## 요약

앞선 예에서 보았듯이 우리는, 힌두교 내에는 신에게 초점을 두는 광범위한 의례 실천이 있으며, 각각은 전통과 지역마다 차이가 있지만 이와 동시에 께랄라에서 미국에 이르기까지 전 힌두교를 통틀어 공통으로 드러나는 특징이 있다는 것을 알 수 있다. 힌두는 신을 달래고 신에게 은총을 받기 위해서 희생제와 뿌자와 같은 의례를 수행하며 더불어 일부 힌두는 구원(*mukti* 묵띠)이라는 목적과 좀 더 높은 세상 즉, 천국(*bhukti* 북띠)의 기쁨을 경험하기 위해 사적 의례를 수행한다. 의례는 세대를 통해 전통의 지속성이라는 측면을 제공하고 절대적인 힌두 가치를 명확히 전달하며 힌두 정체성이라는 의미를 만든다.

# 제10장 힌두 신학과 철학

아주 오래전부터 요가와 명상에 사용하는 의례, 구원 체계와 나란히 정교하면서도 때로는 매우 복잡하기도 한 교리 체계와 형이상학적 이론이 힌두교 내에서 발전했다. '철학'이라는 용어는 이러한 체계를 설명하는 데 자주 사용된다. 전통적인 힌두사상과 근대 서양철학 간에는 다분히 유사성이 있는데, 전통적인 힌두사상가가 무엇을 하는지에 대해서 현재 서양의 대학 내 철학과에서는 부분적으로만 인식하고 있을 따름이다. 바꿔 말해서 '신학'이라는 용어는 힌두사상의 체계적이고 초월적인 면을 전달할 뿐만 아니라 그것의 해석상의 특징을 강조하는데, 이에 비해 일부 학파는 무신론적이고 '접신론'과는 무관하다. 두 용어 모두 다음의 설명 속에 나온다. 일반적으로 '철학' 혹은 '신학'으로 번역되는 산스끄리뜨 용어가 다르샤나인데, 이 용어는 기본 텍스트에 대한 주석서 전통을 통해 표현되는 사고체계를 말한다. 그리고 안윅쉬끼(*ānvīkṣikī*)는 베다의 지식부 내에서 분석 혹은 '탐구과학'으로, 특히 논리학(*nyāya*)이라는 의미로 사용된다.[1] 다르샤나라는 용어의 어근 *dṛś*는 '보다'라는 뜻에서 나온 것으로, 세계에 대한 '견해' 혹은 '시각'이라는 의미이다. 이것은 힌두 믿음에 대한 정통(*āśtika* 아슈띠까) 체계인 베다를 계시로서 인정하는 체계에서뿐만 아니라 자이나교, 불교, 유물론(Lokāyata)과 같은 이교적 견해를 말하는 데에도 사용된다. 또한 좀 더 다른 의미에서 다르샤나라는 용어는 사원의 신상이나 살아 있는 성자를 응시하는 종교적 행위에 대한 언급에도 사용된다.

정통 다르샤나는 수뜨라('실')라 불리는 격언으로 그 가르침이 부호화되어 있는데, 때로는 이것이 너무 압축되어 있어서 주석서(*bhāṣya*) 없이는 이해하기 힘들다. 이러한 주석서들은 전통에 대한 해석상의 표현들로 이루어져 있는데, 이들에 대한 하위 주석서와 주해가 차례로 쓰여 있다. 주석서 문헌 안에는 경쟁 학파 간의 세련된 논쟁이나 전문적인 논박이 들어 있다. 이러한 논쟁들은 날카롭기도 하고 지적으로 엄격하여 다양한 다르샤나 간의 실제적인 차이를 무너뜨리려고 하거나 이들을 단일체계라는 현대적 견해로 보려는 일부 근대 힌두의 시도에 저항한다. 정통 힌두 다르샤나의 일반적인 구조는 다음과 같이 요약할 수 있다.

- 베다의 계시를 나타낸다.
- 그들의 목적대로 해탈을 이룰 것을 주장한다.
- 특성상 해석적이고, 계시에 대해서 기본적으로 주석서와 부주석서를 통해서 표현된다(Upaniṣads). 그리고 기본 텍스트를 수뜨라라 하는데, 이것은 철학/신학파의 성서적인 자료를 이룬다.
- 인간의 조건에 관한 우연성을 넘어 초월적인 실체를 나타낸다.
- 체계적인 설명과 해설을 제공한다.

- 신체 구조, 물질의 특성과 의식의 기능에 대한 사상과 관련되어 있다.

이러한 일반적인 특성은 힌두사상에서 중요한 문제와 관심 가운데 특히 존재론, 즉 존재의 특성과 인식론, 지식론의 관계 속에서 이해할 수 있다. 존재론의 문제는 본질적으로 언어 철학이나 신학, 특히 언어, 의식, 존재 간의 관계와 연결된다. 반면에 인식론의 문제는 인식에 대한 분명한 의미와 논리학의 방법, 추리와 관련된다. 이러한 문제들에 대한 논쟁 속에서 다르샤나는 특히 확실한 지식(*pramāṇa* 쁘라마나)에 대한 여섯 가지 의미나 방법에 관한 공통의 어휘로 발전한다. 이 여섯 가지 의미는 소위 지각(*pratyakṣa* 쁘라띠약샤), 추론(*anumāṇa* 아누마나), 말의 권위(*śabda*), 유추(*upamāna* 우빠마나), 가정(*arthāpatti* 아르타빳띠), 불이해(*abhāva* 아바와)를 말한다. 각각의 다르샤나는 이러한 지식을 모두 받아들이기도 하고, 일부만 받아들이기도 한다.

힌두 철학과 신학의 흐름은 7세기에서 17세기 사이에 꽃피기 시작하는데, 철학적인 사색의 기원은 베다 시대로 올라간다. 프라우왈너(Frauwallner)와 할브파스(Halbfass)에 따르면 인도철학사는 방대한 시대를 따라 분석될 수 있다고 한다.

- 베다, 우빠니샤드, 서사시와 초기 불교 텍스트 속의 선체계적인 사상
- 힌두교, 불교와 자이나교 내의 고전적인 사상 체계
- 바이슈나와, 샤이바 같은 일신교적 학파와 관련된 신학으로, 이는 기원후 2천년 동안 중요해짐
- 서양철학에 대응하는 것으로 19세기와 20세기의 근대 인도철학[2)]

## 초기, 체계 이전의 성찰

형이상학적인 사상이라는 면을 입증하는 최초의 텍스트 가운데 하나는 사물의 기원에 대한 문제의 연속으로, 특히 태초에 존재(*sat*)하거나 존재하지 않는 것(*asat*)에 대해 묻는 『리그 베다』의 찬송이다. 비록 사뜨와 아사뜨라는 용어가 이들 초기의 텍스트 속에서는 전문적이고 철학적인 의미가 없을지도 모르지만, 이 찬송가에는 존재와 비존재 이전의 상태와 죽음을 뛰어넘는, 곧 불멸사상에 관한 경이롭고 지적인 궤변이라는 면이 두드러지게 나타난다. 텍스트는 몇 가지 오류 속에서 결론을 내고 있다. 즉 '어디에서 창조물이 생겨났는지(아마도 저절로 생겨났거나 아니면 그렇지 않을 것이다) 가장 높은 하늘에서 그것을 지켜보는 한 사람, 오직 그 한 사람만이 안다(어쩌면 그 사람도 알지 못할 수도 있다).'[3] 좀 더 체계적인 사상은 우빠니샤드와 함께 시작한다. 특별한 주석 하나가 있는데, 최초의 신학자 가운데 한 명인 스승 웃달라까 아루니가 12년간 베다를 공부한 후에 우쭐해져서 집으로 돌아온 자신의 아들을 가르치는 『짠도기야 우빠니샤드』 제6장이다. 웃달라까는 아들에게 존재는 우주와 모든 생명의 근원으로서 브라흐만과 동일시되는 것이라고 말해준다.[4]

특히 중요한 것 중 하나로 언어의 특성에 관한 베다 사상이 있는데, 이것은 후대에 발전하는 주제와 사상학파의 앞선 형태이다. 『리그 베다』에는 남성을 현명하게 만드는 여신이 다루는 언어의 힘(vāc)에 대한 찬송이 들어 있다.[5] 베다 예언자의 기본 매체수단인 언어를 통해서 진리가 계시되고, 언어의 진리는 하나의 힘이 된다. 우빠니샤드에서는 언어를 외형, 이름 그리고 이들의 형체가 명확해지는 절대자 브라흐만과 동일하게 여긴다. 드러나지 않는 브라흐만과 다양한 세계의 관계는 우주적 소리인 만뜨라 옴을 통해 존재한다.6) 이 텍스트에서는 모든 잎이 줄기로 엮여 있는 것처럼 모든 소리는 옴과 결합되어 있다고 전한다.7)

## 언어와 힌두 신학

힌두 신학에 대해 어느 정도 이해하려면 언어와 전달에서 시작해야 한다. 계시는 예언자를 통해 인류에 전달되며 언어로 표현되는데, 특히 '완벽한' 언어 산스끄리뜨로 표현된다. 베다 권고는 언어로 표현되며 신학적인 주석서 전통 역시 언어로 표현된다. 베다 힌두에게 있어서 언어는 영감을 주고, 명쾌하며 진리와 의미를 계시하는 것이다. 따라서 언어는 신학 연구(*brahmajijñasa* 브라흐마지쟈사)의 출발점이다. 언어는 힌두 신학의 기본적인 관심이며, 힌두 신학은 언어 분석이라는 오랜 전통을 추정하고 이를 사용한다. 이 전통은 브라만을 교육하는 보조학문인데, 세대를 내려오면서 베다의 올바른 전달과 의례의 올바른 수행을 보장하는 '베다의 가지' 베당가에서 출처를 찾을 수 있다. 여섯 개의 베당가(p.94~95 목록 참고) 가운데 문법, 어원론은 하나의 이론체계로서 언어와 직접 연관된다. 반면 발음, 운율학은 이것의 표현과 관련된다. 문법학은 독립적인 전통으로 발전하여 그 자체가 하나의 다르샤나로 여겨져 신학적인 주제와 좀 더 직접 관련된 학파에게 영감과 분석적인 정확성을 제공했다.

### 문법가

고도로 복잡해진 언어학은 놀랍게도 최소한 기원전 5세기부터 인도에서 발전했는데 이것은 산스끄리뜨 연구와 19세기의 몇몇 주요 텍스트에 대한 유럽어 번역본을 통해 근대 언어학에 영감을 제공했다.

기록상 가장 초기의 힌두 언어학자인 빠니니(기원전 5세기경)는 자신이 쓴 『아슈따디야이』(*Aṣṭadhyāyi*)에서 음소, 접미사, 문장, 단어 조합(*sandhi*)의 법칙, 어근형성으로 이루어진, 산스끄리뜨에 관한 기술적인 분석문법을 제시했다. 이 책에 대한 심층적인 이해는 근대 언어학의 발달 이후에야 가능했고, 아직도 이 책을 능가하는 저작은 없다. 텍스트의 4천 개나 되는 수뜨라가 신학적 문제에 대해 직접 다루지는 않지만 이는 준거의 표준인데, 후대 언어가 척도로 삼고 후대에 베다 문헌을 해석하는 데에서 준거의 역할을 하고 있다. 이것은 좀 더 순전히 철학적인 관심뿐만 아니라 신학적인 관심을 가지고 있던 문법 학파에게도 기초를 제공한다.

### 언어, 의식 그리고 존재

문법가 학파의 사상을 이끈 바르뜨리하리(Bhartṛhari, 5세기경)와 함께 문법은 신학의 과(科)로 바뀐다. 바르뜨리하리는 문법을 근본적으로 존재의 특성과 관련된 대상으로 보며, 궁극적으로는 해탈에 대한 탐구와 관련되는 것으로 본다. 언어 분석은 대개 그 자체로 하나의 과제이거나 베다의 올바른 전달을 보장하기 위한 과제가 아니라, 윤회로부터 벗어나는 방법으로서 해탈을 이끄는 길이나 문이 된다. 즉 불멸의 브라흐만은 문법 학습을 통해 생기는 말의 정화를 통해 알 수 있다.[8] '올바른' 형태로 언어를 학습하고 사용하는 것은 학생들로 하여금 부정한(올바르지 않은) 언어 습관을 없애고, 절대자의 환영이라는 순수한 목적으로 이끄는 성공이나 운의 힘을 만든다. 언어를 통해서, 그리고 특히 언어의 정확성과 깊이 있는 이해를 통해서 인간은 구원받는다.

이것은 실제로 언어를 매우 높은 지위로 올리기 위한 것이다. 바르뜨리하리는 절대자의 실체를 정화된 언어와 동일하게 여기고 인간의 부정한 세계를 언어를 매개로 순수하고 영원한 절대자와 화해하는 것과 관련시켜 설명한다. 절대적인 존재는 언어 밖이나 언어 너머에 있는 것이 아니다. 그것의 근본은 언어에 있다. 언어는 영원함, 유일함, 비인칭의 정지 상태, 인지, 시간적 경계가 있는 그리고 특정한 경험으로서 대상 간의 연결고리이다. 언어와 동일시되는 절대자에 대해서 바르뜨리하리가 사용하는 용어는 '소리의 절대성'이나 '단어의 절대성(*śabdabrahman* 샵다브라흐만)'인데, 이는 무지함(*avidyā* 아위디야)으로 인해서 이해될 수 없는 일종의 존재론이다. 비록 이러한 무지 자체는 시간의 힘에서 만들어지는 절대성의 표현이지만 무지는 소리의 절대성으로 인해 우리의 시각을 흐리게 한다. 바르뜨리하리가 '보이는 것(*paśyantī* 빠쉬얀띠)'이라고 하는 순수하고 불연속적이며 명확하지 않은 상태로부터 소리의 절대성은 시간의 힘이 기능, 창조적 공간, 연속, 사상으로서 인간에게 이해되기 시작하는 미묘한 형태로 드러난다. 이러한 영적인 단계는 '중간' 영역(*madhyamā* 마디야마)으로, 시간(우선적인 것)과 공간의 힘으로 특징지을 수 있다. 바이카리(*vaikharī*)의 마지막 시구에서 소리의 절대성은 완전히 확대되어 시간의 힘이 다양성과 우연한 관계로 드러난다. 즉 시간은 우주의 모든 사건을 구속하는 힘이고 평범한 인간의 언어 연속으로 표현된다.[9] 그것의 분명한 정신 유형(*madhyamā*)과 총체적인(*vaikharī*) 말 속에서 언어는 다루어지고 시간에 따라서 구별되지만, 그 근원은 순수한 대상으로서 영원성, 초월성 그리고 정화된 '언어'이다.

언어와 존재의 이러한 3자 간 구분은 더 나아가 바르뜨리하리의 중요한 이론, 즉 의미(*sphoṭa* 스포따)와 관련된 '노출 이론(disclosure theory)'과 관계가 된다. 바이카리 바쯔(*vaikharī vāc*) 단계는 완전한 문장의 단계를 말하는데, 이것은 이해나 직관(*pratibhā* 쁘라띠바)의 순간으로 이해된다. 다시 말해서 의미는 갑작스러운 게슈탈트로 이해되는 것이다. 이러한 이해의 순간은 하나의 완전한 통합체인 문장이라는 의미로 폭로(*sphoṭa*)된다. 특정한 언어에 대한 무지함은 문장을 낱말과 음소로 쪼개지만, 본토 발화자는 한 사람이 선이나 색깔의 조합이 아닌 전체로서 그림을 이해하는 식으로 곧바로 이해가 된다.[10] 스포따는 문장이나 책, 아니면 시의 의미로 밖으로 드러나는 것이다. 그리고 그것과 마찬가지로 계시는 소리의 절대성 안에서 그것의 근원적인 기초에 해당하는 더 미묘한 단계에 해당한다. '직관력' 있는 지식에 해당하는 이러한 절대성은 언어의 근원일 뿐 아니라 궁극적인 목적이다.

언어 이론 역시 그것이 본질적으로 연결된 의식에 관한 이론이다. 의식에 관한 여러 용어들(*cit* 찌뜨, *citta* 찟따, *caitany* 짜이따니, *saṃvit* 상윗뜨)은 수많은 인도 철학과 신학 체계의 초점이다. 가장 두드러지는 의식으로는 불교의 유일(Vijñānavāda 비쟈나와다) 학파와 까슈미르 쉬바교의 인지(Pratyabhijñā) 학파가 있다. 그러나 의식에 대한 의문은 모든 인도철학 체계 안에서 어느 정도 나타나는데, 특히 언어나 존재와 이루는 관계에서 나온다. 여러 학파 가운데 특히 까슈미르 쉬바교와 아드와이따 베단따는 실제로 정화된 절대적인 의식을 존재와 동일시한다. 이러한 정화된 의식은 가끔 언어를 넘는 것으로 여겨지는 데 반해 매일 의사소통을 위해 사용하는 언어는 욕구를 표현하고 진정한 말로 표현할 수 없는 특징을 깨닫는 것으로부터 의식을 막는다. 문법가에게 언어는 가장 깊은 단계에서 인간의 의식이라는 특징으로 구별 짓는 것으로, 존재와 같은 것이다. 문법가들이 동의하는 것은 아니지만 인도사상의 모든 학파는 언어에 대한 논쟁에 관여하여 의식과 존재와 이루는 관계 그리고 공유되는 철학 용어 사용에 대해서 몇 가지 방식으로 문법가 학파에 반응했다.

## 하나와 다수

언어와 존재의 관계에 대한 관심과는 별도로 힌두 신학은 '다수'에 대한 '하나'의 관계에 관심을 가진다. 그것은 힌두 계시와 요가적인 경험이 유일하고, 부차적인 것이 없는 절대적 실체를 말하는 것이다. 하지만 세상의 경험은 우리에게 존재가 복잡 다양하다고 말해준다. 이렇게 유일한 하나와 다양한 다수 간의 관계는 무엇일까? 몇몇 힌두 신학은 관계가 동일성의 하나로, 절대성은 궁극적으로 다수와 동일한 것이고, 차이는 대개 환상이라는 입장을 유지한다. 그리고 몇몇은, 관계는 차이에서 나오고 하나와 다수는 존재론적으로 다소 차이가 있다고 한다. 한편 다른 사람들은 동일성과 차이 모두 하나와 다수 간의 관계와 마찬가지라는 입장을 갖는다.[11] 힌두 신학은 이러한 근본적인 질문에 유의하면서 다른 입장에 이른다.

존재에 대한 의문은 인과관계에 대한 인식론적 의문과 관계가 있다. 인과관계에 대한 힌두 이론은 크게 두 가지로 분류할 수 있다. 하나는, 결과는 원인에 이미 내재하는 것으로, 항아리(결과)가 흙(물질적 원인)으로 이미 존재하는 것과 같다는 사뜨까리야와다(*satkāryavāda*) 이론이다. 또 다른 이론은 아사뜨까리야와다(*asatkāryavāda*)로, 결과가 원인에 이미 내재해 있지 않다는 것이다. 사뜨까리야와다 이론은 그 자체로 결과가 실제 원인의 변형(*pariṇāma*)이라는 입장을 고수하는 이론과 사람이 모래 속에서 은

화를 보지만 그것을 은이 아니라 조가비라고 생각하는 것과 마찬가지로 결과가 변형이 아니라 정해진 방식 속에서 단지 원인(*vivarta* 비와르따)의 현상에 불과하다는 입장을 고수하는 이론으로 나눌 수 있다. 그것은 조가비가 결과에 대한 원인(銀이라는 인식)이지만 결과는 실제 물질의 변형이 아니라는 것이다. 불교도는 결과가 원인에 이미 존재하는 것이 아니다(궁극적으로 인과관계 사상을 해체한다)라고 하는 데 반해 상키야 학파는 결과가 본질의 실제적인 변형이라는 입장을 고수한다. 아드와이따 전통은 이러한 견해를 거부한다. 그들은 오직 뚜렷한 물질의 변형만이 존재할 수 있다고 하는데, 실제로 브라흐만이라는 단일한 물질로만 존재한다고 본다.

**주석서 전통**

인도 신학과 철학의 가장 두드러진 특징은 주로 텍스트를 토대로 한 주석서와 부주석으로 표현된다는 점이다. 비록 주석서 전통의 시초로 알려진 간략한 수뜨라 문헌과는 별도로 몇몇 독립적인 철학서가 있기는 하지만, 이 전통은 기본적으로 주석서 형식으로 존재한다. 수뜨라는 학파의 가르침을 요약한 간략한 경구로 이루어져 있다. 실제로 주석서를 쓰는 목적은 이러한 경구의 의미를 분명히 전하기 위한 것으로, 초기 텍스트에 이미 나타나 있는 진리를 조명하기 위함이지 어떤 새로운 것이나 독창적인 것을 전하고자 하는 것은 아니다(물론 부득이하게 주석서가 그런 경우도 있지만). 주석서에는 수뜨라에 대한 설명(종종 광범위한 정도로)이 있는 반면에 더 짧은 설명이나 주해(*vṛtti* 브릿띠)도 있고 더 나아가 주석에 대한 해설(*vārttik* 바릇띠끄)도 있다. 저자가 자신이 쓴 시구에 대해 자기 주석을 쓰기도 한다. 주석서는 진정성을 가지고 하는 창조적 독해와 해석과 관련한 생생하면서 살아 있는 전통을 드러내준다. 프란시스 클루니(Francis Clooney)의 말을 빌리면 주석서는 '단순히 전통 존중이라는 말로 줄일 수 있는데, 전통에 대한 고유한 정신의 쇠퇴나 타락과는 전혀 관련이 없다. 그리고 주석서는 전통의 고유한 특징에 따른 열매에 해당한다.'[12]

중세 시대까지 이러한 지적인 전통은 여섯 가지 정통 체계의 표준 목록인 삿다르샤나(*saddarśanas*)로 요약할 수 있다. 하지만 이러한 구조 밖에는 자이나와 불교 같은 중요한 학파들이 있다. 마다와(Mādhava, 1340년경)는 자신의 '전(全)철학일람(Compendium of All Philosophies)'인 사르와다르샤나상그라하(*Sarvadarśana-saṃgraha*) 속에서 '여섯 가지 다르샤나(Six *darśanas*)'라는 용어를 쓰지 않고 일원론적인 까슈미르, 이원론적인 싯단따, 쉬바교와 같은 중요한 신학파를 포함해서 16개의 철학적 학파와 관련된 사상에 대해 논의한다. 여섯 가지 다르샤나 체계는 성문화된 것이고 베다 정통 범위 내에서 서로 차이를 보이지만 공통의 용어와 공통의 주석서 양식을 공유하는 엄격한 철학적 논쟁 속에서 결합력을 가지려고 시도한다는 사실을 기억해야 한다. 몇몇 학파 내에서 저자가 보편적으로 많은 견해를 공유하고 있다고 해서 모든 사상가들이 한 다르샤나에 대해서 같은 의견을 공유한다고 생각해서는 안 된다. 예를 들면 실제로 베단따 학파는 중세 말까지 베단따 내에서 견해를 종합하고 다양한 견해를 베단따를 정점에 둔 위계구조로 통합하는 경향을 보이지만, 그 안에는 방대한 이견이 있다. 여섯 가지 정통 체계(六派哲學)는 다음과 같다.

- 상키야, 물질과 자아(*puruṣa*) 간의 이원론 입장을 채택하는 '수론(數論)'학파. 이 둘 모두 실재적이지만 존재론적으로 구별한다.

- 요가, 상키야의 형이상학을 취하는 빠딴잘리 학파
- 미만사, 다수의 실체를 취하는 베다의 주석서 전통
- 베단따, 우빠니샤드에서 발전하고 하나의 실체를 주장하는 전통으로, 하나의 형태 안에서 다수의 실체를 부정하는 전통
- 니야야(Nyāya), 논리학파
- 바이셰쉬까(Vaiśeṣika), 니야야와 연관된 원자학파로, 다수의 실체를 채택한다. 존재의 원천은 공유된 요소에서 생기는 것이 아니다. 오히려 각각의 현상은 별개로 분리한다.

종종 역사적·개념적인 이유로 소위 상키야-요가, 니야야-바이셰쉬까, 미만사-베단따, 세 부류로 묶는다. 즉 상키야는 고전 요가의 신학적인 기질이다. 그리고 베단따는 미만사의 연속이고 논리학인 니야야는 바이셰쉬까의 형이상학적인 고찰 속에서 사용된다. 나는 여기서 방대한 종교 전통과 관련해 가장 중요한 상키야, 베단따 학파에 대해 논의한 다음 언어, 논리학의 카테고리와 관련해 좀 더 전문적인 특징을 띤 니야야, 바이셰쉬까 학파에 대해 논의할 것이다.

## 상키야

상키야는 힌두 전통에서 나오는 가장 오래된 철학 체계로, 후대의 신학파 가운데 특히 딴뜨라 쉬바교와 빤짜라뜨라에 큰 영향을 미친다. 실제로 니야야나 베단따와 같은 다른 인도 사상학파는 상키야 철학에 대한 논쟁상의 반응으로 인해 기원후 초기 몇 세기 동안 부분적으로 발전했다. '수', '계산'을 뜻하는 상키야라는 용어에는 두 가지 의미가 있다. 하나는 우주를 구성하는 요소들의 열거

와 분류를 나타내기 위해서 자이나교와 불교를 포함한 기세자 전통에서 사용되는 일반적인 의미이고, 나머지는 주요 텍스트의 주석서 전통으로 발전하며 빠딴잘리 요가의 배경이 되는 상키야 철학 체계를 일컫는, 좀 더 특별한 의미이다. 이러한 사용은 연대에 따른 것인데, 원(原)상키야(Proto-Saṃkhya)라고 불리는 초기의 우주와 인간 심리에 대한 범주화의 일반적 경향이 늦어도 기원전 9세기부터 기원전 3세기에 이르는 아주 이른 시기의 초기 기세자 전통에서 생긴다. 반면에 체계적인 철학인 까리까 상키야(Kārikā Sāṃkhya)는 기원후 약 4세기부터 꽤 후대에 발전한다.13)

### 원(原)상키야

우주의 요소나 구성물에 관한 계산이라는 일반적인 뜻의 상키야와 유사한 이론은 초기 자이나교, 불교 그리고 힌두 텍스트에 나온다. 그러나 상키야적 성찰을 자이나교와 불교의 맥락에서 나오는 것으로 이해하는 것보다는 자이나교, 불교 그리고 초기 브라만교의 성찰을 이해하는 것이 더 정확할 것이다. 초기 브라만교 성찰 안에는 의학에 관한 성찰도 포함되는데 이는 상키야에서와 같이 경험의 범주를 수로 이해하는 것이 가장 중심 사상이고, 그것이 공통의 사상적 맥락을 이루고 있다.

후대의 상키야 철학, 의학 체계인 아유르웨다(Ayurveda), 특히 불교 체계인 아비다르마(Abhidharma)와 요가짜라 불교(Yogācāra Buddhism) 간에는 매우 유사한 점이 있다. 실제로 철학 전통의 해설가인 이슈와라끄리슈나(Īśvarakṛṣṇa)는 불교에서 매우 중요한 주제인 '삶은 고통'이라는 사상을 가지고 상키야에 대한 논문을 쓰기 시작한다. 다른 것에서 차용한 하나의 체계라기보다 이들은 보편적인 유산에서 발전한 것일지도 모른다. 브라만 전통에서 우주

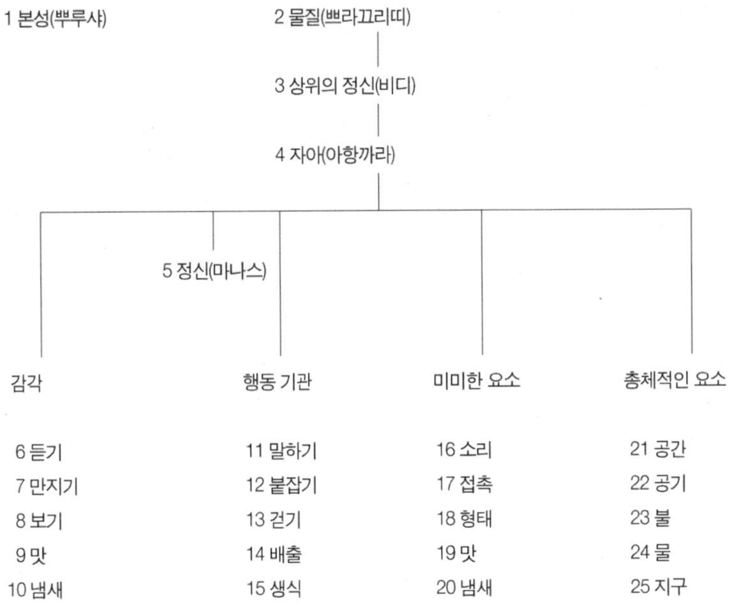
1 본성(뿌루샤)
2 물질(쁘라끄리띠)
3 상위의 정신(비디)
4 자아(아항까라)
5 정신(마나스)
감각
행동 기관
미미한 요소
총체적인 요소
6 듣기
7 만지기
8 보기
9 맛
10 냄새
11 말하기
12 붙잡기
13 걷기
14 배출
15 생식
16 소리
17 접촉
18 형태
19 맛
20 냄새
21 공간
22 공기
23 불
24 물
25 지구

〈표6〉 21가지 상키야 땃뜨와

원리에 대해 처음으로 열거하는 모습은 단일한(*eka*) 존재인 진리(*sat*)가 불을 낳고 다음으로 물을 낳으며 그 다음에는 음식을 낳는다고 단정하는 『짠도기야 우빠니샤드』와 함께 나온다. 이 텍스트는 자아(*ahaṃkāra* 아항까라)에 대한 상키야의 사상과 유사한 자기 동일성의 의미에 대해 언급하고, 붉은색, 흰색, 검은색을 각각 불, 물, 지구와 동일시한다.[14] 이것은 물질을 세 가지 성질로 나누는 후대 분류를 생각나게 한다. 범주를 열거하는 것은 특히 『까타』와 『슈웨따슈와따라 우빠니샤드』와 같은 다른 우빠니샤드 속에서도 보인다. 경험과 세계의 요소에 대한 선체계적 항목들은 『마하바라따』 가운데 특히 목샤다르마(*Mokṣadharma*)로 알려진 부분과 『바가와드 기따』에 나온다. 예를 들어 『기따』에서는 끄리슈나의 특성을 지구, 물, 불, 바람, 공기, 마음(*manas*), 지성(*buddhi*)

그리고 자아(*ahaṃkāra*)의 여덟 겹으로 이루어져 있는 것으로 묘사하는데,[15] 이것은 후대의 상키야 문헌 안에서 열거되는 범주들이다.

### 상키야-까리까(Sāṃkhya-Kārikās)의 상키야

원상키야 이론은 초기 텍스트에서 찾아낼 수 있지만, 체계적인 철학은 꽤 후대까지 보이지 않는다. 상키야 학파와 동일시되는 구조는 이슈와라끄리슈나의 '상키야 시구' 상키야 까리까(350~450년경)에서 분명하게 표현되는데, 이것은 상키야 전통에서 가르친 주제들에 대한 하나의 요약에 해당한다. 이 텍스트는 자아인 순수 의식(*puruṣa*)과 질료(*prakṛti*) 간에 서로 뒤엉켜 있는 것으로 보이는 기본 이원론으로 자리한다.[16] 해탈(*kaivalya*)은 순수 의식이 항상 근본 질료와 다르다는 차별적 진리를 일컫는다. 그들은 서로 근접해 있는데, 이를 깨달음으로서 고통과 윤회를 그칠 수 있다.[17] 차별로 인해 자아를 자아가 아닌 것으로부터 구별하는 의식을 가질 수 있고, 그로 인해 자아는 실제로 질료를 향한 적이 없다는 사실을 지각하게 된다. 이 자아는 초월적인 존재로 구체화된 1인칭 주체 뒤에서 침묵의 증거에 기초를 두고 있다. '나'가 진술하는 자아, 그 경험적 자아는 원초적 상태로부터 질료의 생성에 기인하지만, 그 자체가 참된 주체 그것은 아니다. 서양철학의 이원론은 정신과 육체를 구별하는 데 반해서 상키야 체계의 이원론은 서양철학 전통에서 '정신'이라고 부르는 것을 포함하는 자아(*puruṣa*)와 물질 간의 구분을 말한다. 1인칭 문장의 주어는 물질의 영역 내에 존재하는 것으로, 참된 자아는 그 너머에 존재한다.

서양의 범주에서 '물질'이라는 개념보다 좀 더 넓은 개념인 쁘라끄리띠에는 서양 개념의 '정신'을 포함하는데, 각각의 범주에서 나타나는 단계의 연속을 통해 명확하지 않은 상태에서 명확한 상태로 진화하거나 변형시킨다. 이러한 범주인 땃뜨와(글자 그대로는 '공통의 본질, that-ness')는 경험의 세계로 이루어져 있다. 이러한 진화나 변형(*parināma* 빠리나마)은 소위 빛(*sattva*)의 속성, 열정, 즉 에너지(*rajas*) 그리고 어두움, 즉 타성(*tamas*)이라는 세 가지 성질에 의해 지배되거나 균형을 유지한다. 이러한 속성은 힌두사상에서 매우 중요한데 나중에는 다수의 결합과 분류에 토대가 된다. 예를 들어 음식의 범주를 '차가운(*sattva*)', '뜨거운(*rajas*)' 그리고 '어중간한(*tamas*)' 정도로 분류하는 식으로, 세 분류의 끝은 구나(*gunas*)와 관련된다. 본성(*puruṣa*)은 물질 속에 헝클여져 있는 것으로 보이며 신비체(神秘體) 안에서 윤회하는 것과 같이 보이지만, 경험적인 자아는 오직 구나의 영향에 의해서만 지배된다.

25가지 범주로 경험 원리를 열거하는 상키야에서 흥미로운 것은 이 구조가 개인의 정신생리학과 우주철학적인 범주 모두를 언급한다는 점이다. 물질의 진화는 우주와 개인적인 과정 모두에서 발생한다. 그리고 생리학적 기능과 물질세계를 이루는 요소는 자아라는 의식에서 나온다. 물질에서 최초의 변형은 지성에 해당하는 '좀 더 상위의 정신(*buddhi*)'으로 해석하는데, 이것은 '위대한 것(*mahat* 마하뜨)'이라고도 하며, 개인의 심리적인 기능과 위계적인 우주론 안에 있는 상위단계 모두를 말한다. 붓디로부터 '나' 즉 자아(*ahaṃkāra*)는 정신, 오감과 그것들의 객체, 행동이나 움직임의 기능과 관련된 다섯 기관, 다섯 가지 예민하고 총체적인 요소의 출현으로부터 발전한다(표6 참조).

### 상키야와 요가

상키야는 기세와 요가 실천이 보편적인 환경에서 발전한다. 2장에서 설명한 빠딴잘리 요가 체계는 상키야의 이원론적 형이상학을 받아들여 이들 범위 내에서 해탈을 추구한다. 비록 몇 가지 차이점이 있지만 이슈와라끄리슈나의 일반적인 구조는 빠딴잘리에 의해 취해진다. 부디, 즉 자아와 정신이 '의식(*citta*)'이라는 일반적인 범주에 포함되는 반면, 상키야는 자아라는 존재를 확립하고 세계 안에서 실존자를 열거하는 존재론과 관련되며, 요가는 의식의 변형과 의식의 다양한 내적 상태의 나열과 관계가 있다. 상키야가 고행자적인 체계이기도 한 것에 반해서, 요가 다르샤나는 결코 쁘라끄리띠 내에서 헝클어져 있지 않고 명상에 초점을 둘 수 있는 특별한 종류의 자아(*puruṣa*)로서 신(Īśvara)이라는 사상을 수용한다. 이들 유신론적 경향은 후대의 전통과 16세기 신학자 비쟈나빅슈(Vijñānabhikṣu) 안에서 발전하는데, 이 체계는 이것을 불필요하다고 인지하지만 신에 대한 사상이 초기의 상키야 견해와 대립된다고 주장한다.

비쟈나빅슈는 상키야 요가와 베단따의 견해를 종합하는 경향을 보이는가 하면 서사시, 뿌라나와 같이 좀 더 대중적인 전통 역시 야기한다. 자신의 주석서를 통해서 비쟈나빅슈는 베단따와 관련된 몇 가지 형태의 일신론과 함께 상키야의 다원주의와 무신론을 조화시키고자 한다. 섬광이 불이라는 대상을 공유하고, 아들이 자신의 아버지와 관련되는 것과 마찬가지로 상키야의 수많은 본성은 존재론적으로 서로 다르고 물질과도 구별되지만, 그럼에도 불구하고 절대자와 관련되며, 절대자라는 존재를 공유한다. 해탈할 때에 이들 본성은 의식 안에서 휴면하고, 물질에서 얽혀 있는 엉킴은 제거된다. 한편, 텍스트와 주석서의 창조적인 읽기를 통해서 그가 세우려고 하는 정신, 물질 그리고 절대의 독립성 인지에서, 브라흐만은 초월적, 불변, 정(淨)한 의식의 존재이지만, 만물의 동인(動因)이자

질료인(質料人)이기도 하다.18)

## 미만사

우빠니샤드는 '베다의 끝'이라는 의미로 베단따라고 한다. 이 용어는 베다에서 발전하는 신학 전통에도 사용한다. 이처럼 매우 풍부한 전통의 영향으로 서양에서는 대중적인 수준에서 '베단따'가 특히 인도철학으로 받아들여진다. 베단따 전통은 두 가지 주요 부류로 나누어지는데, 모두 해석 혹은 심구학파(*mīmāṃsā*, 尋究學派)로 불린다. 두 부류 가운데 뿌르와 미만사(Pūrva Mīmāṃsā)를 간단히 미만사라고 하고 웃따라 미만사(Uttara Mīmāṃsā)는 간단히 베단따라고 한다. 전자는 다르마와 이루는 조화 속의 올바른 행위와 관계있고 후자는 브라흐만에 관한 올바른 지식과 관계있다. 후대에 미만사라고 부르는 학파도 중요한데, 여기에서 사용하는 용어는 경전의 주석서와 하위 주석서에 대한 해석학적 전통과 관련지어서 강조한다. 명확히 하기 위해 나는 뿌르와 미만사를 간단히 미만사라고 하고 웃따라 미만사를 베단따로 부르기로 한다. 그러나 클루니가 지적한 대로, 이 둘 간은 해석상의 밀접한 관련성이 있음을 강조하고 싶다.19)

미만사는 그것의 주석서인 샤바라(Śabara, 2~4세기경)의 『바시야』(*Bhāṣya*)와 함께 자이미니(Jaimini, 기원전 약 200년경)의 『뿌르와 미만사 수뜨라』(*Pūrva Mīmāṃsā Sūtra*)에서 그 기원의 흔적을 찾는다. 하지만 미만사의 기원은 보조학(Vedāṅga) 가운데 특히 깔빠 수뜨라에서도 분명히 찾아볼 수 있다. 그 다음으로 샤바라의 주석서는 주로 쁘라바까라(Prabhākara)와 꾸마릴라 밧따(Kumārila Bhaṭṭa, 7세기)에 의해 하위 주석서들이 쓰여지는데,

여기에서 미만사에 대한 두 가지 다른 해석이 나온다.[20] 비록 꾸마릴라파가 이 전통에서 가장 중요한 대표성을 띠지만, 실제 이 전통은 의례행위(*apūrva* 아뿌르와)의 결과와 과실의 본질에 대한 개념에 대해 갈등하는 쁘라바까라와 꾸마릴라 분파로 갈라진다.[21]

자이미니가 자신의 텍스트에서 보여준 정신에 대해서는 '현재는 다르마에 몰두하는 연구이다(*athāto dharma-jijñāsa* 아타또 다르마-지쟈사)'라고 쓴 그의 시 서두에서 설명되고 있다. 우주의 질서인 다르마는 베다에서 계시되고, 다르마에 몰두하는 연구는 베다가 근본적으로 의례행위에 대한 일련의 권고(*vidhi*)임을 보여준다. 의례행위 가운데 특히 희생제는 베다에서 그 흔적을 엿볼 수 있고, 미만사는 그 목적에 합당한 영향을 받은 것이다. 자이미니에 따르면 희생제의 올바른 수행은 아뿌르와라고 불리는 초월적인 힘을 만드는데, 이것은 희생제의 결과 가운데 특히 죽은 뒤 천국(*svarga*)으로 간다는 보상을 낳는다. 아뿌르와는 행위와 결과 간의 일시적인 차이에도 불구하고 희생제의 결과가 어떤 식으로 이것의 공적을 따를 수 있는가에 대한 설명을 기초로 하는 힘이다. 일단 완전해진 의례의 각 부분은 의례의 연속이 완전해질 때까지 천국에서 희생제의 후원자(*yajamāna*)에 의해 경험하게 될 결과들을 축적하는 고유의 아뿌르와를 만든다. 해탈보다는 천국이 희생제의 결과인 것이다.

아뿌르와 이론은 까르마 이론과 닮은 점이 몇 가지 있다. 그러나 까르마와는 달리 오랜 기간에 걸쳐 다음 생애의 결과를 만드는 행위의 저장소인 아뿌르와는 사후 보상을 위해서 현 생애 동안에는 오직 의례행위를 통해서 이것을 축적할 뿐이다. 실제로 미만사 관념에서도 의례행위를 수행하지만 이것은 죽어서 보상이 주어지기 때문이 아니라 의례행위가 베다의 권고이기 때문이다. 이 견해에 따르면 희생제는 그 고유한 목적에 따른 행위로서 베다의 계시에서 강요되기 때문에 수행하는 것이다. 따라서 여기에서는 미래에 인간에게 주어질 보상은 부차적이다. 인간의 욕구와 목적은 실제 베다 의례 수행과는 무관하다. 그리고 그것은 클루니가 인간의 '품격에 맞는 것'이라 부르는 것이다. 정해진 카스트 내에서 소위 하층 카스트, 여성, 카스트 밖에 존재하는 사람이 희생제에 참여하는 것을 금하는 이유는 인간의 품격에 맞지 않는다고 보기 때문이다. 의례수행자는 개인적인 자질 변화나 의례절차에 대한 지식에 따라 규정되는 것이 아니라서 이후에는 슈드라조차도 희생제를 수행할 수 있다. 오히려 베다에 따라서 특정 카스트는 배제한다는 것으로 의례수행자의 적합성이 규정된다. 그리고 슈드라는 텍스트에서 규정하는 베다 의례 구조 내에 전혀 포함되지 않는다.[22] 하지만 이러한 배제는 본질적으로 우리에게 베다적인 브라만 사회의 '배타적인' 특성에 대한 부분을 말해준다.

초기 미만사 문헌은 오로지 다르마와 문헌으로 돌아가려는 움직임에 대한 흔적과 의례에서 텍스트와 관련을 짓는 베다 텍스트 해석에만 관심이 있다. 올바른 의미를 세우기 위한 해설상의 강조로 인해서 미만사는 문법가에 가까운 언어 이론으로 발전한다. 문장 분석을 통해서 문장 구문 일치가 문장의 지속성, 일치성과 독자의 기대를 통해 어떤 식으로 생기는지 보여주고자 한다.[23] 언어와 관련해서 미만사는 지식과의 관련을 수반하게 된다. 미만사는 현실가, 복수주의자와 같은 다양한 실체를 인정하며 요가짜라 불교와 같은 이상주의 형태를 거절하고 의식 제일주의를 고수한다. 미만사는 한계로서 모두 여섯 가지 지식(*pramāṇa*)의 방법을 인정한다. 이 방법들은 지식이라는 대상의 실체를 이루는데, 소위 물질(*dravya* 드라위야), 특성, 행위 그리고 비존재(*abhāva*)와 이들의 하위 범주로, 이것은 바이셰쉬까 학파를 불러일으킨다.

## 베단따

인도에서 가장 영향력 있는 신학파는 베단따이다. 이것은 모든 종교 전통에 막대한 영향력을 미치고 있으며, 19세기 힌두 르네상스의 중심 사상이다. 베단따는 특히 힌두교의 철학 패러다임이 된다. 베단따는 우빠니샤드를 잇는 연속성이 있지만, 그 안에 들어 있는 신학과 철학적 입장의 폭넓은 다양성이라는 무한한 가치가 있다. 베단따에 대해서 '신학'이나 '철학' 용어로 사용하는 애매모호한 표현은 인식론, 존재론, 논쟁에 관한 베단따의 분명한 철학적 관심들에서 비롯한다. 하지만 그 해석상의 특징은 베단따가 일종의 '신학' 정신으로 간주되게 하기도 한다. 베단따에 대한 현대의 학문적 이해는 초기 미만사 전통과 연속성을 강조하는 신학적인 주석서 체계 내에 두는 경향이 있다.[24] 바이슈나와 전통과도 강한 연속성이 있는데, 이는 베단따가 기본적으로 바이슈나와 신학의 일부로 논의될 수 있다는 말이다. 실제로 일부 학자들에 따르면, 전통적으로 샤이바로 간주되는 샹까라조차 바이슈나와였을지도 모른다는 것이다.

지적한 바대로, 베단따라는 용어는 우빠니샤드 교의와 그로부터 이어지는 전통을 언급하는 것으로, 우빠니샤드에서 나오는 것들을 일컫는다. 이 전통의 상부에는 기억을 의미하는 수뜨라가 있어 베다와 우빠니샤드 교의를 요약하고 있다. 자이미니의 『뿌르와 미만사 수뜨라』는 뿌라 미만사(Pūra Mīmāṃsā)의 근본 텍스트이고, 웃따라 미만사, 즉 베단따의 원전은 바다라야나(Bādarāyaṇa)의 『브라흐마 수뜨라』인데, 이것은 『베단따 수뜨라』와 『웃따라 미만사 수뜨라』라고도 부른다. 이 텍스트는 자이미니의 텍스트(기원전 약 200년경)와 거의 동시에 편찬되었으며, 실제 이 두 텍스트는 각각의 저자에 대해 언급하고 있다. 하지만 『미만사 수뜨라』가 다르마에 대한 연구인 데 반해서 『브라흐마 수뜨라』는 브라흐만에 대한 고찰이다. 실제로 이것은 '이번에는 절대자(*athāto brahma-jijñāsa* 아타또 브라흐마-지쟈사)에 대한 고찰이다'와 비슷한 방식으로 시작한다. 이들 두 텍스트는 힌두 전통 내의 두 가지 주요 관심 영역으로, 브라만 재가자의 관심인 다르마 영역과 기세자가 구하는 해탈에 대한 관심인 브라흐만 영역에 대해 분명히 전하고 있다.

수많은 학파가 베단따 전통 내에서 발전하는데, 그것의 창시자와 주요 해설자는 『브라흐마 수뜨라』의 주석서를 쓰고, 거기서 해설에 관한 독립적인 학파(*sampradāya*)를 세운다. 어떤 텍스트는 해석적인 주석서에 관한 것도 있는데, 가장 눈에 띄는 것이 초기의 우빠니샤드와 『바가와드 기따』이다. 『브라흐마 수뜨라』, 우빠니샤드, 『기따』와 같은 텍스트 부류는 베단따 주석서 전통의 '3중 토대'를 이룬다. 가장 중요한 베단따 전통은 아드와이따('불이론', 不二論) 베단따, 비쉬슈뜨아드와이따(Viśiṣṭādvaita, '한정불이론', 限定不二論) 베단따, 그리고 드와이따('이원론') 베단따이다.

## 아드와이따 베단따

아드와이따 베단따는 가장 유명한 인도철학으로, 종종 베단따적인 사고의 유일한 대표 격으로 오해를 받기도 한다.[25] 아드와이따라는 용어는 '불이원'이라는 의미로, 전통의 절대적인 일원론을 말한다. 이는 간단히 다수에 걸치는 하나의 실체가 존재한다는 입장이다. 가장 유명한 아드와이따 사상가이면서 인도에서 가장 유명한 철학자는 샹까라, 즉 샹까라짜리야(Śaṇkarācārya)이다.

### 샹까라

샹까라의 연대는 확실하지 않지만 몇몇 학파에서는 788년에서 820년경 정도로 추정한다. 샹까라는 미만사 신학자 꾸마릴라, 불승 다르마끼르띠(Dharmakīrti)와 동시대의 사람으로 보기 때문에 분명 7세기 중반 이전에는 살았다고 할 수 없다. 전승되는 전기 샹까라위자야(*Śaṇkarāvijayas*) 가운데 많은 수가 그의 추종자들이 쓴 것이다. 이 텍스트들에서는 그가 께랄라의 작은 마을 깔라디(Kaladi)에서 태어났다는 것에 동의한다. 그의 태생지를 이곳으로 정하는 데에는 아무런 사상적 이견이 없기 때문에 맞는 것 같다. 그리고 이곳은 왕실의 중심도 아니고 종교적인 중요성을 띠는 곳도 아니다(샹까라의 태생지라고 하는 다른 곳에 비해). 샹까라는 어렸을 때 아버지가 죽어 어머니가 자신을 키운다. 약 여덟 살 어린 남부드리 브라만 소년으로서 샹까라는 기세자가 되려고 맹세하지만 어머니는 그를 만류한다. 어느 날 강가에서 목욕을 하던 중 악어가 샹까라의 다리를 잡아챈 일화가 있다. 샹까라는 소리를 질렀고 어머니가 강둑으로 달려왔다. 아이를 살릴 수 있는 유일한 방법은 그 즉시 기세를 수락하는 것이었다. 결국 악어가 샹까라를 놓아주는 것으로 어머니는 아들의 기세에 동의한다. 샹까라는 기세자가 되지만 어머니가 죽는 날까지 어머니와 함께 했으며 돌아가신 후에는 장례식도 치른다. 이후 샹까라는 집을 떠나 나르마다 강에서 구루 고윈다(Govinda)를 만나게 되고 그 뒤에 북부에 있는 바라나시로 가게 된다. 그곳에서 그는 가르침을 전하고 제자들을 모은다. 갠지스 강의 근원지로 순례여행을 떠나 약 4년간 바드리나트에 머무르면서 그곳에서 자신의 주요 저작을 남긴다. 바라나시로 돌아와서는 가르침을 계속하고 아드와이따로 개종한 미만사까 만다나미스라(Mīmāṃsāka Mandanamisra)를 포함해서 여러 사상가들과 논쟁한다.

만다나의 아내 바라띠가 사랑의 기술에 대해서 말하던 중, 기세자가 된 샹까라가 무지몽매하다면서 논쟁을 통해 샹까라에게 도전한 일화가 있다. 샹까라는 사랑의 기술을 경험하기 위해 짧은 기간 동안 왕의 몸으로 들어와, 논쟁에서 바라띠에게 패하지 않게 된다. 바라띠와 그녀의 남편은 이후 아드와이띤이 되었다. 샹까라는 주석서를 썼을 뿐만 아니라 슈랑게리, 드와르까, 바드리나트 그리고 뿌리에 해당하는 네 중심과 다섯 번째로 보이는 깐치에 일신교 교단 다샤나미를 세웠다. 이후 샹까라는 히말라야에서 32세의 나이로 죽는다.

샹까라의 두드러진 공헌은 많은 철학서와 신애적 찬송이지만, 학계에서는 샹까라가 『브라흐마 수뜨라』 주석서(*bhaṣya*)를 쓴 저자로서도 가치가 있음에 동의한다. 이 텍스트와는 별도로 『브리하다라니야까』, 『따잇띠리야 우빠니샤드』의 주석서, 그것에 기반해서 나온 '천 가지 가르침(『*Upadeśasahari* 우빠데샤사하리』)' 세 작품을 단연 샹까라의 저작으로 받아들인다.[26] 샹까라는 『만두끼야 우빠니샤드』에 대한 가우다빠다(Gauḍapāda)의 까리까 주석서와 『바가와드 기따』의 주석서도 쓴 것으로 보이지만, 이에 대해서는 보편적인 동의가 이루어지지 않고 있다. 가우다빠다는 샹까라가 자신의 최고의 스승(*paramaguru* 빠라마구루)이라 부른 샹까라의 스승의 스승이다. 가우다빠다는 불교에 영향을 받았고 그의 까리까는 불교철학자인 바와위웨까(Bhāvaviveka)에 의해서도 인용된다. 그러나 일반적으로 아드와이따 전통은 불교에 대해 매우 적대적이어서, 샹까라는 베다를 거부하는 불교도 '이단'에 대해 맹렬히 공격한다. 신학적인 주석서와는 별도로 샹까라는 아드와이따와 여신을 향한 유명한 찬송 『사운다리얄라하리』(*Saundaryalaharī*)를 저술하고, 슈리 비디야 전통에 공헌한다. 이 텍스트와 관련된 샹까라의 몇몇 저작은 번역가 노르만 브라운(Norman Brown)에게 수용되었으며, 바라띠가 지적한 대로 힌두신학자들이 박식한 주석서와 신애적인 문헌 모두를 썼을 가능성이 있음은 분명하다.[27]

### 샹까라의 신학

자신의 주석서 안에서 샹까라는 한 신학을 전개하였는데, 그 안에서 영적 무지(*avidyā*) 즉 환영은 자아에 관한 자아가 아닌 것이라는 표출(*adhyāsa* 아디야사)에 의해 야기된다는 이론을 세우고자 한다. 모든 지식은 중복이나 투영에 의해서 왜곡되는데, 이것은 자아의 순수한 주관, 존재론적으로는 절대자와 동일한 것으로서 우리의 천성을 보는 일로부터 우리를 방해한다. 절대자와 자아의 동일성에 관한 진리를 깨닫기 위해서 인간은 판별력을 길러야 한다. 판별력은 사람이 자아가 아닌 것에서 객체의 본질적인 것인 자아에 해당하는 것, 그리고 무지에서 진리(*vidyā, jñāna*)에 해당하는 것을 구별하게 하는 힘이다. 해변에서 걷고 있는 한 남자가 은화를 보지만 나중에 그것이 소라임을 깨닫는 것이나, 집에서 뱀을 보지만 나중에 밧줄임을 알게 되는 것과 마찬가지로 이것은 투영으로 인한 감각의 철회나 해체에 해당한다. 샹까라는 『브라흐마 수뜨라』에 대한 자신의 주석서를 다음과 같이 시작한다.

객체와 주체는 그 각각의 영역이 '너'와 '나'라는 개념이며, 밝음과 어두움만큼이나 서로 상반성을 띠므로 동일시할 수 없으며, 이들 각각 속성이 있다고 할 수도 없다. 그러므로 주체의 본질은 의식(*cit*)이고 그것의 영역은 '나'라는 개념이며, 객체와 그 부속물의 영역은 '나 아닌'의 개념이기 때문에 주체 위에 겹치는 것도 잘못된 것임을 따른다.[28]

이 첫 장은 샹까라 사상의 요지를 요약하고 있으며, 그가 선호하는 간결한 주석서상의 스타일을 보여준다. 자아가 아닌 것에 대한 자아의 중복, 그리고 자아에 대해서 자아가 아닌 것은 무지한 의식 본연의 성질이다. 중복의 제거는 무지의 제거이자 주체가 브라흐만과 동일함을 입증하는 식의 자아의 깨달음에 있다. 그러한 진리가 해탈이다.

샹까라의 정신은 경전에 대한 그의 아드와이따적인 해석이 어떤 식으로 옳은지를 보여준다. 이것은 텍스트를 읽어 그 결과 계시의 진리에 대한 지식을 얻는 방법이다. 즉 이 과정은 듣기(*śravana* 슈라와나), 생각(*manana* 마나나), 반응 혹은 명상(*nidhidhyāsana* 니디디야사나)의 하나이다. 한편 최근 서양에서 강조되고 있는 신비로운 경험(*anubhava* 아누바와)에 대한 사상이 샹까라에게 계시를 이끄는 목적으로서 중요한데, 그는 우선적으로 성서의 올바른 해석과 자신이 잘못된 생각이라고 여기는 것에 대한 반박과 관련된다. 그의 저작은 어떤 개인의 종교적 경험이나 고대 현자의 경험과는 무관하다. 물론 베다는 인간 저자에게서 나온 사상이 아니기 때문에 개인의 경험은 여기서는 무관하다.[29]

성서는 행위를 다루는 부분(*karmakāṇda* 까르마깐다)과 진리의 부분(*jñānakāṇḍa* 쟈나깐다)으로 나눌 수 있다. 미만사는 행위편을 고수하는데, 그것은 의례행위를 말하며, 다르마 수행에 대한 권고가 베다의 주된 목적이기 때문에 우선적으로 중요하다. 한편, 해탈은 베다의 중심 메시지이며 오직 진리만이 해탈을 이끌기 때문에 샹까라는 진리편을 가장 중요하게 여긴다. 은이 갑자기 소라로 보이는 것과 마찬가지로 어떠한 행위도 본질이 아닌 것에서 본질을 식별할 수 없고, 진리만이 이를 식별할 수 있다. 이 해탈의 진리는 소위 '나는 절대자이다(*aham brahmāsmi* 아함 브라흐마스미)', '이 자체가 절대자이다(*aham ātmābrahma* 아함 아뜨마브라흐마)', '모든 것이 실제 절대자이다(*sarvam khalu idam brahma* 사르왐 까할루 이담 브라흐마)', 그리고 '너는 그것이다(*tattvamasi* 땃뜨와마시)'와 같은 우빠니샤드의 '위대한 말씀(*mahāvākya*)'으로 전한다. 이러한 주장이 가지는 존재론상의 힘을 깨닫는 것은 해탈하는 것이며 순수한 존재와 세계 현상 간을 구별하는 것이다. 이것은 미만사까의 천국과 다른 것으로, 해탈은 이룰 수 있는 하나의 미래 상태나 목표가 아니다. 이것은 오직 깨우치는 수밖에 없다.

이렇게 말하면서 샹까라는 진리의 하위단계로서 신(Īśvara)에 대한 개인적인 신애 사상에 양보한다. 자아와 동일시하는 것으로서 브라흐만은 무한한 본질 속에서 모든 단정과 특성(*nirguṇa*)을 뛰어넘는다. 하지만 신과 같은 일시적인 형태로 그것의 속성(*saguṇa*)이 있기 때문에 일종에 의식의 객체로서 신애를 통해 접근할 수 있다. 신과 같은 속성으로 절대자를 보는 것은 자아와 절대자 간의 차이를 인정하는 것으로, 이는 궁극에 초월해야만 하는 무지의 흔적을 유지하는 것이다. 만약에 실체가 하나라면 눈에 보이는 모든 형태는 환상임이 분명하다.

### 후대의 아드와이따

샹까라 이후 초기 아드와이따 텍스트에서 신학적, 철학적 문제의 전조를 제거하고 다른 학파들과 야기되는 대립에 대응하면서 주석서 전통 안에서 텍스트를 쓴 중요한 아드와이따 신학자가 많이 있다. 위에서 언급한 마단미슈라(Madanmiśra)는 샹까라 시대 이전에 아드와이따로 개종한 미만사 신학자이다. 그는 아드와이띤 수레슈와라(Sureśvara)와 동일인일 수도 있고 아닐 수도 있다. 바짜스빠띠미슈라(Vācaspatimiśra, 10세기)는 다른 다르샤나와 함께 아드와이따 텍스트의 주석서를 썼으며, 슈리 하르샤(Śrī Harśa, 약 1150년경)는 세상의 모든 명제(특히 니야야 명제) 속에서 타고난 모순을 제시하는 *reductio ad absurdum* 논쟁의 한 형태로 발전했다. 이러한 논쟁법을 통해 그는 상대자의 입장에서 원치 않은 결과를 끄집어낸다. 이러한 논쟁체계는 기본적으로 불교철학자인 나가르주나(Nāgārjuna)와 동일하다.[30]

## 비쉬슈뜨아드와이따 베단따

비슈누교의 거대한 전통 속에서 일신론이 발전함과 함께 성서의 일원론적 읽기는 방해를 받는다. 위대한 신학자이자 슈리 바이슈나와 단체의 교주에 해당하는 라마누자(p.220~224 참조)는 샹까라의 일원론을 논박하는 『브라흐마 수뜨라』 주석서 『슈리 바하시야』(*Śrī Bhaṣya*)와 『기따』 주석서를 썼다. 그리고 독자적인 저작으로 짧은 『베단따 상그라하』(*Vedānta Saṃgraha*)를 저술하기도 했다.[31] 이 작품 안에서 그는 자신의 생각을 설득력 있게 드러내며, 아드와이따 입장이 이성과 언어의 의미에 대한 변함없는 해석에 반하고 성서를 거스른다고 주장하면서, 샹까라의 일원론적인 성서 읽기에 격렬하게 대항한다. 그런 근거 없는 견해들을 제지하기 위해 아드와이띤은 시작이 없는 죄(*pāpa*)의 영향으로 괴로워질 것이 분명하다![32] 베단따와 관련된 라마누자의 해설을 '한정불이론(*viśiṣṭādvaita*)'이라 하고, 이것은 라마누자 스승의 스승인 나타무니에서부터 그의 친 스승인 야무나에게서 나온 바이슈나와 신학의 한 형태로 이어진다. 즉 이것은 서사시, 뿌라나와 심지어는 빤짜라뜨라 문헌에서 나오는 방대한 텍스트의 원천을 이끌어내는 신학이다.

샹까라, 미만사까와 같이 라마누자는 주석, 다양한 세계에서 신과 그의 관계를 이해하기 위해 성서를 주의 깊게 읽는 것과 관계가 있다. 샹까라는 성서 읽기에 두 가지 단계가 있는데 하나는 브라흐마의 합일에서 나오는 상위의 진리와 관계있고, 하위 단계에 속하는 다른 하나는 개인적인 신으로서 브라흐만을 표현하는 것이라는 입장을 고수한다. 라마누자는 성서의 모든 절이 서로 동일하게 취급되어야 한다고 주장하면서 이러한 구분을 무시하는데, 그것이 방법론상 이런 식으로 성서를 분할한다는 소리는 아니다. 만약 우리가 성전으로 간주하는 두 단계의 진리 이론을 무시한다면 우리는 성서를 우주의 근원이자 모든 유한한 영혼의 내면에 있는 대상이면서 개인적인 존재이기도 한 최상의 영혼 브라흐만으로 증언하는 라마누자의 주장을 이해할 수 있을 것이다.

성서 해석의 방법에 관한 문제와는 별도로 라마누자의 주요 신학적 관심은 절대자나 신의 속성, 절대자와 유한한 자아와 세계의 관계에 관한 것이다.[33] 샹까라와 함께 라마누자는 브라흐만이 변함없는 본성을 가진 하나의 완전한 실체라는 데 동의한다. 하지만 그는 다양한 경험의 세계는 무지로 인한 환영에서 야기된다고 하는 샹까라의 견해를 거부하고, 개인적인 존재로서 신이 비인칭의 절대자이기보다는 진리의 하위단계에 속한다는 견해를 무시한다. 오히려 하나와 다수 모두가 실재하며, 다수는 하나의 다양한 표현 방식에 해당한다고 한다. 라마누자에게 신은 두 가지 양상을 띤다. 하나는 신의 내적인 본성인 근원(*svarūpa* 스와루빠) 안에 있는 최상의 모습이며, 다른 하나는 신의 외적인 특성인 접근가능성(*saulabhya* 사울라비야)을 지닌 모습이다. 신의 본질은 진리, 지식, 무한대, 기쁨과 정(淨)함이라는 다섯 가지 속성이 있으며 한편, 신에 대한 접근가능성은 미덕과 사랑, 관대함, 애정과 부모의 사랑이라는 형태로 보여진다. 신 역시 자신의 본질과 세속적인 화신 아와따르 모두에 아름다움(*saundarya*)을 지니고 있다. 인간은 신의 사랑에 대한 접근가능성을 통해 신의 속성과 접촉한다. 서양에서는 이와 똑같은 신학으로 신의 본질과 신의 에너지 간에 그레고리 팔라마(Gregory Palamas)의 구분이 있다.

개아(*jīva* 지와)는 신과 구별되지만 신 안에 일부로 존재한다. 그리고 그 신은 개아의 본질이면서 내적 통제자(*antaryāmi* 안따리야미)이고 그가 없이 개아는 존재하지 않는다. 자아와 신의 관계는 불가분성의 하나로, 자아는 완전히 자신의 존재를 위해 신에게 의지한다. 자아와 신의 존재에 관여하는 세계 모두는 차이가 없지만, 전체적으로 신에게 의존적이다. 신, 자아와 세계의 관계는 의식의 자아(*cit*)와 의식이 없는 물질(*acit*)로 이루어져 있는 우주가 신의 몸이라는 유명한 유추로 표현된다. 자아가 몸과 관련되기 때문에 신은 자아, 세계와 관계된다. 신의 몸으로서 감각적인 우주와 감각적이지 않은 물질은, 고로 환영이 아니라 신의 힘의 상징이며 영광의 영역(*vibhuti* 비부띠)이라고 라마누자는 말한다. 속세에서 신의 영광을 이해함으로써 신도는 브라흐만을 최고의 인격으로 이해할 수 있다.[34] 신의 속성에 관한 깊은 이해는 시작이 없는 윤회 주기로부터 해탈하는 경험에서 비롯한다. 이것은 절대자와 자아의 동일성을 깨닫는 것에 관한 아드와이따 의미 속에서 무지를 제거하는 것이 아니다. 실제로 라마누자에게 이러한 개념은 무의미한 것이다.

무지는 의지할 만한 토대를 갖지 않으면 안 되는 것이라고 라마누자는 말한다. 이 토대는 자아가 될 수 없는데 그것은 자아에 대한 사고가 무지의 산물이면서 그것은 브라흐만이 될 수 없기 때문이고 브라흐만은 무지가 없는 정의에 의해 스스로 이해하는 존재이기 때문이다.35) 라마누자는 여기서 무지라는 속성과 그것에 속하는 것에 관해서 아드와이따 문제를 빈틈없이 이해한다. 라마누자에게는 자아가 해탈하는 순간까지 신과는 다른 별개의 자아라는 객관적 분리가 존재한다. 이러한 해탈은 과거 까르마를 제거하는 것이지 무지함을 제거하는 것이 아니다. 실제로 일단 까르마가 제거되어도 인간은 외부 요소 때문이 아니라 그들 속성에 의해 여전히 개별화된다. 몇몇 자아는 여전히 재생의 굴레를 겪고 있으며 몇몇은 해탈한다. 하지만 비슈누의 산, 멋진 새 가루다와 같은 것은 결코 경계가 정해져 있지 않다.

비쉬슈뜨아드와이따 전통은 라마누자가 죽은 이후 따밀 베다의 주석서를 쓴 삘란 같은 (성서) 석의(釋義)학자, 북부학파(Vaṭakalai)의 주요 신학자인 베단따데쉬까, 그리고 남부학파(Teṅkalai)에 속하는 주요 신학자 로까짜리야 삘라이(Lokācārya Piḷḷai)로 이어졌다. 수많은 요약본 역시 비쉬슈뜨아드와이따 신학에 대한 요약 교의들로 쓰여졌다.

## 드와이따 베단따

베단따의 해석학 전통에서 나타난 또 다른 발전은 13세기 남인도 바이슈나와 신학자인 마드와로부터 나왔다. 마드와는 다양한 우빠니샤드, 『바가와드 기따』, 『브라흐마 수뜨라』와 『바가와따 뿌라나』의 주석서뿐만 아니라 『브라흐마 수뜨라』의 가르침을 독자적으로 간략하게 요약한 『아누위야키야나』(*Aṇuvyākhyāna*)를 쓰기도 했다.[36] 이러한 글 속에서 그는 베단따의 새로운 해석인 이원론(*dvaita*)을 정립한다. 마드와는 남부 우디삐(Udipi)의 까나레세(Kanarese) 마을 근처에서 태어나 젊은 나이에 기세자가 되어 에깐띠 바이슈나와(Ekānti Vaiṣṇava)라고 하는 일신교적 기세 전통과 관련된 바이슈나와 교단에 들어갔다. 그곳에서 마드와의 구루 아찌유따 쁘렉샤(Acyuta Prekṣa)는 마드와의 경전 해석력에 매우 감명을 받는다. 마드와는 스승과 함께 남인도를 순회했으며, 다음에 그 길을 따라 불교도, 자이나교도, 아드와이뗜과 논쟁하면서 북부의 갠지스 강 근원지로 순례 여행을 계속했다. 마드와가 남인도 왕에게 수천 명의 자이나 이단자들을 말뚝 박아 꼼짝 못하게 하라고 강력히 충고했다는 일화도 있다. 결국에 마드와는 자신의 일신교 단체의 교주가 되었으며 브라흐마 수뜨라에 대한 주석서와 함께 명성을 얻었다. 그는 출생지 우디삐에 일신교 센터를 세웠는데, 이것은 지금까지 유지되고 있으며 그곳에는 유명한 끄리슈나 상(像)이 안치되어 있다.[37]

샹까라의 아드와이따와는 완전히 반대로 마드와는, 경전의 올바른 해석은 이원론적이라는 입장을 고수한다. 즉 경전에는 개아와 신 간의 외적인 구별을 유지한다는 것이다. 아드와이따 전통이 자아와 절대자 간에 차이가 없음(*abheda*)을 강조하는 데 비해 마드와는 완전한 구별을 주장한다. 차이, 즉 베다(*bheda*)는 마드와 신학과 경전 해석의 초석이다. 우주 안에서 각자는 그 자체로 유일하며 그 밖의 어떤 것으로 축소될 수 없다(한 사물이 그것으로 존재하지 다른 것이 아니라고 하는 비트겐슈타인의 논쟁과 같은 견해). 우주 안에서 유일하게 그 자체로 존재하는 각각의 현상은 독자성(*viśeṣa* 비세샤)이라는 힘으로 유일함을 만든다. 각각의 사물은 유일하지만 그럼에도 불구하고 이것은 다섯 가지 차이의 범주(*bheda*)로 구분된다. 여기서 다섯 가지 범주의 차이란 신과 자아(*jīvātman*) 간, 셀 수 없이 많은 자아 간, 신과 물질 간, 자아와 물질 간, 그리고 물질 내의 현상 간의 차이를 말한다. 하지만 구분과 현상 각각은 독립적으로 존재하는 데 반해서 어떤 것도 신이 원하는 것 밖에서 존재할 수는 없다. 신체가 자아에 의지하는 것과 마찬가지로 모든 존재와 물질은 그것들을 후원하는 신에게 의지한다.

그의 본질 속에서 신은 잘 알려져 있지 않지만 그것의 내적인 증인으로서 자아에 스며들며, 내적인 지배자로서 물질에 스며든다. 위계적인 우주의 각 등급에 존재하는 등급화된 자아의 위계가 존재하며, 정(淨)한 자아는 부정한 것 위에 있다. 자아는 신, 현자와 같이 해탈한 자아, 해탈 가능하지만 아직 해탈하지 않은 자아, 그리고 외부 이주자, 지옥에서 저주받은 존재, 악마와 관련된 여러 등급의 자아를 포함해서 해탈 가능성이 없는 자아로 크게 세 가지 범주로 구분한다. 해탈은 그것의 타고난 존재, 의식과 축복(*saccidānanda* 삿찌다난다)과 관련된 자아의 즐거움인데, 이것은 신의 축복에 참여하여 신상과 신의 은총을 향한 박띠를 통해서 얻을 수 있다.[38]

## 샤이바 신학

비록 샹까라가 샤이바로 알려져 있지만 베단따 전통은 대체로 비슈누교 요소 내에서 이루어지는 논의이다. 베단따에서 나오는 샤이바적 이해는 슈리 깐타(Śrī Kaṇṭha)의 쉬바드와이따 교의와 함께 13세기에 발전하지만, 이것과는 별도로 샤이바 신학은 베단따 밖에서 발전하는데, 딴뜨라와 아가마 안에서 그 고유한 샤이바적 계시에 관한 것으로서 베다적 방편을 그다지 많이 활용하지는 않았다. 엄격한 베다 견지에서 정통의 가장자리에 있는 것으로 보이는 샤이바 신학은 여섯 가지 정통 다르샤나 목록에서 제외된다. 하지만 그들이 여전히 정통의 논의와 논박 범주 내에 있다고 보는 마다와의 『사르와다르샤나 상그라하』(*Sarvadarśana Saṃgraha*) 안에는 속해 있다. 모든 샤이바 전통이 하나의 신학을 공유하는 것은 아니지만 암암리에 인도 신학사에 있어서 가장 중요한 두 가지 발전은 쉬바교와 관련된 이원론과 일원론 학파인 샤이바 싯단따, 까쉬미르 쉬바교인 인지 학파이다.[39]

샤이바 전통의 발전에 대해서는 7장에서 이미 개략적으로 살펴본 바 있으며, 여기서는 샤이바 신학의 기본 요지에 대한 정리를 하고자 한다. 우리가 본 대로 북부에서 발전한 다음 남부에서 따밀 박띠로 통합한 이원론적인 샤이바 싯단따와 까슈미르 쉬바교로 알려진 일원론적인 학파가 있다. 이 전통 역시 남부에도 존재했다. 이원론자는 신(*pati*)이 영혼(*pasu*)과 세계(*paśa*)로 구분된다는 입장을 고수하지만 일원론자는 의식이 내용의 정화된 상태라 하여 자아, 세계와 신은 근본적으로 하나의 실체라고 주장한다. 자아의 존재론적인 지위는 신학적인 논쟁의 핵심이 되었다. 사디요조띠(8세기경), 보자데와(11세기), 아고라쉬바(12세기)의 주장, 『마리겐드라가마』(*Mṛgendrāgama*)와 같은 딴뜨라 텍스트의 주석서, 독자적인 요약집〔가장 두드러지는 것이 사디요조띠의 『나라나레슈와라쁘라까샤』(*Naranareśvaraprakāśa*)와 보자데와의 『땃뜨와쁘라까샤』(*Tattvaprakāśa*)이다〕 안에서 자아는 쉬바와 다르지만 궁극적으로 그와 동일(*Śivatulya* 쉬바뚤리야)하다고 한다. 인식파인 쁘라띠야비쟈라 불리는 일원론의 신학자로 특히 눈에 띄는 사람은 소마난다(약 900~950년), 우뜨빨라(Utpala, 약 925~975년), 아비나와굽따(약 975~1025년), 끄셰마라자(약 1000~1050년)인데,

이들은 의식으로 규정되는 자아는 자신의 의식이 전체를 이루는 쉬바와 동일하다고 주장했다.

빠라띠야비쟈 전통과 함께 개념적으로 다른 두 가지 형이상학적 입장이 동시에 존재했는데, 하나의 입장은 순수한 의식으로 정의되는 것으로, 하나는 실제이며 다수는 틀린 것이라고 주장하는 순수 일원론이다. 이러한 견해는, 궁극적인 실체 안에는 어떠한 구분도 있을 수 없기 때문에 어떠한 부정도 없다는 것이다. 즉 자아는 순수한 의식과의 동일성에 대한 사실을 깨달아야만 한다. 끄셰마라자는 의식과 그 객체의 존재론적인 동일성 때문에 부정(*aśuci* 아슈찌)한 것은 하나도 없다고 한다. 또 다른 입장은 빠라띠야비쟈가 우주론적인 발산의 교리를 유지하는 것으로, 이는 우주가 하나로부터 발산한다는 것이다. 달리 말해서 그것은 의식 자체가 위계의 이치 안에서 진리의 주체와 객체로서 그것의 울림(*spanda* 스빤다)을 통해서 명백하게 드러난다. 즉 위계의 가장 '상위'에 좀 더 순수한 형태가 있고, 행위의 부정함(*karma-mala* 까르마-말라), 환영(*māyīya-mala* 마이야-말라), 그리고 자만심 곧 개인성(*āṇava-mala* 아나와-말라)에 의해 오염된 형태가 가장 밑바닥에 존재한다는 것이다.[40] 특히 아비나와굽따의 저작에서 빠라띠야비쟈는, 다른 심미적인 감정(*rasa* 라사)은 종교적 감정과 유사하게 보이며, 평온이라는 궁극적으로 심미적인 경험(*śāntarasa* 샨따라사)은 쉬바와 이루어지는 합일이라는, 종교적이면서도 신비로운 경험과 동일시된다는 신학적 미학으로도 발전한다.[41]

## 근대적 발전

가장 영향력 있는 신학자들이 활동하던 시기인 힌두 신학의 개화기는 끝났지만 힌두 신학과 철학 전통 내의 문제에 대한 논쟁은 근대로 이어진다. 경전과 이것의 주석서에 근거하는 다르샤나 내의 주석서와 독자적인 논저에 대한 저술 작업도 계속된다. 상키야, 아드와이따, 문법가와 니야야 전통은 단순한 학문적 연구를 대상으로 하는 것이 아니라 살아 있는 지적 전통에 해당하는 외부의 세속적인 대학 체계와 관련된다.

비록 힌두 신학과 철학이 꽤 전통적인 방식으로 이어지지만 식민주의 이후 힌두 체계는 외부 영향에 노출되어 서양과 인도철학 간의 대화가 이루어진다. 이러한 대화는 주로 영어를 구사하고 '영어 교육을 받은 사람'에 한정되었으며, 인도는 오리엔탈리즘에 응하면서 인도사상이 서양사상과 동등함(오히려 좀 더 우월함)을 보이고자 했다. 19세기 이후 스와미 비웨까난다(Swami Vivekānanda)의 재생 움직임과 같은 인도 대학 철학과의 지적 풍조는 아드와이따 베단따에서 나온 것이며, 이는 아드와이따에 동화되었다고 할 수 있는 서양의 형이상학 안에서 강한 관심을 보인다. 비록 유럽의 현상학과 실존주의가 밧따짜리야(K. C. Bhattacharya)와 메흐따(J. L. Mehta) 같은 20세기 인도철학자의 활동에 강한 영향을 끼치지만, 각각은 영국과 미국의 대학에서 가르친 것으로서 분석철학에도 중요한 영향을 미친다.42) 서양과 인도철학이 함께 끌어들인 인도의 가장 학식 있는 학자 가운데 한 사람이 전인도 대통령 사르와빨리 라다끄리슈난(Sarvapalli Radhakrishnan)이다. 서양과 인도사상의 대개관인 『동양종교와 서양사상』(*Eastern Religions and Western Thought*)과 같은 수많은 저서에서 그는 힌두교를 근본적으로 이성적이고 인류애적인 종교 경험으로 표현하면서 서구의 이성주의와 힌두교를 조화시키고자 하였다.43) 이러한 접근은 일상 의례와 관련되는 실용주의적인 힌두교로서 지역과 마을에서 나오는 힌두 전통을 간과하거나 그러한 종교적 경험을 일종의 '비이성적인' 과거로 보게 한다. 그러나 '정신'과도 접촉하는 하나의 이성적인 논의로서 힌두교를 강조하는 것은 매우 타당한 일이며 이는 현대의 힌두 정체성 형성에 있어서 매우 중요하다. 정체성이라는 현대적 측면의 형성과 이와 관련된 몇 가지 민족주의적인 표현은 다음 장에서 다루도록 하겠다.

## 요약

힌두 신학과 철학 전통에 대한 개관에서 우리는 이것의 방대한 정도를 살펴보았다. 비록 아드와이따 베단따가 특히 힌두교에서 나온 철학으로서 극도로 대중화되지만, 그럼에도 불구하고 거기에는 축소할 수 없는 형이상학적 견해와 관련된 다양성과 엄격한 철학적 논쟁이라는 오랜 역사가 존재한다. 계시에 관해 주어진 변수, 해탈에 관한 수사, 그리고 지식의 성격에 관한 가정 등의 안에서 이루어지는 철학적 논쟁의 엄밀한 성격은 최근 서구에서 이해하는 힌두교가 아니다. 이는 서구에서 인도를 '신비'로서 낭만적으로 짜 맞추었기 때문이기도 하고, 식민기 이전과 식민기를 거치는 동안 이들 전통이 녹슬어버렸기 때문이기도 하다. 신학과 관련해서 정통 힌두의 단일한 견해는 없지만, 힌두 신학/철학 전통은 보편적인 전문 용어를 공유하며 공통의 문제에 관심을 가진다. 인도의 형이상학에서는 중요하게 여기는 두 가지 영역이 강조되고 있다. 첫 번째 관심은 계시의 특성으로서의 언어, 언어와 존재의 관계이고, 두 번째 관심은 다수에 대한 하나의 관계인 존재론에 대한 것이다. 언어에 대한 관심은 부분적으로 신의 언어(*devavāṇī* 데와와니)로서 성스럽게 인식되고 있는 산스끄리뜨에서 생겨난 것이다. 존재론에 대한 관심은 계시에 의해 드러나고 요가에서 경험되는 '한 사람의' 절대자와 관련된 조화로운 경험의 다양성에서 생겨났다. 이러한 이슈들은 현재 서양철학의 전통 관심들과 광범위하게 통합됨에도 불구하고 힌두 철학 논쟁 속에 여전히 생생하게 살아 있다.

# 제11장 힌두교와 근대 세계

1720년까지 이어진 무갈 왕조의 쇠퇴는 인도에서 권력 쟁패를 가져왔는데, 1757년 쁠라시(Plassy) 전투에서 벵갈의 나와브(Nawab)인 클라이브(Clive)가 패배함으로써 영국이 우세한 위치에 올라서게 되었다. 19세기 중반까지 영국 세력은 극에 달해 있었다. 18세기에 내향적이면서 외부 세계의 사건이나 사상에 둔감하던 힌두 전통이 점차 영국, 특히 기독교에 반응하기 시작했다. 힌두 개혁 운동은 고대 과거 힌두교의 위대함을 되찾으려는 시도로서, 기독교의 이성주의적 요소를 채택하고 특히 사회·윤리적인 관심에 집중하는 것으로 발전했다. 특히 람 모한 로이(Rām Mohan Roy)와 같은 주요 인물이 주도한 힌두 개혁은 '힌두 르네상스'라고도 하는데, 이것은 인도 민족주의의 맹아와 직접 관계되는 하나의 종교·정치적인 운동이다. 이러한 민족주의는 궁극적으로 영국을 내쫓고 1948년에 인도라는 세속국가를 건립하는 결과를 낳았으며, 최근에는 힌두 민족주의자 운동과 정당들 속에서 표현되고 있다.

하나의 세계 종교로서 뚜렷한 정체성을 갖는 힌두교는 19세기 이후 여러 개혁가로부터 시작된다. 그들이 장려한 힌두교는 주로 통신 매체로서 영어를 사용하고, 기독교적인 요소를 채택하며 대외 지향적인 관점을 가지는데 이런 힌두교는 서양에서 잘 알려져 있는 것들이다. 힌두 복고주의가 브라만 문화에 의해서 강하게 활기를 띠게 된다고는 해도, 그것은 적어도 식민지 이전부터 세대를 거쳐 지나온 힌두 전통을 대표하는 것으로, 이들의 언어는 영어가 아니라 산스끄리뜨와 인도 토착어이다. 이런 전통에는 브라만적인 신학 체계와 산스끄리뜨 학습 그리고 토착 사원을 중심으로 하는 대중적이고 지역적인 의례와 설화 체계를 포함하고 있다. 힌두 복고주의는 하나의 세계 종교로서 힌두교의 발전에 매우 중요한 위치를 차지하고 있고, 이에 비해서 산스끄리뜨 학습과 대중 의례와 관련된 전통의 영향은 극미하다. 그리고 힌두 르네상스는 우빠니샤드와 『기따』의 윤리적인 정신 아래에서 신학 전통과 '대중적인' 수준의 의례들 간의 차이를 가볍게 다루려는 경향이 있다.

힌두 르네상스는 아래의 구조적인 특징이 있다.

- 베다의 진리를 세우는 데 있어서 이성 강조
- 우상이라고 여겨지는 상(像) 숭배 거부
- 카스트(혹은 그것과 관련되는 몇 가지 요소), 유아 결혼, 과부 화장 거부
- 기독교, 이슬람교와 동등한 혹은 더욱 우월한 하나의 민족정신으로서 힌두교 세우기

많은 힌두 개혁가들이 영어로 글을 써서 영어를 구사하는 세계의 관심을 끌어 모았다. 께랄라의 나라야나 구루(Nārāyaṇa Guru)와 같은 개혁가는 떡까(Tikkas)라는 불가촉민 카스트의 권리를 위해 투쟁해, 이것이 말라얄람(Malayalam)에 전해져 특정 추종자를 만들어냈다. 19세기 초에 일어난 새로운 힌두 자각 속에서 가장 중요한 인물이 람 모한 로이인데, 그를 종종 근대 인도의 아버지라고 한다.

## 람 모한 로이

람 모한 로이(1772~1833)는 아버지가 벵갈 바이슈나와이고 어머니는 샤따인 전통 벵갈 브라만 가정 출신이다. 로이는 빠뜨나에 있는 무슬림 대학에서 수학하면서 그곳에서 아랍어와 페르시아 철학서를 공부했다. 무슬림 가운데 특히 수피는 로이의 마음속에서 우상 숭배에 대한 강한 반감을 일으켰다. 로이는 바라나시에서 영어뿐만 아니라 산스끄리뜨도 공부했으며 성경을 벵갈어로 번역하기 위해서 히브루어와 그리스어도 배웠다. 이처럼 방대한 공부를 마친 뒤 로이는 캘커타에 있는 동인도 회사에 취직했다. 인도에서 대영 제국이 성장하는 데 동인도 회사가 없었다면 불가능했을 것이다. 벵갈을 중심으로 하는 대규모 무역 네트워크가 발달한 상황에서 영국 지배 행정에 필요한 젊은 인도 남성을 훈련하는 교육기관들이 세워졌다. 이러한 환경은 나중에 민족주의와 힌두 복고주의가 싹트는 배경이 된다. 로이는 자신의 사상을 동인도 회사에 고용되어 있으면서 발전시켰다. 1814년 회사는 떠났지만 로이는 모든 시간을 종교, 사회 개혁에 전념할 수 있을 정도로 부유해졌다. 로이는 자신의 사상과 더불어 브라흐모 사마즈(Brahmo Samāj)라는 협회를 만들어 힌두교 개혁에 남은 생애를 바쳤다. 그는 영국을 방문한 동안 병에 걸려 브리스톨(Bristol)에서 사망했다.[1)]

로이의 근본적인 믿음은 신이 우주의 창조자이지만 본질은 말로 형용할 수 없는 초월적이고 불변의 존재라는 것이다. 모든 종교가 이것을 인정하고, 종교별로 사소한 부분에서만 차이가 난다는 것이다. 그러므로 로이는 관대한 입장을 옹호하는데, 그는 종종 하나의 전체로서 힌두교와 관련지어 모든 종교가 본질적으로 하나라는 입장을 고수한다. 이러한 신은 이성과 자연계 즉 우주에 대한 주시를 통해 그 영향력을 알 수 있다. 로이에게 신은 이성을 통해 숭배되는 자연신이다. 로이에게 철학적으로 주요한 영향을 미친 것은 동서양 모두이다. 즉 우빠니샤드와 샹까라의 이론, 이슬람 가운데는 특히 수피 신학, 일신론과 이신론 등 이 모두가 로이에게 영향을 미친다. 실제로 윤리적인 종교는 로이 옹호자들이 18세기의 영국 이신론자들을 강하게 생각나게 하는 이성을 통해서 떠올랐다. 즉 신과 그의 윤리법은 이성과 자연에 대한 주시를 통해 알려질 수 있다는 것이다. 로이의 핵심적인 관점은 우빠니샤드와 『브라흐마 수뜨라』의 가르침으로 돌아감으로써 힌두교의 정화와 복구에 있는데, 그는 이것을 '우상 숭배'와 그가 힌두교가 타락했다고 생각하는 윤리적인 타락에 반하는 영원불멸한 지혜를 구현하는 것이라고 본다. 로이는 힌두의 도덕적인 지위뿐만 아니라 정치적인 지위를 향상시키기 위해서는 우상숭배, 의례체계의 확산 등을 버리고 유아 결혼이나 사띠와 같은 비도덕적인 행위를 하지 말아야 한다고 생각한다. 로이는 본인이 동의하든 말든 과부를 장작더미에 묶어 화장하는 행위를 극도로 비난했다. 어렸을 때 형수의 사띠를 목격한 적이 있는데 어린아이의 눈에 이것은 커다란 충격이었다. 로이는 런던의 하원의원에게 수많은 편지와 탄원서를 제출해 사띠, 혹은 '섯띠(영국에서 그렇게 불렀다)' 금지를 주창했는데, 어느 정도 로이의 압력에 기인해서 영국 정부는 1829년 사띠를 불법으로 규정한다.

이성과 윤리학은 로이의 핵심 개념이다. 이성 때문에 까르마와 윤회의 교리는 거절되어야 할 뿐만 아니라 이성 때문에 속죄와 삼위일체에 대한 교리와 같은 예수 주변의 신학 역시 비이성적인 것으로 거부되어야만 했다. 이성이 계시보다는 보편적 윤리법을 이끄는 반면 교리는 비이성적이고 비윤리적인 행위를 이끌었다. 로이는 정화되고 이성적이면서 윤리적인 종교(이것은 로이에 따르면 힌두교의 근본적인 특성이라고 한다)를 채택하는 것이 인도 사회를 변화시키는 길이라 믿었다.

## 브라흐모 사마즈

힌두교를 이성적이고 윤리적인 종교로 재건하기 위한 사상을 장려하기 위해서 로이는 1828년 브라흐모 사마즈라는 운동을 창시했다.[2] 이 운동—혹은 협회—은 기독교 개혁 운동을 모델로 한 것으로, 종교적인 예배를 드리기 위해 규칙적인 모임을 가졌다. 예배 동안에는 우빠니샤드를 읽고 설교를 들으며 찬송가를 불렀는데, 이 가운데 몇 개는 로이 자신이 직접 만든 것이었다. 브라흐모 사마즈는 캘커타에서 정기적인 회합을 가졌다. 로이와 일곱 동지가 추인한 '브라흐모 사마즈의 신앙 행동'에 의하면 예배를 위해 세운 장소는 '아무런 구별 없이 모든 종류의 사람들이 회합하는 공공장소로서 그 안에서 우주의 주인이자 보존자로 숭배와 존귀를 받을 그 무한 영원불멸의 존재에 대해 순종적이고 독실한 태도로 바른 신앙 행동을 해야 한다.'[3]

로이가 죽은 이후 뒤를 이어 사회 개혁에 대한 로이의 메시지를 전달한 지도자로는 유명한 시인 라빈드라나트 타고르(Rabindranath Tagore)의 아버지 데벤드라나트 타고르(Debendranath Tagore, 1817~1905)와 께샵 찬드라 센(Keshab Chandra Sen, 1834~1884)이 있다. 로이와 마찬가지로 타고르는 모두에게 스며 있는 의례의 딴뜨라적이고 뿌라나인 형태와 자신이 우상으로 본 성상 숭배를 반대했다. 오직 우빠니샤드와 관련된 비인칭의 절대자만이 종교적인 신애의 초점이어야 한다. 동시대에 호전적이고 열정적인 젊은이였던 센은 기독교 정신에 깊은 영향을 받아 점차 이를 받아들였다. 그러나 센으로 인해 이 운동에는 분열이 생긴다. 젊은 열성가인 센과 센의 추종자들은 브라만과 수드라 간에도 사회적 평등을 주장하면서 성사 착용을 포기했다. 이러한 것을 고수하기에는 타고르를 따르던 사회에 보수적인 사람들이 훨씬 더 많았다. 많은 사람들이 센과 비켜 있었지만 이후 이 운동의 내부 분열은 이들의 영향력을 약화시키게 된다.

브라흐모 사마즈는 좀 더 낮은 부류의 브라만과 상인, 무역가 등 도시의 중상 계급에 호소력이 있었던 데 비해 신상에 대한 의례와 신애를 종교의 중심에 두는 마을 단위 일반인에게는 거의 인기가 없었다. 실제로 로이는 교육받은 상층 지성인으로서, 가난한 시골 사람들이 신을 향해 신애하는 것을 깊이 이해하지 못했다. 그리고 브라흐모 사마즈 사상은 의례적인 정(淨)함을 유지하는 것을 주요 관심으로 삼는 상층의 정행적 브라만에게도 그다지 호소력을 띠지 못했다. 브라흐모 사마즈가 매우 '이신교적'이고 관념적이긴 하지만 그럼에도 불구하고 브라흐모 사마즈는 힌두 민족 정체성이라는 깨달음의 시초이다. 그리고 이는 다야난다 사라스와띠가 창시한 또 다른 협회 아리야 사마즈(Ārya Samāj)에 의해서 훨씬 더 많이 그리고 좀 더 호전적으로 발전한다.

## 다야난다 사라스와띠와 아리야 사마즈

다야난다 사라스와띠(1824~1983)는 구자라뜨의 샤이바 브라만 가정에서 태어났다. 10살 때 아버지를 따라 쉬바 링가파에 입문하였다. 그러나 다야난다는 철야기도를 드리는 동안에 신상 숭배라는 샤이바 종교와 관련된 자신의 신앙심을 버리게 된다. 쉬바라뜨리(*Śivarātri*) 축제 동안 다야난다는 쉬바 사원에서 아버지와 함께 앉아 있는데 이때 신상으로 기어올라 신에게 바친 음식을 먹으면서 신을 모독하고 있는 쥐를 보게 된다. 다야난다는 만약 그 상(像)이 힘이 있는 신이라면 틀림없이 이와 같은 신성모독을 내버려두지 않았을 것이라고 생각했다. 상징주의의 특징에 대한, 즉 일단 신성하게 된 사원의 신상은 표상이면서 더 강한 힘의 구체화라는 아버지의 설명에도 불구하고 다야난다의 회의감은 진정되지 않았고, 결국 부모님이 정해준 결혼을 포기하고 '미신'이 아닌 진정한 힌두교의 진리를 찾고자 기세자가 되었다.

다야난다는 신성한 방랑자가 되어 여기저기 떠돌아다녔는데, 부모님이 지어준 다야난다라는 이름과 기세자 교단이 부여한 사라스와띠라는 이름을 함께 썼다. 사라스와띠라는 진리를 찾는 한 개인의 종교 탐구라는 의미이다. 마투라에서 다야난다는 늙은 장님 구루 비르자난다 사라스와띠(Virjānanda Sarasvatī)를 만나는데, 그는 베다의 영광을 위해서 힌두교를 복구시켜야 한다고 예언했다. 그 이후 다야난다는 개인적인 해탈 추구를 버리고 개혁가이자 전도자가 되어 힌두교의 변형을 계획한다. 다야난다는 베다가 계시라고 주장하면서 힌두 '미신'은 서사시나 뿌라나와 같은 다른 경전 숭배와 함께 버려야 한다는 입장이었다. 그러나 '마누의 법'과 같은 다르마 샤스뜨라의 가르침은 수용하는데, 이것은 다야난다가 믿던 형태

없는 계시이자 편재하는 신인 것이다. 1875년에 그는 힌두 개혁을 장려하기 위해서 봄베이에서 아리야 사마즈('고결한' 즉 '아리안' 협회)라는 협회를 창시했다.

로이와 마찬가지로 다야난다는 영원하고 전능한 비인칭의 신에게 초점을 두는 베다 종교의 순수한 형태로 돌아갈 것을 주창하였다. 다야난다는 힌두가 상(像)과 화신에 대한 숭배와 순례 여행 그리고 서사시와 뿌라나에 관한 설화와 교리 숭배를 버리고 영원한 법인 사나따나 다르마(*sanātana dharma*)로 돌아가길 원했다. 다야난다는 그 모든 것이 네 베다 속에서는 찾을 수 없다고 주장했다. 다른 경전은 베다 메시지의 정(淨)함을 손상시키는 후대의 부착물일 뿐이다. 다야난다의 형이상학은 아드와이따이기보다는 비쉬슈뜨아드와이따 교리에 더 기반하고 있었다. 즉 해탈은 신에게 영혼이 몰입하는 데 있는 것이 아니라 특유의 정체성을 유지하는 영혼이 고통으로부터 자유로워지는 데 있다는 것이다. 그러나 다야난다의 형이상학보다 더 중요한 것은 카스트, 교육, 언어와 기독교, 이슬람에 대항한 호전적이고 정치력을 갖춘 힌두교로 개혁하는 데 대한 그의 사회적 교훈이다. 이것은 아리야 사마즈의 개혁적인 측면이자 힌두교에 대한 기독교의 공격에 대항한 역공격이었는데, 이는 상인 계급에게 매료되어 남아프리카와 피지에 있는 해외 힌두에게 영향을 주었다.

다야난다는 카스트 체계를 비난하지는 않았으나 계급(*varna*)이 성격, 자격, 업적에 따른 개인차를 의미한다고 재해석한다. 계급이 개인의 성향과 공적에 따라 결정된다면 상층 계급은 자신의 아이들이 하층 계급이 되는 것에 대한 두려움 때문에 상층 수준을 유지하려고 하고, 하층 계급은 스스로가 더 높은 계급에 속하려고 노력할 것이라는 게 그의 논리였다.[4] 다야난다는 정략혼보다는 선택혼,

과부를 줄이기 위한 유아혼 근절을 포함해 급진적인 사회 개혁으로 사회적 문제를 완화시킬 것을 주창했다. 다야난다는 아이 양육뿐 아니라 교우관계를 위해서 과부와 홀아비의 임시적인 법적 결혼인 니요가(*niyoga*) 결혼도 주창했다. 다야난다가 고집한 교육은 모든 성(性)에 유용해야 하고, 특히 문법, 다르마, 의학과 무역 교육을 통해서 책임감 있고 훌륭한 힌두가 되는 법을 가르쳐야 한다고 주장했다. 다야난다는 심지어 모든 근대 과학의 발견은 베다 이전에 예견된 것이라는 주장을 했는데, 이러한 주장은 오늘날에도 여전히 많은 힌두들이 고수하고 있는 바이다.

아리야 사마즈가 창시한 구루꿀라(*gurukulas*) 학파는 현재까지도 인도 전역에서 활동하는데, 이 학파는 힌두 통일과 베다 즉 아리야 문화를 대의로 널리 알렸다. 인도의 위대한 과거의 상징인 산스끄리뜨 교육은 다야난다가 민족 언어로서 주창한 힌디 교육과 함께 이 프로그램 안에서 중요한 위치를 차지한다. 언어와 민족 정체성 간에는 강한 연결 고리가 있고, 산스끄리뜨와 힌디를 장려하는 속에서 아리야 사마즈는 어떤 특정한 견해를 분명하게 했는데 힌두교에 대한 다야난다의 통찰력 상승은 인도 사회 내의 다른 요소나 힘 가운데 특히 이슬람교, 기독교, 드라비다 요소 가운데 특히 따밀 힌두교와 같은 것이 못 들어오게 막는 역할을 했다. 실제로 아리야 사마즈는 힌두교의 다원주의적인 이해에 대해 관대하지 않았고 오히려 이들이 주창하는 호전적인 힌두 민족주의는 고대 베다 시대로 '돌아가는 것'과 그때 이후에 발달한 전통에 대해 비판적인 속성을 띠었다. 사회는 여러 근대적 요소를 적용하지만 어떤 점에서는 힌두 정(淨)함이라고 인지되는 과거로 돌아가기 위해 역사를 부인했다.

뻔잡에서 매우 성공적이던 아리야 사마즈는 이슬람과 기독교로 개종했던 많은 하층 카스트를 재개종시켰는데, '정화(*śuddhi*)'로 알려진 의례 속에서 불가촉민은 재생자 힌두로 변형되었다. 뻰잡에서 아리야 사마즈의 성공과 함께 다야난다는 지금의 파키스탄에 있는 라호르(Lahore)로 협회 본부를 옮겼다. 그가 죽은 이후 운동은 보수파와 진보파로 나뉘는데, 진보파는 '진보적인' 교육을 원하고 브라만 규정에 따른 제제를 버리길 바라는 사람들로 이루져 있다. 아리야 사마즈는 힌두 민족주의자 정치 운동의 발전 속에서 강력한 목소리를 냈지만 다른 신앙과 견해에 대해서는 편협했다. 한편, 아리야 사마즈의 영향은 현대의 인도 정치와 문화적 삶 속에서 이해될 수 있으며, 관용과 조화라는 힌두교 내의 또 다른 힘이 벵갈의 성인인 라마끄리슈나(Rāmakrishna)와 그의 헌신적인 제자이자 해석가인 비웨까난다로부터 근대 세계 안으로 이어진다.

### 라마끄리슈나와 비웨까난다

빠라마함사 라마끄리슈나(Parmahamsa Ramakrishna, 1836~1886)는 모든 종교의 통일을 선언한 힌두 신비주의자이다. 그는 벵갈의 한 바이슈나와 브라만 가정에서 태어나 캘커타에서 북쪽으로 몇 마일 떨어진 곳에 있는 닥쉬네슈와르(Dakṣineśvar) 깔리 사원의 성직자가 된다. 그는 깔리를 어머니로서 열렬히 신봉했으며 자신에게 계시를 내리는 깔리와 함께 울고 간청하면서 깔리에 대한 강한 열망을 보였다. 사람들은 그가 미쳤다고 생각하기 시작했다. 가족들은 가족적인 삶만이 그에게 안정감을 줄 것이라 생각하고 장가를 보낸다. 그는 고향 마을에서 다섯 살 된 소녀와 결혼한 다음, 이후 소녀가 자라 다시 그와 만나게 될 캘커타로 돌아왔다. 사원으로 돌아온 그는 깔리에 대한 사랑과 신애가 더욱 커졌으며 결국 육체적인 감각을 모두 잃어버리고 여신의 내적인 환영을 감지하게 되었다. 이러한 환영은 더욱 더 빈번해져, 사원에서 해야 하는 일상 예배와 성직자의 임무를 수행하기가 불가능해질 정도로 오랫동안 혼수상태가 지속되었다. 조카에게 성직자 임무 수행을 약속받고 라마끄리슈나는 자신의 신앙을 버리게 된다. 한편 17세가 된 라마끄리슈나의 아내는 남편을 찾아 30마일을 걸어 닥쉬네슈와르로 온다. 하지만 그때 라마끄리슈나는 자신의 종교적 실천을 통해서 이미 변해버린 상태라서 공식적인 남편이 될 수 없었다. 라마끄리슈나는 자신의 아내를 어머니의 현현으로 숭배했으며 그녀는 라마끄리슈나가 죽을 때까지 사원에서 그를 섬기게 된다.

라마끄리슈나가 아내와 만나기 전 중요한 스승 두 명이 그에게 오는데, 첫 번째는 교육받은 브라만 여성 바이라위(Bhairavī)였다. 바이라위는 자신의 신체 내에 있는 에너지와 열정을 통제하는 방법을 라마끄리슈나에게 가르친 딴뜨라 입문자였다. 두 번째는 나체로 돌아다니는 사두인 또따뿌리(Totapuri)였는데, 그는 라마끄리슈나에게 명상의 방법과 주·객체간의 어떠한 구별도 없는 고도의 집중 상태 즉, 니르위깔빠 사마디 상태(*nirvikalpa samādhi*)에서 절대자와 합일을 실현하는 방법을 가르쳤다.

이러한 합일을 경험한 후 라마끄리슈나는 라다에게 신애하는 것과 마찬가지로 끄리슈나에 대한 신애를 통해 신에 대한 사랑을 전하는 바이슈나와 사상을 깨달은 다음 끄리슈나의 환영을 경험하게 된다. 라마끄리슈나는 예수를 포함한 다른 신들의 환영을 보고 기독교와 이슬람교를 포함해서 다른 종교적인 길을 실천했다. 라마끄리슈나에 따르면 이들 종교의 목적을 깨닫고 실천함으로써 모든 종교가 다 진실하다는 결론에 이른다. 모든 종교는 신에 대해서 저마다의 길로 접근하며, 영원히 나누어지지 않는 존재는 절대적인 진리와 희열이다. 상이한 종교는 이러한 신에 대한 총체성을 표현할 수 없지만 각각은 그것의 한 측면을 드러낸다. 깔리와 브라흐만은 같은 실체의 다른 측면인 것이다.[5)]

라마끄리슈나는 일생 동안 자신의 교리를 듣기 위해 찾아와 닥쉬네슈와르에서 신자가 된 많은 중간 계급의 지적인 힌두를 끌어당겼다. 이들 가운데 젊은 청년 나렌드라나트 닷따〔Naredranath ('Naren') Datta〕는 서양의 과학과 이성주의에 강하게 영향을 받은 브라흐모 사마즈의 일원이었다. 그는 라마끄리슈나와 함께 이 거장이 나렌의 가슴을 자신의 발 위에 대자 깊은 황홀경에 빠지는 종교적 경험을 하게 된다. 그는 자신의 직업을 버리고 라마끄리슈나의 제자가 되어 결국은 비웨까난다라는 이름의 기세자가 되었다.

스와미 비웨까난다(1863~1902)는 근대 힌두 자각이라는 발전과 힌두교에 대한 서양의 관점을 명확히 한 사람으로 매우 중요한 인물이다. 기세자와 마찬가지로 그는 인도 전역을 돌아다니다가 인도의 끝인 코모린 곶(Cape Comorin)의 끊어진 암벽에서 잠시 동안 명상하는데, 현재 그곳에는 사원이 서 있다. 이곳에서 그는 라마끄리슈나가 도달한 사마디 상태를 경험하고 힌두교에 대한 자신의 시각을 세상에 전하기로 결정한다. 그의 철학은, 신인 절대자는 사회적 지위와 무관하게 모든 생명에 존재한다는 베단따적 사상과 관계가 있다. 인간이라는 존재는 내재적인 신성(라마끄리슈나가 했던 것과 마찬가지로)과 함께 합일을 이룰 수 있고, 다른 것들의 본질로서 신을 이해하는 것은 사랑과 사회적 조화를 장려할 것이다. 비웨까난다는 1893년 시카고에서 개최된 전세계종교회의(World Parliament of Religions)에 참석해서 막대한 영향을 끼쳤는데, 아마도 현재 그의 모습은 그때의 모습으로 가장 잘 기억되고 있을 것이다. 그곳에서 그는 모든 종교의 통일성에 대한 교리와 관용에 대해 설교를 했다. 즉 우리는 다양성을 인지해야 하며, 다양성이라는 가치 속에서 나아가 인도는 기독교로 개종시키려는 전도나 교회가 필요한 것이 아니라 굶주림에서 벗어날 수 있는 물질적 후원이 필요하다고 설교했다. 비웨까난다는 일반적으로 서양은 물질주의적인 데 비해서 동양은 영적이라는 믿음은 틀렸다고 말한다. 영적인 우월성과 함께 기술, 과학적인 것과 관련된 물질적 인식도 동양이 서양보다 우월하다는 것이다. 이러한 이분법은 인도가 서양의 것과는 '다름'이라는 인도의 이미지를 강화시키는 경향을 띤다. 즉 실체는 모든 문화에 강한 '정신'과 '물질'의 특징을 포함하기 때문에 좀 더 복잡하다는 것이다.

비웨까난다는 자신의 사상을 전하기 위해 서양에 머물렀는데 1895년에는 뉴욕에 베단따 협회(Vedānta Society)를 창시한다. 실제로 비웨까난다는 하나의 세계 종교로서 힌두교와 관련된 최초의 지지자로 보인다 하겠다. 1895년에 인도로 돌아온 그는 교육과 사회 개혁을 장려하고 고통을 겪는 사람들을 도우면서 전통 힌두 교단과는 다른 일신교적인 교단 즉, 라마끄리슈나 포교단(Rāmakrishna Mission)을 창건한다. 이 포교단은 행위의 요가 혹은 훌륭한 행위인 까르마 요가로 여겨지는 행위의 측면을 매우 중시하며, 인도 전역에 고등학교, 대학, 병원을 라마끄리슈나 포교단으로 운영한다. 교단은 신베단따(Neo-Vedānta)로서 힌두 근대주의에 대한 비웨까난다의 시각을 널리 퍼뜨리게 된다. 즉 여기서는 힌두교가 여러 형태의 다양성에 기초하는 근본적인 통일성이 있다는 것이다. 비웨까난다가 주장하는 것은 기독교가 그것만을 진리로 인정하는 데 비해서 힌두교는 다원주의적이며 모든 종교를 하나의 진리라는 측면으로 받아들인다는 것이다. 이 메시지는 힌두교가 하나의 '과학적'인 종교라는 비웨까난다의 강조와 나란히 인도인이 자부심을 가질 만한 것으로서 영어교육을 받은 신흥 중간 계급 인도인들 사이에서 가장 인기가 있었다. 한편 힌두교에 대한 이러한 견해가 힌두 전통 내에서 나타나는 차이(세계 종교들 간에는 말할 것도 없다)를 간과하는 경향이 있고, 신학 전통과 관련된 지적인 완벽함과는 매우 다른, 일종의 불명확한 사고를 이끈다는 식의 비판이 있다.[6] 하지만 그럼에도 불구하고 한편으로 이것은 인도 민족주의와 관련해서 강한 사상을 제공하며 다른 한편으로는 하나의 세계 종교로서 힌두교라는 구조를 제공한다. 비웨까난다는 최초로 기독교, 이슬람교, 유대교, 불교와 나란한 곳에 위치하는 세계적인 종교로서 힌두교에 대한 사상을 분명히 했다는 점에 주목할 수 있을 것이다.[7] 비웨까난다에 의해 장려된 힌두교의 시각은 주로 대부분이 오늘날 영어를 구사하는 중간계급 힌두가 받아들인 것이다. 비웨까난다의 신베단따와 사회 변화와 관련된 그의 사상은 인도인의 정치와 공적인 삶에 당면해 있는 문제를 변화시킬 운명을 띤 모한다스 까르마찬드 간디(Mohandās Karmachand Gandhi)와 같은 또 다른 개혁가의 사상 속으로 흘러들어가게 된다.

## 간디

간디(1869~1948)는 구자라뜨에서 바이슈나와 신봉자이던 바니아(Bania)라는 상인 카스트 가정에서 태어났다. 따라서 그의 종교적 배경은 자이나뿐만 아니라 이슬람의 영향과 관련된 박띠에도 있었다. 간디는 런던에서 법을 공부했는데, 그곳에서 톨스토이와 교분을 가졌고 신지학(Theosophy)을 접했는데, 신지학은 영적 지혜를 동양에서 찾는 유럽의 한 운동이었다. 실제로 간디가 자신에게 큰 감동을 준 에드윈 아놀드(Edwin Arnold)의 『바가와드 기따』의 번역을 읽게 된 것은 신지학파의 한 부부와 함께 하면서였다. 간디 역시 채식주의를 옹호해 영국 채식주의자 협회(British Vegetarian Society)를 지지했다. 간디는 법을 실천하기 위해 봄베이로 돌아왔으나 1893년에는 남아프리카 더반(Durban)의 한 무슬림 상인을 변호하는 일을 한다. 열차의 일등석에서 여행 중이던 간디가 당시의 남아프리카 인종차별 정책으로 인해 어떤 식으로 강제 추방되는지에 대한 유명한 일화가 있다. 이러한 경험은 간디에게 깊은 인상을 남겼고 자신이 할 수 있는 한 어떻게든 억압으로부터 사람들을 자유롭게 하기 위해 공약을 강화했다. 그는 나탈주에 인도인의 사회적 신분을 완화시키려는 목적으로 나딸 인도회의(Natal Indian Congress)를 창건했다.

남아프리카에서 21년을 보낸 뒤 비폭력적이고 수동적 저항이라는 정치 철학을 가지고 1915년 인도로 돌아온 간디는 민족주의 운동에 가담하여 평화적인 방법을 통한 인도의 독립을 위해 애썼다. 간디는 아흐메다바드 외곽에 있는 사띠야그라하 아슈람(Satyagraha Ashram)이라는 암자에서 검소하고 엄격한 독방 생활을 했다. 여기에서 간디는 자신의 공동체에게 방적과 같은 가내 공업을 장려했다. 간디 그의 추종자들은 소금 조세(Salt Tax)에 대항하여 상징적으로 바닷가에서 미량의 소금을 집어 들고 행진하는 것과 함께 영국에 대한 수동적 저항을 체계화했다. 이러한 행동은 소금법(Salt Law)을 조롱하는 것이었으나 다라사나 제염소의 항변으로 간디를 포함한 수천 명이 체포되었다.

간디의 기본 사상은 진리, 최고의 존재(*sat*)인 신, 자아는 본질적으로 하나라는 데 있다. 이러한 사상과 진리 추구는 간디의 글과 정치 사회 활동의 핵심 주제이다. 실제로 그는 자서전에 『나의 진리실험 이야기』(*The Story of My Experiments with Truth*)라는 부재를 달았다.[8] 모두가 본질적으로는 하나로 통일되기 때문에 사람 간에는 조화와 비폭력이 있어야 한다는 것이다. 비폭력은 간디를 떠오르게 하는 중심 사상이며 간디가 좋아한 『바가와드 기따』에는 없는 사상이지만 그것은 신기하게도 정치적인 상황에서 큰 효과를 발휘했다. 비폭력은 진리나 혹은 신의 표시이고 그래서 간디의 수동적인 저항 방법은 영국에 대항하는 데 있어서 매우 효율적으로 사용되었으며, 이것을 간디는 '진리를 꽉 붙잡는 것'이란 뜻인 사띠야그라하라고 불렀다.

사띠야그라하는 간디에 의해 인도의 국민성을 나타내는 자신의 운동에 사용되는 단어가 되었으며, 그는 힘이 '진리와 사랑, 곧 비폭력의 탄생'이라고 말했다.[9] 사띠야그라하는 모두의 복지(*sarvodaya* 사르오다야)를 이끌어낼 수 있었다. 이것은 더 상위의 실체에 대한 실천적인 표현, 즉 하나의 도덕률이며 금욕을 필요로 하는 자기 수양이다. 그리고 분노와 폭력의 제어, 정의와 진리라는 목적을 위한 신애이다. 심지어는 간디 추종자를 사띠야그라히(*satyāgrahis*)라고 불렀는데, 이 말은 사띠야그라하의 추종자라는 의미로, 그들에게 금욕을 포함한 고도의 모범을 기대했다. 고결함인 브라흐마짜리야는 신을 깨닫는 하나의 방식이자 민중의 성장을 통제하는 방식이기도 한 것으로 간디의 핵심이었다.

모든 사람의 복지에는 불가촉민의 해방도 포함되었는데, 간디는 이들을 '신의 아이들'이라는 의미로 하리잔이라 불렀다. 상층 카스트를 오염시키는 낮은 지위의 불가촉민에게는 정치·경제력이 거의 없었다. 간디는 불가촉민의 처지가 오직 비폭력과 진리를 부여잡는 것으로만 완화될 수 있다고 생각했다. 상층 카스트에 의한 이들의 해방은 경제·사회적 압력으로부터 벗어나는 자유만이 아니라 사회 전체의 변화에 영향을 끼친 것으로, 모든 인도인에게 유용했을 것이다. 간디의 불가촉성에 대한 혐오는 직업에 따라 구분된 구조의 사회에 대한 혐오는 아니었다. 간디는 정통 브라만적인 힌두교에서 나오는 본래의 고전적인 바르나슈라마-다르마를 인정했다. 하지만 간디는 이러한 구조가 변화되기를 바랐고, 그래서 불가촉성이라는 병이 뿌리째 뽑히기를 원했다.

부분적으로는 간디의 영향으로 독립 후 인도에서는 불가촉성 사상이 공식적으로 폐지되고, 불가촉성에 따라 개인에게 교육이나 직업상 불이익을 주는 것은 불법이 된다. 비록 사회적 지위 완화와 '신의 아이들'에 대한 지위 향상을 위한 강력한 운동이 있었지만 여전히 법 실천 속에서는 완고하게 비타협적인 사람도 있는데, 이들은 간디가 준 칭호를 거부하고 대신 '억압받는 자'를 의미하는 '달리뜨'로 불리기를 선호한다. 이러한 동향은 불가촉민의 의식을 깨우고 이들에게 하나의 응집력 있는 정체성을 주는 데서, 그리고 '달리뜨 연구'라는 역사의 발견과 BSP 같은 정당의 형태로 힌두 보수 정당인 BJP에 대항하여 몇몇 주에서 성공적인 투쟁에도 어느 정도 진보를 이룬다.

간디를 중심으로 한 인도국민회의에서 전개한 인도 민족주의자의 저항은 1947년 인도 독립과 영국 철수를 달성했다. 하지만 간디에게는 큰 고민이었던 민족 분열, 즉 파키스탄을 만들기 위한 뻰잡 분할은 무슬림과 힌두 서로 간에 대량 학살을 동반하게 되었다. 시크 역시 이 대량 학살의 큰 희생양이었다. 간디는 대중을 향한 연설에서 힌두가 무슬림을 존중해야 한다고 촉구함으로써 이 상황을 잠재우려고 애썼다. 이러한 관용적 태도는 호전적 민족주의자 힌두의 분노를 자아냈다. 결국 간디는 1948년 델리의 예배 모임에서 호전적인 단체로 알려진 국가자원봉사단(RSS)의 일원 나투람 고드세(Nathuram Godse)에게 암살당한다. 그러나 간디의 유산은 인도에서 여전히 지속되고 있으며, 간디는 성인으로서 크게 존경받고 있다.

우리는 간디를 통해 힌두교가 근대 민족주의와 혼합되는 한 모습을 본다. 간디의 힌두교는 사회 정의에 대한 실천, 그리고 자신이 신과 동일시하는 진리에 대한 강한 도덕적 실천 종교이다. 간디의 비폭력은 자이나교의 비폭력과 기세자 전통 그리고 기독교의 평화주의로 채워져 있다. 간디는 기세 사상 가운데 특히 힌두 견해 안에서 강한 정신력을 심어주는 금욕 사상에는 영향을 받았지만 윤리적 문제들을 제외한 의례나 힌두 신화에 대해서는 거의 흥미가 없었다. 실제로 간디는 힌두사원에 출입할 수 있는 불가촉민의 권리를 위해 싸우기도 했다. 간디의 힌두교는 일종의 윤리적인 힌두교로서, 의례와 신이 관용, 평화, 진리라는 환영에 종속되어 있는 것과 같다. 간디 사상과 마지막 2세기 동안의 힌두복고주의는 일반적으로 힌두 문화의 심미적이고 감각적인 면에는 거의 무관심하다. 이에 대해 간디는 심지어 청교도와 같다고 말하는 사람도 있다.[10] 르네상스 힌두교에는 간디가 한 부분을 차지하지만, 이는 근대 세계 안에서 분명한 모습을 갖추게 된다.

## 힌두 정치 민족주의

간디를 암살한 사람은 극단적인 민족주의 단체인 RSS의 일원이었다. 인도의 종교 문화적 다원주의에도 불구하고 인도국민회의의 신애적인 세속주의와는 대조적으로 세속적이기보다는 힌두주의 개념으로 힌두 인도를 조성고자 하는 많은 우익 힌두 민족주의자당이 발전한다. 이러한 힌두 민족주의는 인도라는 환경을 외국 침략의 역사와 함께 현재 서양 사상과 물질의 '침입'이라는 조건에서 이해한다. 인도의 위대한 과거에 대한 향수와 계급에 대한 욕구 그리고 바르나슈라마-다르마에 대한 분명한 전통 가치들이 존재한다. 힌두 정체성의 구조가 있는데, 이것은 민족국가 사상과 밀접하게 관련되어 있는 매우 근대적인 것으로, 이러한 정체성은 과거로부터 나온다. 이러한 정체성은 외국과 '다름' 가운데 특히 인도 무슬림, 좀 더 작은 범위로는 기독교인에 대해 다름과 동격으로 만들어진 것이며, 근대화와 서양의 세속주의 사상에 반해서 나온 것이다. 민족주의 경향과 운동은 힌두 권리를 위한 투쟁 안에서 사용하는 폭력에 대해 도덕적으로 묵인해준다.

아리야 사마즈는 힌두 다르마 사상에 의해 형성된 민족주의의 옹호자였고 더욱 극단적인 민족주의 집단이 이때부터 나오게 되었다. 비록 정당 독립 이후 몇 년 안에 그 명성을 세우는 데는 실패했지만, 1909년에 아리야 사마즈의 일원이던 바나레스 힌두 대학(Benares Hindu University) 최초의 부총장 빤디뜨 모한 말라위야(Pandit Mohan Malaviya)가 독립 이전에 있던 인도국민회의와 무슬림 연맹(Muslim League)에 대항하여 우익 힌두 정당인 힌두 마하사바(Hindū Mahā-Sabhā)를 만들었다. 정당의 가장 강력한 지도자는 다양한 전통 종교인 '힌두 다르마'와 외국의 영향에 대항해 모든 힌두의 통일을 위한 사회 정치적 힘인 '힌두뜨와(Hindutva)' 간에 구별을 지은 비나야끄 다모다르 사와르까르(Vinayak Damodar Savarkar)였다. '힌두뜨와 사상(힌두성 즉 Hindulom)'은 좀 더 최근의 힌두 정당에 의해 채택되는 것이기도 하다. 힌두 마하사바는 '힌두스탄(Hindustan)'으로서 인도의 사상과 힌두 사상의 조화 속에서 자체적으로 법률을 제정하고 통치하는 힌두의 권리를 장려한다.11)

### RSS

힌두 마하사바 멤버의 한 사람인 헤드게와르(K. V. Hedgewar, 1890~1940)는 1925년 라슈뜨리야 스와얌세왁 상(Rāṣṭriya Svayamsevak Saṅgh, 국가자원봉사단), 줄여서 RSS를 창시했는데 이 조직은 오늘날까지도 존속하는 매우 강력한 조직이다.[12] 이것은 정당은 아니지만 무슬림, 기독교도, 공산주의자에 대항해 힌두의 관심을 장려하는 강력한 문화 조직이다. 정당이 아닌 문화 조직으로서 RSS는 사원과 학교와 같은 힌두 기관을 후원하면서 인도의 정치, 문화적 삶에 상당한 영향을 끼쳤다. RSS 멤버들이 카키색 옷을 입고 이른 아침 군대식 훈련을 하는 것을 인도 전역에서 볼 수 있다. 이와 관련하여 비슈와 힌두 빠리샤드(Viśva Hindu Pariṣad, 일명 VHP)가 1964년에 조직되었는데, 이 조직들은 RSS와 유사한 목적을 띠며 동일한 후원의 요소를 끌어냈다. 이러한 단체들은 강력한 정체성이라는 의미와 자신들의 민족주의적인 열망을 위한 배출구를 제공하면서 특히 하위 중간 계급의 젊은 남성에게 호소력이 있었다. RSS의 목적 가운데 하나는 힌두 독립 국가를 만들고 힌두화된 민족주의자가 될 수 있는 환경을 제공하는 데 있다.[13]

RSS가 정당이 아니라는 사실은 이 속의 멤버들이 다른 정당에 가입하는 데 자유롭고 정당들 또한 이들에게 영향을 끼친다는 것을 의미한다. 실제로 인도국민회의 내에는 진보 세속주의자와 힌두 전통주의자가 모두 존재하는데, 이들 가운데 몇몇은 RSS 멤버였다. 이 단체는 네루에 의해 약 1년 동안 금지되지만 법령이 풀려 그 기세가 꺾이지 않고 현재까지 이어진다. 최근의 인도 역사에서 일어난 많은 종교공동체적인 폭력이 RSS에 의해 수행되며, RSS는 극단적으로 힌두의 정치적 열망과 힌두 국가라는 사상의 자각 속에서 영향력을 행사했다.

### BJP

가장 중요한 힌두 민족주의자 정당이 바로 BJP이다. 이 당은 힌두 민족주의의 목소리를 전하고 인도국민회의에 대항하기 위해 1951년에 샤이야마 쁘라사드 무케르지(Shyama Prasad Mooker-jee)가 세운 자나 상(Jana Saṅgh, 인민단)의 발전이다. 1950년대와 1960년대에 자나 상은 민족어로 힌디를 소개하고, 소도살 금지, 이스라엘 승인(즉, 이러한 정책들은 함축적으로 반무슬림적인 정책에 해당한다)과 같은 정책을 강조하며 힌디를 구사하는 북부의 주요 당으로서, 인도국민회의를 교체하려 하였다. 그러나 노력했음에도 불구하고 인도국민회의 교체에는 실패했다. 비상시국(1975~1977)에 간디 여사의 정부에 의해 진압되었다가 1977년 선거에서 간디 여사와 인도국민회의를 패배시킨 자나 상은 형식상 자나 상을 해산시키고 자나따 당을 세우기 위해 다른 반국민회의와 이루어진 연합에 가담한다. 그러나 내부 분열로 효율적인 정부를 세우지 못하고 1980년 간디 여사는 공직으로 되돌아오게 된다. 패배 이후 자나따 당은 파편화되어 1980년 4월 바라띠야 자나따 당(Bharatiya Janata Party, 인도국민당), 줄여서 BJP를 조직한다.[14] BJP는 힌두의 권리를 증진시키고 인도에서 서양과 인도국민회의에 의해 커져가는 세속주의자 가치에 대항하는 것으로서 힌두 가치체계를 세우기를 바라는 힌두인민당이다. BJP는 북부와 남부 모두에서, 특히 교육받은 계급으로부터 폭넓은 지지를 얻었으며, 바르나슈라마-다르마의 가치를 유지하지면서 힌두 모두를 일으켜 세우고 사회의 부정을 바로 고치자는 강령을 내걸고 운동을 해왔다.

### 지역 민족주의

RSS와 BJP가 전 힌두에게 호소력을 띠는 반면 지역에는 다른 특정한 힌두 민족주의자 단체가 있다. 이들 가운데 1966년 봄베이에서 발 탁께라이(Bal Thakkeray)가 세운 쉬브 세나(Shiv Sena, '쉬바의 군대') 운동이 특히 중요하다. 쉬브 세나의 의도는 마하라슈뜨라 힌두의 권리를 보호하고 마하라슈뜨라에서 무슬림, 좀 더 작게는 기독교인을 의미하는 '외국의 영향'을 제거하는 데 있다. 이 운동은 1992년 아요디야의 바브리 마스지드 사원 파괴에 이어 봄베이에 있는 무슬림에 대항했던 것과 같은 종교공동체적인 폭동에 대한 책임이 있다. 실제로 무슬림 공동체의 재산은 약탈당하고 불태워졌으며 많은 살림살이를 쉬브 세나에게 탈취당했다.[15] 비록 그들을 대표한다고 하는 공동체가 보호에는 무능했지만, 무슬림과 기독교 세나의 형성과 함께 쉬브 세나에 대한 무슬림과 기독교 공동체의 반응이 있었다.

### 종교공동체주의의 문제

인도의 근대사에서 벌어진 종교공동체적 폭력 가운데 가장 중요한 사건이 1992년에 일어났다. 1991년 BJP는 아요디야에 람 사원을 짓기 위해 '순례여행' 길에 인도 도처에서 벽돌을 모으는 것으로 주의를 끌었다. 1992년 12월 6일, 1528년 바부르(Babur)가 아요디야에 세운 모스크 바브리 마스지드가 RSS, VHP 그리고 BJP의 호출로 그곳에 소집된 약 10만 명으로 추정되는 의용군 까르 세왁(*kar sevak*)에 의해 파괴되었다. 비록 BJP 의장 아드와니가 모스크 파괴는 '유감스러운 일'임을 밝혔지만 말이다.[16] 이 사건의 배후 동기 중 하나는 모스크가 서 있는 바로 그 지점에서 비슈누의 화신 라마가 태어났다는 믿음에 있었다. 폭동은 무슬림 집들에 대한 약탈과 파괴, 다른 모스크 파괴 그리고 아요디야에 있는 무슬림들에 대한 무자비한 성폭행과 살해를 동반했다. 인도의 다른 지역에서 일어난 종교 공동체 폭동은 아요디야 사태와 함께 방글라데시와 같은 다른 국가에서 힌두에 대항하여 무슬림이 반동적인 폭력을 행사하는 사태로 이어졌다. 아요디야에서 벌어진 고도의 조직화된 폭력 운동 배후에 있는 논리는 과거에 무슬림 지배자들이 힌두 사원을 파괴했고, 그로 인해 힌두 자존심은 손상을 받았으며 따라서 바브리 마스지드의 파괴가 정당하다는 것이다.[17]

힌두 종교공동체적인 폭력에 대한 명확한 설명은 하나도 없지만 깊이 뿌리박힌 역사적 대립이 부분적인 원인임에는 의심할 여지가 없다. 그리고 명확하게 구별된 경계와 함께 종교 정체성의 측면과 사회학자 에밀 뒤르껭이 제시한 '집단흥분(collective effervescence)'에 관한 견해가 아마도 이러한 사태에 공헌한 요소일 것이다.[18] 글자 그대로 종교적 설화에 대한 근본주의자적인 이해와 관계되는 종교공동체적인 폭력은 근대 세계의 아주 보편적인 특징으로 인도에만 국한된 것이 아니지만, 현대 인도에서 특히 더 심각하다. 쉬브 세나와 같이 보수적인 힌두 운동의 호전적인 특징은 간디의 관용과 비폭력의 목소리와는 완전히 대조를 이루지만, 이들 집단의 종파적인 목소리는 쉽게 진정되지 않는다.

## 세계 힌두교

RSS와 같은 집단의 편협한 민족주의와는 대조적으로 힌두교에는 보편화와 세계화의 경향도 있다. 세계 힌두교는 폭넓은 호소력을 지니는데, 힌두교는 기독교, 이슬람교, 불교와 나란히 힌두 디아스포라 공동체와 서양에서 추구하는 비서양 문화와 종교 모두에 속하는 하나의 세계 종교가 되고 있는 것이다. 이러한 성격의 힌두교는 사회정의, 평화, 인류애에 해당하는 영적 변형과 같이 보편적인 정신가치로 여기는 것을 강조한다. 세계 힌두교는 비웨까난다와 간디에 의해서 표현되는 종교로, 판단 기준으로는 인도 관념이지만 이것은 국가라는 경계를 초월한다. 이 같은 종류의 종교는 힌두교가 인류애를 위해 유용하고 가장 오래된 계시인 베다를 포함한다는 입장을 고수한다. 그리고 셀 수 없이 많은 신과 신성한 사람의 모습들로 명시되지만 특징이 없는 하나의 초월적인 신을 믿는다. 그리고 전통 간의 차이를 무시한다. 또 간디 노선을 따라, 카스트는 단순히 직업에 따라 사회를 구성하는 하나의 방식이라는 식으로 카스트 문제나 그것의 재해석을 회피하려는 경향이 있다. 비록 다른 목소리에 해당하는 일신론적인 하레 끄리슈나 운동과 샤이바 싯단따가 이러한 힌두교에 공헌하지만, 여기에서 철학은 현저히 스와미 비웨까난다의 신베단따와 관계가 있다. 이 같은 종류의 세계 힌두교는 영어를 구사하고 좀 더 교육을 받은 도시 힌두와 인도 밖에 사는 많은 사람들에게 호소력이 있다.

### 힌두 디아스포라

힌두교는 본질적으로 신성한 인도 땅과 연관되어 있지만, 이것의 문화적 영향은 중세 시대 동남아시아나 자바, 발리와 같은 먼 곳까지 미쳤다. 동남아시아의 왕들은 힌두 왕을 자신의 모델로 삼았고, 산스끄리뜨는 하나의 성스러운 언어였으며, 브라만은 왕실에서 의례를 수행했다.

지난 세기부터 힌두교는 이민을 통해 세계 다른 지역으로 퍼지게 되었다. 영국의 플랜테이션과 철로 건설 같은 여러 작업에 필요한 노동력 수출에 기인하여 좀 더 최근의 힌두 디아스포라는 남부와 동아프리카, 태평양의 섬, 남아메리카, 서인도제도, 북미, 유럽과 호주와 같은 전 대륙에 정착하게 되었다.

인도인의 미국 이주는 이민자 수 할당 제한이 있던 이민법이 폐지된 1965년 이후 가파르게 증가했다. 힌두공동체는 자신들의 종교적 믿음에 대한 실천을 지속하며 오래된 교회와 학교를 사원으로 바꾸고, 좀 더 부유한 공동체는 기부를 통해 새로운 사원을 건설했다. 영국에서 힌두교는 1965년 동아프리카 힌두가 도착하고, 인도 가운데 특히 구자라뜨에서 직접 이주하여 증가한 집단과 함께 발전했다. 오늘날 영국에 있는 30만 힌두를 인종별로 살펴보면 70%가 구자라뜨인, 15%는 뻰잡인 그리고 나머지 지역 출신이 15%이다.[19] 영국에 있는 힌두공동체가 동종집단은 아니다. 예를 들면 '구자라뜨 힌두와 뻰잡 힌두는 다른 언어를 쓰고 다른 음식을 먹으며 다른 옷을 입는다'고 킴 놋트(Kim Knott)는 지적한다.[20] 이들 힌두공동체는 자신의 집에서 예배를 드릴 뿐만 아니라 축제 때는 사원에서 끄리슈나, 라마, 두르가, 가네샤를 포함한 다양한 신들에게 예배를 드린다.

디아스포라의 힌두교는 엄격한 바르나슈라마-다르마에서 비웨까난다와 간디와 같은 힌두 개혁가가 제기한 일종의 보편주의 쪽으로 기울었다. 런던에 있는 인도인 문화 중심인 바라띠야 비디야 바완(Bharatiya Vidya Bhavan)은 인도문화 보급의 대표적인 예로, 간디의 보편주의적인 힌두사상에 고무되었다. 그러나 그럼에도 디아스포라 공동체 내에는 몇 가지 민족주의자적인 경향이 있어 드물게 일부 카스트 내혼과 같은 것을 보여주며 카스트가 부패된 대상의 표시가 아님을 보이고자 한다.[21]

### 여성운동

힌두 개혁가들의 가르침에 의해 고무된 세계 힌두교는 발전하고 있는 상태이다. 이러한 세계 힌두교 속에서 여성의 목소리가 들리기 시작하고 있다. 인도 여성운동은 서양의 영향을 받았는데 힌두교에 대한 반응은 기독교에 대한 서양 여권론자의 반응에 따른다. 즉 일부는 선천적으로 가부장적인 것을 믿고 또 일부는 그러한 가부장제가 종교의 영적 가치에서 분리될 수 있다고 믿는다. 우리가 본 바대로 전통 힌두교 속에서 여성의 특징은 남성과 달리 수동적인 존재이며 양육과 함께 무언가를 주는 대상으로 여겨졌다. 현대의 인도 여성운동에서는, 예를 들어 마누쉬(*Manushi*) 잡지에서는 여성과 남성이 동등하고 '여성'의 본질적인 것과 의무에 대한 설명이 종속적이며 억압적이라고 표현한다.[22] 여성들이 바르나슈라마-다르마와 관련된 고전적인 형태 내에서 좀 더 쉽게 변화될 수 있는 태도들이 세계 힌두교 내에 존재한다.

#### '피자 효과'

세계 힌두교는 부분적으로 재문화화에 기인하여 현세기 동안에 발전하게 되었다. 이것을 아게하난다 바라띠(Agehananda Bharati)가 장난스럽게 '피자 효과'라고 했는데 본래 피자는 이탈리아에서 미국으로 수출되던 뜨겁게 구워진 빵이었다. 그런데 그 피자가 윤색을 거쳐 하나의 민족음식이 되어 다시 이탈리아로 돌아온 것이다. 이와 비슷한 형태로 요가, 박띠, 구루, 몇몇 힌두교리, 무용, 음악과 같은 힌두문화 요소들은 대부분 힌두 르네상스로 인해 서양으로 수출되었는데 그곳에서 크게 인기를 얻자 결과적으로 인도의 도시 힌두 사이에서 다시 인기를 얻게 된 것이다.[23] 처음에 힌두교의 세계화는 베단따 협회와 라마끄리슈나 포교단을 설립한 스와미 비웨까난다의 공헌과 그 제자들의 노력 덕분이었다. 그리고 다른 힌두들은 그의 보편주의와 관용이라는 메시지에 강한 영향을 받았다. 그의 깨우침을 따르던 다른 많은 스승은 서양에서 중요한 문화적인 힘이 되던 교리들을 서양에 가지고 가고, 그 다음에 그것은 자신의 기원지인 인도에서 중요한 문화적 힘이 되었다.

### 서양 속의 힌두교

힌두교와 서양 문화의 상호작용은 인도가 서양과 접촉하고 식민지 과정을 겪으면서 생겼다. 바스코 다 가마(Vasco da Gama)는 1500년경 인도로 가는 바닷길을 열어 서쪽 해안에 가톨릭 선교사를 정착시킴과 더불어 향신료 무역을 발전시켰는데, 그는 오직 개종을 목적으로 하였으나 처음 힌두 전통에 진심으로 관심을 가진 사람이었다. 선교사들은 개종 대상자의 언어를 배웠다. 이 가운데 특별히 주목할 만한 사람이 인도를 기독교 국가로 개종하기 위해 힌두 경전 속에서 '신의 비숭배적인 면'을 찾으려고 힌두 세계관을 공부한 로베르토 드 노빌리(Roberto de Nobili, 1577~1656)이다. 18세기에 프랑스 선교사는 힌두 빤디뜨와 함께 공동으로 텍스트를 연구했으며, 프랑스의 제수이트 수사(Jesuit, J. F. Pons)는 1733년경 라틴어로 산스끄리뜨 문법을 출판했다. 이것이 인도학의 시초이자 인도에 대한 서양의 '과학적'인 관심이었다.

18세기 말 영국의 오리엔탈리스트는 벵갈을 중심으로 산스끄리뜨와 산스끄리뜨 문학에 대한 체계적인 연구를 시작했다. 이들 가운데 윌리암 존스 경(Sir William Jones 1746~1794), 윌킨스(C. Wilkins, 1749~1836), 토마스 콜브룩(Thomas Colebrooke, 1765~1837)이 산스끄리뜨 문헌의 철학적인 연구에 초점을 두는 인도학 분야를 이끈 선구자였다. 1818년에 본(Bonn)에서 최초로 산스끄리뜨 교수가 된 철학자 프리드릭 슐레겔(Friedrich Schlegal)을 통해서 이 학문은 19세기 내내 발전을 거듭하였다. 윌슨은 옥스퍼드에서 최초로 저명한 산스끄리뜨 교수(재직기간 1832~1860)가 되었는데, 그를 이은 모니어 모니어-윌리암스(Monier Monier-Williams, 재직기간 1860~1888)가 쓴 산스끄리뜨 사전은 여전히 방대하게 사용되고 있다. 그리고 방대한 독일 학문의 토대로 로스(R. Roth)와 오토 부스링(Otto Bothlingk)이 쓴 전 일곱 권의 산스끄리뜨 사전이 있다.[24] 막스 뮬러는 동양의 성서(The Sacred Books of the East) 시리즈를 편찬한 산스끄리트학자이자 비교종교학의 선구자였다. 미국에서 인도학은 뉴욕, 예일, 하버드에서 여러 학자들에 의해 발전하게 되었다. 그 중에서 특히 주목할 사람들로 란만(C. R. Lanman, 1850~1941)의 산스끄리뜨 독본은 지금도 대학에서 사용되고 있고,[25] 윌리엄 드와이트 위트니(William Dwight Whitney, 1827~1894) 외에도 모리스 블럼필드(Maurice Bloomfield, 1885~1928)가 있는데, 그는 유명한 언어학자 레너드 블럼필드(Leonard Bloomfield)의 삼촌이다.[26] 19세기에 몇몇 기독교 신학자들 또한 힌두교를 진지하게 받아들였는데, 여기서 종파 간 대화의 시초가 보인다고 할 수 있다. 이 가운데 가장 초기의 한 사람이 분명히 기독교를 최고로 여기지만 힌두 교리에 대해 한 가지 인정할 만한 견해를 제시한 람피터(Lampeter)의 로울랜드 윌리엄스(Rowland Williams)다.[27] 하지만 인도학자들에 의해 산스끄리뜨, 인도 종교, 인도 역사 등에 대한 이해가 상당한 진전을 이루었다고 하겠지만, 최근 들어 인도학은 식민지적 유산을 가지고 있고 텍스트에 대한 '목적적'인 지식을 추구했다는 비판을 피할 수 없게 되었다. 그 지식은 항상 문화적으로 특정 전제와 경계 안에서 설정되었다.[28]

선교사들과 마찬가지로 인도학자들이 특히 다신교로 이해한 힌두사상은 헤르더(J. G. Herder, 1744~1803), 프리드릭 슐레겔(1772~1829), 헤겔(Hegel, 1770~1831) 같은 독일 낭만주의 전통에 속하는 서양 철학자들에게 흥미를 주었다. 헤겔은 최초로 힌두신학을 진지하게 받아들였는데 비록 분명히 서양철학보다는 하위단계로 분류시켰지만 힌두사상은 헤겔의 중요한 철학 구조와 섞이게 되었다. 헤겔의 젊은 동료 셸링(Schelling, 1775~1854)은 베단따를 하나의 '고상한 사상'으로 이해했고,[29] 인도 사상에서 종교적인 열광은 인도를 고대 학문의 나라로 간주한 아르투르 쇼펜하우어(Arthur Schopenhauer, 1788~1860)에 의해 연구되었다. 쇼펜하우어의 계승자 프리드릭 니체(Friedrich Nietzsche, 1844~1900) 역시 힌두사상에 감탄해 '마누법'을 신약성서보다도 훨씬 더 뛰어난 성서라고 언급했다.[30] 그러나 이러한 철학자들은 힌두 텍스트와 철학에 대한 정확한 해석에 관심이 있는 것이 아니라, 힌두사상을 통해서 그들 자신의 사상을 설명하고 도움을 얻고자 하는 데 관심이 있었다. 이러한 전통 유산은 헤르만 헤세(Hermann Hesse, 1877~1962)의 소설에도 나타나고, 인류의 영적 안식처이자 상징이 집합적인 무의식으로부터 가장 잘 표현되는 곳으로 인도를 그린 철학자 칼 구스타브 융(Carl Gustav Jung, 1875~1961)에게서도 나타난다.[31]

힌두사상 가운데 특히 베단따는 독일의 지성계뿐만 아니라 신영국초월주의자(New England Transcendentalist)인 랄프 왈도 에머슨(Ralph Waldo Emerson, 1803~1882), 헨리 데이비드 소로(Henry David Thoreau, 1817~1862)와 함께 미국에도 어느 정도 영향을 주었다. 그들의 관심은 브라흐모 사마즈에 동조한 일신교협회(Unitarian Association)에도 영향을 끼쳤는데 실제로 비웨까난다에 앞서 서양에서 최초로 힌두교에 대해 말한 힌두는 일신교협회의 초대에서였다. 1883년 프로탑 츈더 모줌다르(Protap Chunder Mozoomdar)는 에머슨의 미망인 집에 모인 대중들에게 강연을 했다.[32)]

## 서양의 힌두 구루

19세기 말 이래로 서양의 '조직화된 종교'에 반발하여 진리를 추구하는 서양인이 영적 진리를 찾아 인도로 떠나는 일이 생겨났는데, 그들은 인도에서 구루라고 하는 형태를 통해 그 진리를 찾는 일이 많았다. 힌두 르네상스와 관련된 스승과는 별도로 서양에 힌두교를 전달한 가장 중요한 서양의 운동이 신지학이다.

신지협회는 비밀스러운 지식을 장려하고 연구하기 위해서 러시아 심령사인 블라바츠키 부인(Madame Blavatsky)과 콜로넬 알콧(Colonel Alcott, 1832~1907)에 의해 1875년 뉴욕에서 설립되었다. 1877년에 협회는 인도로 옮기게 되는데, 그 본부가 마드라스에 남아 있다. 마드라스에는 훌륭한 도서관이 운영되고 있고 힌두교와 신지학에 관한 텍스트와 논문 출판이 이루어지고 있다. 신지협회는 시인 예이츠(W. B. Yeats)와 소설가 올더스 헉슬리(Aldous Huxley) 그리고 크리스토퍼 이셔우드(Christopher Isherwood)와 같은 서양 지식인들에게 영향을 주었고, 많은 힌두사상이 신지학을 거쳐 서양으로 흘러들어갔다. 블라바츠키 부인의 죽음과 함께 애니 비산트(Annie Besant, 1847~1933)가 협회 지도부를 인수해서 한 어린 소년을 세계의 영적인 지도자가 되도록 교육을 시킨다. 바로 짓두 끄리슈나무르띠(Jiddu Krishnamurti, 1895~1986)이다. 끄리슈나무르띠는 애니 비산트에게 영어로 교육을 받았으며 1925년에 비산트는 그를 메시아로 선언하여 이러한 사상을 장려하기 위해

'동방별의 교단(Order of the Star in the East, OSE)'을 설립한다. 끄리슈나무르띠는 이 역할을 거절하고 궁극적으로 '목적이 없는 의식'이라 불리는 아드와이따 베단따에서 나오는 순수한 의식에 대한 교리를 가르치기 위해서 여기저기 옮겨 다녔다. 끄리슈나무르띠는 서양에 많은 추종자가 있으며 데이비드 봄(David Bohm)과 같은 근대 핵물리학자와도 대화를 했는데, 봄은 끄리슈나무르띠의 사상, 과학과 동양 종교 간의 접점에 관심이 있었다.[33] 현대 과학과 몇몇 '동양의' 교리 간에 뚜렷한 개념적 결합이 최근 몇 년 동안 큰 관심을 끌었다('신비적인 것'으로서 '동양'의 구조를 강화하는 데 뒷받침된다).[34]

방대한 서양 추종자를 끌어모은 힌두 스승 가운데 한 사람이 오로빈도 고슈(1872~1950)이다. 오로빈도는 청년시절 인도의 독립운동에 가담해서 테러리스트로 수감된 적이 있는데 감옥에 있는 동안 요가를 통해 사마디 상태에 이르는 종교적인 체험을 한다. 출감 후 오로빈도는 자신이 아슈람을 형성한 퐁디체리로 가서 그곳에서 40년간, 베단따에 고무된 발전적인 철학 체계이긴 하지만 요가, 딴뜨라, 진화론에서 나오는 요소들과 통합하는 학문과 명상의 삶을 살았다. 즉 정신의 길은 인지라는 더 상위의 형태와 정신이 함께 물질의 통합으로 향하는 길이라는 말이다. 오로빈도는 자신의 체계를 '통합의 요가'라고 불렀다.[35] 그의 체계에 대한 글은 무척 방대한데 중요한 것은 그가 영어로 글을 써서 인도와 서양의 영어를 구사하는 독자들에게 전한 것이다. 그의 유산은 동반자와 함께 세운 퐁디체리 근교 오로빌(Auroville) 마을에 남아 있다. 오로빈도의 동반자였던 프랑스 여성은 오로빈도 사망 후 단체의 영적 지도를 이어나간 소위 '대모(大母)'로 알려져 있다.

오로빈도와 같은 시대에 좀 덜 알려진 사람이 띠루완나말리

(Tiruvannamali)에 살면서 가르침을 전한 따밀 신비주의자 라마나 마하르쉬(Ramana Maharshi, 1879~1950)이다. 그의 가르침은 순수한 아드와이따이며 단순한 삶의 양식은 그가 '나는 누구인가'라는 질문에 대해 가르친 많은 서구인의 마음을 끌어당겼다. 그 명상을 통해 한 사람이 가지고 있는 여러 가지의 역할과 인물이 벗겨지면서 순수 의식으로서의 자아의 진리를 드러낸다고 간주된다.36) 라마나의 가르침은 봄베이에서 하층의 담배-(*bīḍī*-) 제조자 카스트인 니사르가 닷따 마하라즈(Nisarga Datta Maharaj)와 같은 다른 여러 구루들을 고무시켰는데, 그는 불이원의 의식 상태를 경험하고 나서 가르침을 전하기 시작한다. 이러한 가르침은 서양에 큰 영향을 끼쳤으며, 주로 서양의 신도를 대거 매료시킨 장 클레인(Jean Klein)과 앤드류 코헨(Andrew Cohen)과 같은 '서양' 구루를 낳았다.

오로빈도, 라마나 마하르쉬와 동시대에 서양에 흥미를 끈 또 다른 두 사람이 자아실현협회(Self-Realization Fellowship)를 설립한 빠라마함사 요가난다(Paramahamsa Yogānanda, 1890~1952)와 비아스(Beas)에서 라다소아미 사뜨상(Radhasoami Satsang)의 스승인 스완 싱(Sawan Singh)이다. 요가난다는 사마디 상태에 이른 기세자로, 자신의 영적인 길에 관한 매혹적인 자서전을 썼으며 캘리포니아에 자아실현협회를 세웠다.37) 산뜨 전통에서 나오는 뻔잡 신비주의자 스완 싱(1903에서 1948년까지 지도) 역시 비록 가르침은 매우 달랐지만 서양의 추종자를 이끌어냈다. 그는 '자아실현'보다는 내면 소리의 요가수행을 통한 '신의 깨달음'에 대해 전했다(p.164~165 참조). 신교도 전도사인 줄리안 존슨 박사(Dr Julian Johnson)는 자신의 영적인 스승으로 스완 싱을 택해 서양에 라다소아미 사뜨상을 발전시키는 데 도움을 주었다.38)

1960년대에 불교와 중국사상뿐만 아니라 여러 힌두사상과 실천이 서양으로 들어와 당시에 발전 중이던 대항문화에 상당한 영향을 끼치게 된다. 비틀즈와 같은 팝스타와 시인 알란 긴스버그(Alan Ginsberg) 같은 대중문화 속에 나타나는 지배적인 모습에 힌두사상과 구루가 장려되었다. 1965년 미국의 이민규제 철폐 이후에는 초월명상(TM) 운동의 창시자 마하리쉬 마헤쉬 요가 수행자(Maharishi Mahesh Yogi)에 이어 신성광명포교단(Divine Light Mission 이후 Elan Vital로 개명)을 세운 10대 구루 마하라즈지(Maharajji), 1965년에 서양에 하레 끄리슈나 운동을 일으킨 박띠웨단따 쁘라부빠다(Bhaktivedānta Prabhupada), 싯다 요가(Siddha Yoga)를 창시한 스와미 묵따난다(Swami Muktānanda), 기세에 관한 전통적인 힌두 이해를 급진적으로 재해석하고 추종자들을 산야시라고 부르면서 동양의 명상을 서양의 심리요법과 융합시킨 바가완 슈리 라즈니쉬(Bhagavan Shree Rajneesh)와 같은 인도 구루들이 서양에 쇄도했다. 서양에 영향을 준 또 다른 스승으로, 인도에 남아 있는 아난다마이(Ānandamāyī)의 경우에 하나의 살아있는 신으로 간주되었으며, 여신 두르가와 동일시되었다. 그리고 인도뿐만 아니라 해외에서 많은 추종자를 거느리고 있는 사띠야 사이 바바(Satya Sai Baba)는 여러 가지 이적을 행한 것으로 유명하다. 리쉬께쉬(Rishikesh) 출신의 스와미 쉬바난다(Swami Śivānanda)는 비웨까난다에 의해 명확해진 신베단따를 가르쳤다. 스와미 친마야난다(Swami Chinmayānanda)와 같은 일부 쉬바난다의 제자들은 세계 전역에 센터를 두고 더 나아가 스와미들에게 신베단따 교리 수행을 가르쳤다.

1960년대와 1970년대에 서양에 힌두 스승과 사상이 이처럼 방대하게 도래한 것은 세계 힌두교에 크게 이바지하게 되었다. 이러한 가르침이 모두 같은 것은 아니고 스승들 간에 큰 차이가 있었다. 예를 들어 유신론적인 신 끄리슈나에 초점을 두는 박띠베단따 쁘라부빠다의 가르침은 초월명상(TM)의 마하리쉬와 관련된 일원론적 가르침과는 매우 다르다. 이러한 운동을 제시한 여러 스승이 죽은 이후 그들의 영적인 권위는 다른 사람으로 이어졌는데, 그 가운데는 서양인도 많았다. 쁘라부빠다가 사망한 후 11명의 서양 구루가 하레 끄리슈나 운동의 영적인 지주로 선택되었다. 하지만 이들의 임명에는 많은 문제점이 따랐다. 이후 이 운동은 오류를 범할 수밖에 없는 인간 스승에게 절대적인 권위를 부여하는 것을 하지 않게 되었다. 스와미 묵따난다는 인도 여성 찌드윌라사난다(Cidvilāsā-nanda)를 자신의 계승자로 임명했는데, 그녀는 현재 주로 인도의 고라크뿌르(Gorakhpur)와 미국 남부 폴스버그(Falls- burg)에 근거지를 둔 싯다 요가를 이끌고 있다. 1960년대 초 묵따난다의 스승 스와미 니띠야난다(Swami Nityānanda)는 뉴욕에서 미술상을 시작했는데, 그의 계승자 루디(Rudi)가 비행기 사고로 죽은 이후에는 미국인이면서 니띠야난다 협회(Nityānanda Institute) 창시자인 스와미 쩨따나난다(Swami Cetanānanda)에게 계승되었다. 몇몇 서양 구루는 자신들의 가르침을 힌두교에서 끌어오기는 하였지만 스스로가 저절로 깨닫게 되는, 어떤 의미에서는 본래의 힌두 전통 범위 밖의 것을 선포했다. 예를 들면 다 아와바사 깔끼(Da Avabhasa Kalki, 일명 Da Free John), 리 로조윅(Lee Lozowick), 장 클레인(Jean Klein)은 거장의 자리를 양도함으로써 불이원의 실체에 대한 직접적인 경험을 강조한다.[39)]

많은 구루들은 앞서 설명한 '피자 효과'를 통해 인도 도시에 사는 힌두에게 받아들여졌다. 예를 들면 하레 끄리슈나 운동의 센터인 영국 왓트포드(Watford) 근처에 있는 박띠웨단따 마노르(Bhaktivedānta Manor)는 자신들의 고유한 것으로서 인도 밖에서 생활하는 힌두공동체에 채택되었다. 디아스포라공동체에 관한 좀 더 전통적인 이해에 있어서 서양에서 등장한 구루의 가르침 속에서 힌두교의 좀 더 현대적인 모습을 따로 구별하는 것은 점점 더 어렵기는 하지만 매력적인 작업이 될 것이다. 실제로 새로운 종교운동을 크게 '뉴에이지'라고 하는데, 대부분의 이러한 사상들은 힌두교로부터 신지학을 거쳐 나온 것으로, 이 역시 미래에는 세계 힌두교에 이바지할지도 모른다.

## 요약

근대 세계에서 힌두교 내의 움직임에는 두 가지 힘이 있는 것 같다. 하나는 현대의 세계 문화와 발전에 공헌하는 보편화의 경향이고 다른 하나는 배타적이고 지역적인, 곧 민족 정체성 구조의 경향이다. 이 두 경향 모두 마지막 2세기 동안에 등장하게 되었다. 하나의 세계 종교로서 힌두교는 19세기 이후 식민주의와 기독교에 대한 대응으로 발전하게 된 힌두 르네상스 사상 속에서 표현되었다. 이러한 힌두교는 총괄적이며 스스로를 소위 '힌두교'로 공식화하고 그것의 고대 기원을 밝히면서 세계무대에서 확고히 자리 잡았다. 람 모한 로이, 그 뒤를 이은 비웨까난다와 그 추종자들의 공헌으로 힌두교는 대학 내 인도학과의 문헌 연구에서부터 대중적인 구루에 대한 신애에 이르기까지 전 문화적인 단계에서 인도와 서양 모두에 깊은 영향을 주었다. 그러나 이러한 보편적인 경향과는 반대로 힌두교나 힌두 다르마를 인도의 민족 국가와 연결시키는 힌두 정치 민족주의도 발전했다. 이러한 정치 민족주의는 인도에서 힌두, 무슬림 그리고 기독교 간에 불화를 일으켜 몇 가지 끔찍한 폭력

사태를 불러일으켰다. 모든 종교와 마찬가지로 힌두교는 유혈과 이교에 대한 편협성의 근거가 된다. 하지만 그 속에서 힌두교는 평화와 화해를 위해 필요한 힘이라는 심오한 요소도 내포하고 있는데, 이것이 다가오는 세계에서 인류가 직면할 세계 문제에 대한 해결책을 찾는 데 이바지할지도 모른다.

# 주

## 제1장 출발점

1) 1991년 3월 인도의 인구 조사에 따르면 인도 인구는 843,930,861명으로 산정되었다.
2) Kolstermaier, *A Survey of Hinduism*(Albany:SUNY Press, 1994) 참조.
3) Knott and Toon, *Muslims, Sikhs and Hindus in the UK:Problems in the Estimation of Religious Statistics,* Religious Research Paper 6(Theology and Religious Studies Department, University of Leeds, 1982).
4) R. Thapar, *Interpreting Early India*(Delhi:Oxford University Press, 1993), p.77.
5) O'Connell, 'The Word"Hindu" in Gaudiiya Vaiṣṇava Texts', *Journal of the American Oriental Society*, 93.3(1973), pp.340-4.
6) C. Smith, *The Meaning and End of Religion*(San Francisco:Harper and Row, 1962), p.207;Frykenberg, 'The Emergence of Modern "Hinduism"', in Sontheimer and Kulke(eds.), *Hinduism Reconsidered* (Delhi:Manohar, 1991), pp.30-1.
7) B.K. Smith, 'Exorcising the Transcendent:Strategies for Redefining Hinduism and Religion', *History of Religion*(Aug. 1987), p.36 인용.
8) Lakoff, *Women, Fire and Dangerous Things:What Categories Reveal About the Mind*(Chicago and London:University of Chicago Press, 1987).
9) Ibid. p.12.
10) Piatigorsky, 'Some Phenomenological Observations on the Study of Indian Religion', in Burghardt and Cantille(eds.), *Indian Religion* (London:Curzon, 1985), pp.208-24.
11) J. Z. Smith, *Imagining Religion, From Babylon to Jonestown* (University of Chicago Press, 1982), p.xi.
12) Smart, 'The Formation Rather than the Origin of a Tradition',

*DISKUS:A Disembodied Journal of Religious Studies*, 1. (1993), p.1.

13) W.C. Smith, *The Meaning and End of Religion*, p.65; H. von Stietencron, 'Hinduism:On the Proper Use of A Deceptive Term', in Sontheimer and Kulke, *Hinduism Reconsidered*, pp. 11-27;Halbfass, *Tradition and Reflection*(Albany:SUNY Press, 1991), pp.1-22 참조. 힌두교의 사상에 대한 흥미로우면서 간략한 개관과 이에 대한 최근 학자들의 관심의 증대에 대해서는 Hardy, 'Hinduism', in King(ed.), *Turning Points in Religious Studies* (Edinburgh:T. and T. Clark, 1990), pp.145-55 참조.

14) Inden, *Imagining India*(Oxford and Cambridge:Blackwells, 1990).

15) Durkheim, *The Elementary Forms of the Religious Life*(London: Allen and Unwin, 1964), p.37.

16) Berger, *The Sacred Canopy, Elements of a Sociological Theory of Religion*(New York:Anchor Books, 1990), p.26. 나 역시 여기에서는 종교가 '상상된 우주의 질서에서 인간의 행동을 조율하고 인간 경험의 단계 위에서 우주 질서의 상을 계획하는 것'이라는 클리포드 기어츠의 종교에 대한 정의에 영향을 받고 있다. Geertz, *The Interpretation of Cultures*(London:Fontana,1993), p.90.

17) Otto, *The Idea of the Holy*, 2nd edn(Oxford, London and New York: Oxford University Press, 1982).

18) 이러한 구별에 대한 논의는 Smart, *Reasons and Faiths*(London: Routledge and Kegan Paul, 1958) 그리고 더 최근의 책 *The World's Religions*(Cambridge University Press, 1989), pp.13-14 참조.

19)예를 들면 Dirks의 중요한 연구물 *The Hollow Crown*(Ann Arbor: University of Michigan Press, 1993), pp.106-7.

20) J.Z. Smith, *Imagining Religion*, p.55. 나는 신에 대한 형상을 가리키는 무르띠(*murti*)와 비그라하(*vigraha*)에 대해서 'image'보다는 'icon'이라는 용어를 사용할 것을 선호한다. 이 용어의 사용은 '그것이 가진 특성 덕분에 그것이 실제로 존재하든 아니든 똑같은 상태를 유지하고 있는 대상을 언급하는 표시'로 성상(icon)을 이해한 Charles Pierce에게 영향을 받았다.(Peirce, *Collected Papers of Charles Sanders Peirce*, vol.II(Cambridge, Mass :Harvard University Press, 1932), p.247). 힌두 무르띠와 정통 기독교에서 하나의 물질적인 중심으로서

'icon'은 Valdamir Lossky에 따르면 하나의 힘이자 신성함의 진리를 포함하는 것이다.(Miguel인용, 'Théologie de l'icone', in Viller, Cavallera and de Guibert(eds.), *Dictionnaire de spiritualité*, vol.Ⅶ (Paris:Beauchesme, 1971), p.1236). 이에 대한 설명에서 인간은 돌이나 나무와 같은 하나의 '대상(Object)'일 뿐 아니라 하나의 상(像)일 수도 있다.

21) Smart, *The World's Religions,* p.9.

22) Bourdieu, *Outline*(Cambridge University Press, 1991), pp.1-2.

23) Ibid, pp.3-9 참조. 그리고 Fauré, *The Rhetoric of Immediacy:A Cultural Critique of Chan/Zen Buddhism*(Princeton University Press, 1991), p.304.

24)Piatigorsky, 'Some Phenomenological Observations on the Study of Indian Religion' 참조.

25) 인간의 권위에 대해 언급한 것으로서 '부차적', '간접적인 계시'라는 용어는 Alexis Sanderson에 의해서 사용된다. Sanderson, 'Śaivism and the Tantric Traditions', in Sutherland, Houlden, Clarke and Hardy (eds.), *The World's Religions*(London:Routledge, 1988), p.662 참조.

26) Brian Smith는 힌두교를 인간이 창조하고 영속시킨 종교이며 베다의 권위에 따라 합법적인 전통으로 변화된 것으로 정의한다. B. K. Smith, 'Exorcising the Transcendent', p.40 참조.

27) Halbfass, *Tradition and Reflection*, pp.1-22.

28) Zaehner는 dharma는 산스끄리뜨 어근 *dhṛ*가 '잡다, 가지다 혹은 유지하다'라는 뜻을 가진 것과 관계가 있다고 보아서 다르마를 존재하는 사물의 형태나 그것을 유지하는 힘으로 정의한다. Zaehner, *Hinduism* (Oxford University Press, 1966), p,2.

29) Staal, *Rules Without Meaning, Ritual, Mantras and the Human Sciences*(New York:Peter Lang, 1989), p.389.

30) Gombrich, *Theravāda Buddhism*(London and New York:Routledge and Kegan Paul, 1988), pp.25-7.

31) L.Dumont, 'World Renunciation in Indian Religions', *Homo Hierarchicus*(Chicago and London:University of Chicago Press, 1980), pp.267-86.

32) L.Dumont, *Homo Hierarchicus*;Milner, *Status and Sacredness, A*

*general Theory of Status Relations and an Analysis of Indian Culture* (New York and Oxford:Oxford University Press, 1994);Carman and Marglin (eds.), *Purity and Auspiciousness in Indian Society*(Leiden: Brill, 1985) 참조.

33) Fuller, *The Camphor Flame*(Princeton University Press, 1992), p.3.

34) Ibid. p.4.

35) Fauré, *The Rhetoric of Immediacy*, pp.13-4 참조.

36) Von Stietencron, 'Hinduism:On the Proper Use of a Deceptive Term', In Sontheimer and Kulke, *Hinduism Reconsidered,* pp.11-27.

37) Staal, 'Sanskrit and Sanskritization', *Journal of Asian Studies,* 23.3(1963), pp.261-75 참조.

38) 이에 대한 논의는 Fauré, *The Rhetoric of Immediacy*, pp.80-7 참조.

39) Biardeau(ed.), *Autour de la Déesse hindoue*(Paris:Editions de l'Ecole des Hautes Etudes en Sciences Sociales, 1981), pp.9-16. 그리고 따밀나두의 드라우빠디(Draupadi) 종파에 대한 Hiltebeitel의 중요한 연구는 Hiltebeitel, *The Cult of Draupadī*, vol.1:*Mythologies from Gingee to Kuruksetra*(Chicago and London:University of Chicago Press, 1988);vol.Ⅱ:*On Hindu Ritual and the Goddess*(Chicago and London:University of Chicago press, 1991) 참조.

40) Appadurai, Korom and Miles(eds.), *Gender, Genre and Power in South Asian Expressive Traditions*(Philadelphia:University of Pensylvania Press, 1991) 참조.

41) Guha, 'The Prose of Counter-Insurgency', in Dirks, Eley and Ortner(eds.), *Culture, Power, History:A Reader in Contemporary Social Theory*(Princeton University Press, 1994), p.337.

42) Inden, *Imagining India.*

43) 의식에 대한 이론들(Bourdieu, Giddens)에 대해서 구조주의자 입장에 대한 잘된 요약(Marx, Dumont) 그리고 카스트 체계와 어떻게 관계되는지에 대해서는 Milner, *Status and Sacredness* 참조.

44) 인도 여성 저널지 *Manushi:Women Bhakta Poets,* 50, 51, 52(Jan.-June 1989) 참조.

45) Bechert, 'The Date of the Buddha Reconsidered', *Indologica Taurinensia,* 10(1982), pp.29-36 참조.

46) Gombrich, *Theravāda Buddhism*, p.6.

47) Thapar, *Interpreting Early India,* pp.136-73.

48) Kalhaṇa, *Rājataraṅgiṇī,* Dutt(trs.), *Kings of Kashmira:Being a Tranlation of the Sanskrita Work Rājataraṅgiṇī of Kalhaṇa Pandita,* 3vols.(1879;Delhi:MLBD, 재인쇄 1990).

## 제2장 고대의 기원

1) '기원'과 '흔적'의 관계에 대해서 프랑스 철학자 데리다(Derrida)는 이렇게 말한다. : '흔적은 기원의 소실일 뿐 아니라 그것은 의미한다. … 기원은 실제로 사라지는 것이 아니며, 그것은 기원이 아닌 것인, 흔적과의 상호작용 없이는 결코 만들어지지 않는다. 더불어 흔적은 기원의 기원이 된다.'; Derrida, *Of Grammatology*(Baltimore:Johns Hopkins University Press, 1976), p.61.

2) Wheeler, *The Indus Civilization; The Cambridge History of India Supplementary Volume*(Cambridge University Press, 1953);Dales and Kenoyer, *Excavations at Mohenjo Daro, Pakistan,* Museum Monograph(Philadelphia:University of Pennsylvania Press, 1993).

3) Parpola, *Deciphering the Indus Script* (Cambridge University Press, 1994), p.8.

4) Jarrige and Santoni,'The Antecedents of Civilization in the Indus Valley', *Scientific American*, 243.8(1980), pp.102-10. Allchin and Allchin, *The Rise of Civilization in India and Pakistan*(Cambridge University Press,1982), pp.105-7 참조.

5) Allchin and Allchin, *The Rise of Civilization in India and Pakistan,* pp.166-225. Parpola, *Deciphering the Indus Script*, pp.9-12.

6) 아쇼코 파르폴라와 러시아 학자들은 이 문자가 드라비다어라고 주장했다. Parpola, *Deciphering the Indus Script* 참조. 많은 논문에서 Subash Kak는 인더스 활자가 인도-유럽어이며, 이 문자는 산스끄리뜨에서 공통으로 쓰이는 데와나가리(*devangari*)의 전조인 브라미 문자와 몇 가지 유사한 점을 갖고 있다고 주장했다. 그의 'On the Decipherment of the Indus Script-A preliminary Study of its Connections with Brahmi', *The Indian Journal of History of Science,*

22.1(1987), pp.51-62 참조.

7) Renfrew, *Archaeology and Language;The Puzzle of Indo-European Origins*(London:Jonathan Cape, 1987), p.185.

8) Allchin and Allchin, *The Rise of Civilization in India and Pakistan,* p.183.

9) Marshall, *Mohenjo-Daro and the Indus Civilization,* 3vols.(London:University of Oxford Press, 1931), vol. I, p.52. Allchin and Allchin, *The Rise of Civilization in India and Pakistan,* pp.213-315 참조. 인장에 대해서는 Fairservis, *The Roots of Ancient India* (University of Chicago Press, 1975), pp.274-7. 원(原)쉬바에 대한 논의는 Hiltebeitel, 'The Indus Valley "proto-Siva", Re-examination through Reflection on the Goddess, the Buffalo, and the Symbolism of the *vāhanas*', *Anthropos*, 73.5-6(1978), pp.767-79;Srinivasan, 'Unhinging Siva from the Indus Civilization', *Journal of the Royal Asiatic Society of Great Britain and Ireland,* I(1984), pp.77-89 참조.

10) Parpola, *Deciphering the Indus Script,* pp.248-50.

11) Ibid. pp.256-71.

12) 이 주제에 대한 논의는 같은 논문 pp.246-8 참조.

13) Wheeler, *The Indus Civilization,* p.92.

14) Poliakov, *The Aryan Myth*(New York:Basic Books, 1974).

15) Shaffer, 'Indo-Aryan Invasions:Myth or Reality?', in Lukacs(ed.), *The People of South Asia:The Biological Anthropology of India, Pakistan and Nepal*(New York and London:Plenum Press, 1984), pp.77-90.

16) Inden, *Imagining India,* p.89.

17) Tripathi, *The Painted Grey Ware:An Iron Age Culture of Northern India*(Delhi:Concept Publishing Co., 1976).

18) Shaffer, 'Bronze Age Iron from Afghanistan:Its Implications for South Asian Proto-history', in Kennedy and Possehl(eds.), *Studies in the Archeology and Paleoanthropology of South Asia*(New Delhi:Oxford and IBH Publishers, 1983), pp.65-102.

19) Shaffer, 'Indo-Aryan Invasions:Myth or Reality?', p.88.

20) Parpola, *Deciphering the Indus Script*, pp.152-3.

21) Renfrew, *Archaeology and Language*, p.192.

22) Parpola, *Deciphering the Indus Script,* pp.142-59. 말에 대한 논쟁은 특히 pp.155-9 참조.

23) Emeneau and Burrow, *Dravidian Borrowings from Indo-Aryan* (Berkeley:University of California Press, 1962).

24) Parpola, *Deciphering the Indus Script*, pp.167-8.

25) *Ait.Ar.* 5.5.3

26) *Ṛg Veda Saṃhitā*의 표준 독일어 번역본은 Geldner, *Der Rigveda:Aus dem Sanskrit ins Deutsche übersetzt und mit einem laufenden Kommentar versehen,* 3vols., Harvard Oriental Series, 33,34,35(Cambridge, Mass.:Harvard University Press, 1951). 영어 번역은 Müller와 Oldenberg, *Vedic Hymns.* 2vols., SBE 32,46(Delhi:MLBD, 재인쇄 1973) 그리고 몇몇 찬송에 대한 번역본으로는 O'Flaherty:*The Rig Veda*가 있다.

27) Kak, 'On the Chronology of Ancient India', *Indian Journal of History of Science*, 22.3(1987), pp.222-34 참조. 그리고 Frawley, *Gods, Sages and Kings:Vedic Secrets of Ancient Civilization*(Salt Lake City:Passages Press, 1991) 참조.

28) Müller, *The Six Systems of Indian Philosophy*(London:Longmans, Green and Co., 1899), pp.44-7.

29) Staal, *Rules without Meaning*, p.37.

30) *Ait,Ar.* 3.1.1.

31) Coburn, '"Scripture" in India:Towards a Typology of the Word in Hindu Life', Levering(ed.), *Rethinking Scripture;Essays from a Comparative Perspective* (Albany:SUNY Press, 1989), p.112.

32) 고부류는 열네 개의 텍스트로 이루어져 있는데, 소위 브리하다라니야까*(Bṛhadāraṇyaka),* 짠도기야*(Chāndogya),* 아이따레야*(Aitareya),* 따잇띠리야*(Taittirīya),* 까우시따끼*(Kauṣītaki),* 께나*(Kena),* 이샤*(Īśa),* 까타*(Kaṭha),* 슈웨따슈와따라*(Śvetāśvatara),* 쁘라슈나*(Praśna),* 문다까*(Muṇḍaka),* 마하나라이야나 *(Mahānārāyaṇa),* 만두끼야 *(Māṇḍukya)* 그리고 마이뜨리*(Maitrī)*이다. 이들 가운데 가장 오래된 부류는 브리하다라니야까에서 까우시따끼까지이다.

33) Jamison, *Ravenous Hyenas and the wounded Sun*(Ithaca and

London:Cornell University Press, 1991), p.17.

34) *RV* 2.1.1.3.

35) *Ap.* S.S. Heesterman, *The Broken World of Sacrifice:Essays in Ancient Indian Ritual*(Chicago and London:University of Chicago Press, 1993), p.10 참조.

36) Staal, *Rules Without Meaning*, p.68. 그리고 Staal(ed.), *AGNI. The Vedic Ritual of the Fire Altar,* 2vols.(Berkeley:University of California Press) 참조.

37) Staal, *AGNI. soma* 순서에 관한 간결한 요약 하나는 Staal, *Rules without Meaning,* pp.81-3 참조.

38) Wasson, *Soma, the Divine Mushroom of Immortality*. Ethno-Mycological Studies I (New York:Harcourt, Brace and World, 1968).

39) Parpola, *Deciphering the Indus Script,* p.149.

40) Staal, *Exploring Mysticism*(Harmondsworth:Penguin, 1975), pp.187-93.

41) *RV* I .162;*Sat.Br.* 13.2.8; 13.5.2.

42) 말 희생제에 대한 설명은 P.E. Dumont, *L'Aśvamedha:description du sacrifice solennel du cheval dans le culte vedique d'aprés les textes du Yajurveda blanc,* Paris:Geuthner 1927 참조.

43) 말 희생제와 말과의 상징적인 성교는 옛날 아일랜드에서 이와 똑같은 공통의 인도-유럽인 주제가 있었던 것 같다. O'Flaherty, *Women, Androgynes and Other Mythical Beasts*(London and Chicago: University of Chicago Press, 1980), p.168 참조.

44) René Girard, *Violence and the Sacred*(Baltimore and London: The Johns Hopkins University Press, 1977).

45) Bourdieu, *Language and Symbolic Power*(Cambridge:Polity Press, 1991), pp.117-26 참조.

46) *BAU* 3.9.1-2.

47) Müller, *The Six Systems of Indian Philosophy,* p.47.

48) *Sat.Br.* 5.1.1.1-2.

49) *RV* 4.5.

50) *RV* 9.74.

51) *RV* 10.51.

52) *RV* 4.26.

53) *RV* 1.32.

54) Ādityas에 대한 설명은 Brereton, *The Rgvedic Adityas*(New Haven:American Oriental Series 63,1981) 참조.

55) *RV* 7.89.

56) *RV* 10.129.

57) *RV* 10.129, O'Flaherty의 번역본 *The Rig Veda,* p.25.

58) Taittirīya-Saṃhitā 1.5.1상의 Bhaṭṭa-Bhāskara는 Gonda에 의해서 인용되었다, *Mantra Interpretation in the Śatapatha Brāhmaṇa* (Leiden:Brill, 1988), p.1.

59) Durkheim, *The Elementary Forms of the Religious Life*(London: Allen and Unwin, 1962), p.237.

60) O'Flaherty, *Women, Androgynes and Other Mythical Beasts,* p.21 참조.

61) Eliade, 'Cosmical Homology and Yoga', *Journal of the Indian Society of Oriental Arts,* 5(1937), pp.188-203.

62) *RV* 10.90.

63) Lincoln, *Myth, Cosmos and Society:Indo-European Themes of Creation and Destruction*(Cambridge, Mass.:Harvard University Press, 1986), pp.141-4 참조.

64) Dumézil, 'Métiers et classes functionnelles chez divers peuples Indo-Européens', *Annales(Économies, Sociétés, Civilisations 13e année),* 4(Oct.-Dec. 1958), pp.716-24.

65) E. Aguilar i Matas, *Rg-vedic Society*(Leiden:Brill, 1991), pp.11-12.

### 제3장 다르마

1) Witzel, 'On Localization of the Vedic Texts and Schools', Pollet(ed.), *India and the Ancient World,* Orientalia Lovaniensia Analecta25 (Department Oriéntalistik, Leuven University:1987), pp.194-200.

2) Coward, Lipner and Young(eds.), *Hindu Ethics*(Albany:SUNY Press, 1991), p.2;Zaehner, Hinduism, pp.102-24.

3) Heesterman, *The Inner Conflict of Traditions:Essays in India Ritual, Kingship and Society*(University of Chicago Press, 1985), p.3.

4) *MS* Ⅰ.1.2.

5) *Gautama Dharma Sūtra* Ⅰ.1~2.

6) *Manu* 6.7 그리고 6.12.

7) *Baud.SS.* Ⅰ.23. Staal, *Rules Without Meaning,* pp.355-9 참조.

8) Staal, *Rules Without Meaning*, pp.364-5.

9) Lingat, *The Classical Law of India*(Berkely:University of California Press, 1973), pp.73-4.

10) M. Derrett, 'Appendix by the translator', in Lingat, *The Classical Law of India*, p.273.

11) *Gaut, DH.* 28.49~51;*Manu* 12.112.

12) Doniger, *The Laws of Manu*, p.xlvi.

13) *Manu.* 1.85;1.110.

14) *Manu*, 10.97.

15) B.K. Smith, *Classifying the Universe:The Ancient Indian Varna System and the Origins of Caste*(New York and Oxford:Oxford University Press, 1994).

16) *Vis.Smrt.* 2.4-14.

17) E.V. Daniel, *Fluid Sings:Being a Person the Tamil Way*(Berkeley: University of California Press, 1984), pp.235-6.

18) Marriott, 'Hindu Transactions:Diversity without Dualism', B. Kapferer(ed.), *Transaction and Meaning:Directions in the Anthropology of Exchange and Symbolic Behaviour*(Philadelphia: Institute for the Study of Human Issues, 1976), pp.109-42.

19) Halbfass, *Tradition and Reflection*, p.350.

20) *Manu* 10.24;3.15.

21) *Ibid.* 3.17;11.68;8.371-2.

22) *Ibid.* 10.16.

23) *Ibid,* 5.85.

24) *Ibid,* 10.51.

25) Giles, The Travels of Fa-hsien(399~414AD), 또는 *Record of the*

*Buddhist Kindoms*(Cambridge University Press, 1923), p.21.

26) L. Dumont, *Homo Hierarchicus,* p.54.

27) Olivelle, *The Āśrama system:The History and Hermeneutics of a Religious Tradition*(New York, Oxford:Oxford University Press, 1993), pp.7, 24-8.

28) Ibid, pp.19-20.

29) Ibid, pp.80-1.

30) *Ath.V.* 11.5.

31) Gonda, *Change and Continuity in Indian Religion*(1965 New Delhi: Munshiram Manoharlal, 재인쇄 1985), p.285.

32) *Ibid.* 3.1-2.

33) *Ibid.* 6.8. Doniger역, *The Laws of Manu,* p.117.

34) *Manu* 6.13;6.23-4.

35) *Ibid.* 3.77-8;12.86.

36) Ibid. 1.88.

37) Ibid. 6.43-4;57.

38) L. dumont, 'World renunciation in Indian Religions', *Homo Hierarchicus,* pp.267-86.

39) *Manu* 3.60.

40) Biardeau, *Hinduism, The Anthropology of a Civilization*(New Delhi: Oxford University Press, 1989)p.50.

41) *Manu* 5.147-8.

42) Ibid. 5.165-6.

43) Leslie, 'Suttee or satī:Victim or Victor?', Leslie(ed.), *Roles and Rituals for Hindu Women*(London:Printer Publishers, 1991), pp.175~191. 그리고 Hawley(ed.), *Satī, the Blessing and the Curse:The Burning of Wives in India*(New York, Oxford:Oxford University Press, 1994) 참조.

44) Leslie, *The Perfect Wife:The Orthodox Hindu Woman According to the Strīdharmapaddhati of Tryambakayajvan,* Oxford University South Asian series(Delhi:Oxford University Press, 1989), pp.305-16.

45) Fuller, *The Camphor Flame*, pp.106-27. 그리고 Dirks, *The Hollow Crown.*

46) *RV*1.32.15. O'Flaherty 역, *The Rig Veda,* p.151.

47) *RV* 10.173;*Ath. V.* 6.87-8.

48) Gupta and Gombrich, *'Kings, Power and the Goddess', South Asia Research,* 6.2(1986), pp.123-38.

49) *Manu* 7.5-7. Doniger 역, *The Laws of Manu,* p.128.

50) Inden, *Imagining India,* p.228.

51) Stein, *Peasant, State and Society in Medieval South India*(Delhi: Oxford University Press, 1980), pp.22, 264.

52) Inden, 'kings and Omens', Carman and Marglin(eds.), *Purity and Auspiciousness in Indian Society* (Leiden:Brill, 1985), p.38.

53) Kantorowicz, *The King's Two Bodies*(Princeton University Press, 1957).

54) *Ath. V.* 3.4.2.

55) *Manu* 7.35.

56) Ibid. 7.12-24.

57) L. Dumont, *Homo Hierarchicus*, pp.97-108.

58) Heesterman, *The Inner Conflict of Tradition*, p.7.

59) Ibid. p.9.

60) Heesterman, *The Inner Conflict of Tradition:Inden,* 'Tradition Against Itself', *American Ethnologist,* 13.4(1986), pp.762-75.

61) Dirks, *The Hollow Crown,* p.249.

**제4장 요가와 기세**

1) *YS* 2.15.

2) Bronkhorst, *The Two Traditions of Meditation in Ancient India*(Delhi:MLBD, 1993), pp.68-111.

3) Masefield, *Divine Revelation in Pali Buddhism*(London:Allen&Unwin, 1986), p.160.

4) 그 찬송은 다음과 같다:

> 긴 머리의 그는 불을 붙잡고 약, 하늘과 지구를 붙잡는다. 긴 머리의 그는 모든 것을 드러내어 모두가 태양을 볼 수 있다. 긴 머리의 그는 그 빛을 밝힐 수 있다.

이 고행자들은 바람으로 몸을 감싸고, 더러운 붉은색 누더기를 걸친다. 신이 그들에게 들어올 때, 그들은 바람의 급류를 탄다.

'고행에 미쳐 우리는 바람에 걸터앉았다. 우리의 몸은 모두, 당신이 그저 하찮은 인간에 불과함을 알 수 있다.'

그는 공기에 떠다니며, 모든 형상에 냉담하다. 고행자는 여러 신들과 벗하며, 올바른 수행에 전념한다.

바람의 종말, 강풍의 친구, 신에게 사로잡힌 고행자는 동과 서, 두 대양에서 산다.

그는 신성한 소녀와 청년의 감정을 움직이고, 야생 짐승의 마음을 움직인다. 긴머리의 그가 자신의 마음을 읽는 것은 이들의 달콤하면서 가장 자극적인 친구이다.

바람은 그것을 휘젓는다. 그리고 꾸난나마(Kunaṃnamā)는 그를 위해서 그것을 준비했다.

긴 머리의 그는 루드라와 공유하는 약을 컵에 부어 마신다.

O'Flaherty, *The Rig Veda,* pp. 137-8.

만약에 꾸난나마가 등이 굽은 여신이라면 여기에서 아마도 '곱사등이' 밀교 여신 쿠브지까(Kubjikā)의 전조가 보인다 하겠다.

5) Staal, *Exploring Mysticism,* pp.185-7.

6) Werner, 'Yoga and the Ṛg Veda:An Interpretation of the Kesin Hymn', *Religious Studies*, 13(1976), pp.289-93.

7) *RV* 1.114.

8) Heesterman, *The Broken World of Sacrifice,* pp.178-9. Vrātyas에 대한 것은 일반적으로 Eliade, *Immortality and Freedom*(Princeton University Press, 1973), pp.103-4; Feuerstein, *Yoga, The Technology of Ecstasy*(Wellingborough:Crucible, 1989), pp.111-14; Hauer, *Der Vrātya,* vol 1:*DieVrātyas als nichtbrahmanische Kultgenossenschaften arischer Herkunft*(Stuttgart:Kohlhammer Verlag, 1927) ;Heesterman, 'Vrātya and Sacrifice', *Indo-Iranian Journal,* 6(1962), pp.1-37 참조.

9) Eliade, *Yoga,* p.103.

10) Gombrich, *Theravāda Buddhism,* pp.57-8.

11) Wheatley, *The Pivot of the Four Quarters*(Chicago:Aldine Publishing

Co., 1971), p.8. 그리고 Eck 'The City as Sacred Centre', B. Smith and H.B. Reynolds(eds.), *The City as Sacred Centre:Essays on Six Asian Contexts*(Leiden, New York and Cologne:Brill, 1987) 참조.

12) Gombrich, *Theravāda Buddhism*, pp.51-8;Olivelle, *The Saṃnyāsa Upaniṣds,* pp.30-3.

13) B.S. Turner, *Religion and Social Theory*(London:SAGE Publications, 1991), p.163.

14) Gokhale, 'The Early Buddhist Elite', *Journal of Indian History,* 42.2(1965), pp.391-402.

15) Gombrich, *Theravāda Buddhism*, pp.58-9.

16) *Sutta Nipata* 3.9.

17) Ājīvikas에 대해서는 Basham, *History and Doctrines of the Ājīvikas* (Delhi:MLBD, 1981) 참조. 자이나교도에 대해서는 Dundas, *The Jains* (London:Routledge and Kegan Paul, 1992) 참조. 물질주의자에 대해서는 Chattopadhyaya, *Lokāyata*(New Delhi:People's Publishing House, 1959) 참조.

18) Thapar, *Interpreting Early India,* p.63.

19) Bronkhorst, *The Two Traditions of Meditation,* pp.45-53.

20) *BAU* 6.5.1-4.

21) Ibid. 1.1.1-2.

22) *Ch.U.* 1.1.9-10. Radhakrishnan 역, *The Principal Upaniṣads*, pp.331-3.

23) Staal, *Rules Without Meaning,* pp.117-20.

24) *Sat.Br.* 10.2.5.11.

25) *BAU* 4.1.1-7.

26) *Ch.U.* 6.13.1-3.

27) Ibid. 1.12.1-5.

28) *Tait.Up.*3.6.1과 3.8.1. Radhakrishnan 역, *The Principal Upaniṣads*, pp.557, 149, 150.

29) *RV* 10.16.

30) 이에 대한 논쟁에 대한 논의와 여러 견해에 관한 논문은 O'Flaherty(ed.), *Karma and Rebirth in Classical Indian Traditions* (Berkeley and Los Angeles:University of California Press, 1980) 참조. 그리고 Boyer, 'Etude sur L'orgine de la doctrine du samsara', *Journal*

*Asiatique,* 2(1901), 451-99.

31) *BAU* 3.2.13.

32) Ibid. 4.4.3.

33) *Svet, U.* 5.7.

34) Heesterman, *The Inner Conflict of Tradition,* p.40.

35) Ibid. p.34.

36) *Manu* 2.87-100;6.42-9.

37) Biardeau, *Hinduism, the Anthropology of a Civilization,* p.159. 그리고 Biardeau and Malamoud, *Le Sacrifice dans L'Inde ancienne*(Paris: Presses Universitaires de France, 1976) 참조.

38) L. Dumont, *Homo Hierarchicus,* p.272.

39) Inden, *Imagining India,* p.203.

40) Olivelle, *Saṃnyāsa Upaniṣads,* p.21.

41) *BAU* 4.5.1-2., Radhakrishnan, *The Principal Upaniṣads,* p. 281.

42) Gombrich, *Theravāda Buddhism,* p.107.

43) *Vis. Smrt.* 96.12.

44) *Nar.U.* Olivelle, *Saṃnyāsa Upaniṣads,* pp.191-2.

45) Olivelle, *Saṃnyāsa Upaniṣads,*, p.94.

46) 간결하지만 명확한 설명을 하고 있는 글은 Hartsuiker, *Sādhus, the Holy Men of India*(London:Thames and Judson, 1993), pp.31-5 참조.

47) *BAU.U.* 4.4.23.

48) *Kat.U.* 2.3.10-11.

49) *Ibid.* 1.3.3-9.

50) *Svet.U.* 2.8-14.

51) *Mait.U.* 2.7-3.1-2;6.18.

52) *YS* 1.2.

53) Svātmarāma, *The Haṭhayogapradīpikā*(Madras:The Adyar Library Research Centre, 1972).

54) Silburn, *Kuṇdalinī, the Energy from the Depths*(Albany:SUNY Press, 1988) 참조.

55) *Tait.U.* 1.6.1.

56) *Hat.Yog.* 3.32-8.

57) *Ibid.* 3.42.

58) *Ibid.* 4.65-102.

59) Juergensmeyer, *Radhasoami Reality, The Logic of a Modern Faith*(Princeton University Press, 1991), 90-1.

60) *YS* 3.16-49.

61) *YS bhāṣya* 1.45.

## 제5장 설화 전통과 초기 비슈누교

1) *Mahābhārata, Critical Edition with Pratika Index,* 28vol.(Poona:Bhandarkar Oriental Research Institute, 1923-72). 이것의 영어 번역본이 Van Buitenen에 의해 전3권으로 출판됨. Van Buitenen, *The Mahābhārata.*

2) *Mbh.* 3.52-79.

3) Ibid. 1.68-72.

4) Van Buitenen, *The Bhagavadgītā*, p.3.

5) 인도에는 『라마야나』에 대한 번역서와 편집서가 다수 있다. 최근 발미끼 책을 토대로 한 번역이 Robert P. Goldman에 의해 편집되었다. :Goldman(ed.), *The Rāmāyaṇa of Vālmīki: An Epic of Ancient India,* vol. I :*Balakāṇḍa*(Princeton University Press, 1984);Pollock, vol.II:*Ayodhyākāṇḍa*(Princeton University Press, 1986);Pollock, vol.III:*Araṇyakāṇḍa*(Princeton University Press, 1991).

6) P. Richman(ed.), *Many Rāmāyaṇas* (Delhi:Oxford University Press, 1991).

7) 예를 들면 뉴욕의 Ananda Ashram에서 『라마야나』가 정기 공연된다.

8) Scheckner, *The Future of Ritual*(London and New York:Routledge, 1993), pp.131-83.

9) Whalling, *The Rise of the Religious Significance of Rama*(Delhi: MLBD, 1980).

10) Hardy, Viraha Bhakti(Delhi:Oxford University Press, 1983), p.86. 그리고, Hacker, *Prahlāda, Werden und Wandlungen einer Idealgestalt,* Akademie der Wissenschaften und der Literatur in Mainz, Abhandlungen der Geistes-und Sozialwissenschaftlichen Klasse 13(Wiesbaden:Franz Steiner Verlag, 1960). 그리고 Bailey, 'On the

Object of Study in Purāṇic Research;Three Recent Books on the Purāṇs', *Review of the Asian Studies Association of Australia,* 10.3(1987), pp.106-14.

11) *Vis.Pur.* 1.30-2.

12) Hardy, *The Religious Culture of India:Power, Love and Wisdom* (Cambridge University Press, 1994), p.29 참조.

13) *Vis.Pur.* 2.214;*Manu* 1.37-40. 인도의 우주론에 관한 설명은 Gombrich, 'Ancient Indian Cosmology', Blacker and Loewe(eds.), *Ancient Cosmologies*(London:George Allen and Unwin, 1975), pp.110-42 참조.

14) *Vis.Pur.* 3;4.21-4.

15) *RV* 91.22.16-21.

16) Ibid. 1.154.

17) *Vay. Pur.* 2.36.74-86.

18) *Bh.G.* 4.7. 번역서로는 van Buitenen, *The Bhagavadgītā,* p.87.

19) *Mat.Pur.* 1.11-34;2.1-19(*Sat. Br.* 1.8.1-6).

20) *Vis.Pur.* 1.4.3-11, 25-9, 45-9.

21) Hardy, *The Religious Culture of India,* pp.299-301.

22) *Vis.Pur.* 1.4.17;1.19.80;5.9.28.

23) Hardy, *Viraha Bhakti,* pp. 17-18 그리고 *passim.*

24) *Ast.* 4.3.98.

25) *Mahaniddesa,* vol. I , ed. de la Vallée Poussin(London:Pali text Society, 1916) 89,92.

26) *Bh.G.* 10.37.

27) *Mahbhas.* 4.3.98.

28) Hardy, *Viraha Bhakti,* pp.18-19 참조.

29) *Ch.U.* 3.117.6.

30) *Bh.G.* 11.21, 24, 31.

31) *Sat.Br.* 12.3.4;13.6.1.

32) *Manu* 1.10.

33) *Mbh.* 12.341.

34) *Mahnar.U.* 201-69.

35) Tawney(역), *Somadeva's Kathā Saritsāgara, or Ocean of Streams of Story,* ed. Penzer, 10 vols.(1924-8;Delhi:MLBD, 재인쇄 1968), 54.19,

21-3.

36) *Sat.Br.* 13.6.1.

37) *Mbh.* 12.337,63-4.

38) Schrader, *Introduction to the Pāñcarātra and the Ahirbudhnya Saṃhitā*, (Madras:Adyar Library and Research Centre, 재인쇄 1973), pp.23-4 참조.

39) Neeval, *Yāmuna's Vedānta and Pāñcarātra: Integrating the Classical with the Popular* (Montana:Scholar's Press, 1977) 참조.

40) *Jay.Sam.* 4.8.

41) *Bh.G.* 2.21-2. 번역서로는 van Buitenen, *The Bhagavadgītā*, pp.75-7.

42) *Bh.G.* 2.31-3.

43) Ibid. 4.9-23.

44) Ibid. 11.5-49.

45) Ibid. 9.33.

46) Ibid. 18.54-5, 65.

47) Ibid. 3.3;13.5-19.

### 제6장 비슈누에 대한 사랑

1) Zvelebil, *The Smile of Murugan*(Leiden:Brill, 1973), pp.131-54.

2) Ibid. p.4; Hardy, *Viraha Bhakti*, pp.124-31.

3) Kailasapathy, *Tamil Heroic Poetry*(Oxford University Press, 1968), pp.258-64.

4) Ibid. pp.63-4.

5) Hardy, *Virha Bhakti*, p.141.

6) Parpola, *Deciphering the Indus Script*, pp.225-32.

7) 12명의 알와르에는:Poykai, Pūtam, Péy, Tiruppāṇ, Tirumaḻicai, Toṇṭaraṭippoṭi, Kulacékaraṉ, Periyāḻvār, Āṇṭāḷ, Tirumaṅkai, Nammāḻvār, Maturakavi가 있다.

8) Meenakshi, 'Andal:She Who Rules', *Manushi, Tenth Anniversary Issue:Women Bhakta Poets,* 50-2(Delhi:Manushi Trust, 1989), pp.34-8 참조.

9) Tyagisananda, *Aphorisms on the Gospel of Divine Love or the Nārada*

*Bhakti Sūtras*(Madras:Ramakrishna Math, 1972), pp.82-3.

10) Fuller, *The Camphor Flame*, p.165.

11) Neeval, *Yāmuna's Vedānta and Pāñcarātra,* ch.1.

12) Śrī Vaiṣṇava 전통 속에서 그의 텍스트의 지위나 Nammāḻvār에 대한 설명은 Carman and Narayanan, *The Tamil Veda*(Chicago and London: University of Chicago Press, 1989) 참조.

13) Mumme, 'Haunted by Śaṅkara's Ghost:The Śrīvaiṣṇava Interpretation of Bhagavad Gītā 18.66', Timm(ed.), *Texts in Context: Traditional Hermeneutics in South Asia*(Albany:SUNY Press, 1992), pp.69-84.

14) Stoler-Miller, *Love Song of the Dark Lord*(New York:Columbia University Press, 1977).

15) 이러한 시인들의 몇몇 훌륭한 번역서로는 Bhattacharya, *Love Songs of Chandidās*(London;Allen and Unwin, 1967);Bhattacharya, *Love Songs of Vidyāpati*(London:Allen and Unwin, 1963);Dimock&Levertov, *In Praise of Krishna:Songs from the Bengali*(New York:Anchor Books, 1967) 참조.

16) Bhattacharya, *Love Songs of Chandidās*, p.107.

17) Majumdar, *Caitanya:His Life and Doctrine*(Bombay:Bharatiya Vidya Bhavan, 1969).

18) *Siegel, Sacred and Profane Dimensions of Love in Indian Traditions as Exemplified in The Gītagovinda of Jayadeva*(Oxford University Press, 1978), pp.137-77.

19) 사하지야와 바울에 관한 설명은 Dasgupta, *Obscure Religious Cults* (Calcutta:Mukhopadhyay, 1969);Dimock, *The Place of the Hidden Moon*(Chicago University Press, 1966) 참조.

20) Bon Maharaj(역), *The Bhakti-rasamrta-sindhu* vol.1(Vrindaban: Institute of Oriental Philosophy, 1965).

21) Joshi, *Le rituel de la dévotion kṛṣṇaite*(Pondicherry:Institut Français d'Indologie, 1959),pp.32-3 참조.

22) Haberman, *Acting as a Way of Salvation:A Study of Rāgānuga Bhakti*(New York and Oxford:Oxford University Press, 1988), pp.87-93.

23) Barz, *The Bhakti Sect of Vallabhācarya*(Faridabad:Thompson Press, 1976).

24) Williams, *The New Face of Hinduism, the Swaminarayan Religion* (Cambridge University Press, 1984).

25) Wilson(역), *The Love of Krishna:The Krsnakarnamrta of Lilasuka Bilvamangala*(Leiden:Brill, 1973).

26) Deleury, *The Cult of Vitoba*(Poona:Deccan College Postgraduate and Research Institute, 1960);Ranade, *Mysticism in India:The Poet-Saints of Maharashtra*(Albany:SUNY Press, 재인쇄 1983) 참조.

27) Tulpe(trs.), *Jnaneshwar's Gita:A Rendering of the Jnaneshwari* (Albany:SUNY Press, 1989).

28) 순례에 관한 설명은 Karve, 'On the Road:A Maharashtrian Pilgrimage', in Zelliott&Bernsten(eds.), *Essays on Religion in Maharashtra*(Albany:SUNY Press, 1988), 그리고 Fuller, *The Camphor Flame*, pp.210-14 참조.

29) Raidās에 관한 설명은 Callewaert&Friedlander, *The Life and Works of Raidas*(Delhi:Manohar, 1992) 참조.

30) Vaudeville, *Kabir,* vol.1(Oxford:Clarendon Press, 1974).

31) Hess&Singh, *The Bijak of Kabir*(San Francisco:North Point Press, 1983), p.42.

32) Van der Veer, *Gods on Earth:The Management of Religious Experience and Identity in a North Indian Pilgrimage Centre*(London: Athlone, 1988). Fuller, *The Camphor Flame,* pp.163-9.

33) Hill, *The Holy Lake of the Acts of Rama, an English translation of Tulsi Das's Ramacaritmanasa*(Calcutta:Oxford University Press, 1952).

34) Lamb, 'Personalizing *Ramayan*:Ramnamis and Their Use of the *Ramacaritmanas*', in Richman, Many Rāmāyaṇas, p.237.

35) Scheckner, *The Future of Ritual,* pp.131-83.

**제7장 샤이바교와 딴뜨라교**

1) Madan, *Non-renunciation*(Delhi:Oxford University Press, 1987),

pp.17-47 참조.

2) Benedict, *Patterns of Culture*(1934;London:RKP, 재인쇄 1971), pp.56-8.

3) *Śiva-Purāna*, 역. A Board of Scholars(Delhi:AITM, 1970) 2.16-43.

4) O'Flaherty, *Asceticism and Eroticism in the Mythology of Śiva* (Oxford University Press, 1973). Reissued as *Siva, the Erotic Ascetic* (New York:Oxford University Press, 1981).

5) 링가는 종종 '상징적인' 표현으로 그려지는데, 인간의 형상을 한다는 의미는 아니다. 그래서 링가는 하나의 '정화'로서의 '상(像)'이라는 의미에서 '상징적인 상(像)'으로 그려질 수 있다.

6) *Tait.Sam.* 4.5.1;*Vaj.Sam.* 16.1-66.

7) *Jab.U.* 3.66.

8) Gonda, *'The Śatarudriya'*, Nagatomi, Matilal and Masson(eds.), *Sanskrit and Indian Studies:Essays in Honour of Daniel H.H. Ingalls* (Dordrecht:Reidel, 1979), pp.75-91 참조.

9) *Svet.U.* 6.23.

10) Bhandarkar, *Vaiṣṇavism, 'Śaivism and Minor Religious Systems*(1913;New Delhi:Asian Educational services, 재인쇄 1983), p.165.

11) *Sribha.* 2.2.37.

12) *Kur.Pur.* 1.14.30;1.20.69.

13) Sanderson, 'Śaivism and the Tantric Traditions';A. Sanderson, 'Purity and Power Among the Brahmans of Kashmir', Carrithers, Collins and Lukes(eds.),*The Category of the Person:Anthropology, Philosophy, History*(Cambridge University Press, 1985), pp.190-8.

14) Sanderson, 'Śaivism and the Tantric Traditions', pp.664-90.

15) *Mbh. śantiparvan* 349.64.

16) Chakraborti, *Pāśupata-sūtram with Pañcārtha-bhāṣya of Kauṇḍinya.*

17) *Kur.Pur.* 1.51.10.

18) *Pas.Su.* 1.9.

19) *Kur.Pur.* 1.14.30;1.20.69.

20) *Pas.Su.* 4.1-24.

21) Sanderson, 'Śaivism and the Tantric Traditions', pp.665-6.

22) *Manu* 11.73.

23) O'Flaherty, *Siva, the Erotic Ascetic,* pp.123-27. Kramrisch, *The Presence of Śiva*(Princeton University Press, 1981), pp.259-65.

24) Sanderson, 'Śaivism and the Tantric Traditions', pp.667-9.

25) Snellgrove, *Indo-Tibetan Buddhism:Indian Buddhists and Their Tibetan Successors*(London:Serindia Publication, 1987), pp.152-60.

26) On the obscure terminological symbolism or 'intentional language' (*sandhabhāṣa*) of the Tantras Bharati, *The Tantric Tradition*(London: Rider, 1970), pp.164-84 참조.

27) *Mṛgendrāgama*에 관한 문헌은 Brunner-Lachaux, *Mṛgendrāgama: section des rites et section du comportement*(Pondicherry:Institut Français d'Indologie, 1985) 참조.

28) Bharati, *The Tantric Tradition,* p.27:'딴뜨라 사다나는 단일 유형을 따르는데, 바즈라야나 불교와 힌두 딴뜨라 사다나, 이 두 철학 체계 간에는 큰 차이가 있지만 둘은 분간할 수 없다.'

29) Norman, *The Elder's Verses,* vol. Ⅱ(London:Luzac, 1971), p.123.

30) Brunner, 'Un Tantra du nord:le Netra Tantra', *Bulletin de l'École française d'Extrême-Orient,* 61(1974), pp.125-96.

31) Sanderson, 'Purity and Power', pp.190-216;Dyczkwski, *The Doctrine of Vibration*(Albany:SUNY Press, 1987), pp.14-17.

32) Dyczkowski, *The Canon of the Śaivāgama and the Kubjikātantras of the Western Kaula Tradition*(Albany:SUNY Press, 1988), pp.31-2.

33) Sanderson, 'Saivism and the Tantric Traditions', p.668.

34) Brunner-Lachaux, *Somaśambhupaddhati,* 3vols.(Pondicherry:Institut Français d'Indologie, 1963,1968,1977). Davis, *Ritual in an Oscillating Universe:Worshipping Śiva in Medieval India*(Princeton University Press, 1991) 참조.

35) *Sp.Nir.* p.50.

36) Sanderson, 'Saivism and the Tantric Traditions', p.668.

37) Parry, 'The Aghori Ascetics of Benares', in Burghardt and Cantille (eds.), *Indian Religion*(London:Curzon, 1985), pp.51-78;Parry, 'Sacrificial Death and the Necrophagus Ascetic', Parry and Bloch (eds), *Death and the Regeneration of Life*(Cambridge University Press, 1982);Parry, *Death in Banaras*(Cambridge University Press, 1994),

pp.251-71.

38) Padoux, *Le Coeur de la Yogini, Yoginīhṛdaya avec le commentaire Dīpika d'Amṛtānanda*(Paris:Diffusion de Boccard, 1994), pp.8-10 참조.

39) Trika 의례의 형태에 대해서는 Sanderson, 'Śaivism and the Tantric Traditions', pp.672-74;Sanderson, 'Mandala and the Āgamic Identity of the Trika of Kashmir', Padoux(ed.), *Mantras et diagrammes rktuels dans l'Hindouisme*(Paris:CNRS, 1986), pp.169-207;Flood, *Body and Cosmology in Kashmir Śaivism*(San Francisco:Mellen Research University Press, 1993), pp.269-301.

40) Madan, 'The ideology of the Householder among the Kashmiri Pandits', Madan(ed.), *Way of Life, King, Householder, Renouncer* (Delhi:Vikas Publishing House, 1982), pp.223-49. 쁘라띠야비쟈에 대한 현대 해설자에 대해서는 Lakshman Jee, *Kashmir Śaivism:The Secret Supreme*(Albany:Universal Śaiva Trust, 1988) 참조.

41) Peterson, Poems to *Śiva, The Hymns of the Tamil Saints*(Princeton University Press, 1989), pp. 13-14.

42) 그러나 남아시아를 이해하기 위한 하나의 모델로서 봉건주의를 거론하는 것에 대해서는 의문시된다. Stein, *Peasant, State and Society in Medieval South India* 참조.

43) Zvelebil, *The Smile of Murugan*, pp.185-95.

44) 께랄라 딴뜨라교에 관한 설명은 Unni, 'Introduction in Ganapati Sastri(ed.), *Tantra Samuccaya of Nārāyaṇa*(Delhi:Nag Publishers, 1990), pp.1-75 참조.

45) Ramanujan, *Speaking of Śiva*(Harmondsworth:Penguin, 1973), p.134.

46) Turner, *The Ritual Process*(Harmondsworth:Penguin, 1974), pp.80-154.

47) Ramanujan, *Speaking of Śiva*, pp.61-5.

### 제8장 여신과 샥따 전통

1) Gross, 'Hindu Female Deities as a Resource for the Contemporary Rediscovery of the Goddess', *Journal of the American Academy of Religion*, 46.3(1978), pp.269-92.

2) O'Flaherty, *Women, Androgynes and Other Mythical Beasts*, p.91.

여신에 대한 일반적인 설명은 Kinsley, *Hindu Goddesses:Visions of the Feminine in the Hindu Religious Tradition*(Berkeley and Los Angeles: University of California Press, 1986) 참조. 그리고 N.N. Bhattacharyya, *History of the Śākta Religion*(Delhi:Munshiram Manoharlal, 1974); Payne, *The Śāktas*(Calcutta:YMCA Publishing House, 1933) 참조.

3) O'Flaherty, *Women, Androgynes and Other Mythical Beasts,* p.91.

4) Vijnanananda(역), *The Śrimad Devi Bhāgavatam*, Sacred Books of the Hindus 26(New Delhi:Oriental Books, 재인쇄 1977). 다른 뿌라나에서 신화 비교에 대해서는 C.M. Brown, *The Triumph of the Goddess:Canonical Models and Theological Visions of the Devi-Bhāgavata Purāṇa*(Albany:SUNY Press, 1990) 참조.

5) *RV* 1.113.19; 2.27.1; 7.60.5; 8.47.9.

6) *Sat.Br.* 2.2.1.19; 3.2.3.6.

7) *RV* 10.59.

8) *Sat.Br.* 5.2.3.3.

9) Kinsley, *Hindu Goddesses,* pp.107-9; 152-5.

10) Hiltebeitel, *The Cult of Draupadī,* vol. I (University of Chicago Press, 1988), p.318.

11) *Dbh.Pur.* v.23.60. C.M. Brown, *The Triumph of the Goddess,* p.119 참조.

12) Sanderson, 'Śaivism and the Tantric Traditions', pp.674-8.

13) Goudriaan and Gupta, *Hindu Tantric and Śākta Literature* (Wiesbaden:Otto Harrassowitz, 1981), pp.79-80.

14) Dyczkowski, *The Canon of the Śaivāgama*, pp.87-92.

15) Sanderson, *'Śaivism and the Tantric Traditions'*, p.687.

16) Ibid. p.689; Goudriaan and Gupta, *Hindu Tantric and Śākta Literature,* pp.59-64.

17) Goudriaan and Gupta, *Hindu Tantric and Śākta Literature,* pp.64-8. 이 텍스트는 초기 영국 해석자와 밀교 학자인 Arthur Avalon(일명 John Woodroffe 경)에 의해 상당히 유명해졌는데, 그의 딴뜨라 텍스트 시리즈 (no.8, Madras: Ganesh&Co., 1918)로 출판되었다.

18) Sastri and Srinivasa Ayyangar(역), *Saundaryalaharī of Śrī Śaṃkara-Bhagavatpāda*(Madras:Theosophical Publishing House, 1977); hastri,

The *Lalitāsaharanāma with the Saubhāgyabhāskarabhāṣya of Bhāskararāya*(Bombay:Nirnaya Sagar, 1935). 그리고 Brooks, *The Secret of the Three Cities:An Introduction to Śākta Hinduism* (Chicago and London:University of Chicago Press, 1990).

19) Bharati, *Hindu Views and Ways and the Hindu-Muslim Interface* (Santa Barbara:Ross Erickson, 1982), pp.23-40.

20) Sanderson, 'The Visualization of the Deities of the Trika', Padoux (ed.), *L'Image Divine:culte et méditation dans l'Hindouisme* (Paris:Centre National de la Recherche Scientifique, 1990), pp.80-2.

21) Padoux, *Vāc, the Concept of the Word in Selected Hindu Tantras* (Albany:SUNY Press, 1990), pp.105-24.

22) O'Flaherty, *The Laws of Manu*(Harmondsworth:Penguin, 1991), 10.88.

23) *TA* 29.97-8.

24) Brooks, *The Secret of the Three Cities,* p.28.

25) Sanderson, 'Purity and Power', pp.190-8.

26) Eliade, *Yoga*, p.258.

27) *BAU* 4.3.21:'사람은 주관적이지도 객관적이지도 않은 자신이 선호하는 진리에 에워싸여 있다. 그래서 인간은 주관적이지도 객관적이지도 않은 학문적 진리의 본질에 둘러싸여 있다.' (내 번역.)

28) Bharati, *The Tantric Tradition*, pp.236-40 참조.

29) 여성에 대한 사회적인 종속의 지위에 대한 면은 최근 불교 딴뜨라에 대한 이해와 함께 논의된다. Shaw, *Passionate Enlightenment:Women in Tantric Buddhism*(Princeton University Press, 1994) 참조.

30) Sanderson, 'Purity and Power', p.202; Gupta, 'Women in the Śaiva/Śākta Ethos', Leslie, *Roles and Rituals for Hindu Women,* pp.193-210.

31) *Kau.* 16.7-10.

32) Dasgupta, *Obscure Religious Cults*; Dimock, *The Place of the Hidden Moon.*

33) Das, 'Problematic Aspects of the Sexual Rituals of the Bauls of Bengal', *Journal of the American Oriental Society,* 112.3(1992), pp.388-432.

34) O'Flaherty, *Hindu Myths*(Harmondsworth:Penguin, 1975), pp.250-1.

35) *KBT,* p.24.

36) Pocock, *Body, Mind and Wealth:A Study of Belief and Practice in an Indian Village*(Oxford:Blacwell, 1973), p.42; Eliade, Yoga, pp.349-50.

37) Fuller, *The Camphor Flame,* pp.91-2.

38) Babb, *The Divine Hierarchy*(New York:Columbia University Press, 1975), p.128.

39) Hilterbeitel, *The Cult of Draupadī*.

## 제9장 힌두 의례

1) Staal, *Rules Without Meaning.*

2) *Ap.Gr.S.* 1.1.11.

3) *Manu* 2.9.

4) Turner, *The Forest of Symbols*(Ithaca and London:Cornell University Press, 1970), p.93.

5) 이 이유에 대해서 부르디외가 '관습 의례'로 통과 의례를 언급한다. Bourdieu, *Language and Symbolic Power,* pp.117-26.

6) Duvvury, *Play, Symbolism and Ritual:A Study of Tamil Brahman Women's Rites of Passage*(New York:Peter Lang, 1991) 참조.

7) Manu 2.16;26;29. Pandey, *Hindu Saṃskāras*(Delhi:MLBD, 1969).

8) Duvvury, *Play, Symbolism and Ritual,* p.182.

9) *As.Gr.S.* 1.19.1-7;*Manu* 2.36.

10) *Manu* 2.67.

11) Leslie, *Roles and Rituals for Hindu Women*, p.1.

12) Duvvury, *Play, Symbolism and Ritual*, p.229.

13) *Manu* 3.4-5.

14) L.Dumont, *Homo Hierarchicus*, p.119.

15) Ibid. p.110.

16) Parry, *Death in Banaras,* pp.151-90.

17) Knipe, 'Sapiṇḍikaraṇa:The Hindu Rite of Entry into Heaven', Reynolds and Waugh(eds.), *Religious Encounters with Death* (University Park:Pennsylvania State University Press, 1977),

pp.111-24.

18) Freeman, *Purity and Violence:Sacred Power in the Teyyam Worship of Malabar,* 박사학위논문(Philadelphia:University of Pennsylvania, 1991), pp.113-14.

19) O'Flaherty, *Karma and Rebirth in Classical Indian Traditions,* pp.xviii-xx, 3-37 참조.

20) Fuller, *The Camphor Flame,* pp.64-6.

21) Vaidyanathan, *Śrī Krishna::The Lord of Guruvayur*(Bombay: Bharatiya Vidya Bhavan, 1992) 참조.

22) V.Turner, *The Ritual Process:Structure and Anti-structure* (Harmondsworth:Penguin, 1969), pp.80-154 참조.

23) Eck, Banaras:*City of Light*(London:Routledge and Kegan Paul, 1984).

24) 1959년 꿈바 멜라에 관한 직접적인 설명은 Bharati, *The Ochre Robe* (Santa Barbara:Ross Erikson, 1980), pp.228-31 참조.

25) Daniel, *Fluid Signs,* pp.245-78.

26) Pingree, *Jyotiḥśāstra, Astral and Mathematical Literature,* A History of Indian Literature 4(Weisbaden:Otto Harrassowitz, 1981).

27) Davis, *Ritual in an Oscillating Universe,* pp.101-9.

28) Berreman, *Hindus of the Himalayas:Ethnography and Change,* 2nd edn(Berkeley, Los Angeles, London:University of California Press, 1972), pp.378-9.

29) Girard, *Violence and the Sacred,* p.1.

30) Hiltebeitel, 'On the Handling of the Meat, and Related Matters, in Two South Indian Buffalo Sacrifices', *L'Uomo,* 9.1/2(1985), pp.171-99.

31) Hiltebeitel, 'On the Handling of the Meat, and Related Matters', p.191.

32) Lincoln, *Myth, Cosmos and Society:Indo-European Themes of Creation and Destruction*(Cambridge, Mass:Harvard University Press, 1986), p.186.

33) O'Flaherty, *Other People's Myths:The Cave of Echoes,*(New York: Macmillan, 1988), pp.99.

34) Bourdieu, *Language and Symbolic Power,* pp.117-26.

35) 문화적 구조와 개인적인 전기에 대한 표현으로서 신들림에 대한 설명은 Obeyesekere, *Medusa's Hair*(Chicago and London:University of

Chicago Press, 1984) 참조.

36) Freeman, 'Performing Possession:Ritual and Consciousness in the Teyyam Complex', Bruckner, Lutze and Malik(eds.), *Flags of Flame: Studies in South Asian Folk Culture*(New Delhi, Manohar Publishers, 1993), p.116.

37) Alper(ed.), *Understanding Mantras*(Albany:SUNY Press, 1989), pp.3-5 참조.

38) *Ap.S.S.* 24.1.8-15.

39) *Manu* 2.85.

40) *RV* 3.62.10.

41) *Tait.Up.* 1.8.

42) Radhakrishnan속에 *Māṇḍūkya Upaniṣad* I, *The Principal Upanisads,* pp.693-705.

43) Killingly, 'Om:the sacred syllable in the Veda', Lipner(ed.), *A Net Cast Wide:Investigations into Indian Thought In Memory of David Friedman*(Newcastle Upon Tyne:Grevatt and Grevatt, 1987), p.14.

### 제10장 힌두 신학과 철학

1) Halbfass, *India and Europe, An Essay in Understanding*(Albany: SUNY Press, 1988), pp. 263-86.

2) Ibid, p.35.

3) *RV* 10.129. O'Flaherty 역, *The Rig Veda,* pp. 25-6.

4) Ch. U. 6.2.1-2. Radhakrishnan 역, *The Principal Upaniṣads,* pp. 447-9.

5) *RV* 10.125.

6) *Ch. U.* 2.23.3; 6.1.3. Coward and Raja, *The Philosophy of the Grammarians, Encyclopaedia of Indian Philosophies*(Princeton University Press, 1990), pp. 101-5 참조.

7) *Ch. U.* 2.23.3.

8) *Vakpad.* 1.131.

9) Coward and Raja, *The Philosophy of the Grammarians,* pp. 40-1.

10) Ibid. pp. 10-11. 그리고 Coward, *The Sphoṭa Theory of Language* (Delhi:MLBD, 1986); Raja, *Indian Theories of Meaning*(Madras:Adyar Library and Research Centre, 1963), pp. 95-148 참조.

11) 이 세 가지 입장에 대해서는 Pereira, *Hindu Theology:Themes, Texts and Structures*(Delhi:MLBD, 재인쇄 1991), pp.37-40.

12) Clooney, *Theology After Vedānta:An Experiment in Comparative Theology*(Delhi:Sri Satguru Publications, 1993), p.21.

13) Larson and Bhattacharya, *Sāṃkhya;A Dualist Tradition in Indian Philosophy*(Delhi:MLBD, 1987), pp. 3-41.

14) *Ch.U.* 7:25;6.2-4.

15) *Bh.G.* 7.4.

16) *Sam.Kar.* 20-1.

17) Ibid. 62-4.

18) Rukamani, *Yogavārttika of Vijñānabhikṣu*, vol. I (Delhi:Munshiram Manoharlal, 1981), pp.9-12.

19) Clooney, *Theology After Vedānta*, pp.23-30 참조.

20) Jha, *Pūrva Mīmāṃsā in Its Sources*(Banaras Hindu University Press, 1942). Jah의 Kumārila Bhaṭṭa's *Ślokavārtika*(Calcutta:Asiatic Society, 1907)와 Kumārila의 *Tantravārtika*, 2vols.(Delhi:MLBD, 재인쇄 1983) 영어 번역서가 있다.

21) Halbfass, *Tradition and Reflection*, p.32.

22) Clooney, *Thinking Ritually; Rediscovering the Pūrva Mīmāṃsā of Jaimini*(Vienna:De Nobili Research Library, 1990), p.192.

23) Raja, *Indian Theories of Meaning*, pp. 151-73.

24) Clooney, 'Binding the Text, Vedanta as Philosophy and Commentary', Rimm(ed.), *Texts in Context, Traditional Hermeneutics in South Asia*(Albany:SUNY Press, 1992), pp.47-68; Halbfass, *Human Reason and Vedic Revelation in the Philosophy of Śaṅkara*, Studien zur Indologie und Iranistik 9,(Reinbeck:Verlag für Orientalistische Fachpublikation, 1983); Murty, *Revelation and Reason in Advaita Vedānta*(Delhi:MLBD, 1974) 참조.

25) Potter, *Advaita Vedānta Up to Śaṅkara and his Pupils*, Encyclopaedia of Indian Philosophies 3(Delhi:MLBD, 1981), p.6.

26) Ibid. p.116. *Brahma Sūtra Bhaṣya*에 대한 영어 번역서는 Thibaut, *Vedānta Sūtras*, SBE 34, 38(Delhi:AVF Books, 1987); Gambirananda, *Brahmasūtrabhaṣta*(Calcutta:Advaita Ashrama, 1965) 참조.

27) Bharati, *Hindu Views and Ways and the Hindu-Muslim Interface,* pp.23-40. N. Brown, *The Saundaryālaharī or Flood of Beauty* (Cambridge, Mass:Harvard University Press, 1958).

28) BSB Ⅰ.1 Thibaut, *Vedānta Sūtras,* p.3(몇몇 번역 교정본과 함께)

29) Halbfass, *Tradition and Reflection,* p.302 참조.

30) Granoff, *Philosophy and Argument in Late Vedānta*(Boston and London:Reidel, 1978). 후대의 아드와이띤 역사에 대해서는 Dasgupta, *History of Indian Philosophy,* vol.Ⅱ(1922;Delhi:MLBD, 1988) 참조.

31) Thibaut, The *Vedānta Sūtras with Commentary by Rāmānujas,* SBE48(Delhi:MLBD, 재인쇄 1976); Van Buitenen, *Rāmānuja on the Bhagavadgītā:A Condensed Rendering of his Gītabhāṣya with Copious Notes and an Introduction*(Delhi:MLBD, 1974); Van Buitenen, *Rāmānuja's Vedāntasaṃgraha*(Poona:Deccan College Postgraduate and Research Institute, 1956).

32) Thibaut, The *Vedānta Sūtras with Commentary by Rāmānuja,* p.436.

33) 라마누자의 신학에 대해서는 Carman, *The Theology of Rāmānuja:An Essay in Interreligious Understanding*(New haven and London:Yale University Press, 1974) 참조.

34) Hunt Overzee, *The Body Divine, The Symbol of the Body in the Work of Teilhard de Chardin and Rāmānuja*(Cambridge University Press, 1992) 참조.

35) Dasgupta, *History of Indian Philosophy,* vol.Ⅱ, pp. 175-9 참조.

36) *Aṇuvyākhyāna*는 Siauve에 의해 프랑스어로 번역되어 있다, *La voie vers la connaissance de Dieu selon l'Aṇuvyākhyāna de Madhva* (Pondicherry:Institut Français d'Indologie, 1957). 『기따』 주석서는 Rau에 의해 영어로 번역되어 있다. *The Bhagavad Gītā and Commentaries According to Śrī Madwacharya's Bhāṣyas*(Madras: Minerva Press, 1906).

37) Rau, *The Bhagavad Gītā and Commentaries*, pp.vii-xviii.

38) 마드와의 가르침에 대한 것은 Dasgupta, *A History of Indian Philosophy,* vol.Ⅳ, pp.101-203 참조.

39) 샤이바 싯단따 신학에 대해서는 Dunuwila, *Śaiva Siddhānta Theology* (Delhi:MLBD, 1985); Dasgupta, *A History of Indian Philosophy*, vol.v;

Dhavamony *Love of God according to Śaiva Siddhānta*(Oxford: Clarendon Press, 1971) 참조. 까슈미르 샤이바 신학에 대해서는 Dyczkowski, *The Doctrine of Vibration, and The Stanzas on Vibration* (Albany:SUNY Press, 1992) 참조.

40) Flood, *Body and Cosmology in Kashmir Śaivism,* pp.55-74 참조.

41) Masson and Patwardhan, *Śāntarasa and Abhinavagupta's Philosophy of Aesthetics*(Poona:Deccan College 1969); Gnoli, *The Aesthetic Experience According to Abhinavagupta,* Serie Orientale Roma 9 (Rome:Is MEO, 1956) 참조.

42) Chatterjee(ed.), *Contemporary Indian Philosophy*(London:George Allen and Unwin, 1974) 참조.

43) Radhakrishnan, *Eastern Religions And Western Thought*(Oxford University Press, 1939), pp.20-1.

## 제11장 힌두교와 근대 세계

1) Roy의 업적에 대해서는 Crawford, *Ram Mohan Roy:Social, Political and Religious Reform in Nineteenth Century India*(New York: Paragon House, 1987); Killingly, *Rammohun Roy in Hindu and Christian Tradition:The Teape Lectures* 1990. Newcastle upon Tyne: Grevatt and Grevatt, 1993 참조.

2) Kopf, *The Brahmo Samāj and the Shaping of the Modern Indian Mind*(Princeton University Press, 1978).

3) Collet, *The Life and Letters of Raja Rammohan Roy*(Calcutta:Sadharan Brahmo Samaj, 1962), p.471.

4) Richards(ed.), *A Sourcebook of Modern Hinduism*(London and Dublin: Curzon Press, 1985), p.56.

5) 라마끄리슈나의 일생에 대한 것은 Müller, *Rāmakrishna, His Life and Sayings*(London:Longmans, Green and Co., 1900);Nikhilananda, *The Gospel of Sri Rāmakrishna*(New York:Rāmakrishna-Vivekānanda Center, 1980); Hixon, *Great Swan*(Boston:Shambala, 1993) 참조. 흥미로운 것으로, 라마끄리슈나의 환원적이고 영적인 분석에 대한 것은 Sil, *Rāmakrishna Paramahamsa, A Psychological Profile*(Leiden:Brill, 1991) 참조.

6) Bharati, 'The Hindu Renaissance and its Apologetic Pattern', *Journal of Asian Studies,* 29.2(1970), pp.267-87; Bharati, *The Ochre Robe*, p.116 참조.

7) Sharpe, *Western Images of the Bhagavad Gita*(London:Duckworth, 1985), p.68 참조.

8) Gandhi, *An Autobiography or The Story of My Experiments with Truth*(Harmondsworth:Penguin, 1982). 간디에 대해 널리 알려진 전기는 Tendulkar, *Mahatma:Life and Work of Mohandas Karamchand Gandhi* (Bombay:V.K. Javeri, 1951-4) 전 8권에 있다. 한 권으로 된 전기는 Fischer, *The Life of Mahatma Gandhi*(Bombay:Bharatya Vidya Bhavon 1959) 참조.

9) Richards, *The Philosophy of Gandhi*(London and Dublin:Curzon Press, 1982), p.48에 인용되어 있다.

10) Bharati, *Hindu Views and Ways and the Hindu-Muslim Interface*, pp.17-18.

11) Mahā Sabhā의 기원에 관한 것은 Gordon, 'The Hindu Mahasabha and the Indian National Congress, 1915 to 1926', *Modern Asian Studies,* 9.2(1975), pp.145-71 참조.

12) Anderson and Damle, *The Brotherhood in Saffron:The Rashtriya Swayamsevak Sangh and Hindu Revivalism*(Boulder:Westview Press, 1987) 참조.

13) Graham, *Hindu Nationalism and Indian Politics*(Cambridge University Press, 1990), p.18.

14) Jana Saṅgh과 BJP에 대해서는 위의 글 참조.

15) 예는 *Manushi*에서 Shiv Sena 폭력에 관한 도표 설명, 74-5(1993), pp.22-32 참조.

16) *Guardian,* 7 December 1992, p.22.

17) *Manushi,* 79(November-December 1994) 참조.

18) Gold, 'Rational Action and Uncontrolled Violence:Explaining Hindu Communalism', *Religion,* 22(1991), pp.357-76. Gold, 'Organized Hinduism:From Vedic Truth to Hindu Nurture', (Martz and Appleby (eds.), *Fundamentalism Observed*(University of Chicago Press, 1991), pp.531-93 참조.

19) Nesbitt and Jackson, 'Sketches of Formal Hindu Nurture', Hayward (ed.), *World Religions in Education:Religions in Britain,* SHAP Mailing(London:Commission for Racial Equality, 1986), p.25.

20) Knott, 'Hinduism in Britain', Hayward(ed.) *World Religions in Education:Religions in Britain,* SHAP Mailing(London:Commission for Racial Equality, 1986), p.10.

21) 디아스포라 힌두에 대한 연구는 Knott, *Hinduism in Leeds*(University of Leeds Press, 1986);Vertoveec, *Hindu Trinidad*(London:Macmillan, 1992) 참조.

22) Kumar, *The History of Doing:An Illustrated Account of Movements for Women's Rights and Feminism in India, 1800-1990*(London:Verso Press, 1994) 참조.

23) Bharati, 'The Hindu Renaissance and Its Apologetic Patterns', p.273.

24) Roth and Bothlingk, *St. Petersburg Wörterbuch*(Delhi:MLBD, 재인쇄 1991).

25) Lanman, *A Sanskrit Reader, Text and Vocabulary and Notes* (Massachussets:Harvard University Press, 1884).

26) Staal(ed.), *A Reader on the Sanskrit Grammarians*(Cambridge, Mass., and London:MIT Press, 1973), pp.138-272 참조.

27) Williams, *Parameśwara-jnyāna-goshti:A Dialogue of the Knowledge of the Supreme Lord in which are compared the claims of Christianity and Hinduism*(Cambridge:Deighton, Bell and Co., 1856).

28) 서구의 학문과 인도에 관한 뛰어난 설명은 Halbfass, *India and Europe* 참조.

29) Ibid. p.102.

30) Nietzsche, *The Twilight of the Idols and the Anti Christ* (Harmondsworth:Penguin, 1968), pp.56-9.

31) 융의 동양에 대한 영향에 대해서는 Coward, *Jung and Eastern Thought*(Albany:SNUY Press, 1984) 참조.

32) Melton, 'The Attitude of Americans Toward Hinduism from 1883 to 1983 with Special Reference to the International Society for Krishna Consciousness'(미출판 논문, 1985);Riepe, *The Philosophy of India and Its Impact on American Thought*(Springfield:Charles C. Thomas,

1970).

33) Jayakar, *J. Krishnamurti:A Biography*(Delhi:Penguin, 1987).

34) Capra, *The Tao of Physics-An Exploration of the Parallels Between Modern Physics and Eastern Mysticism*(London:Flamingo Paperback, 1983) 참조.

35) Ghose, *The Life Divine*(Pondicherry:Sri Aurobindo Ashram, 1973); Ghose, *Synthesis of Yoga*(Pondicherry:Sri Aurobindo Ashram, 1971); Ghose, *On Himself, Compiled from Notes and Letters*(Pondicherry:Sri Aurobindo Ashram, 1972).

36) Miller and Miller(eds.), *The Spiritual Teaching of Ramana Maharshi* (Boulder and London:Shambala, 1972), pp.3-14.

37) Yogānanda, *The Autobiography of a Yogi*(London:Rider and Co., 1950).

38) J.Johnson, *The Path of the Masters:The Science of Surat Shabd Yoga*(Beas:Radha Soami Satsang, 1975). 그리고 Juergensmeyer, *Radhasoami Reality* 참조.

39) 상대적으로 학문적인 연구물은 거의 없지만 이들 운동과 스승에 관한 내용을 다루고 있는 텍스트는 방대하다. 라즈니쉬에 관해서는 Thompson and Heelas, *The Way of the Heart*(Wellingborough: Aquarian Press, 1986) 참조. 하레 끄리슈나에 대해서는 Knott, *My Sweet Lord*(Wellingborough:Aquarian Press, 1986) 참조. 아난다마이마에 대해서는 Das Gupta, *The Mother As Revealled to Me*(Banaras:Shree Anandamayi Sangha, 1954) 참조. 마하리쉬에 대해서는 Eban(ed.), *Maharishi the Guru. The Story of Maharishi Mahesh Yogi*(Bombay:Pearl Publications, 1968) 참조. 이들 집단에 대한 몇몇 설명은 Barker(ed.), *New Religious Movements:A Perspective for Understanding Society*(New York:Mellen, 1982); Needham, *The New Religions*(New York:Crossroad Press, 1984); Hardy, 'How "Indian" are the new Indian Religions?', *Religion Today. A Journal of Contemporary Religions,* 1.2/3(Oct.-Dec. 1984), pp.15-16에서 볼 수 있다. 많은 서양 구루들의 가르침과 삶 속의 '신성한 광기'에 관해서는 Feuerstein, *Holy Madness*(New York:Arkana, 1990) 참조.

〈사진1〉 깐야 꾸마리 사원의 한 샤이바 성자, 따밀나두

〈사진2〉 문법가이자 『요가 수뜨라』의 저자로 보이는 빠딴잘리의 신화적인 조상(彫像)으로, 반은 사람 반은 뱀의 모습이다. 쉬바는 그에게 이와 같은 은혜를 줌으로써 그가 자신의 발로 곤충들을 밟지 못하게 했다. 따밀나두, 찌담바람의 쉬바 나따라자 사원

〈사진3〉 끄리슈나 신, 대중적인 모습

〈사진4〉 끄리슈나 신과 라다. 대중적인 모습

〈사진5〉 고행자 쉬바 신. 대중적인 모습

〈사진6〉 춤추는 쉬바 청동상, 약 1100년경

〈사진7〉 꽃잎에 덮여 있는 쉬바 링가, 찌담바람

〈사진8〉 가네샤 신. 오릿사에 있는 이 색다른 12~13세기 조상(彫像)은 다섯 개의 머리를 지니고 있으며, 그의 무릎에는 샥띠가 앉아 있다.

〈사진9〉 물소 악마를 살해하고 있는 여신 두르가. 찌담바람의 쉬바 나따라자 사원

〈사진10〉 시체 위에 앉아 있는 사나운 모습의 여신 짜문다. 8세기 혹은 9세기, 오릿사

〈사진11〉 원숭이 신 하누만

〈사진12〉 7세기, 따밀나두 마하발리뿌람의 여신 강가의 하강, 혹은 아르주나의 고행상. 이 바위에 새겨진 부조에는 고행자(아르주나?)가 고행(*tapas*)하는 모습과 갠지스 강으로 여기는 갈라진 틈에서 나가를 포함하여 여러 다양한 신의 조상(彫像)을 볼 수 있다.

〈사진13〉 까빨레슈와리 사원, 마드라스

〈사진14〉 쉬바 나따라자 사원의 남문(*gopura*), 찌담바람

〈사진15〉 끄리슈나 신의 발자국에 꽃을 봉헌하고 있는 한 어린 소녀

〈사진16〉 뱀(nāga 나가) 사당, 까르나따까의 바가만달라

〈사진17〉 세 떼이얌 신을 모시고 있는 떼이얌 사당, 께랄라의 닐레슈와람

〈사진18〉 두 명의 떼이얌 신을 모시고 있는 떼이얌 사당, 께랄라

〈사진19〉 무왈람꿀리짜문디 떼이얌 여신

〈사진20〉 비슈누무르뜨띠 떼이얌 신

## 참고문헌


Allchin, B. and R. Allchin. *The Rise of Civilization in India and Pakistan.* Cambridge University Press, 1982.

Alper, H.(ed). *Understanding Mantras.*, Albany:SUNY Press, 1989.

Alston, A. J. *Śaṅkara on the Absolute.* London:Sheti Sadan, 1980.

-*Śaṅkara on the Soul.* London:Sheti Sadan, 1981.

Amore, R. C., and L. D. Shinn. *Lustful Maidens and Ascetic Kings:Buddhist and Hindu Stories of Life.* New York:Oxford University Press, 1981.

Anderson, W. K., and S. D. Dhamle. *The Brotherhood in Saffron:The Rashtriya Swayamsevak Saṇgh and Hindu Revivalism.* Boulder:Westview Press, 1987.

Appadurai, A., F. J. Korom and M. A. Miles(eds.). *Gender, Genre and Power in South Asian Expressive Traditions.* Philadelphia:University of Pennsylvania Press, 1991.

Aranya, Swami H. *Yoga Philosophy of Patañjali.* Albany:SUNY Press, 1983.

Babb, L. *The Divine Hierarchy.* New York:Columbia University Press, 1975.

Bailey, G. M. 'On the Object of Study in Puranic Research;Three Recent Books on the Purāṇas', *Review of the Asian Studies Association of Australia,* 10.3(1987), pp.106-14.

Banerjea, A. K. *Philosophy of Gorakhnath.* Gorakhpur:Mahant Dig Vijai Nath Trust, 1962.

Barker, E.(ed.). *New Religious Movements:A Perspective for Understanding Society.* New York:Mellen, 1982.

Bary, W. T. de(ed.). *Sources of the Indian Tradition.* New York:Columbia University Press, 1958.

Barz, R. *The Bhakti Sect of Vallabhācarya.* Faridabad:Thompson Press, 1976.

Basham, A. L. *The Wonder That Was India.* New York:Grove Press, 1959.

-*History and Doctrines of the Ājīvikas.* Delhi:MLBD, 1981.

Beane, C. W. *Myth, Cult and Symbol in Sakta Hinduism:A Study of the Indian Mother Goddess.* Leiden:Brill, 1977.
Bechert, H. 'The Date of the Buddha Reconsidered', *Indologica Taurinensia,* 10(1982), pp.29-36.
Benedict, R. *Patterns of Culture.* [1934] London:RKP, reprint 1971.
Berger, P. *The Sacred Canopy, Elements of a Sociological Theory of Religion.* New York:Anchor Books, 1990.
Berreman, G. D. *Hindus of the Himalayas:Ethnography and Change,* 2nd edn. Berkeley, Los Angeles, London:University of California Press, 1972.
Bhandarkar, R. G. *Vaiṣṇavism, Śaivism and Minor Religious Systems.*[1913] New Delhi:Asian Educational Services, reprint 1983.
Bharati, A. *The Tantric Tradition.* London:Rider, 1965.
-'The Hindu Renaissance and its Apologetic Patterns', *Journal of Asian Studies,* 29.2(1970), pp.267-87.
-*The Ochre Robe.* Santa Barbara:Ross Erikson, 1980.
-*Hindu Views and Ways and the Hindu-Muslim Interface.* Santa Barbara:Ross Erickson, 1982.
Bhattacharya, D. *Love Songs of Vidyāpati.* London:Allen and Unwin, 1963.
-*Love Songs of Chandidās.* London:Allen and Unwin, 1967.
Bhattacharyya, H.(ed.). *The Cultural Heritage of India,* 4vols. Calcutta:Ramakrishna Mission, 1953-6.
Bhattacharyya, N. N. *History of the Śākta Religion.* Delhi:Munshiram Manoharlal, 1974.
Biardeau, M.(ed.). *Autour de la Déesse hindoue.* Paris:Editions de l'Ecole des hautes Etudes en Sciences Sociales, 1981.
-*Hinduism, The Anthropology of a Civilization.* New Delhi:Oxford University Press, 1989.
Biardiau, M, and C. Malamoud. *Le sacrifice dans l'Inde ancienne.* Paris:Presses Universitaires de Frace, 1976.
Blacker, C., and M. Loewe(eds.). *Ancient Cosmologies.* London:George Allen and Unwin, 1975.
Bloomfield, *M. Hymns of the Atharva Veda,* SBE 42. Delhi: MLBD, reprint 1967.
Blurton, T. P. *Hindu Art.* London: British Museum Press, 1992.

Bon Maharaj, T. S. B. H. (trs.). *The Bhakti-radamrta-sindhu,* vol. I . Vrindaban: Institute of Oriental Philosophy, 1965.
Bourdieu. P. *Outline of a Theory of Practice.* Cambridge University Press, 1991.
-*Language and Symbolic Power,* Cambridge: Polity Press, 1991
Boyer, A. M. 'Etude sur l'origine de la doctrine du samsara', *Journal Asiatique,* 2 (1901), pp.451-99.
Brereton, J. P. *The Rgvedic Adityas,* American Oriental Series 63, New Haven: Harvard University Press, 1981.
Brockington, J. *The Sacred Thread.* Edinburgh University Press, 1981.
Bronkhorst, J, *The Two Traditions of Meditation in Ancient India.* Delhi: MLBD, 1993.
Brooks, D. R. *The Secret of the Three Cities: An Introduction to Śākta Hinduism.* Chicago and London: University of Chicago Press, 1990.
Brown, C. M. *The Triumph of the Goddess: The Canonical Models and Theological Visions of the Devi-Bhāgavata Purāna.* Albany: SUNY Press, 1990.
Brown, N. *The Saundaryālaharī or Flood of Beauty.* Cambridge, Mass.: Harvard University Press, 1958.
Brunner, H. 'Un Tantra du nord: le Netra Tantra', *Bulletin de l'Ecole Française d'Extréme-Orient,* 61(1974), pp.125-96.
Brunner-Lachaux, H. *Somaśambhupaddhati.* 3 vols. Pondicherry: Institut Français d'Indologie, 1963, 1968, 1977.
-*Mṛgendrāgama: section des rites et section du comportement.* Pondicherry: Institut Français d'Indologie, 1985.
Buck, W. *The Mahābhārata Retold.* Berkeley and Los Angeles: University of California Press, 1973.
Buitenen, J. A. B. van. *Rāmānuja's Vedāntasaṃgraha.* Poona: Deccan College Postgraduate and Research Institute, 1956.
-*Rāmānuja on the Bhagavadgītā: A Condensed Rendering of his Gītabhāṣya with Copious Notes and an Introduction.* Delhi: MLBD, 1974.
-*The Mahābhārata,* 3 vols. University of Chicago Press, 1973-8.
-*The Bhagavadgītā in the Mahābhārata.* Chicago and London: University of Chicago Press, 1981.
Burghardt, R., and A. Cantille(eds.). *Indian Religion.* London: Curzon,

1985.

Callewaert, W. M., and P. G. *Friedlander, The Life and Works of Raidas.* Delhi: Manohar, 1992.

Capra, F. *The Tao of Physics - An Exploration of the Parallels Between Modern Physics and Eastern Mysticism.* London: Flamingo Paperback, 1983.

Carman, J. B. *The Theology of Rāmānuja: An Essay in Interreligious Understanding.* New Haven and London: Yale University Press, 1974.

Carman, J. B., and F. A. Marglin (eds.) *Purity and Auspiciousness in Indian Society.* Leiden: Brill, 1985.

Carman, J. B., and V. Narayanan. *The Tamil Veda.* Chicago and London: University of Chicago Press, 1989.

Carrithers, M., S. Collins and S. Lukes(eds.). *The Category of the Person: Anthropology, Philosophy, History.* Cambridge University Press, 1985.

Carstairs, G. M. *The Twice Born.* London: Hogarth Press, 1957.

Chakraborti, H,(trs.). *Pāśupata-Sūtram with Pañcārtha-bhāṣya of Kauṇḍinya.* Calcutta: Academic Publishers, 1970.

Chatterjee, M.(ed.). *Contemporary Indian Philosophy.* London: George Allen and Unwin, 1974.

Chattopadhyaya, D. *Lokāyata.* New Delhi: People's Publishing House, 1959.

Chemparthy, G. *An Indian Rational Theology: Introduction to Udayana's Nyāyakusumañjali.* Vienna: De Nobili Research Library, 1972.

Clooney, F. X. *Thinking Ritually; Rediscovering the Pūrva Mīmāṃsā of Jaimini.* Vienna: De Nobili Research Library, 1990.

—'Binding the Text, Vedanata as Philosophy and Commentary', in Timm, *Texts in Context, Traditional Hermeneutics in South Asia,* pp.47-68.

—Theology, After Vedānta: *An Experiment in Comparative Theology.* Delhi: Sri Satguru Publications, 1993.

Clothey, F. *The Many Faces of Murukan: The History and Meaning of a South Indian God.* The Hague: Mouton, 1978.

Coburn, T.'"Scripture" in India: Towards a Typology of the Word in Hindu Life,' in M. Levering, *Rethinking Scripture; Essays from a Comparative Perspective,* p. 112.

Collet, S. D. *The Life and Letters of Raja Rammohan Roy.* Calcutta:

Sadharan Brahmo Samaj, 1962.
Courtright, P. B. *Ganeśa: Lord of Obstacles, Lord of Beginnings*. New York: Oxford University Press, 1962.
Coward, H. G. *Jung and Eastern Thought*. Albany: SUNY Press, 1984.
–*The Sphoṭa Theory. of Language*. Delhi: MLBD, 1986.
Coward, H. G., and K. K. Raja. *The Philosophy of the Grammarians*, Encyclopaedia of Indian Philosophies 5. Princeton University Press, 1990.
Coward, H. G., J. J. Lipner and K. K. Young(eds.). *Hindu Ethics*. Albany: SUNY Press, 1991.
Cowell, E. B. *Sarva Darśana Saṃgraha: A Review of the Different Systems of Indian Philosophy*. London: Kegan Paul, 1904.
Crawford, S. C. *Ram Mohan Roy: Social, Political and Religious Reform in Nineteenth Century India*. New York: Paragon House, 1987.
Dales, G., and J. M. Kenoyer. *Excavations at Mohenjo Daro, Pakistan*. Philadelphia: University of Pennsylvania Museum Monograph, 1993.
Dandekar, R. N. *Exercises in Indology*. Delhi: Ajanta Publications, 1981.
Daniel, E. V. *Fluid Signs: Being a Person the Tamil Way*. Berkeley: University of California Press, 1984.
Daniélou, A. *The Gods of India*. New York: Inner Traditions International, 1985.
Das, R. P. 'Problematic Aspects of the Sexual Rituals of the Bauls of Bengal', *Journal of the American Oriental Society*, 112.3 (1992), pp.388–432.
Das Gupta, C. *The Mother As Revealled to Me*. Banaras: Shree Anandamayi Sangha, 1954.
Dasgupta, S. N. *History of Indian Philosophy*, 5 vols. [1992] Delhi: MLBD, 1988
–*Obscure Religious Cults*. Calcutta: Mukhopadhyay, 1969.
Davies, J. *Sānkhya Kārikā of Īśvara Kṛṣṇa*. Calcutta: Susil Gupta, 1947.
Davis, R. H. *Ritual in an Oscillating Universe: Worshipping Śiva in Medieval India*. Princeton University Press, 1991.
Dehejia, V. *Slaves of the Lord*. Delhi: Munishiram Manoharlal, 1988.
Deleury, G. A. *The Cult of Vitoba*. Poona: Deccan College Postgraduate and Research Institute, 1960.
Derrett, J. D. *Dharmasutras and Juridical Literature*. History of Indian

Literatures, fasc. 1. Wiesbaden: Otto Harrassowitz, 1973.
—*Essays in Classical and Modern Hindu Law*, 4 vols. Leiden: Brill, 1976-8.
Derrida, J. *Of Grammatology.* Baltimore: Johns Hopkins University Press, 1976.
Deussen, P. *The Philosophy of the Upaniṣads.*[1905] New York: Dover Publications, reprint 1966
Deutsch, E., and J. A. B. van Buitenen. *A Source Book of Advaita Vedānta.* Honolulu: University of Hawaii, 1971.
Dhavamony, M. *Love of God According to Śaiva Siddhānta,* Oxford: Clarendon Press, 1971.
Diehl, C. G. *Instrument and Purpose: Studies on Rites and Rituals in South India.* Lund: C. W. K. Gleerup, 1956.
Dimock, E. *The Place of the Hidden Moon.* University of Chicago Press, 1966.
Dimock, E., and D. Levertov. *In Praise of Krishna: Songs from the Bengali.* New York: Anchor Books, 1967.
Dirks, N. B. *The Hollow Crown.* Ann Arbor: University of Michigan Press, 1993.
Dirks, N. B., G. Eley and S. B. Ortner (eds.). *Culture, Power, History: A Reader in Contemporary Social Theory.* Princeton University Press, 1994.
Doniger, W. (trs.). *The Laws of Manu.* Harmondsworth: Penguin, 1991.
Dowson, J. A. *A Classical Dictionary of Hindu Mythology and Religion, Geography, History and Literature,* London: Routledge and Kegan Paul, 1961.
Dumézil, G. 'Métiers et classes fonctionnelles chez divers peuples Indo-Européens', *Annales, Economies, Sociétés, Civilisations* (13e année), 4 (Oct.-Dec. 1958), pp. 716-24.
Dumount, L. *Homo Hierarchicus: The Caste System and its Implications.* Chicago and London: University of Chicago Press, 1980.
Dumont, P. E. *L'Aśvamedha: description du sacrifice solennel du cheval dans le culte vedique d'après les textes du Yajurveda blanc.* Paris: Geuthner 1927.
Dundas, P. *The Jains.* London: Routledge and Kegan Paul, 1992.
Dunuwila, R. A. *Śaiva Siddhānta Theology.* Delhi: MLBD, 1985.

Durkheim, E. *The Elementary Forms of the Religious Life*. London: Allen and Unwin, 1964.
Dutt, J. C. (trs.). *Kings of Kashmira: Being a Translation of the Sanskrita Work Rājataraṅgiṇī of Kalhaṇa Pandita*, 3 vols. [1879.] Delhi: MLBD, reprint 1990.
Duvvury, V. K. *Play, Symbolism and Ritual: A Study of Tamil Brahman Women's Rites of Passage*. New York: Peter Lang, 1991.
Dyczkowski, M. S. G. *The Doctrine of Vibration*. Albany: SUNY Press, 1987.
–*The Canon of the Śaivāgama and the Kubjikā Tantras of the Western Kaula Tradition*. Albany: SUNY Press, 1988
–*The Stanzas on Vibration*. Albany: SUNY Press, 1992.
Eban, M. (ed.). *Maharishi the Guru. The Story of Maharishi Mahesh Yogi*. Bombay: Pearl Publications, 1968.
Eck, D. Banaras: City of Light. London: Routledge and Kegan Paul, 1984.
Eggeling, J. *The Śatapatha-Brahmaṇa*, 5 vols. SBE 12, 26, 41, 43, 44. Delhi: MLBD, reprint 1978-82.
Eliade, M. 'Cosmical Homology and Yoga', *Journal of the Indian Society of Oriental Arts*, 5 (1937), pp.188-203.
–*Yoga: Immortality and Freedom*. Princeton University Press, 1973.
Emeneau, M. B., and T. Burrow. *Dravidian Borrowings from Indo-Aryan*. Berkeley: University of California Press, 1962.
Fairservis, W. A. *The Roots of Ancient India*. University of Chicago Press, 1975.
Fauré, B. *The Rhetoric of Immediacy: A Cultural Critique of Chan/Zen Buddhism*. Princeton University Press, 1991.
Feuerstein, G. *Yoga, The Technology of Ecstasy*. Wellingborough: Crucible, 1989.
–*Holy Madness*. New York: Arkana, 1990.
Fischer, L. *The Life of Mahatma Gandhi*. Bombay: Bharatiya Vidya Bhavan, 1959.
Flood, G. D. *Body and Cosmology in Kashmir Śaivism*. San Francisco: Mellen Research University Press, 1993.
–'Ritual, Cosmos and the Divine Body in the Jayākhyasaṃhitā', *Wiener Zeitschrift für die Kunde Sudasiens*, supplement (1993), pp.167-77.
Frawley, D. *Gods, Sages and Kings: Vedic Secrets of Ancient*

*Civilization.* Salt Lake City: Passages Press, 1991.
Freeman, J. R. *Purity and Violence:Sacred Power in the Teyyam Worship of Malabar,* Ph.D. dissertation. Philadelphia;University of Pennsylvania, 1991.
—'Performing Possession:Ritual and Consciousness in the Teyyam Complex', in H. Bruckner, L. Lutze and A. Malik(eds.), *Flags of Flame;Studies in South Asian Folk Culture.* New Delhi:Manohar Publishers, 1993.
Frykenberg, R. E. 'The Emergence of Modern "Hinduism"', in Sontheimer and Kulke, *Hinduism Reconsidered,* pp.29-49.
Fuller, C. *Servants of the Goddess:The Priests of a South Indian Temple.* Cambridge University Press, 1984.
—*The Camphor Flame:Popular Hinduism and Society in India.* Princeton University Press, 1992.
Gambirananda, Swami. *Brahmasūtrabhāṣya.* Calcutta:Advaita Ashrama, 1965.
Gandhi, M. K. *An Autobiography or The Story of My Experiments with Truth.* Harmondsworth:Penguin, 1982.
Geertz, C. *The Interpretation of Cultures.* London:Fontana, 1993.
Geldner, K. F. *Der Rigveda:Aus dem Sanskrit ins Deutsche übersetzt und mit einem laufenden Kommentar versehen,* 3vols. Harvard Oriental Series 33,34,35. Cambridge, Mass.:Harvard University Press, 1951.
Ghose, A. *Synthesis of Yoga.* Pondicherry:Sri Aurobindo Ashram, 1971.
—*On Himself, Compiled from Notes and Letters.* Pondicherry:Sri Aurobindo Ashram, 1972.
—*The Life Divine.* Pondicherry:Sri Aurobindo Ashram, 1973.
Ghurye, G. S. *Indian Sadhus.* Bombay:Popular Prakashan, 1964.
Giles, H. A. *The Travels of Fa-hsien(399-414 AD), or Record of the Buddhist Kingdoms.* Cambridge University Press, 1923.
Girad, R. *Violence and the Sacred.* Baltimore and London;Johns Hopkins University Press, 1977.
Gnoli, R. *The Aesthetic Experience According to Abhinavagupta,* Serie Orientale Roma9. Rome:Is MEO, 1956.
Gokhale, B. G. 'The Early Buddhist Elite', *Journal of Indian History,* 42.2(1965), pp.391-402.

Gold, D. 'Organized Hinduism:From Vedic Truth to Hindu Nurture', in M. Martz and S. Appleby(eds.), *Fundamentalisms Observed.* University of Chicago Press, 1991, pp.531-93.
–'Rational Action and Uncontrolled Violence:Explaining Hindu Communalism', *Religion,* 22(1991), pp.357-76.
Goldman, R. P.(gen. ed.). *The Rāmānuja of Vālmiki:An Epic of Ancient India,* vol. I :*Balakāṇḍa,* ed. R. P. Goldman, Princeton University Press, 1984;vol. II :*Ayodhyākāṇḍa,* ed. S. I. Pollock, Princeton University Press 1986;vol. III:*Aranyakāṇḍa,* ed. S. I. Pollock, Princeton University Press, 1991.
Gombrich, R. F. 'Ancient Indian Cosmology', in Blacker and Loewe, *Ancient Cosmologies,* pp. 110-42.
–*Theravāda Buddhism:A Social History from Ancient Benares to Modern Colombo.* London and New York:Routledge and Kegan Paul, 1988.
Gonda, J. 'The Indian Mantra', *Oriens,* 16(1963), pp.244-97.
–*The Vision of the Vedic Seers.* Amsterdam:North Holland Publishing Co., 1963.
–*Change and Continuity in Indian Religion.*[1965]New Delhi:Munshiram Manoharlal, reprint 1985.
–*Ancient Indian Kingship from the Religious Point of View,* Leiden:Brill, 1966.
–*Loka:World and Heaven in the Veda.* Amsterdam:North Holland Publishing Co., 1966.
–*Vedic Literature,* History of Indian Literature I ', fasc.1. Wiesbaden:Otto Harrassowitz, 1975.
–*The Ritual Sūtras,* History of Indian Literature I , fasc.2. Wiesbaden:Otto Harrassowitz, 1977.
—*'The Śatarudriya',* in Nagatomi, Matilal and Masson, *Sanskrit and Indian Studies:Essays in Honour of Daniel H.H. Ingalls,* pp. 75-91.
–*Vedic Ritual, The Non-Solemn Rites.* Leiden:Brill, 1980.
–*Mantra Interpretation in the Śatapatha Brāhmaṇa.* Leiden:Brill, 1988.
Gordon, R. 'The Hindu Mahasabha and the Indian National Congress, 1915 to 1926', *Modern Asia Studies,* 9.2(1975), pp.145-71.
Goudriaan, T., and S. Gupta. *Hindu Tantric and Śākta Literature,* History of Indian Literature 2, fasc.2. Wiesbaden:Otto Harrassowitz, 1981.

Graham, B. D. *Hindu Nationalism and Indian Politics.* Cambridge University Press, 1990, p.18.

Granoff, P. *Philosophy and Argument in Late Vedānta.* Boston and London:Reidel, 1978.

Griffiths, R. T. H. *Texts of the White Yajur Veda.* Banaras:Lazarus, 1957.

Gross. R. 'Hindu Female Deities as a Resource for the Contemporary Rediscovery of the Goddess' *Journal of the American Academy of Religion,* 46.3(1978), pp.269-92.

Guha, R. 'The Prose of Counter-Insurgency', in Dirks, Eley and Ortner, *Culture, Power, History:A Reader in Contemporary Social Theory,* pp. 336-71.

Gupta, S. 'Yoga and Antarayāga in Pāñcaratra', in T. Goudriaan(ed.), *Ritual and Speculation in Early Tantrism.* Albany:SUNY Press, 192, pp.175-208.

Gupta, S., and R. Gombrich. 'Kings, Power and the Goddess', *South Asia Research,* 6.2(1986), pp.123-38.

Gupta, S., D. J. Hoens and T. Goudriaan, *Hindu Tantrism. Hanbuch der Orientalistik.* Leiden:Brill, 1979.

Haberman, D. L. *Acting as a Way of Salvation:A Study of Rāgānuga Bhakti.* New York and Oxford:Oxford University Press, 1988.

Hacker, P. *Prahlāda, Werden und Wandlungen einer Ideal-gestalt.* Akademie der Wissenschaften und der Literatur in Mainz, Abhandlungen der Geisters-und Sozialwissenschaftlichen Klasse13. Wiesbaden:Franz Steiner Verlag, 1960.

Halbfass, W. *Human Reason and Vedic Revelation in the Philosophy of Śaṅkara.* Studien zur Indologie und Iranistik 9. Reinbeck:Verlag für Orientalistische Fachpublikation, 1983.

–*India and Europe, An Essay in Understanding.* Albany:SUNY Press, 1988.

–*Tradition and Reflection:Explorations in Indian Thought.* Albany:SUNY Press, 1991.

–*On Being and What There Is:Classical Vaisesika and the History of Indian Ontology.* Albany:SUNY Press, 1992.

Hardy, F. *Viraha Bhakti.* Delhi:Oxford University Press, 1983.

–'How "Indian" are the New Indian Religions?', *Religion Today. A Journal of Contemporary Religions,* 1.2/3(Oct.-Dec. 1984), pp.15-16.

–'Hinduism', in U. King(ed.), *Turning Points in Religious Studies.* Edinburgh:T. and T. Clark, 1990, pp.145–55.

–*The Religious Culture of India:Power, Love and Wisdom.* Cambridge University Press, 1994.

Hart, G. *The Relationship Between Tamil and Classical Sanskrit Literature*, History of India Literature 10, fasc.2. Wiesbaden:Otto Harrassowitz, 1976.

Hartsuiker, D. *Sādhus, the Holy Men of India.* London:Thames and Hudson, 1993.

Hauer, J. W. *Der Vrātya,* vol I :*Die Vrātya als nicht-brahmanische Kultgenossenschaften arischer Herkunft.* Stuttgart:Kohlhammer Verlag, 1927.

Hawley, J. S. *At Play with Kṛṣṇa:Pilgrimage Dramas from Brindaban.* Princeton University Press, 1981.

–(ed.) *Satī, the Blessing and the Curse:The Burning of Wives in India* New York and Oxford:Oxford University Press, 1994.

Hawley, J. S., and D. M. Wulff(eds.), *The Divine Consort:Rādhā and the Goddesses of India.* Berkeley:University of California Press, 1982.

Hayward, M.(ed.). *World Religions in Education:Religions in Britain,* SHAP Mailing. London:Commission for Racial Equality, 1986.

Heesterman, J. C. 'Vrātya and Sacrifice', *Indo-Iranian Journal*, 6(1962), pp.1–37.

–*The Inner Conflict of Tradition:An Essay in Indian Ritual, Kingship and Society.* University of Chicago Press, 1985.

–*The Broken World of Sacrifice:Essays in Ancient Indian Ritual.* Chicago and London:University of Chicago Press, 1993.

Hess, L., and S. Singh. *The Bijak of Kabir.* San Francisco:North Point Press, 1983.

Hill, W. D. P. *The Holy Lake of the Acts of Rama, and English translation of Tulsi Das's Ramacaṅrtmanasa.* Calcutta:Oxford University Press, 1952.

Hiltebeitel, A. *The Ritual of Battle:Krishna in the Mahābhārata.* Ithaca:Cornell University Press, 1976.

–'The Indus Valley "proto-Siva", Re-examination through Reflection on the Goddess, the Buffalo, and the Symbolism of the *vāhanas*', *Anthropos*, 73.5-6(1978), pp.767–79.

—'On the Handling of the Meat, and Related Matters, in Two South Indian Buffalo Sacrifices', *L'Uomo,* 9.1/2(1985), pp.171-99.

—*The Cult of Draupadī,* vol. I :*Mythologies from Gingee to Kuruksetra;*vol. II :*On Hindu Ritual and the Goddess.* Chicago and London:Chicago University Press, 1988, 1991.

Hiriyanna, M. *Outlines of Indian Philosophy.* London:George Allen and Unwin, 1958.

Hixon, L. *Great Swan.* Boston:Shambala, 1993.

Hopkins, T. J. *The Hindu Religious Tradition.* Belmont:Dickenson, 1971.

Hulin, M. *Sāṃkhya Literature,* History of Indian Literature 6, fasc.3. Wiesbaden:Otto Harrassowitz, 1978.

Hume, R.(trs.). *Principal Upaniṣads.* Oxford University Press, 1921.

Hunt Overzee, A. *The Body Divine, The Symbol of the Body in the Work of Teilhard de Chardin and Rāmānuja.* Cambridge University Press, 1992.

Inden, R. 'Hierarchies of Kings in Early Medieval India', in Madan, *Way of Life, King, Householder, Renouncer:Essays in Honour of Louis Dumont,* pp.99-125.

—'Kings and Omens', in Carman and Marglin, *Purity and Auspiciousness in Indian Society,* pp. 30-40.

—'Tradition Against Itself', *American Ethnologist,* 13.4(1986), pp.762-75.

—*Imagining India.* Oxford and Cambridge, Mass:Blackwells, 1990.

Jackson, R., and D. Killingly. *Approaches to Hinduism.* London:John Murray, 1988.

Jackson, R., and E. Nesbitt. *Hindu Children in Britain.* Stoke on Trent:Trentham Books, 1993.

Jamison, S. W. *Ravenous Hyenas and the Wounded Sun:Myth and Ritual in Ancient India.* New York:Cornell University Press, 1991.

Jarrige, J. F. and M. Santoni. 'The Antecedents of Civilization in the Indus Valley', *Scientific American,* 243.8(1980), pp.102-10.

Jayakar, P.J. *Krishnamurti:A Biography.* Delhi:Penguin, 1987.

Jha, G. *Tantravārtika,* 2vols.[1903] Delhi:MLBD, reprint 1983.

—*Ślokavārtika.* Calcutta:Asiatic Society, 1907.

—*Jaimini's Mīmāṃsāsūtra with Śabara's Commentary and Notes.* 3vols. Baroda:Gaekwad, 1933-6.

– *Pūrva Mīmāṃsā in Its Sources*. Banaras Hindu University Press, 1942.
Johnson, J. *The Path of the Masters:The Science of Surat Shabd Yoga*. Beas:Radha Soami Satsang, 1975.
Johnson, W. *The Bhagavadgitā*. Oxford University Press, 1994.
Joshi, R. V. *Le rituel de la dévotion kṛṣṇaite*. Pondicherry:Institut Français d'Indologie, 1959.
Juergensmeyer, M. *Radhasoami Reality, The Logic of a Modern Faith*. Princeton University Press, 1991.
Kailasapathy, K. *Tamil Heroic Poetry*. Oxford University Press, 1968.
Kak, S. 'On the Decipherment of the Indus Script – A preliminary Study of its Connections with Brahmi', *Indian Journal of History of Science*, 22.1(1987), pp.51-62.
– 'On the Chronology of Ancient India', *Indian Journal of History of Science*, 22.3(1987), pp.222-34.
Kane, P. V. *History of Dharmaśāstra*, 5vols. Poona:Bhandarkar Oriental Research Institute, 1930-62.
Kantorowicz, E. H. *The King's Two Bodies*. Princeton University Press, 1957.
Karve, I. 'On the Road:A Maharahshtrian Pilgrimage', in E. Zelliott and M. Bernsten(eds.), *Essays on Religion in Maherashtra*. Albany:SUNY Press, 1988.
Keith, A. B. *A History of Sanskrit Literature*. Oxford University Press, 1920.
– *The Religion and Philosophy of the Veda and Upaniṣads*. Cambridge, Mass.:Harvard University Press, 1925.
Kennedy, K. A. R., and G. L. Possehl(eds.). *Studies in the Archeology and Paleoanthropology of South Asia*. New Delhi:Oxford University Press and IBH Publishers, 1983.
Killingly, D. 'Om:the sacred syllable in the Veda', in J. Lipner(ed.), *A Net Cast Wide:Investigations into Indian Thought In Memory of David Friedman*. Newcastle upon Tyne:Grevatt and Grevatt, 1987, pp.14-31.
– *Rammohun Roy in Hindu and Christian Tradition:The Teape Lectures 1990*. Newcastle upon Tyne:Grevatt and Grevatt, 1993.
Kinsley, D. *The Sword and the Flute:Kālī and Kṛṣṇa, Dark Visions of the Terrible and the Sublime in Hindu Mythology*.

Berkeley:University of California Press, 1975.
—*Hinduism, A Cultural Perspective*. Englewood Cliffs, N.J.:Prentice Hall, 1982.
—Hindu Goddesses:Visions of the Feminine in the Hindu Religious Tradition. Berkeley and Los Angeles:University of California Press, 1986.
Klostermaier, K. A *Survey of Hinduism*. Albany:SUNY Press, 1994.
Knipe, D. 'Sapiṇḍikarana:The Hindu Rite of Entry into Heaven', in Reynolds and Waugh, *Religious Encounters with Death*, pp.111-24.
Knott, K. *Hinduism in Leeds*. University of Leeds Press, 1986.
—*My Sweet Lord*. Wellingborough:Aquarian Press, 1986.
Knott, K. and R. Toon. *Muslim, Sikhs and Hindus in the UK:Problems in the Estimation of Religious Statistics,* Religious Research Paper6. Theology and Religious Studies Department, University of Leeds, 1982.
Kopf, D. *The Brahmo Samāj and the Shaping of the Modern Indian Mind*. Princeton University Press, 1978.
Kramrisch, S. *The Hindu Temple*, 2vols.[1946]Delhi:MLBD, reprint 1977.
—*The Presence of Śiva*. Princeton University Press, 1981.
Kulke, H., and D. Rothermund. *A History of India*. London and New York:Routledge, 1990.
Kumar, R. *The History of Doing:An Illustrated Account of Movements for Women's Rights and Feminism in India, 1800-1990*. London, Verso Press, 1994.
Lakoff, G. *Women, Fire and Dangerous Things:What Categories Reveal About the Mind*. Chicago and London:University of Chicago Press, 1987.
Lakshman Jee, Swami. *Kashmir Śaivism:The Secret Supreme*. Albany:Universal Śaiva Trust, 1988.
Lanman, C. *A Sanskrit Reader, Text and Vocabulary and Notes*. Cambridge, Mass.:Harvard University Press, 1884.
Lannoy, R. *The Speaking Tree*. Oxford University Press, 1971.
Larson, G., and R. S. Bhattacharya. *Sāṃkhya:A Dualist Tradition in Indian Philosophy*. Delhi:MLBD, 1987.
Leggett, T. *Śaṅkara on the Yoga Sūtras*, 2vols. London, Boston, Henly:RKP, 1981, 1983.
Leslie, Julia. *The Perfect Wife:The Orthodox Hindu Woman According*

*to the Strīdharmapaddhati of Tryambakayajvan.* Oxford University South Asian Series. Delhi:Oxford University Press, 1989.

–(eds.). *Roles and Rituals for Hindu Women.* London:Pinter Publishers, 1991.

Levering, M.(ed.). *Rethinking Scripture;Essays from a Comparative Perspective.* Albany:SUNY Press, 1989.

Lincoln, B. *Myth, Cosmos and Society:Indo-European Themes of Creation and Destruction.* Cambridge, Mass.:Harvard University Press, 1986.

Lingat, R. *The Classical Law of India.* Berkeley:University of California Press, 1973.

Lipner, J. *Hindus:Their Religious Beliefs and Practices.* London:Routledge, 1994.

Lorenzen, D. N. *The Kāpālikas and Kālamukhas:Two Lost Śaivite Sects.*[1972] Delhi:MLBD, reprint 1991.

Lukacs, J. R.(ed.). *The People of South Asia:The Biological Anthropology of India, Pakistan and Nepal.* New York and London:Plenum Press, 1984.

Madan, T. N. *Non-renunciation.* Delhi:Oxford University Press, 1987.

–(ed.). *Way of Life, King, Householder, Renouncer:Essays in Honour of Louis Dumont.* Delhi:Vikas Publishing House, 1982.

*Mahābhārata, Critical Edition with Pratika Index.* 28vols. Peona:Bhandarkar Oriental Research Institute, 1923-72.

*Mahanddesa,* vol. I , ed. L. de la Vallée Poussin. London:Pali Text Society, 1916.

Majumdar, A. K. *Caitanya:His Life and Doctrine.* Bombay:Bharatiya Vidya Bhavan, 1969.

Marglin, F. A. *Wives of the God-King:The Rituals of the Devadasis of Puri.* Delhi:Oxford University Press, 1985.

Marriott, M. 'Hindu Transactions:Diversity without Dualism', in B. Kapferer(ed.), *Transaction and Meaning:Directions in the Anthropology of Exchange and Symbolic Behaviour.* Philadelphia:Institute for the Study of Human Issues, 1976, pp.109-42.

Marshall, J. *Mohenjo-Daro and the Indus Civilization,* 3vols. London:Oxford University Press, 1931.

Masefield, P. *Divine Revelation in Pali Buddhism* London:Allen &

Unwin, 1986.

Masson, J., and M. V. Patwardhan. *Śāntarasa and Abhinavagupta's Philosophy of Aesthetics.* Poona:Deccan College, 1969.

Matas, E. Aguila i. *Ṛg-vedic Society.* Leiden:Brill, 1991.

Matilal, B. K. *Logic, Language and Reality.* Delhi:Mies, 1985.

—*The Word and the World:India's Contribution to the Study of Language.* Delhi:Oxford University Press, 1990.

Meenakshi, K. 'Andal:She Who Rules', *Manushi, Tenth Anniversary Issue:Women Bhakta Poets*(Delhi:Manushi Trust), 50-2(Jan.-June 1989), pp.34-8.

Meister, M. W.(ed.). *Discourses on Śiva.* Philadelphia:University of Pennsylvania Press, 1984.

Melton, J. G. 'The Attitude of Americans Toward Hinduism from 1883 to 1983 with Special Reference to the International Society for Krishna Consciousness', unpublished paper, 1985.

Miguel, P. 'Théologie de l'icone', in M. Viller, F. Cavallera and J. de Gübert(eds), *Dictionnaire de spiritualité*, vol.Ⅶ b. Paris:Beauchesme, 1971, pp.123-69.

Miller, J., and G. Miller(eds.). *The Spiritual Teaching of Ramana Maharshi.* Boulder and London:Shambala, 1972.

Milner, M. Jr. *Status and Sacredness. A General Theory of Status Relations and an Analysis of Indian Culture.* New York and Oxford:Oxford University Press, 1994.

Morinis, E. A. *Pilgrimage in the Hindu Tradition:A Case Study of West Bengal.* New York and New Delhi:Oxford University Press, 1984.

Müller, M. *The Six Systems of Indian Philosophy.* London:Longmans, Green and Co., 1899.

—*Rāmakrishna, His Life and Sayings.* London:Longmans, Green and Co., 1900.

Müller, M., and H. Oldenberg. *Vedic Hymns,* 2vols. SBE 32,46. Delhi:MLBD, reprint 1973.

Mumme, P. Y. 'Haunted by Śaṅkara's Ghost:The Śrīvaiṣṇava Interpretation of Bhagavad Gītā 18.66', in Timm, *Texts in Context:Traditional Hermeneutics in South Asia,* pp.69-84.

Murty, S. *Revelation and Reason in Advaita Vedānta.* Delhi:MLBD, 1974.

Nag, K. and D. Burman. *The English Works of Raja Rammohun Roy.*

Calcutta:Sadharan Brahmo Samaj, 1948.
Nagatomi, M., B. K. Matilal and J. M. Masson(eds.). *Sanskrit and Indian Studies:Essays in Honour of Daniel H. H. Ingalls.* Dordrecht:Reidel, 1979.
Needham, J. *The New Religions.* New York:Crossroad Press, 1984.
Neeval, W. G. *Yāmuna's Vedānta and Pāñcarātra:Integrating the Classical with the Popular.* Chicago:Scholar's Press, 1977.
Nietzsche, F. *The Twilight of the Idols and the Anti Christ.* Harmondsworth:Penguin, 1968.
Nikhilananda, Swami. *The Gospel of Sri Rāmakrishna.* New York:Rāmakrishna-Vivek · ānanda Center, 1980.
Nornam, K. R. *The Elder's Verses,* vol.Ⅱ. London:Luzac, 1971.
Oberhammer, G. *Philosophy of Religion in Hindu Thought.* Delhi:Sri Satguru Publications, 1989.
Obeyesekere, G. *Medusa's Hair.* Chicago and London:University of Chicago Press, 1984.
O'Connell, J. T. 'The Word "Hindu" in Gaudiya Vaiṣṇava Texts', *Journal of the American Oriental Society,* 93.3(1973), pp.340-4.
O'Flaherty, W. D. *Hindu Myths.* Harmondsworth:Penguin, 1975.
–*The Origins of Evil in Hindu Mythology.* University of Chicago Press, 1976.
–*Women, Androgynes and Other Mythical Beasts.* Chicago and London:University of Chicago Press, 1980.
–*The Rig Veda.* Harmondsworth:Penguin, 1981.
–*Śiva, the Erotic Ascetic.* New York:Oxford University Press, 1981.
–*Tales of Sex and Violence. Folklore, Sacrifice, and Danger in the Jaiminīya Brāhmaṇa.* University of Chicago Press, 1985.
–*Other People's Myths:The Cave of Echoes.* New York:Macmillan, 1988.
–*The Laws of Manu.* Harmondsworth:Penguin, 1991.
–(ed.). *Karma and Rebirth in Classical Indian Traditions.* Berkeley and Los Angeles:University of California Press, 1980.
O'Flaherty, W. D., and J. D. M. Derrett. *The Concept of Duty in Southeast Asia.* New Delhi:Vikas, 1978.
Olivelle, P. *The Saṃnyāsa Upaniṣads, Hindu Scriptures on Asceticism and Renunciation.* New York and Oxford:Oxford University Press,

1992.
—*The Āśrama System:The History and Hermeneutics of a Religious Tradition.* New York and Oxford:Oxford University Press 1993.
Otto, R. *The Idea of the Holy*, 2nd edn. Oxford, London and New York:Oxford University Press, 1982.
Padoux, A. *Vāc, The Concept of the Word in Selected Hindu Tantras.* Albany:SUNY Press, 1990.
—*Le Coeur de la Yogini. Yoginīhṛdaya avec le commentaire Dīpika d'Amṛtānanda.* Paris:Diffusion de Boccard, 1994.
—(ed.). *Mantras et diagrammes rituels dans l'hindouismne.* Paris:Centre National de la Recherche Scientifique, 1986.
—*L'Image divine:culte et méditation dans l'hindouisme.* Paris:Centre National de la Recherche Scientifique, 1990.
Pandey, R. *Hindus Saṃskāras:A Socio-Religious Study of the Hindu Sacraments.* Delhi:MLBD, 1969.
Parpola, A. *Deciphering the Indus Script.* Cambridge University Press, 1994.
Parry, J. 'Sacrificial Death and the Necrophagus Ascetic', in J. Parry and M.Bloch(eds.), *Death and the Regeneration of Life.* Cambridge University Press, 1982, pp.75-102.
—'The Aghori Ascetics of Benares', in Burghardt and Cantille, *Indian Religion*, pp.51-78.
—*Death in Banaras.* Cambridge University Press, 1994
Payne, A. *The Śāktas.* Calcutta:YMCA Publishing House, 1933.
Peirce, C. Collected Papers of Charles Sanders Peirce, vol.Ⅱ. Cambridge, Mass.:Harvard University Press, 1932.
Pereira, J. *Hindu Theology:Themes,Texts and Structures.*[1976] Delhi:MLBD, reprint 1991.
Peterson, I. *Poems to Śiva, The Hymns of the Tamil Saints.* Princeton University Press, 1989.
Piatigorsky, A. 'Some Phenomenological Observations on the Study of Indian Religion', in Burghart and Cantille, *Indian Religion,* pp.208-24.
Pillai, K. R. *The Vākyapādīya.* Varanasi:MLBD, 1971.
Pingree, D. *Jyotiḥśāstra. Astral and Mathematical Literature,* A History of Indian Literature 6, fasc. 4. Weisbaden:Otto Harrassowitz, 1981.
Pintchman, T. *The Rise of the Goddess in the Hindu Tradition.*

Albany:SUNY Press, 1994.

Pocock, D. *Body, Mind and Wealth:A Study of Belief and Practice in an Indian Village.* Oxford:Blackwell, 1973.

Poliakov, L. *The Aryan Myth.* New York:Basic Books, 1974.

Potter, K. *Presuppositions of India's Philosophies.* Englewood Cliffs, N.J.:Prentice Hall, 1963.

−*Advaita Vedānta Up to Śaṃkara and his Pupils,* Encyclopaedia of Indian Philosophies 3. Delhi:MLBD, 1981.

Radhakrishnan, S. *Eastern Religions And Western Thought.* Oxford University Press, 1939.

−*The Principal Upaniṣads.* London:Unwin Hyman, 1953.

Raja, K. *Indian Theories of Meaning.* Madras:Adyar Library and Research Center, 1963.

Ramanujan, A. K. *Speaking of Śiva.* Harmondsworth:Penguin, 1973.

Ranade, R. D. *Mysticism in India:The Poet-Saints of Maharashtra.* Albany:SUNY Press, reprint 1982.

Rangarajan, L. N. *The Ārthashāstra:Edited, Rearranged, Translated and Introduced.* Delhi:Penguin, 1992.

Rao, V. N. R. *Śiva's Warriors:The Basava Purāṇa of Palkuriki Somanātha.* Princeton University Press, 1990.

Rau, S. S. *The Bhagavad Gītā and Commentaries According to Śrī Madwacharya's Bhāṣyas.* Madras:Minerva Press, 1906.

Renfrew, C. *Archaeology and Language: The Puzzle of Indo-European Origins.* London:Jonathan Cape, 1987.

Renou, L. *Etudes védiques et paninéennes,* 17vols. Paris:Publications de l'Institut de Civilisation Indienne, 1955-69.

Reynolds, F. E., and E. H. Waugh(eds.). *Religious Encounters with Death.* University Park:Pennsylvania State University Press, 1977.

Richards, G. *The Philosophy of Gandhi.* London and Dublin:Curzon Press, 1982.

−(ed.). *A Sourcebook of Modern Hinduism.* London and Dublin:Curzon Press, 1985.

Richman, P.(ed.). *Many Rāmāyaṇas:The Diversity of a Narrative Tradition in South Asia.* Delhi:Oxford University Press, 1991.

Riepe, D. *The Philosophy of India and Its Impact on American Thought.* Springfield:Charles C. Thomas, 1970.

Rocher, L. *The Purāṇas,* History of Indian Literature2, fasc. 3. Wiesbaden:Otto Harrassowitz, 1986.

Rosen, S.(ed.). *Vaishnavism:Contemporary Scholars Discuss the Gaudiya Tradition.* New York:FOLK Books, 1992.

Roth, R., and O. Bothlingk. *St. Petersburg Würterbuch.* Delhi:MLBD, reprint 1991.

Rukmani, T. S. *Yogavārttika of Vijñānabhikṣu,* 4vols. Delhi:Munshiram Manoharlal, 1981.

Sachau, E. C. *Alberuni's India:An Account of the Religion, Philosophy, Literature, Geography, Chronology, Astronomy, Customs, Laws and Astrology of India and AD 1030,* 2vols. London:Trubner and Co., 1888.

Sanderson, A. 'Purity and Power Among the Brahmans of Kasmir', in Carrithers, Collins and Lukes, *The Category of the Person:Anthropology, Philosophy, History,* pp. 190-216.

—'Mandala and the Āgamic Identity of the Trika of Kashmir', in Padoux, *Mantras et diagrammes rituels dans l'hindouisme,* pp.169-207.

—'Saivism and the Tantric Traditions', in Sutherland et al., *The World's Religions,* pp.660-704.

—'The Visualization of the Deities of the Trika', in Padoux, *L'Image divine:culte et méditation dans l'Hindouisme,* pp.80-2.

Sastri, P. S. S., and T. R. S. Ayyangar(trs.). *Saundaryalaharī of Śrī Śaṃkara-Bhagavatpāda.* Madras:Theosophical Publishing House, 1977.

Scheckner, R. *The Future of Ritual.* London and New York:Routledge, 1993.

Schrader, O. *Introduction to the Pāñcarātra and the Ahirbudhnya Saṃhitā* [1916] Madras:Adyar Library and Research Centre, reprint 1973.

Shaffer, J. G. 'Bronze Age Iron from Afghanistan:Its Implications for South Asian Proto-History', in Kennedy and Possehi, *Studies in the Archeology and Paleoanthropology of South Asia,* pp.65-102.

—'Indo-Aryan Invasions:Cultural Myth or Archaeological Reality?' in *The People of South Asia:The Biological Anthropology of India, Pakistan and Nepal,* pp.77-90.

Sharpe, E. *Western Images of the Bhagavad Gita.* London:Duckworth, 1985.

Shastri, M. K. *The Lalitāsaharanāma with the Saubhāgya-bhāskarabhāṣya of Bhāskararāya.* Bombay:Nirnaya Sagar. 1935.

Shaw, M. *Passionate Enlightenment:Women in Tantric Buddhism.* Princeton University Press. 1994.

Shulman, D. *Tamil Temple Myths:Sacrifice and Divine Marriage in the South Indian Saiva Tradition.* Princeton University Press, 1980.

Siauve, S. *La voie vers la connaissance de Dieu Selon l'Aṇuvyākhyāna de Madhva.* Pondicherry:Institut Français d'Indologie, 1957.

Siegel, L. *Sacred and Profane Dimensions of Love in Indian Traditions as Exemplified in the Gītagovinda of Jayadeva.* Oxford University Press, 1978.

Sil, N. P. *Rāmakrishna Paramahamsa, A Psychological Profile.* Leiden:Brill, 1991.

Silburn, L. *Kuṇḍalinī, the Energy from the Depths.* Albany:SUNY Press, 1988.

Singer, M(ed.). *Kṛṣṇa, Myths, Rites and Attitudes.* Honolulu:East-West Centre, 1966.

*Śiva-Purāna,* trs. A Board of Scholars. Delhi:AITM, 1970.

Smart, N. *Reasons and Faiths.* London:Routledge and Kegan Paul, 1958.

–*Doctrine and Argument in Indian Philosophy.* London;Allen and Unwin, 1964.

–*The World's Religions.* Cambridge University Press, 1989.

–'The Formation Rather than the Origin of a Tradition', *DISKUS:A Disembodied Journal of Religious Studies,* I.(1993), p.1

Smith, B. and H. B. Reynolds(eds.). *The City as a Sacred Centre:Essays on Six Asian Contexts.* Leiden, New York, Cologne:Brill, 1987.

Smith, B. K. 'Exorcising the Transcendent:Strategies for Redefining Hinduism and Religion', *History of Religions*(Aug. 1987), pp.32-55.

—*Classifying the Universe:The Ancient Indian Varna System and the Origins of Caste.* New York and Oxford:Oxford University Press, 1994.

Smith, D. *Ratnākara's Harivijaya, An Introduction to the Sanskrit Court Epic.* Delhi:Oxford University Press, 1985.

Smith J. Z. *Imagining Religion, From Babylon to Jonestown.* University of Chicago Press, 1982.

Smith, W. C. *The Meaning and End of Religion.* New York:Macmillan,

1962.
Snellgrove, D. *Indo-Tibetan Buddhism:Indian Buddhists and Their Tibetan Successors.* London:Serindia Publications, 1987.
Sontheimer, G. D. *Pastoral Deities in Western India.* Delhi:Oxford University Press, 1993.
Sontheimer, G. D., and H. Kulke(eds.). *Hinduism Reconsidered.* Delhi:Manohar, 1991.
Srinivasan, D. 'Unhinging Śiva from the Indus Civilization', *Journal of the Royal Asian Society of Great Britain and Ireland,* I (1984), pp.77-89.
Staal, F. 'Sanskrit and Sanskritization', *Journal of Asian Studies,* 23.3(1963), pp.261-75.
—*Exploring Mysticism*, Harmondsworth:Penguin, 1975.
—*Rules Without Meaning, Ritual, Mantras and the Human Sciences.* New York:Peter Lang, 1989.
—(ed.). *A Reader on the Sanskrit Grammarians.* Cambridge, Mass., and London:MIT Press, 1973.
—*AGNI. The Vedic Ritual of the Fire Altar,* 2vols. Berkeley:University of California Press, 1983.
Stein, B. *Peasant, State and Society in Medieval South India.* Delhi:Oxford University Press, 1980.
Stern, R. W. *Changing India:Bourgeois Revolution on the Subcontinent.* Cambridge University Press, 1993.
Stoler-Miller, B. *Love Song of the Dark Lord.* New York:Columbia University Press, 1977.
Sutherlan, S., L. Houlden, P. Clarke and F. Hardy(eds.). *The World's Religions.* London:Routeldge, 1988.
Svātmarāma. *The Haṭhayogapradīpikā.* Madras:The Adyar Library Research Centre, 1972.
Tawney, C. H.(trs.). *Somadeva's Kathā Saritsāgara, or Ocean of Streams of Story,* ed. N.M. Penzer, 10vols.(1924-28) Delhi:MLBD, reprint 1968.
Tendulkar, D. G. *Mahatma:Life and Work of Mohandas Karmchand Gandhi.* Bombay:V.K. Javeri, 1951-4.
Thapar, R. *Interpreting Early India.* Delhi:Oxford University Press, 1993.
Thibaut, G. *Vedānta Sūtras with Commentary by Śaṅkarācārya,* 2vols., SBE 34, 38[1903] Delhi:MLBD, reprint 1987.

–*The Vedānta Sūtras with Commentary by Rāmānuja,* SBE48. Delhi:MLBD, reprint 1976.

Thompson, J. and P. Heelas. *The Way of the Heart.* Wellingborough:Aquarian Press, 1986.

Timm, J.(ed.). *Texts in Context:Traditional Hermeneutics in South Asia.* Albany:SUNY Press, 1992.

Tripathi, V. *The Painted Grey Ware:An Iron Age Culture of Northern India.* Delhi:Concept Publishing Co., 1976.

Tulpe, S. G.(trs.). *Jnaneshwar's Gita:A Rendering of the Jnaneshwari.* Albany:SUNY Press, 1989.

Turner, B. S. *Religion and Social Theory.* London:SAGE Publications, 1991.

Turner, V. *The Forest of Symbols.* Ithaca and London:Cornell University Press, 1970.

–*The Ritual Process:Structure and Anti-structure.* Harmondsworth:Penguin, 1974.

Tyagisananda, Swami. *Aphorisms on the Gospel of Divine Love or the Nārada Bhakti Sūtras.* Madras:Ramakrishna Math, 1972.

Unni, N. P. 'Introduction', in T.G. Sastri(ed.), *Tantra Smuccaya of Nārāyaṇa.* Delhi:Nag Publishers, 1990, pp.1–75.

Vaidyanathan, K. R. *Śri Krishna:The Lord of Guruvayur.* Bombay:Bharatiya Vidya Bhavan, 1992.

Van der Veer, P. *Gods on Earth:The Management of Religious Experience and Identity in a North Indian Pilgrimage Centre.* London:Athlone, 1988.

Vaudeville, C. *Kabir,* vol. I. Oxford:Clarendon Press, 1974.

Vertovec, S. *Hindu Trinidad.* London:Macmillan, 1992.

Vijnanananda, Swami(trs.). *The Śrimad Devi Bhāgavatam.* Sacred Books of the Hindus 26. New Delhi:Oriental Books, reprint 1977.

Wasson, G. *Soma, the Divine Mushroom of Immortality.* Ethno-Mycological Studies I. New York:Harcourt, Brace and World, 1968.

Weber, M. *The Religions of India.* New York:The Free Press, 1958.

Werner, K. 'Yoga and the Ṛg Veda:An Interpretation of the Kesin Hymn', *Religious Studies,* 13(1976), pp.289–93.

–(ed.). *The Yogi and the Mystic.* London:Curzon Press, 1989.

–*Love Divine.* London:Curzon Press, 1993.
Whalling, F. *The Rise of the Religious Significance of Rama.* Delhi:MLBD, 1980.
Wheatley, P. *The Pivot of the Four Quarters.* Chicago:Aldine Publishing Co., 1971.
Wheeler, M. *The Indus Civilization:The Cambridge History of India Supplementary Volume.* Cambridge University Press, 1953.
Williams, R. *Parameśwara-jnyāna-goshti:A Dialogue of the Knowledge of the Supreme Lord in which are compared the claims of Christianity and Hinduism.* Cambridge:Deighton, Bell and Co., 1856.
Williams, R. *The New Face of Hinduism, the Swaminarayan Religion.* Cambridge University Press, 1984.
Wilson, F.(trs.). *The Love of Krishna:The Krsnakarnamrta of Lilasuka Bilvamangala.* Leiden:Brill, 1973.
Witzel, M. 'On Localization of the Vedic Texts and Schools', in G. Pollet(ed.). *India and the Ancient World,* Orientalia Lovaniensia Analecta25. Department Oriéntalistik, Leuven University, 1987.
Woodroffe, J. *The Serpent Power.* Madras:Ganesh and Co., 1973.
Yocum, G. *Hymns to the Dancing Siva:A Study of Manikkavacakar's Tiruvācakam.* Columbia:South Asia Books, 1982.
Yogānanda, P. *The Autobiography of a Yogi.* London:Rider and Co., 1950.
Zaehner, R. C. *Hinduism.* Oxford University Press, 1966.
Zimmer, H. *Myths and Symbols in Indian Art and Civilization.* New York:Harper Row, 1963.
Zvelebil, K. *The Smile of Murugan.* Leiden:Brill, 1973.

## 역자 후기

인도 하면 누구나 쉽게 힌두교를 연상할 만큼 힌두교는 11억이 넘는 인도 인구의 약 80%가 믿고 있는 방대하고 그 역사 또한 깊은 종교이다. 이처럼 인도라는 풍부한 문화 속에는 힌두교가 짙게 자리하고 있기 때문에 인도를 여행하다 보면 길거리 곳곳에서 우리는 힌두교를 보고 느끼고 그 향기 또한 맡을 수 있다. 간혹 유일신을 믿는 사람에게는, 3억 3천만 명이라는 엄청난 수의 신이 공존하고 있는 힌두교는 종교가 아닐 수 있으며, 종교적 실천이 곧 일상생활인 데서 힌두교는 종교라기보다는 인도 문화 자체로 보일 수 있다. 따라서 인도인의 삶 속에 녹아 있는 힌두교는 종교이면서 전체가 곧 인도 문화이기 때문에 학문적으로도 역사, 철학, 종교뿐만 아니라 인문 사회의 거의 모든 분과 학문에서 접근 가능하다 하겠다.

나 또한 전남대에서 인도 문화를 공부하는 인류학도로서, 인도 문화를 접하는 출발선에서 가장 먼저 힌두교에 물음표를 붙여보았다. 평소 인도 종교와 축제에 관심이 있던 나에게 4년 전, 석사 지도교수였던 부산외대 이광수 교수님께서 이 책(원제:*An introduction to Hinduism*)을 추천해주었다. 그때는 좋은 책의 정독을 권한 교수님 말씀을 따라 힌두교 공부를 위해 책을 읽어 나갔는데, 차츰 이 책에서 단순히 입문서가 주는 교양 지식의 수준을 넘어 깊이 있는 전문 지식을 얻을 수 있었다.

좋은 책과 인연이 닿고 얼마쯤 지나 이 책의 번역을 의뢰받았다. 시작부터 내가 종교학자도 아니고, 그렇다고 박사 학위 소지자도 아닌 만큼, 이 책을 정확히 번역해낼 수 있을까하는 걱정이 앞선 것이 사실이다. 하지만 이 책을 통해 내가 알게 된 내용은 기존에 나와 있는 힌두교 관련 도서에 비해 내용이 알차기도 하고 대학 전공서답게 깊이 있는 내용으로 이루어져 있어 이것을 소개하고 싶은 욕심으로 번역에 손을 대게 되었으며 2008년 5월, 부족한 실력으로나마 책이 완성 단계에 이르렀다. 깊고 풍부한 인도 문화를 공부하면서 번역하게 된 이 책을 통해서 나는 고대 문명에서, 지금은 매년 9% 이상의 경제성장률을 과시하며 급속한 발전 과정에 있는 인도라는 나라를 이해할 만한 가장 적합한 말이 '힌두교'라는 단어가 아닌가 하는 생각이 든다.

마지막 작업인 듯, 역자후기를 쓰려고 컴퓨터 앞에 앉아 있는 지금 걱정이 많이 앞선다. 무엇보다 좋은 책을 정확히 번역했을까 하는 내 실력에 대한 의구심이 가장 크다. 좋은 책에 대한 욕심에서 시작한 일인 만큼, 이 책의 잘못된 번역이나 잘못된 용어 사용으로 인해 전공자의 눈살을 찌푸리게 만들 수도 있을 것이다. 하지만 이 책을 통해 그간 내가 갈고 닦은 실력 안에서 정확히 번역하고자 최선을 다했으며, 또한 배우는 과정에 있는 만큼, 이번에 내가 오역한 부분에 대해서는 다시 이 책을 교정하는 기회를 통해 만회할 수 있었으면 한다.

모자라는 실력으로 이 책의 결실을 맺을 수 있었던 것은 여러 사람들의 도움이 있었기 때문이다. 영어의 모자람 때문에 영문학과도 달려갔고, 철학과 교수님의 추천으로 인도 철학서를 읽는 것을 넘어, 철학과 친구와 관련 인맥을 망라해서 자문을 구하러 다녔다. 뿐만 아니라 내가 살던 전남대 생활관에서 인도인 5명에게 이 책을 읽혀보기도 했다. 그러나 책의 내용을 가장 속 시원하게 해결해준 분은 역시 이 책을 처음 추천해준 이광수 교수님이다. 내가 역자후기를 쓰고 있는 이 시간, 아마도 교수님께서 나의 오역들을 조금이라도 더 바로잡기 위해서 교열 중일 거라는 생각을 하니 많이 죄송스럽다. 또, 하라는 논문 연구는 않고 번역에 모든 시간을 투자하고 있는 한심한 제자에게 단 한마디의 꾸지람도 하지 않고 인내심을 보여주고 있는 나의 박사 지도교수인 전남대 인류학과 김경학 교수님께도 죄송한 마음이 크다. 마지막으로, 4년으로 접어드는 긴 시간 동안 검증되지 않은 실력으로 번역하면서 끝까지 원고를 손에서 내놓지 않아도 싫은 내색 않고 지금까지 기다려준 산지니 출판사에 감사한 마음 전한다.

2008년 5월

이기연

## 찾아보기

발라라마 114, 189, 195
발라바 217, 230
발리 187, 190
발미끼 176, 177, 237
밧따짜리야(K. C. Bhattacharya) 384
밧시야야나 112
버거(Peter Berger) 29
법현 107
베네딕트(Ruth Benedict) 241
베다 사회 83, 87, 99, 103, 107, 130, 253
베다 학파 95
베단따 40, 138, 203, 221, 366, 369
베단따 협회 399, 412
베단따데쉬까 223, 379
베당가 94, 335, 353
베디 77
베레만(G. D. Berreman) 339
베스나가르 명문 194
베케르트(Heinz Bechert) 45
벵갈 비슈누교 215
벵갈어 389
보가 258
보아르 아와따라 190
보자데와 261, 382
봄(David Bohm) 417
부룩(Peter Brook) 171
부르 81, 183
부르디외(Pierre Bourdieu) 30, 316
부스링(O. Bothlink)과 로스(R. Roth) 414
부와스 81
불가촉민 103, 106, 123, 218, 234, 237, 289, 308, 338, 342, 389, 402
불교 20, 45, 70, 86, 128, 136, 143, 149
붓다 189
붓디 364
브라따 252
브라띠야 130, 132, 133, 155
브라만 24, 34, 40, 75, 86, 91
브라만교 129, 138, 149, 269, 300, 361
브라만화 279
브라운(Norman Brown) 373
브라훠 55
브라흐마 140, 180, 184, 187, 241, 243, 253, 280, 288
『브라흐마 뿌라나』 180
『브라흐마 수뜨라』 203, 226, 230, 249, 369, 376
브라흐마나/브라흐마나 문헌 67, 70, 109
브라흐마니시드 265
『브라흐마와이와르따 뿌라나』 180
브라흐마짜리야 107
브라흐마짜린 36, 108
브라흐만(brahman) 38, 140, 206
『브라흐만다 뿌라나』 180
브라흐모 사마즈 389, 391
브리구 172
브리뜨라 83
『브리하다라니야까 우빠니샤드』 73
브리하스빠띠 82
브린다와나 195, 196, 213, 220, 224, 333
블라바츠키(Madame Blavatsky) 416
블럼필드(L. Bloomfield) 414
비디 94
비디야 137, 266, 279
비디야빠띠 196, 225
비디야의 자리 265
비라바드라 242
비라빤 339
비라샤이와 274
비라하 박띠 215
비마 173
비산트(Annie Besant) 416
비쉬슈뜨아드와이따 222, 370, 379, 394
비슈누 26, 40, 58, 84, 169, 181, 186, 188
『비슈누 뿌라나』 181, 221, 195
『비슈누 스므리띠』 103

# 힌두교, 사상에서 실천까지

첫판 1쇄 펴낸날 2008년 5월 30일

지은이 가빈 플러드 Gavin D. Flood
옮긴이 이기연
펴낸이 강수걸
펴낸곳 산지니
등록 2005년 2월 7일 제14-49호
주소 부산광역시 연제구 거제1동 1493-2 효정빌딩 601호
전화 051-504-7070 | 팩스 051-507-7543
sanzini@sanzinibook.com
www.sanzinibook.com
편집 권경옥·김은경 | 디자인·제작 권문경
인쇄 대정인쇄

ISBN 978-89-92235-43-3 93270

값 20,000원

*이 도서의 국립중앙도서관 출판시도서목록(CIP)은 e-CIP 홈페이지
(http://www.nl.go.kr/ecip)에서 이용하실 수 있습니다.(CIP제어번호: CIP2008002045)